F. 4382.

29. A 19.

RÉPERTOIRE

UNIVERSEL ET RAISONNÉ

DE JURISPRUDENCE

CIVILE, CRIMINELLE,

CANONIQUE ET BÉNÉFICIALE.

OUVRAGE DE PLUSIEURS JURISCONSULTES:

Mis en ordre & publié par M. GUYOT, écuyer, ancien magistrat.

TOME QUARANTE-QUATRIÈME.

A PARIS,

Chez { PANCKOUCKE, hôtel de Thou, rue des Poitevins.

DUPUIS, rue de la Harpe, près de la rue Serpente.

Et se trouve chez les principaux libraires de France.

M. DCC. LXXXI.

Avec approbation & privilége du roi.

A V I S.

LA plupart des jurifconfultes nommés dans les divers articles du Répertoire , ayant fini le manufcrit des parties dont ils s'étoient chargés , il paroît que cet ouvrage s'étendra environ à foixante volumes *in-octavo*. Au refte, à quelque nombre qu'il puiffe s'étendre au delà , le libraire s'eft engagé à n'en faire payer que foixante volumes aux perfonnes qui s'en feront procuré un exemplaire avant la publication du dernier volume, & même fi l'ouvrage n'a que foixante volumes, elles n'en payeront que cinquante-fept , attendu que les trois derniers doivent leur être délivrés *gratis*. Le prix de chaque volume broché ou en feuilles , eft de 4 liv. 10 fous : on publie très-exactement huit volumes par année.

RÉPERTOIRE

UNIVERSEL ET RAISONNÉ

DE JURISPRUDENCE

CIVILE, CRIMINELLE,

CANONIQUE ET BÉNÉFICIALE.

P.

PALLIUM. Mot latin qui est passé en François pour désigner l'ornement pontifical que les papes & certains prélats portent par-dessus leurs habits pontificaux, en signe de juridiction. L'usage du *Pallium* fut introduit dans l'église Grecque au quatrième siècle. Les empereurs l'envoyèrent aux prélats comme une marque d'honneur. Ce *Pallium* étoit une espèce de manteau impérial, qui marquoit que les prélats avoient pour le spirituel la même autorité que l'empereur pour le temporel. Il avoit à peu près la forme de nos chapes, & descendoit jusqu'aux talons ; mais il

étoit fermé pardevant. Il n'étoit fait que de laine;
par allufion aux brebis, dont les prélats font les
pafteurs. Cette forme parut depuis trop embar-
raffante: le *Pallium* ne fut plus qu'une efpèce
d'étole qui pendoit pardevant & parderrière, &
qui avoit fur chacun de fes côtés une croix d'é-
carlate. Les patriarches, lorfqu'ils étoient facrés,
prenoient le *Pallium* fur l'autel. Lorfqu'ils con-
firmoient l'élection de quelqu'un de leurs métropolitains, ils lui envoyoient le *Pallium*, & les
métropolitains le donnoient à leurs fuffragans dans
la cérémonie de leur confécration ; mais ni le
patriarche ni les métropolitains ne donnoient
jamais cet ornement fans la permiffion de l'empereur. Les prélats ne pouvoient officier pontifi-
câlement qu'ils n'euffent reçu le *Pallium*. Ils ne
le portoient qu'à l'autel, lorfqu'ils célébroient
la meffe folennelle; & même ils l'ôtoient pendant
l'évangile.

L'ufage du *Pallium* commença plus tard dans
l'églife latine, où il paroît que ce ne fut qu'au
fixième fiècle. Les papes ne le donnèrent d'abord
qu'aux feuls primats & vicaires apoftoliques.
Le métropolitain d'Arles eft le premier prélat
de France qui en ait été honoré. Le pape Za-
chárie l'accorda à tous les archevêques, vers le
milieu du huitième fiècle. On trouve que les papes ont auffi donné quelquefois le *Pallium* à des
évêques.

Le *Pallium* que le pape envoye aujourd'hui
aux archevêques, eft fait de laine blanche, &
en forme de bande large de trois doigts, qui
entoure les épaules comme de petites bretelles,
ayant des pendans longs d'une palme, pardevant
& parderrière, avec de petites lames de plomb,

arrondies aux extrémités, couvertes de soie noire, & quatre croix rouges : ce sont deux agneaux que l'on offre tous les ans sur l'autel de l'église de sainte Agnès à Rome, qui fournissent la laine dont on fait les *Pallium*. L'offrande de ces agneaux se fait le 12 janvier, jour de la fête de sainte Agnès. Les sous-diacres apostoliques sont chargés du soin de les élever, jusqu'à ce que le temps soit venu de les tondre. C'est dans la sépulture des saints apôtres que l'on conserve l'étoffe du *Pallium*. La formule dont se servent les prélats, pour demander au pape cet ornement, est *instanter, instantiùs, instantissimé*. Les archevêques ne peuvent ni sacrer les évêques, ni faire des dédicaces, ni officier pontificalement, qu'ils n'aient reçu le *Pallium* ; & il faut qu'ils en demandent un nouveau, s'il arrive qu'ils changent d'archevêché. Les évêques d'Autun en Bourgogne & de Dol en Bretagne, obtiennent le *Pallium* par une concession anciennement attribuée à leurs siéges. C'est aussi quelquefois une récompense personnelle pour certains évêques qui se sont signalés. Feu M. de Belsunce, évêque de Marseille, fut décoré du *Pallium*, pour avoir soulagé avec un zèle apostolique les pestiférés de cette ville.

Baronius rapporte, qu'en l'an 893 le pape Formosus fut admonesté par Foulques, archevêque de Rheims, de ne plus diminuer l'honneur & la dignité du *Pallium*, en le communiquant trop facilement, non seulement aux primats & archevêques, mais aux premiers évêques qui lui demandoient.

Le concile de Bâle & la pragmatique-sanction défendent aux papes de rien prendre pour le manteau ou *Pallium* qu'ils avoient coutume de vendre bien chérement aux archevêques métropolitains ; ce que quelques-uns n'ont pas laissé de faire encore, nonobstant ces décrets.

Le droit de *Pallium* n'est pas réel, mais personnel ; un archevêque ou évêque ne peut le céder à un autre, tellement que le *Pallium* doit être enseveli à la mort du prélat qui en jouissoit.

Le pape peut porter le *Pallium* dans toutes les églises où il se trouve.

Il n'en est pas de même des autres évêques; les primats ne reçoivent le *Pallium* que comme métropolitains, & non comme primats ; c'est pourquoi ils ne peuvent porter le *Pallium* hors de leur diocèse, de même que les métropolitains ou autres évêques qui ont droit de *Pallium* par privilége, ne peuvent le porter dans la province d'un autre évêque, à moins que ce ne soit de son consentement.

Le pape peut porter le *Pallium* tous les jours, au lieu que les archevêques & évêques qui ont l'usage du *Pallium*, n'en peuvent user qu'en certains jours de l'année; savoir, les jours de noël & de saint Jean, de saint Étienne, de la circoncision, de l'épiphanie, le jour des rameaux, le jeudi saint *in cœna domini*, le samedi saint, les trois fêtes de pâques & de la pentecôte, le jour de saint Jean-Baptiste & de tous les apôtres, les trois fêtes de la vierge, le jour de la toussaint, celui de la dédicace de l'église, & les principales fêtes propres à chaque église, les jours de l'ordination des clercs, au sacre des évêques, & au jour de l'anniversaire de leur consécration.

L'archevêque ou évêque qui a l'usage du *Pallium* ne peut dire la messe sans être revêtu du *Pallium*, suivant le canon 4 du concile de Mâcon ce qui ne doit néanmoins s'entendre que des fêtes & autres jours où il a droit de porter le *Pallium*.

Les prélats qui ont le *Pallium* ne peuvent le porter hors du service divin; ils ne peuvent même le porter à une procession qui sort hors de l'église, quoiqu'ils y assistent vêtus pontificalement. Saint Grégoire le Grand, écrivant à Jean de Ravenne, qui s'attribuoit le droit de porter le *Pallium* hors le service divin, lui représente qu'aucun autre métropolitain ne s'arrogeoit un tel droit, & qu'il devoit se conformer à cet égard à la coutume générale, ou produire quelque privilége qui l'en dispensât.

PANAGE. On appele ainsi le droit de mener les porcs dans les bois pour y paître le gland, la faine, &c. *Voyez les articles* GLANDÉE & PATURAGE.

PANCARTE. Placard affiché pour avertir le public des droits imposés sur certaines denrées ou marchandises.

Ceux qui perçoivent des droits de péage sont tenus de mettre en un lieu public & apparent, une pancarte qui contienne la taxe de ces droits. *Voyez* PÉAGE.

PANDECTES. C'est le recueil des décisions faites par les anciens jurisconsultes romains, auxquelles Justinien, qui les fit compiler, donna force de loi. On nomme aussi ce recueil, le digeste. Voyez ce mot.

PANETIER (GRAND). C'eſt le titre que portoit autrefois un grand officier de la maiſon du
roi, qui avoit la charge de faire diſtribuer le pain
dans toute la maiſon du roi, & qui avoit autorité ſur tous les boulangers. Sa juridiction, qu'on
appeloit *paneterie*, étoit dans l'enclos du palais.
Cet office a été ſupprimé par Charles VII.

PANONCEAU. Écuſſon d'armoiries mis ſur
une affiche pour y donner plus d'autorité, ou
ſur un poteau, pour marque de juridiction.

Les huiſſiers ſont tenus d'appoſer des Panonceaux aux armes du roi ſur les affiches qui ont
lieu dans les ſaiſies réelles d'immeubles, pour
notifier les criées ou la vente au public, & il
doit être fait mention dans le procès-verbal d'affiche, que cette formalité a été remplie. C'eſt ce
qui réſulte de l'article 3 de l'édit de Henri II,
du 3 ſeptembre 1551.

On appoſe auſſi des Panonceaux royaux ſur
la porte ou à l'entrée d'une maiſon ou autre héritage, pour marquer que ce lieu eſt ſous la
ſauve-garde ou protection du roi.

Les Panonceaux royaux ſont quelquefois appelés bâtons royaux, parce que les bâtons royaux
ſont paſſés en ſautoir derrière l'écu, ou parce
qu'on ſe contente de repréſenter dans le tableau
les bâtons royaux.

Dans pluſieurs lettres de ſauve-garde, les armes du roi étoient peintes.

On mettoit de ces Panonceaux ſur les lieux
qui étoient en la ſauve-garde du roi dans les pays
de droit écrit.

On en mettoit auſſi quelquefois, & en cas

de péril imminent, fur les maifons de ceux qui étoient en la fauve-garde du roi, quoiqu'elles ne fuffent pas fituées dans le pays de droit écrit; il y a plufieurs exemples de fauve-gardes pareilles, dont les lettres font rapportées dans le quatrième volume des ordonnances de la troifième race.

Préfentement on ne fait plus à cet égard aucune diftinction entre les pays coutumiers & les pays de droit écrit.

Suivant une ordonnance de Louis X, du 17 mai 1315, & une de Philippe le Long, du mois de juin 1319, les Panonceaux royaux ne doivent être appofés dans les lieux de juridiction feigneuriale, que dans les cas qui font réfervés au roi, avec connoiffance de caufe.

PAPE. On appelle ainfi l'évêque de Rome, chef de l'églife univerfelle.

Anciennement on ne donnoit pas la qualité de Pape à l'évêque de Rome feul, on la donnoit auffi à tous les prélats un peu diftingués : on difoit, par exemple, le Pape de Conftantinople, le Pape d'Alexandrie, le Pape de Jérufalem, &c., comme on difoit le pape de Rome : on difoit aux uns comme aux autres, *votre béatude*, *votre fainteté*, &c. Boniface, archevêque de Maïence, prenoit même le titre de *ferviteur des ferviteurs de dieu*, &c. Mais depuis le fynode tenu à Rome fous Grégoire VII en 173, les évêques de Rome fe font attribué le titre de pape, comme une prérogative & une diftinction particuliérement attachée à leur fiège, & ce titre ne fe donne plus qu'à eux feuls.

L'élection du Pape fe faifoit anciennement par le clergé, les empereurs, & par tout le peuple :

au même-temps que le Pape étoit élu, on le consacroit.

Telle fut la forme que l'on pratiqua jusqu'au huitième siècle, vers la fin duquel, si l'on en croit le canon *Adrianus* (mais qui est tenu pour apocryphe), le Pape Adrien I, avec 150 évêques & le peuple romain, accorda à Charlemagne la faculté de nommer & d'élire seul le souverain pontife.

Charlemagne ordonna que l'élection seroit faite par le clergé & le peuple, que le décret seroit envoyé à l'empereur, & que le nouveau Pape élu seroit sacré si l'empereur l'approuvoit. L'empereur Louis le Débonnaire remit l'élection aux Romains; à condition seulement que quand le Pape seroit élu & consacré, il enverroit ses légats en France.

Léon VII remit ce même droit d'élire les Papes à l'empereur Othon, & Nicolas II, dans un concile tenu à Rome l'an 1059, confirma le droit que les empereurs avoient d'élire les Papes. Mais les empereurs ne jouirent pas long-temps de ce droit, sous prétexte de quelques inconvéniens que l'on prétendoit qui se rencontroient dans ces sortes d'élections. L'empereur Lothaire, pour éviter les séditions qui arrivoient fréquemment dans ces occasions, fit une célèbre ordonnance, portant que le Pape ne seroit plus élu par le peuple; mais cette ordonnance ne fut point observée.

Les empereurs perdirent donc le droit d'élire le Pape. Les Papes réservèrent au clergé, au sénat & au peuple de Rome, le droit de faire conjointement cette élection, & ils réglèrent qu'après l'élection, le Pape seroit consacré en préfence des Ambaffadeurs de l'empire : ce changement arriva fous le póntificat d'Etienne X.

Vers l'an 1126, le clergé de Rome fut déclaré avoir feul le droit d'élire les papes, fans le confentement ni la confirmation de l'empereur.

Innocent II s'étant brouillé avec les Romains, qui le chaffèrent de la ville, les priva à fon tour du droit d'élire les Papes. Le clergé & le peuple de Rome furent donc exclus de cette élection ; mais ce changement ne fut entiérement affermi que fous Alexandre III.

Ce Pape, en 1160, donna aux cardinaux feuls le droit de faire cette élection, & voulut qu'elle ne fût réputée valable, qu'au cas que les voix des deux tiers des cardinaux fuffent concordantes.

Le concile général de Lyon tenu fous Grégoire X, & celui de Vienne tenu fous Clément V, confirment cette forme d'élection, & c'eft la même qui fe pratique encore préfentement.

Elle fe fait donc par les cardinaux affemblés à cet effet dans le conclave.

Auffi-tôt après l'élection du pape, il eft exalté, c'eft-à-dire porté fur les épaules. Etienne III fut le premier pour qui cela fut pratiqué en 752, & depuis, cette coutume a été fuivie.

Le fecond concile de Lyon veut que les cardinaux laiffent paffer dix jours après la mort du Papé, avant de procéder à l'élection : après ces dix jours, les cardinaux préfens doivent entrer au conclave fans attendre les abfens.

Ce même concile déclare qu'ils ne font tenus d'obferver aucune des conventions particulières qu'ils auroient pu faire, même avec ferment, pour l'élection d'un Pape, attendu qu'ils ne doivent avoir d'autre objet que de donner à l'église celui qui est le plus digne d'en être le chef.

L'élection se fait ordinairement par la voie du scrutin, en mettant des billets dans un calice qui est sur l'autel de la chapelle du conclave.

Pour qu'un Pape soit légitimement élu, il faut, comme on l'a dit, qu'il ait au moins les deux tiers des voix, autrement on doit recommencer à prendre les suffrages.

Quand les voix sont trop long-temps partagées, il arrive quelquefois que plusieurs cardinaux conviennent d'un sujet, & sortent de leur cellule en publiant son nom. Si tous les autres nomment le même sujet, l'élection est canonique ; mais si quelqu'un des cardinaux garde le silence, on procède de nouveau par la voie du scrutin.

Quelquefois on a nommé des compromissaires, auxquels on a donné pouvoir d'élire un Pape.

En 1314, les cardinaux, assemblés à Lyon après la mort de Clément, étant embarrassés sur le choix d'un Pape, déférèrent l'élection à la voix de Jacques d'Ossat, cardinal, qui se nomma lui-même, en disant : *Ego sum Papa*. Il fut appelé Jean XXII.

Depuis Sergius II, qui changea son nom en devenant Pape, ses successeurs ont coutume de faire la même chose.

La promotion d'un évêque à la papauté fait ouverture à la régale.

Le Pape réunit en sa personne la qualité de successeur de saint Pierre, & celle de souverain de Rome & de quelques états en Italie.

De ces deux différens titres naît une distinction néceffaire entre le Pape en lui-même, le faint fiége, & la cour de Rome. On ne peut fe féparer du faint fiége, fans ceffer d'être catholique, parce qu'il eft le centre de l'unité : on pourroit être en guerre avec le Pape pour des intérêts temporels, fans ceffer d'être uni avec le faint fiége, le combattre comme adverfaire, & cependant le révérer comme père de tous les fideles ; quelquefois auffi on peut demeurer uni avec le faint fiége, & cependant défapprouver la conduite de la cour de Rome, & les fentimens perfonnels du Pape.

L'hiftoire fournit plufieurs exemples de ces diftinctions : en voici de chaque efpèce.

L'empereur Juftinien honoroit le faint fiége, & cependant il fit retrancher des dyptiques le nom du Pape Vigile, & il l'envoya en exil.

Le fixième concile général, condanna Honorius : on ne peut pas dire cependant que le concile fût détaché du faint fiége.

Plufieurs états ont été en guerre contre le Pape ; fes prétentions ont été fouvent rejetées, & il n'y a cependant point eu de féparation d'avec le faint fiége.

Jules II, dans un excès de colère, qui ne devoit pas fe rencontrer dans un fucceffeur de faint Pierre, s'oublia au point de déclarer Louis XII privé de fon royaume. La fureur l'aveugla même au point qu'il pouffa l'extravagance jufqu'à accorder des indulgences plenières à quiconque tueroit un François. Mais le clergé de France, affemblé à Tours, décida qu'il y avoit une différence effentielle entre Jules II & le faint fiége ; qu'il falloit recevoir avec refpect ce qui venoit du vicaire de jéfus-chrift, mais qu'il falloit réfister de toute fa force aux entreprifes de Jules II, ennemi de l'état.

. La diftinction des deux puiffances du Pape eft donc bien effentielle. Il a une puiffance temporelle, mais elle ne s'étend que fur les pays dont il eft fouverain ou feigneur. Jéfus-chrift ni fes apôtres ne lui ont laiffé par fucceffion aucune ombre de cette puiffance paffagère & mondaine. Ainfi toute fa puiffance temporelle fe règle, comme celle des autres fouverains, par le droit naturel, par le droit des gens, & par le droit pofitif des pays fur lefquels elle s'étend.

, Quant à l'origine de cette puiffance temporelle, on doit en rapporter l'époque au pontificat de Grégoire III, qui, en 740, propofa à Charles Martel de le fouftraire à la domination de l'empereur & de le proclamer conful. Auparavant le Pape n'étoit fimplement que l'évêque de Rome.

Pepin, fils de Charles Martel, donna au Pape l'exarchat de Ravennes; mais il ne lui donna pas la ville de Rome, le peuple alors ne l'auroit pas fouffert : c'eft apparemment cette donation de Pepin qui a donné lieu à la fable de la donation prétendue faite au Pape Sylveftre par l'empereur Conftantin le Grand. Celle de Pepin fut faite du temps de Conftantin Copronyme, mais fans fon confentement; il paroît pourtant que c'eft cette équivoque de nom qui a fervi de fondement à la prétendue donation de Conftantin, que l'on imagina dans le dixième fiècle.

, Sous Charlemagne, le Pape n'avoit encore qu'une autorité précaire & chancelante dans Rome. Le préfet, le peuple & le fénat, dont l'ombre fubfiftoit encore, s'élevoient fouvent contre lui.

Adrien I reconnut Charlemagne, roi d'Italie & patrice de Rome. Charlemagne reconnut les donations faites au faint fiége, en fe réfervant la fuferaineté, ce qui fe prouve par les monnoies qu'il fit fit frapper à Rome en qualité de fouverain, & parce que les actes étoient datés de l'année du règne de l'empereur, *imperante domino noftro Carolo ;* & l'on voit par une lettre du Pape Léon III à Charlemagne, que le Pape rendoit hommage de toutes fes poffeffions au roi de France.

Ce ne fut que long-temps après que les Papes devinrent fouverains dans Rome, foit par la conceffion que Charles le Chauve leur fit de fes droits, foit par la décadence de l'empire, depuis qu'il fut renfermé dans l'Allemagne ; ce fut furtout vers le commencement du douzième fiécle que les Papes achevèrent de fe fouftraire à la puiffance de l'empereur.

Boniface VIII porta les chofes encore plus loin ; il parut en public l'épée au côté & la couronne fur la tête, & s'écria : *Je fuis empereur & pontife.*

Plufieurs empereurs s'étant fait couronner par le Pape, pour rendre cette action fainte & plus folennelle, les Papes ont pris de là occafion de prétendre que le nouvel empereur étoit obligé de venir en Italie fe faire couronner ; c'eft pour quoi autrefois après l'élection, & en attendant le couronnement, on envoyoit à Rome pour en donner avis au Pape, & en obtenir la confirmation. Le Pape faifoit expédier des lettres qui difpenfoient l'empereur de fe rendre en Italie pour y être couronné à Milan & à Rome, ainfi que les Papes prétendoient que les empereurs y étoient obligés.

Ces deux couronnemens furent abolis pat les états de l'empire en 1338 & 1339 : il fut décidé que l'élection des électeurs suffisoit , & que quand l'empereur avoit prêté serment à l'empire , il avoit toute puissance.

Cependant les Papes veulent toujours que l'empereur vienne à Rome recevoir la couronne impériale , & dans leurs bulles & brefs , ils ne le qualifient que d'empereur élu.

Plusieurs Papes ambitieux ont aussi voulu entreprendre sur le temporel des autres souverains , & même disposer de leurs états ; mais en France on a toujours été en garde contre ces sortes d'entreprises ; & toutes les fois qu'il a paru quelques actes tendant à attenter sur le temporel de nos rois , le ministère public en a interjeté appel comme d'abus , & les parlemens n'ont jamais manqué par leurs arrêts de prendre toutes les précautions convenables pour prévenir le trouble que de pareilles entreprises pourroient causer.

A l'égard de la puissance spirituelle du Pape, elle est fondée sur l'évangile, sur les saints canons, & sur les conciles généraux. Il a le droit de décider sur les questions de foi ; les décrets qu'il fait sur ce sujet regardent toutes les églises ; mais ce n'est point au Pape, c'est au corps des pasteurs que jésus-christ a promis l'infaillibilité ; ces décrets ne font règle de foi que quand ils font confirmés par le consentement de l'église. Telle est la teneur de la quatrième proposition du clergé, en 1682.

En qualité de chef de l'église , le Pape préfide aux conciles œcuméniques , & il est seul en possession de les convoquer depuis la division
de

de l'empire romain , entre différens souverains.

Le Pape est soumis aux décisions du concile œcuménique, non seulement pour ce qui regarde la foi, mais encore pour tout ce qui regarde le schisme & la réformation générale de l'église. C'est encore un des quatre articles de 1682 ; ce qui est conforme aux conciles de Constance & de Bâle.

C'est au Pape qu'est dévolu le droit de pourvoir à ce que l'évêque, le métropolitain & & le primat refusent ou négligent de faire.

Les Papes ont prétendu, sur le fondement des fausses décrétales, qu'eux seuls avoient droit de juger ; même en première instance, les causes majeures, entre lesquelles ils ont mis les affaires criminelles des évêques ; mais les parlemens & les évêques de France ont toujours tenu pour règle, que les causes des évêques doivent être jugées en première instance par le concile de la province ; qu'après le premier jugement, il est permis d'appeler au Pape , conformément au concile de Sardique , & que le Pape doit commettre le jugement à un nouveau concile, jusqu'à ce qu'il y ait trois sentences conformes, la règle présente de l'église étant que les jugemens ecclésiastiques qui n'ont pas été rendus par l'église universelle, ne sont regardés comme souverains, que quand il y a trois sentences conformes.

Dans les derniers siècles, les Papes ont aussi voulu mettre au nombre des causes majeures, celles qui regardent la foi, & prétendoient en avoir seuls la connoissance; mais les évêques de France se sont maintenus dans le droit de juger ces sortes de causes, soit par eux-mêmes, soit dans le concile de la province, à la charge de l'appel au saint siége.

Tome XLIV. B

Lorfque le Pape fait des décrets fur des affaires qui concernent la foi ; nées dans un autre pays, ou même fur des affaires de France qui ont été portées directement à Rome, contre la difcipline de l'églife de France, & que les évêques de France trouvent les décrets conformes à la doctrine de l'églife gallicane, il les acceptent par forme de jugement.

Le Pape ne peut exercer une juridiction immédiate dans les diocèfes des autres évêques ; il ne peut établir des délégués qui faffent, fans le confentement des évêques, leurs fonctions.

Il eft vrai que le concile de Trente approuve que le Pape évoque les caufes qu'il lui plaira de juger, ou qu'il commette des juges qui en connoiffent en première inftance ; mais cette difcipline, qui dépouille les évêques de l'exercice de leur juridiction, & les métropolitains de leur prérogative de juges d'appel, n'eft point reçue en France.

Les Papes n'y font point juges en première inftance des caufes concernant la foi & la difcipline. Il faut obferver les degrés de juridiction ; on appelle de l'évêque au métropolitain, de celui-ci au primat, & du primat au Pape.

Il y a feulement certains cas dont la connoiffance lui eft attribuée directement par un ancien ufage, tels que le droit d'accorder certaines difpenfes, la collation des bénéfices par prévention, &c. Hors ces cas, & quelques autres femblables, fi le Pape entreprenoit quelque chofe fur la juridiction volontaire ou contentieufe des évêques, ce qu'il feroit feroit déclaré abufif.

Les Papes ont des officiers eccléfiaftiques qu'on appelle légats du faint fiége, qu'ils envoyent dans les différens pays catholiques, lorſque le cas le requiert, pour les repréſenter, & exercer leur juridiction dans les lieux où ils ne peuvent ſe trouver. Ces légats ſont de trois ſortes ; ſavoir, des légats à *latere*, qui ſont des cardinaux ; le pouvoir de ceux-ci eſt plus étendu : ils ont d'autres légats qui ne ſont pas à *latere*, ni cardinaux, & qu'on appelle *legati miſſi* ; & enfin il y a des légats nés.

Dès que le légat prend connoiſſance d'une affaire, le Pape ne peut en connoître.

Outre les légats, les Papes ont des nonces & des internonces, qui dans quelques pays exercent auſſi une juridiction ; mais en France ils ne ſont conſidérés que comme les ambaſſadeurs des autres princes ſouverains.

Ce que l'on appelle conſiſtoire, eſt le conſeil du Pape ; il eſt compoſé de tous les cardinaux ; le Pape y préſide en perſonne. C'eſt dans ce conſeil qu'il nomme les cardinaux, & qu'il confère les évêchés & autres bénéfices qu'on appelle conſiſtoriaux. Nous reconnoiſſons en France l'autorité du conſiſtoire, mais ſeulement pour ce qui regarde la collation des bénéfices conſiſtoriaux.

Les lettres-parentes des Papes, qu'on appelle bulles, ſont expédiées dans leur chancellerie, qui eſt compoſée de divers officiers.

Le Pape a encore d'autres officiers pour la daterie & pour les lettres qui s'accordent à la pénitencerie.

Les brefs des Papes ſont des lettres moins ſolennelles que les bulles, par leſquelles ils accordent les grâces ordinaires & peu importantes, telles que les diſpenſes des interſtices pour les ordres ſacrés, &c.

Au refte, le pouvoir des Papes n'a pas toujours été auffi étendu qu'il l'eft préfentement. Ils n'avoient dans l'origine aucun droit fur la difpofition des bénéfices, autres que ceux de leur diocèfe. Ce n'a été que depuis le douzième fiècle qu'ils ont commencé à fe réferver les collations de certains bénéfices. D'abord ils prioient les ordinaires par leurs lettres monitoires, de ne pas conférer ces bénéfices, plus fouvent ils recommandoient de les conférer à certaines perfonnes. Ils envoyèrent enfuite des lettres préceptoriales, pour obliger les ordinaires, fous quelque peine, à obéir, &, comme cela ne fuffifoit pas encore pour annuller la collation des ordinaires, ils renvoyoient des lettres exécutoires, pour punir la contumace de l'ordinaire, & annuller fa collation. Les lettres compulfoires étoient pour la même fin.

L'ufage a enfin prévalu, &, en vertu de cet ufage, qui eft aujourd'hui fort ancien, le Pape jouit de plufieurs prérogatives pour la difpofition des bénéfices; c'eft ainfi qu'il confère les bénéfices vacans en cour de Rome, qu'il admet les réfignations en faveur, qu'il prévient les collateurs ordinaires, qu'il confere pendant huit mois dans les pays d'obédience, fuivant la règle des mois établie dans la chancellerie romaine; qu'il admet feul les réferves des penfions fur les bénéfices.

Les fauffes décrétales, compofées par Ifidore de Séville, contribuèrent auffi beaucoup à augmenter le pouvoir du Pape fur le fpirituel.

Suivant le concordat, le Pape confère fur la nomination du roi les archevêchés & évêchés de France, les abbayes & autres bénéfices qui étoient auparavant électifs par les chapitres féculiers ou réguliers : le Pape doit accorder des bulles à celui qui eſt nommé par le roi, quand le préſenté a les qualités requiſes pour poſſéder le bénéfice.

Le roi doit nommer au Pape un ſujet dans les ſix mois de la vacance ; & ſi celui qu'il a nommé n'a pas les qualités requiſes, il doit, dans les trois mois du refus des bulles, en nommer un autre ; ſi dans ces 3 mois le roi ne nomme pas une perſonne capable, le Pape peut y pourvoir de plein droit, ſans attendre la nomination royale : mais comme en ce cas il tient la place du chapitre dont l'élu étoit obligé d'obtenir l'agrément du roi, il faut qu'il faſſe part au roi de la perſonne qu'il veut nommer, & qu'il obtienne ſon agrément.

Le concordat attribue auſſi au Pape le droit de pouvoir conférer, ſans attendre la nomination du roi, les bénéfices conſiſtoriaux qui vaquent par le décès des titulaires en cour de Rome ; pluſieurs perſonnes ont prétendu que cette réſerve, qui n'avoit point lieu autrefois pour les bénéfices électifs, avoit été inſérée par inadvertance dans le concordat, & qu'elle ne faiſoit point loi. Néanmoins Louis XIII s'y eſt ſoumis, & il eſt à préſumer que ſes ſucceſſeurs s'y ſoumettront ; bien entendu que les Papes en uſent comme Urbain VIII, lequel ne conféra l'archevêché de Lyon, qui étoit vacant en cour de Rome, qu'après avoir ſu de Louis XIII, que M. Miron, qu'il en vouloit pourvoir, lui étoit agréable.

Pour prévenir les difficultés auxquelles les vacances en cour de Rome pourroient donner lieu, le Pape accorde des indults, quand ceux qui ont des bénéfices conſiſtoriaux vont réſider à

Rome. Il déclare par ces indults qu'il n'usera pas du droit de la vacance *in curiâ*, au cas que les bénéficiers décèdent à Rome.

Lorsque le Pape refuse, sans cause légitime, des bulles à celui qui est nommé par le roi, le nominataire peut se pourvoir devant les juges séculiers, qui commettent l'évêque diocésain pour donner des provisions, qui ont en ce cas la même force que des bulles ; ou bien celui qui est nommé obtient un arrêt, en vertu duquel il jouit du revenu, & confère les bénéfices dépendans de la prélature. Cette dernière voie est la seule qui soit usitée depuis plusieurs années : on ne voit pas que l'on ait employé la première pour les évêques depuis le concordat ; cependant si le Pape refusoit sans raison d'exécuter la loi qu'il s'est lui même imposée, rien n'empêcheroit d'avoir recours à l'ancien droit de faire sacrer les évêques par le métropolitain, sans le consentement du Pape.

Les canonistes ultramontains attribuent aux Papes diverses prérogatives singulières, telles que l'infaillibilité dans leurs décisions sur les matières qui regardent la foi, la supériorité au dessus des conciles généraux, & une autorité sans bornes pour dispenser des canons & des règles de la discipline ; mais l'église gallicane, toujours attentive à conserver la doctrine qu'elle a reçue par tradition des hommes apostoliques, en rendant au successeur de saint Pierre tout le respect qui lui est dû suivant les canons, a eu soin d'écarter toutes les prétentions qui n'étoient pas fondées.

On tient en France, que quelque grande que puisse être l'autorité du Pape sur les affaires ecclésiastiques, elle ne peut jamais s'étendre directement fûr le temporel des rois ; il ne peut délier leurs fujets du ferment de fidélité, ni abandonner les états des princes fouverains au premier occupant, ou en difpofer autrement.

Par une fuite du même principe que le Pape n'a aucun pouvoir fur le temporel des rois, il ne peut faire aucune levée de deniers en France, même fur le temporel des bénéfices du royaume, à moins que ce ne foit par permiffion du roi ; c'eft ce qui eft dit dans une ordonnance de faint Louis, du mois de mars 1268, que le Pape ne peut lever aucun denier en France fans un exprès confentement du roi & de l'églife gallicane : on voit aufli par un mandement de Charles IV, dit le Bel, du 12 octobre 1326 ; que ce prince fit ceffer la levée d'un fubfide que quelques perfonnes exigeoient au nom du Pape pour la guerre qu'il avoit en Lombardie.

Néanmoins, pendant un temps, les Papes ont pris fur les biens eccléfiaftiques de France, des fruits & des émolumens, à l'occafion des annates, des dixmes ou fubventions, & des biens-meubles des eccléfiaftiques décédés : mais ces levées ne fe faifoient que par la permiffion de nos rois ou de leur confentement, & il y a long-temps qu'il ne s'eft rien vu de femblable.

Les Papes ont aufli fouvent cherché à fe rendre néceffaires pour la levée des deniers que nos rois faifoient fur le clergé ; ils ont plufieurs fois donné des permiffions au clergé de France de payer les droits d'aide au roi ; mais nos rois n'ont jamais reconnu qu'ils euffent befoin du confentement du Pape pour faire quelque levée de deniers fur le clergé, & depuis long-temps les

Papes ne se sont pas mêlés de ces sortes d'affaires.

Le Pape ne peut excommunier les officiers royaux pour ce qui dépend de l'exercice de la juridiction séculière.

il ne peut pas non plus restituer de l'infamie, remettre l'amende honorable, prolonger le temps pour l'exécution des testamens, convertir les legs, permettre aux clercs de tester au préjudice des ordonnances & des coutumes, donner pouvoir de posséder des biens dans le royaume, contre la disposition des ordonnances, ni connoître en aucun cas des affaires civiles ou criminelles des laïcs.

Le Pape ne peut donner aucune atteinte aux anciennes coutumes des églises qui ne sont pas contraires aux règles de la foi & aux bonnes mœurs ; notamment, il ne peut déroger aux coutumes & usages de l'église gallicane, pour lesquels les plus grands Papes ont toujours témoigné une attention particulière.

C'est au Pape seul qu'appartient le droit de résoudre le mariage spirituel qu'un prélat a contracté avec son église ; de sorte que le siége épiscopal n'est censé vacant que du jour que l'on connoît que la démission, la résignation ou la permutation ont été admises en cour de Rome.

C'est aussi le Pape qui accorde des dispenses pour contracter mariage dans les degrés prohibés.

Il dispense ceux dont la naissance est illégitime, pour recevoir les ordres sacrés, & pour tenir les bénéfices-cures & les canonicats dans les églises cathédrales ; mais cette légitimation n'a point d'effet pour le temporel.

Il ſe réſerve l'abſolution de quelques crimes les plus énormes; mais il y a certaines bulles qui ne ſont point reçues en France, telles que la bulle *in cœna domini*, par laquelle les Papes ſe ſont réſervé le pouvoir d'abſoudre de l'héréſie publique.

En France, le Pape ne peut pas déroger au patronage laïque.

Cependant ſi le Pape accordoit par privilége à un particulier le droit de patronage ſur une égliſe, cette conceſſion ſeroit valable, pourvu que ce privilége eût une cauſe légitime, & qu'on y eût obſervé toutes les formalités requiſes pour l'aliénation des biens eccléſiaſtiques.

Lorſque le Pape ne déroge pas au patronage laïque par ſa proviſion, dans les temps accordés au patron laïque, il n'eſt pas contraire aux maximes du royaume d'y avoir égard, lorſque le patron néglige d'uſer de ſon droit.

L'autorité du pape pour l'érection d'une fondation en titre de bénéfice, n'eſt pas réçue en France, l'évêque ſeul a ce pouvoir. A ſon refus, on ſe pourvoiroit au métropolitain.

Le Pape, pour marque de ſa juridiction ſupérieure, fait porter devant lui la croix à triple croiſillon.

PAPEGAI ou Papegaut. Voyez Arque-busier.

PAPIER. Compoſition faite de vieux linge, qui ſert à écrire, à imprimer, &c.

Une déclaration du roi, donnée le premier mars mil ſept cent ſoixante-onze, a ordonné que les anciens droits établis ſur le carton & le

Papier cefferoient d'être perçus, & que ceux qui font fixés par le tarif annexé à cette loi (*),

---

(*) *Voici ce tarif :*

Papiers blancs pour écritures, impreffions & autres ufages.

ART. 1. Pour chaque rame de Papier, dont les dénominations font *grand Louvois*, *grand Monde*, & autres dont les dimenfions excéderont celle de trente-fept pouces de largeur, la feuille étant ouverte, & vingt-fix pouces de hauteur, fera payé quinze livres, ci .   15

2. Pour chaque rame de Papier *grand Aigle*, *grand Eléphant*, *grand Soleil*, & autres de dimenfions au deffous de celles de la première claffe, jufques & y compris celles de trente-deux pouces de largeur, & de vingt-quatre pouces neuf lignes de hauteur, fera payé douze livres, ci .   12

3. Pour chaque rame de Papier *grand Colombier* ou *Impérial*, *grande Fleur-de-lys*, *au Soleil*, *à l'Eléphant*, *Chapelet*, *petit Chapelet*, *grand Atlas*, *petit Atlas*, & autres de dimenfions au deffous de celles de la feconde claffe, jufques & y compris celles de vingt-fix pouces quatre lignes de largeur, & de vingt pouces quatre lignes de hauteur, fera payé neuf livres, ci .   9

4. Pour chaque rame de Papier nommé *grand Jefus* ou *fuper Royal*, *petit Soleil*, *grand Royal étranger*, *petite Fleur-de-lys*, *grand Lombard*, & autres de dimenfions au deffous de celles de la troifième claffe, jufques & y compris celles de vingt-quatre pouces de largeur, & dix-fept pouces dix lignes de hauteur, enfemble chaque rame de Papier nommé *Capucin*, fera payé quatre livres dix fous, ci .   4 : 10

Ceux des Papiers dénommés ou défignés dans les quatre premières claffes ci-deffus, qui feront de pâte commune, appelés *pâte-bulle*, ne payeront que les deux tiers des droits y énoncés.

ne feroient exigibles qu'à l'entrée des villes &

	l.	f.
5. Pour chaque rame de Papier *Lombard*, *grand Royal*, *grand Raifin*, de quelque poids & qualité que ce foit, & autres dimenfions au deffous de celles de la quatrième claffe, jufques & y compris celles de vingt-deux pouces fix lignes de largeur, & dix-fept pouces fix lignes de hauteur, fera payé une livre feize fous, ci	I	16
6. Pour chaque rame de Papier appelé *Royal ordinaire*, *petit Royal*, *Lombard royal*, *Lombard ordinaire* ou *grand Carré*, & autres dimenfions au deffus de la cinquième claffe, jufques & y compris celles de vingt pouces de largeur & feize pouces de hauteur, fera payé une livre dix fous, ci	I	10
7. Pour chaque rame de Papier, nommé *Carré* ou *grand Compte*, *Carré au raifin*, *au fabre*, ou *fabre au lyon*, *Cavalier bâtard de Dauphiné*, *grand meffel*, *Bâtahomme*, *Raifin collé*, *Raifin fluant*, & autres dimenfions au deffous de celles de la fixième claffe, jufques & y compris celles de dix-neuf pouces de largeur fur quinze pouces de hauteur, enfemble pour chaque rame nommée *double Cloche*, fera payé vingt fous, ci	I	
8. Pour chaque rame de Papier nommé *à l'Écu* ou *moyen Compte*, *Compte Pomponne*, *trois O de Normandie* ou *d'Auvergne*, *Carré de Caen*, *petit Cavalier*, *fecond Meffel* ou *Coutelas*, *à l'étoile*, *à l'éperon*, ou *Longuet*, *grand Cornet à la main*, *Jofeph Bafafemme*, & autres dimenfions au deffous de celles de la feptième claffe, jufques & y compris celles de dix-fept pouces de largeur, & treize pouces fix lignes de hauteur, enfemble pour chaque rame nommé *Serpente*, fera payé feize fous, ci		16
9. Pour chaque rame de Papier nommé *Couronne* ou *Griffon*, *Champy* ou *Bâtard de Normandie*, *Tellière*, *grand format*, & autres de dimenfions au deffous de celles de la hui-		

tième claffe, jufques & y compris celles de   l.   f.
feize pouces fix lignes de largeur fur treize
pouces de hauteur, fera payé treize fous, ci . .   13

   10. Pour chaque rame de Papier nommé
Cadran, *Tellière*, *Pantalon*, *petit Raifin* ou
Bâton royal aux armes d'Amfterdam, ou *Pro-
patria*, ou *Libertas*, *Cartier*, *grand format de
Dauphiné*, *Cartier*, *grand format ordinaire*,
petit Cornet, *trois O* ou *trois Ronds de Gênes*,
Licornes à la Cloche, & autres de dimenfions
au deffous de celles de la neuvième claffe, jufques & y compris celles de quinze pouces
trois lignes de largeur, & onze pouces fix lignes
de hauteur, fera payé douze fous, ci . . .   12

   11. Pour chaque rame de Papier nommé
petit Nom de Jefus, *Romaine*, *Pigeonne* ou
Poulette, *Cartier au Pot* ou *Cartier ordinaire*,
Efpagnol, *Lys*, *à la Cloche*, & autres de dimenfions au deffous de celles de la dixième
claffe, jufques & y compris celles de quatorze
pouces de largeur, & dix pouces quatre lignes
de hauteur, fera payé dix fous, ci . . .   10

   12. Pour chaque rame de Papier nommé
petit Jefus, *petit à la Main* ou *Main-fleurie*,
Marie, & autres petites fortes de dimenfions au
deffous de la claffe ci-deffus, fera payé huit
fous, ci   8

  Tous Papiers connus dans les pays où ils font en ufage,
fous des dénominations autres que celles énoncées au préfent tarif, & dont les dimenfions fe rapporteront à quelques-
unes de celles fpécifiées au tarif joint à l'arrêt du confeil
du 18 feptembre 1741, payeront le droit fixé pour celle
des claffes ci-deffus dans laquelle fe trouve la dénomination, telle qu'elle eft exprimée au tarif de 1741.

       Papiers dorés & argentés.

  Pour chaque rame de Papier doré ou argenté, uni, ou à
grandes ou à petites fleurs, fera payé fuivant celle des

classes de Papiers blancs ci-deffus, auxquelles ils doivent
être rapportés par leurs dimensions, le triple des droits y
portés, indépendamment de ceux dus à la fabrication.

Papiers marbrés.

Pour chaque rame de Papier marbré, fera payé, suivant
fes dimensions, le double des droits des Papiers blancs.

Papiers de couleur fine.

Pour chaque rame de Papier teint d'une couleur fine,
ou peint d'un côté, & d'une feule couleur, fans mélange,
ainsi que pour chaque rame de Papier gris, fin, à deffiner,
fera payé, suivant les dimensions, les mêmes droits que
pour les Papiers blancs.

Papiers gris & Papiers de couleur commune.

Pour chaque rame de Papier gros bleu, brun, dit *Musc*
ou *Musqué*, & gris commun, pour enveloppes, ainsi que
pour chaque rame de celui nommé *Traffe*, ou *Etreffe*, ou
Mainbrune, fera payé, suivant les dimensions, la moitié
des droits des Papiers blancs.

Papiers brouillards.

Pour chaque rame de Papier brouillard ou à la demoifelle, fera payé, suivant fa dimension, les trois quarts des
droits des Papiers blancs.

Cartes ou *Cartons de feuille.*

Pour chaque cent de feuilles de cartes ou cartons, formés de plusieurs feuilles de Papier collées enfemble, fera
payé, suivant l'espèce de Papier blanc auxquelles ils devront être rapportés par leurs dimensions, le quadruple des
droits portés au tarif ci-deffus pour chaque rame.

Cartons de pâte.

Pour chaque cent de feuilles de carton de pâte fera payé
les mêmes droits que pour les cartes & cartons ci-deffus,
suivant les dimensions dont ils approcheront le plus. Fait
& arrêté au confeil d'état du roi, tenu à Verfailles le 2
mars 1771.

Signé, PHELYPEAUX.

Ce tarif a enfuite été modéré & interprété par un arrêt

du conseil du 16 octobre de la même année, qui contient à cet égard les dispositions suivantes :

ART. 1. Les images, Papiers peints en façon de damas, d'indiennes ou tapisseries ; Papiers drapés en laine hâchée, autrement dits *Papiers tontisses*, & autres Papiers de semblable espèce, & généralement toutes les dominoteries imprimées ou non imprimées, avec moules & planches en bois, fabriqués dans les lieux autres que ceux compris en l'état annexé a la déclaration du premier mars 1771, dont les droits dus aux entrées de Paris, soit à sa majesté, soit au profit des officiers, contrôleurs & visiteurs des Papiers & cartons, avoient été fixés à raison du quintal, par l'arrêt du conseil du 27 février 1765, seront, a compter du jour de la publication du présent arrêt, payés à l'entrée des lieux compris audit état, à proportion du nombre de feuilles dont les mains, rouleaux ou images seront composés, selon celles des classes du tarif annexé à ladite déclaration, auxquelles lesdits Papiers, images & dominoteries devront être rapportés, eu égard aux dimensions des feuilles dont elles seront composées ; savoir, les images formées d'une ou de plusieurs feuilles, ainsi que les Papiers à fonds blancs ou sablés, imprimés en fleurs ou petits dessins, ainsi que ceux pour échiquiers ou autres semblables usages, lesquels se vendent à la feuille ou à la main, les mêmes droits que les Papiers blancs ; les Papiers drapés ou Papiers tontisses, ainsi que les Papiers peints & imprimés, façon d'Angleterre, imitant les dessins d'étoffes à meubles, ensemble les Papiers de la Chine, le double des droits des Papiers blancs ; le tout sans préjudice des droits de domaine & autres auxquels lesdites dominoteries sont assujetties à l'entrée de ladite ville de Paris, lesquels continueront d'être perçus comme avant ladite déclaration du premier mars 1771.

2. Celles desdites dominoteries auxquelles auront été employés des Papiers de pâte bulle, de quelques-unes des espèces désignées aux quatre premières classes du tarif, jouiront, comme les Papiers blancs, de la modération d'un tiers desdits droits.

3. Les dominoteries fabriquées dans quelqu'un des lieux compris en l'état annexé à ladite déclaration du premier

mars dernier, & qui, par l'art. 1 du présent arrêt, ne font assujetties qu'aux mêmes droits que les Papiers blancs, seront à l'entrée, soit de la ville, fauxbourgs & banlieue de Paris, soit des autres lieux énoncés audit état, traitées suivant les dispositions des articles 9 & 10 de ladite déclaration.

4. Celles des dominoteries fabriquées dans quelqu'un des lieux compris audit état, & qui, par ledit article premier du présent arrêt, sont assujetties au double des droits des Papiers blancs, ne seront, en entrant dans la ville, fauxbourgs & banlieue de Paris, sujettes qu'au payement du simple droit des Papiers blancs, & en outre des six sous pour livre & des vingtièmes de l'Hôpital, sur le pied du double droit; & à l'entrée des autres lieux compris audit état, au payement du simple droit seulement, le tout en justifiant que lesdites dominoteries seront provenues de manufactures situées dans quelqu'un desdits lieux sujets, & que les Papiers ayant servi à leur fabrication y auront acquitté les droits du tarif annexé à ladite déclaration.

5. Les images, ainsi que les Papiers imprimés avec moules & planches représentant des figures, ou qui seroient en outre imprimés en lettres & caractères typographiques, continueront d'être sujets à la visite des chambres syndicales; dispense sa majesté de ladite visite les dominoteries autres que celles ci-dessus désignées.

6. Le Papier dénommé *petit Royal*, ayant, suivant le tarif joint à l'arrêt du conseil du 18 septembre 1741, vingt pouces de large, la feuille étant ouverte, sur seize pouces de haut, sera & demeurera compris dans la septième classe du tarif annexé à ladite déclaration du premier mars 1771, &, comme tel, ne payera que vingt sous la rame; le Papier appelé *grand Messel*, dont les dimensions doivent être de dix-neuf pouces de largeur sur quinze pouces de hauteur, sera rapporté à la huitième classe dudit tarif, & en conséquence ne sera assujetti qu'au droit de seize sous par rame; celui connu sous le nom de *grand Licorne à la cloche*, devant avoir dix-neuf pouces de largeur sur douze de hauteur, ainsi que celui appelé *Cartier grand format de Dauphiné*, dont les dimensions doivent être de seize pouces de largeur

lieux énoncés dans l'état joint à la même déclaration (*).

---

fur treize pouces & demi de hauteur, feront & demeureront compris dans la neuvième claffe dudit tarif du premier mars 1771, & en conféquence les droits en feront dus fur le pied de treize fous la rame.

7. Les Papiers dénommés *Jofeph-blancs*, n'ayant point de dimenfions déterminées par les réglemens, mais feulement celles ufitées dans les provinces où ils fe fabriquent, ou relatives aux ufages auxquels ils font deftinés, payeront les mêmes droits que les autres Papiers blancs, fuivant celles des claffes dudit tarif auxquells ils devront être rapportées par leurs dimenfions.

8. Les Papiers dits *Brouillards* ou *à la Demoifelle* ne payeront, ainfi que les autres Papiers bruns & gris communs pour enveloppes, que la moitié des droits dus pour les Papiers blancs auxquels ils devront être rapportés par leurs dimenfions.

9. Les rames compofées en totalité de Papiers caffés & déchirés dans la plus grande partie de la feuille, ne payeront que la moitié des droits auxquels, dans tout autre cas, elles fe trouveront affujetties par ledit tarif.

10. Les droits dus pour chaque cent de cartes ou cartons de feuille ou de pâte, demeureront modérés au double des droits dus pour chaque rame de l'efpèce de Papiers blancs dont ils auront été formés, ou dont ils approcheront le plus par leurs dimenfions; & pour ceux defdits cartons qui devront être rapportés à quelqu'une des quatre premières claffes dudit tarif, ledit double droit n'en fera perçu que fur le pied de celui dû pour les Papiers de pâte bulle.

(*) *Cet état comprend les villes & lieux fuivans :*

Généralité d'Amiens.

Abbeville, Amiens, Ardres, Boulogne-fur-Mer, Calais, Doulens, Montdidier, Montreuil-fur-Mer, Péronne, Saint-Quentin, Saint-Vallery.

Lorfque

Lorsque des Papiers étrangers arrivent dans les

Province d'Artois.

Aire , Arras , Bapaume , Béthune , Carvin , Hesdin , Lens , Lillers , Saint-Omer , Saint-Paul.

Généralité de Châlons.

Ay , Bar-sur-Aube , Châlons , Château-Porcien , Chaumont , Epernay , Joinville , Langres , Rheims , Rhetel-Mazarin , Saint-Dizier , Sainte-Menehoult , Sedan , Sezanne , Troies , Villenaux , Vitry-le-François.

Généralité d'Orléans.

Beaugency , Blois , Chartres , Châteaudun , Clamecy , Dourdans , Gien , Jargeau , Montargis , Mer ou Menard-la-Ville , Meung , Orléans , Pithiviers , Romorantin , Selles , Vendôme.

Généralité de Paris.

Argenteuil , Beaumont-sur-Oise , Beauvais , Chably , Chevreuse , Compiegne , Corbeil , Coulommiers , Dreux , Etampes , Fontainebleau , Joigny , la Ferté-sous-Jouarre , Lagny , Mantes , Meaux , Melun , Montereau , Monfort-Lamaury , Moret , Nanterre , Nemours , Nogent-sur-Seine , Paris , Poissy , Provins , Saint-Denis , Senlis , Sens , Saint-Germain , Tonnere , Ville-Neuve-le-Roi & Versailles.

Généralité de Poitiers.

Châtellerault , Confolens , Fontenay , Montmorillon , Nyort , Partenay , Poitiers , les Sables d'Olonne , Thouars.

Généralité de Soissons.

Château-Thierry , Chauny , Clermont , Crespy , Essommes , Guise , Laon , Noyon , Pont-Sainte-Maxence , Soissons.

Généralité de Tours.

Amboise , Angers , Baugé , Craon , Doué , Château-Gontier , Château-du-Loir , Chinon , la Fleche , Laval Loches , Loudun , le Mans , Mayenne , Montreuil-Bellay , Richelieu , Saumur , Tours.

Généralité de la Rochelle.

Coignac , Jonsac , Marans , Marennes , Oleron , Pont

villes & lieux dont il s'agit, ils n'y font affu-

Rochefort, la Rochelle, Saint-Jean d'Angely, Saint-Martin de Rhé, Saintes.

Généralité de Bourges.

Le Blanc, Bourges, la Charité, la Chaftre, Châteauroux, Iffoudun, Saint-Amant, Vierzon.

Généralité de Moulins.

Aubuffon, Château-Chinon, Evaux, Gannat, Guerret, Montluçon, Moulins, Nevers, Saint-Pourçain.

Généralité de Riom.

Aurillac, Brioude, Clermont-Ferrand, Iffoire, Riom, Saint-Flour.

Généralité de Lyon.

Beaujeu, Charlieu, Condrieux, Lyon, Montbriffon, Rivedegié, Roanne, Saint-Chaumont, Saint-Etienne, Ville-Franche.

Généralité de Rouen.

Arques, les Andelis, Bolbec, Caudebec, Cormeille, Chaumont, Dieppe, Elbœuf, Eu, Evreux, Fécamps, Gifors, le Havre, Honfleurs, Louviers, Magny, Monti-villiers, Neufchatel, Pont-Audemer, Pont-de-l'Arche, Pont-l'Evêque, Pontoife, Rouen, Saint-Valery, Vernon, Yvetot.

Généralité de Caën.

Avranches, Bayeux, Caen, Carentan, Cherbourg, Cou-rances, Grandville, Mortain, Saint-Lô, Thorigny, Va-lognes Ville-Dieu, Vire.

Généralité d'Alençon.

L'Aigle, Alençon, Argentan, Bellefme, Bernay, Conches, Domfront, Falaife, Lizieux, Mamers, Mortagne, Neu-bourg, Nogent-le-Rotrou, Orbec, Séez, Verneuil au Perche.

Généralité de Toulouse.

Alby, Aleth, Carcaffonne, Caftelnaudary, Caftel-Sarrazin, Caftres, Gailliac, Lavaur, Limoux, Mirepoix, Rieux, Saint-Papoul, Touloufe.

Généralité de Montpellier.

Agde, Alais, Audure, Bagnols, Beaucaire, Beziers,

jettis qu'aux droits du tarif ; mais il faut qu'ils

Clermont, Lodève, Lunel, Marvejols, Mende, Montpellier, Narbonne, Nîmes, Pézenas, le Puy, Saint-Esprit, Saint-Hypolite, Uzès, Viviers.

Pays de Foix.

Foix, Mazères, Pamiers, Tarascon.

Province de Bourgogne.

Avalon, Antun, Auxerre, Bar-sur-Seine, Beaune, Bourg en Bresse, Chablis, Châlons-sur-Saone, Châtillon, Dijon, Louhans, Mâcon, Nantua, Saulieu, Semur en Auxerrois.

Généralité de Grenoble.

Bourgoin & Jaheu, Bourg d'Oisans, Briançon, Crest, Dies, Gap, Grenoble, Montelimart, Romans, Vienne, Voiron & la Buisse.

Province de Bretagne.

Brest, Dinan, Guincamp, Hennebond, Lamballe, Landerneau, Morlaix, Nantes, l'Orient, Quimper, Rennes, Rhedon, Saint-Brieux, Saint-Malo, Vannes.

Province de Roussillon.

Perpignan & Collioure.

Généralité de Metz.

Longwirs, Metz, Phalsebourg, Sar-Louis, Thionville, Toul, Verdun, Vic.

Province de Franche-Comté.

Arbois, Besançon, Dole, Gray, Lons-le-Saunier, Ornans, Poligny, Pontarlier, Salins, Vezoul.

Province d'Alsace.

Colmar, Fort-Louis, Haguenau, Landau, Obernheim, Strasbourg, Scheleftat, Wessembourg.

Province de Flandres.

Armentières, Bailleul, la Bassée, Bergues, Bouxbourg, Cassel, Commines, Douai, Dunkerque, Estaires, Gravelines, Harbrouck, Hambourdin, Houschoote, Lille, Merville, Orchies, Roubais, Turcoin.

juſtifient du payement des droits dus à l'entrée du royaume (*). Quant aux Papiers fabriqués

---

Hainaut..

Cambray , Cateau - Cambreſis , Condé , Maubeuge , Saint-Amand , Valenciennes.

Généralité de Bordeaux.

Agen , Bergerac , Blaye , Bordeaux , Bourg , Cadillac , Caſtillon , Clairac , Condom , Coutras , Libourn , Marmande , Périgueux , la Réole , Saint - Emilion , Sainte - Livrade , Sarlat , Tonneins.

Généralité de Limoges.

Angoulême , Bellac , Limoges , Saint - Junien , Tulles , Brives , Bourganeuf , Ruffec , la Rochefoucault , Saint-Leonard.

Généralité de Montauban.

Cahors , Cauſſade , Fijac , Milhau , Montauban , Rhodes , Ville-Franche.

Généralité d'Auch & Pau.

Auch , Bayonne , Bourg - Saint - Eſprit , le comté de Bigorre , Grenade , Lectoure , le pays de Marſan , la Navaille , Nay , Nogaro , Oleron , Pau , Saint-Jean de Luz.

Provence.

Aix , Arles , Avignon , Carpentras , Cavaillon , Frejus , Graſſe , Marſeille , Siſteron , Taraſcon , Toulon.

Dombes.

Trevoux.

Lorraine.

Bar-le-Duc , Luneville , Nancy , Plombières , Pont-à-Mouſſon.

Fait & arrêté au conſeil d'état du roi, tenu à Verſailles le 2 mars 1771.

Signé, PHELYPEAUX.

(*) Ces droits ont depuis été fixés par un arrêt du conſeil du 21 août 1771 , qui a ordonné que les eſpèces & qualités de Papiers ci-après, venant de l'étranger, payeroient à l'avenir à toutes les entrées du royaume, par quintal poids de marc ; ſavoir, les Papiers blancs, de quelque

dans le royaume, il doit pareillement être juftifié du payement des droits des cinq groffes fermes & autres droits de traite, dans le cas où ils doivent être perçus. C'eft ce qui réfulte de l'article 5 de la déclaration citée.

Conféquemment à ces difpofitions, l'article 6 a ordonné qu'en conformité des articles 9 & 12 du titre des droits de marque & de contrôle du Papier, de l'ordonnance du mois de juin 1680, les voituriers par eau & par terre, chargés de la conduite des Papiers & cartons, feroient porteurs de lettres de voiture en bonne forme, lefquelles, ainfi que les acquits des droits payés fur la route, ils feroient tenus de repréfenter aux bureaux des barrières, portes, ports & autres, pour y être vifés, le tout à peine de confifcation des Papiers, charrettes & chevaux, & de 500 livres d'amende.

Les Papiers & cartons de manufacture françoife, deftinés pour l'étranger, ne font point fujets aux droits portés par le tarif, à l'entrée des villes d'où ils doivent être voiturés hors du royaume ou des ports d'embarquement : cela eft ainfi réglé par l'article 7, qui a d'ailleurs accordé pour ces marchandifes, dans les villes & ports de Dunkerque, Calais, Dieppe, le Havre, Saint-Malo, l'Orient, Nantes, la Rochelle, Bordeaux, Bayonne, Marfeille & Toulon, un entrepôt de fix mois, en obfervant les formalités

---

efpèce, qualités & grandeurs que ce fût, vingt livres; les Papiers gris, bruns, bleus & autres couleurs, ainfi que les Papiers dits brouillards, douze livres; les Papiers dorés ou argentés, unis ou à fleurs, trente-trois livres douze fous; & les Papiers marbrés, vingt-fix livres huit fous.

ordinaires, paſſé lequel terme, les droits en
feroient exigibles, ſi mieux n'aimoient les com-
miſſionnaires & fabricans expédier par acquit
à caution, à la charge de le rapporter déchargé
dans le délai de ſix mois, ſous peine de reſtitution du quadruple des droits.

Les Papiers deſtinés pour la conſommation
de Paris doivent, ſuivant l'article 8, jouir aux
mêmes conditions de la même faveur d'entrepôt
dans les villes de Rouen & d'Orléans (*) : mais
aucun entrepôt ne peut avoir lieu chez les marchands papetiers, imprimeurs, libraires & re-
lieurs, qui ne peuvent avoir en magaſin aucun
Papier & carton, ſans en avoir payé les droits,
ſous les peines portées par les réglemens.

L'article 9 veut que tous les Papiers & cartons
deſtinés pour quelqu'un des lieux énoncés dans
l'état joint à la déclaration dont nous parlons,
ſoient ſujets aux droits du tarif, quand même ils auroient été expédiés de quelque autre lieu compris dans cet état, à moins qu'ils ne ſoient accompagnés d'un congé ou certificat juſtificatif que
les droits y ont été payés.

Les Papiers & cartons qui entrent dans Paris
& la banlieue, doivent payer, outre les droits
portés au tarif, le vingtième attribué à l'hôpital
général de cette ville, outre les ſous pour livre,
tels qu'ils ſe perçoivent ſur les autres droits aux
entrées de Paris : obſervez néanmoins que les

(*) L'entrepôt des Papiers deſtinés pour la conſommation
de Paris, peut auſſi avoir lieu à Limoges, ſous les conditions fixées pour les entrepôts permis à Rouen & à Orléans.
C'eſt ce qui réſulte de l'article 13 de l'arrêt du conſeil du
16 octobre 1771.

cartons qu'on juftifie avoir été fabriqués dans
quelqu'un des lieux défignés par l'état annexé à
la déclaration dont il s'agit, ne font affujettis
qu'au vingtième & aux fous pour livre dont
on vient de parler. C'eft ce qui réfulte de l'article 10.

Il eft défendu d'introduire dans l'île de Corfe
d'autres Papiers que ceux qui proviennent des manufactures du royaume, à peine de confifcation
& de mille livres d'amende. Les droits dus par
ces papiers à l'entrée des ports de cette île, font
les mêmes que ceux que l'on perçoit dans les villes
& lieux defignés dans l'état dont on vient de
faire mention. Cela eft ainfi réglé par l'article
3 de la déclaration dont nous venons de rapporter
les principales difpofitions.

Suivant l'article 12 de l'édit du mois de février 1748, dont l'exécution a été ordonnée par
la déclaration du premier mars 1771, en ce qu'il
n'y étoit point dérogé par cette dernière loi, les
commis du fermier peuvent fe tranfporter, lorfqu'ils le jugent à propos, dans les moulins, manufactures, ouvroirs, magafins & autres endroits
appartenans aux maîtres des moulins à papier,
pour y vérifier leurs fabrications & ventes de
Papier : la même loi veut que les maîtres fouf-
frent les vifites de ces commis, fous peine de deux
cents livres d'amende.

Par arrêt du 4 mai 1773, le confeil a confirmé deux ordonnances de l'intendant de Flandres, par lefquelles le fieur Durot, entrepreneur
de la manufacture royale de toiles peintes, indiennes & papier peint en façon de damas &
d'indienne à Lille, avoit été condamné à fouffrir
les vifites & exercices des commis du fermier dans

C iv

fa manufacture, & à une amende pour s'y être
oppofé (*).

(*) *Nous allons rapporter cet arrêt & le vu qui le
précède, attendu que les moyens respectifs des parties y
font développés.*

Vu au confeil d'état du roi la requête préfentée par
le fieur Durot, entrepreneur de la manufacture royale des
toiles peintes & indiennes de la ville de Lille, contenant:
Que la faveur que fa majefté a jugé à propos d'accorder,
par fon arrêt du 25 janvier 1771, aux fabricans de Papier
peint en façon de damas & d'indienne, l'avoit déterminé
à entreprendre de joindre cette efpèce de fabrique à celle
de toiles peintes qu'il a élevée dans la ville de Lille:
qu'il y avoit déjà réuffi au point de furpaffer les fabriques étrangères établies dans les villes frontières du royaume,
lorfque Julien Alaterre, chargé de la régie des nouveaux
droits impofés fur les Papiers & cartons, eft venu troubler le cours de cette nouvelle fabrique, en voulant introduire une forme de régie tout-à-fait oppofée à celle qui
lui eft prefcrite par les déclarations & arrêts de fa majefté
des premiers mars, 23 août & 16 octobre 1771. Quoique ces réglemens reftreignent la perception des droits fur
les Papiers & cartons, à l'entrée feulement des villes &
lieux défignés dans l'état annexé à la déclaration du premier mars 1771; quoique les vifites & exercices qu'ils
ordonnent, ne doivent fe faire que dans les bureaux du
régiffeur, fans qu'il foit du tout queftion de les étendre
dans les lieux même de fabrique; cependant le régiffeur,
par une entreprife inouie, a voulu y affujettir celle du
fieur Durot, & cette prétention de fa part a été autorifée
par différentes ordonnances qui ont été furprifes à la religion du fieur intendant de Flandres. Le 4 juin 1772, les
commis du régiffeur fe préfentèrent chez le fieur Durot,
& le fommèrent de faire la déclaration de la quantité de
Papiers à ufage de dominoteries & autres de toutes efpèces
qu'il avoit en fa poffeffion, & de les mettre en évidence,
à l'effet d'en dreffer acte d'inventaire; celui-ci leur obferva,
que n'étant affujetti à aucune déclaration, finon à l'entrée
des villes feulement, il ne croyoit pas qu'ils fuffent fondés à faire aucune vifite dans fes atteliers; que s'ils avoient

Le même arrêt a ordonné que tous les fabricans de Papiers, cartons ou dominoteries dont

---

quelques titres, ils eussent à les exhiber, qu'alors il souffriroit lesdites visites; mais que jusque-là il se borneroit
à déclarer ses Papiers lorsqu'il les expédieroit de sa fabrique, & à en souffrir les visites dans les bureaux : nonobstant cette réponse, lesdits commis dressèrent procès-
verbal contre le sieur Durot, & le lui signifièrent sur le
champ, avec assignation pardevant le sieur de Caumartin,
intendant de Flandres. Le 10 du même mois, ordonnance
dudit sieur intendant, qui condamne le sieur Durot à
souffrir les visites & exercices des commis, & à payer le
double droit de ses Papiers en dominoteries, tant de ceux
consommés en la ville de Lille, que de ceux destinés pour
le dehors ; cette ordonnance notifiée au sieur Durot le 16
juin, avec sommation de s'y conformer, il répondit qu'il
avoit présenté ses moyens de défenses au sieur intendant,
& que jusqu'à ce qu'il y eût été statué, il ne pourroit
souffrir de visites ; en conséquence, nouveau procès-verbal
dressé contre lui & signifié ledit jour 16 juin, avec assignation devant ledit sieur intendant. Cependant le sieur
Durot ne voulant pas désobéir, fit sommer, le 20 juin,
le sieur Thierry, directeur du droit sur les Papiers, d'envoyer chez lui ses commis, déclarant que, pour satisfaire
à l'ordonnance du 10 juin, il souffriroit les visites ; il
présenta en même temps sa requête, à l'effet de démontrer la surprise faite à la religion du sieur intendant, qui,
sans avoir égard à ses moyens de défenses, confirma, par
son ordonnance contradictoire du 4 juillet, celle qu'il avoit
rendue le 10 juin précédent, & condamna le sieur Durot
en l'amende de trois cents livres, modérée par grâce à
cent livres, pour n'avoir pas consenti aux visites & exercices des commis dès le 16 juin, avec défense de récidiver, sous plus grande peine. En exécution de ces ordonnances, le sieur Durot a été forcé de souffrir les visites
& inventaires de ses Papiers, mais en même temps il a
pris le parti de former appel desdites ordonnances des 10
juin & 4 juillet, & cet appel a été signifié au régisseur,
par acte du 6 août ; malgré cette signification, le régisseur, qui, dès le 24 juillet précédent, avoit fait som-

les fabriques, magasins & ouvroirs seroient situés
dans l'enceinte, fauxbourgs, territoire & banlieue

mer le sieur Durot de satisfaire à l'ordonnance du 4 juillet,
lui fit signifier le 24 août une nouvelle ordonnance du 11
dudit mois, qui ordonne l'exécution de celle du 4 juillet,
nonobstant oppositions & appellations quelconques, & que
le sieur Durot sera tenu de payer & consigner, entre les
mains du sieur Thierry, le montant des condamnations
prononcées contre lui, ce que ledit sieur Durot s'est déterminé à faire d'après une nouvelle sommation qui lui a été
faite le 31 dudit mois d'août. Telles sont les vexations
que ledit sieur Durot a éprouvées de la part du directeur
de la régie à Lille, & qui le forcent de réclamer contre
les ordonnances rendues par le sieur intendant de Flandres :
la surprise faite à sa religion est manifeste ; pour s'en con-
vaincre, il suffit de comparer ces ordonnances avec les
réglemens faits sur cette matière. La déclaration du roi
du premier mars 1771, ordonne formellement, article 3,
que les droits seront payés *à l'entrée seulement des villes*
& lieux compris dans l'état annexé à ladite déclaration ;
l'arrêt du conseil du 16 octobre, porte, article premier,
» que les images & Papiers peints en façon d'indienne,
» payeront *à l'entrée des lieux* compris audit état, le
» double droit que les Papiers blancs ; article 12, que
» les droits portés au tarif ou fixés par ledit arrêt, se-
» ront dus & perçus sur les Papiers & cartons, à l'entrée
» de toutes les villes & lieux énoncés audit état «. Rien
de plus clair sans doute que ces dispositions ; elles établissent incontestablement qu'aucune perception ne peut
être faite qu'à l'entrée des villes ; cependant les ordonnances du sieur intendant ordonnent cette perception dès
la sortie même de la fabrique, & assujettissent les fabricans à des déclarations & à des visites qui ne doivent être
faites que dans les bureaux d'entrée, & non dans les fabriques mêmes ; de pareilles visites y apporteroient le désordre & la confusion, & géneroient sans cesse l'activité
& l'industrie du fabricant, en lui faisant perdre un temps
précieux : ce sont des motifs aussi puissans qui ont déterminé sa majesté à ne pas ordonner des visites dans les
fabriques, & c'est une innovation de la part du sieur

des villes & lieux défignés dans l'état annexé à
la déclaration de 1771 , feroient tenus de faire

Thierry , directeur de la régie , que de vouloir y affujettir celle du fieur Durot. A ces caufes, requéroit le
fuppliant, qu'il plût à fa majefté le recevoir appelant des
deux ordonnances du fieur intendant de Flandres, des 10
juin & 4 juillet derniers, faifant droit fur ledit appel ,
ordonner que la déclaration du premier mars 1771 , &
les arrêts du confeil rendus fur la régie des Papiers &
cartons, feront exécutés felon leur forme & teneur ; &
en conféquence, décharger le fieur Durot des condamnations
prononcées contre lui par lefdites ordonnances du fieur
intendant de Flandres ; ordonner que les fommes payées
en vertu defdites ordonnances, lui feront reftituées, &
condamner le fieur Thierry , directeur de la régie à Lille,
en la fomme de mille livres, pour tenir lieu de tous
dépens, dommages & intérêts ; ladite requête fignée Gou-
leau. Le mémoire en réponfe , de Julien Alaterre, régiffeur pour le roi du droit fur les Papiers & cartons, contenant en fubftance : que le feul expofé des faits avoués
dans la requête du fieur Durot, fuffifant pour prouver
les refus formels & réitérés qu'a faits ce fabricant de faire
fes déclarations & de fouffrir les vifites & exercices des
commis, il fe bornera à démontrer que cette réfiftance
eft d'autant plus repréhenfible, que le fieur Durot n'a pu
ignorer les titres fur lefquels le régiffeur fe fondoit pour
l'affujettir aux déclarations & aux vifites, ces titre lui ont
été repréfentés dès le 6 juin, jour où les commis fe font
préfentés chez lui, à l'effet d'y faire inventaire de fes
Papiers ; ils lui ont de nouveau été cités, lorfque, le 16
juin, les mêmes commis lui ont fignifié la première ordonnance du fieur intendant du 10 du même mois, les
deux actes du 4 & du 16 en font foi ; au furplus, ces
titres ne font point équivoques, puifqu'ils font puifés ,
tant dans l'édit du mois de février 1748, que dans la
déclaration du premier mars & dans l'arrêt du confeil
du 21 août 1771. L'article 9 de cet édit » enjoint à tous
» marchands merciers, débitans & autres faifant com-
» merce de Papiers, de déclarer aux bureaux du régiffeur
» tous les Papiers & cartons qu'ils ont en leur poffeffion ,

au bureau du fermier ou régiffeur leur déclaration des Papiers, cartons & dominoteries qu'ils

---

» chez eux ou ailleurs, & de fouffrir les vifites & exercices
» des commis, ainfi qu'il eft dit par l'article 3 dudit
» édit, & fous les mêmes peines «; c'eft-à-dire à toute
réquifition, & fous peine de trois cents livres d'amende,
qui fera encourue par le feul refus d'ouverture de portes:
cette difpofition eft non feulement rappelée implicitement
par l'article 11 de la déclaration du premier mars 1771,
qui veut » que les difpofitions de l'édit du mois de
» février 1748, qui concernent les droits fur les Papiers,
» foient exécutées felon leur forme & teneur, en ce qu'il
» n'y eft dérogé par ladite déclaration ; « mais elle l'eft
encore formellement par l'arrêt du confeil du 21 août,
qui » enjoint aux papetiers & tous autres dénommés,
» tant audit édit du mois de février 1748, qu'en la dé-
» claration du premier mars 1771, de faire les déclara-
» tions y prefcrites ; comme auffi de fouffrir les vifites &
» exercices des commis, conformément auxdits édit & dé-
» claration «. Comment toutes ces autorités, qui font la
bafe des ordonnances du fieur intendant, peuvent-elles être mé-
connues du fieur Durot ? & comment ofe-t-il, dans fa requête,
avancer que ni la déclaration du premier mars, ni les
arrêts du confeil par lui cités ne prononcent l'affujettiffe-
ment aux exercices? Ce n'eft, d'un autre côté, que par
un abus évident des termes, qu'il cherche à induire de
l'article 3 de cette déclaration, que la perception des
droits fur les Papiers ne doit en aucun cas avoir lieu
qu'à l'entrée ; le mot *feulement*, fur lequel il s'appuie,
loin de fervir dans cet article à reftreindre la perception
au feul cas de l'entrée, feit au contraire à reftreindre
cette perception à l'entrée des feules villes & liéux défignés
dans l'état annexé à la déclaration ; & pourroit-il refter
quelque doute à cet égard, quand on confidère que la
perception ordonnée par l'édit de 1748 devoit avoir lieu
dans toutes les villes & lieux du royaume fans exception,
& que celle que prefcrit la déclaration du premier mars
1771, eft réduite à un petit nombre de villes défignées
dans l'état y annexé? D'après cette explication, la fimple
lecture de l'article 3 cité achevera de détruire un fyftême

voudroient fabriquer & qu'ils auroient fabriqués,
& de souffrir les visites & exercices des commis

---

aussi absurde que celui du sieur Durot. C'est ainsi que
s'explique cet article : » Voulons qu'à l'avenir les droits
» sur les Papiers & cartons, *établis dans toute l'étendue*
» *de notre royaume* par notre édit du mois de février
» 1748, soient, à compter du jour de la publication des
» présentes, perçus conformément, au tarif attaché sous
» le contre-scel desdites présentes, à l'entrée *seulement* des
» villes & lieux, dont l'état y est pareillement annexé,
» ainsi qu'à l'entrée des ports de Corse «. Un pareil énoncé
peut-il paroître susceptible d'un interprétation équivoque ?
Quel seroit d'ailleurs l'effet de celle que le sieur Durot
s'efforce de lui donner, sinon d'anéantir totalement le droit
& de le rendre illusoire ? Et en effet, si en aucun cas
le droit ne pouvoit être perceptible que par le seul fait
de l'entrée dans le lieu sujet, il en résulteroit que les fabriques situées dans une ville sujette fourniroient tous les
Papiers nécessaires à la consommation des habitans de la
ville, sans payer aucun droit ; que dès-lors il n'entreroit
plus dans cette même ville aucuns Papiers du dehors, &
que conséquemment il ne s'y feroit aucune perception ;
bientôt les fabriques extérieures, hors d'état de soutenir
la concurrence, seroient ou ruinées ou transplantées dans
les lieux sujets, & le droit ne tarderoit pas à devenir nul :
telles sont cependant les conséquences, ridicules du raisonnement du sieur Durot, il choque tous les principes
d'administration, détruit toute balance dans le commerce,
enfin renverse toutes les ordonnances rendues sur le fait
des droits des fermes, qui veulent que toute denrée &
marchandise, crûe ou fabriquée dans le lieu assujetti à un
droit quelconque d'entrée, paye à la fabrication le même
droit que paye à l'entrée la marchandise importée : le
droit étant aussi incontestablement dû à la fabrique, même
lorsqu'elle se trouve située dans l'intérieur du lieu sujet,
comme celle du sieur Durot, il en résulte évidemment la
nécessité des déclarations de la part du fabricant, & son
assujettissement aux visites des commis ; c'est une conséquence nécessaire. Tout se réunit donc pour prouver
que les déclarations & visites, auxquelles le sieur Durot

à toute réquisition, sous peine de trois cents livres d'amende & de confiscation des Papiers, cartons & dominoteries non déclarés.

cherche à se soustraire, sont expressément ordonnées par les réglemens, qu'elles sont indispensables, & que ce n'est que par une obstination très-condamnable qu'il a pu s'y refuser. Pourquoi le régisseur conclut à ce qu'il plaise à sa majesté débouter le sieur Durot de toutes ses demandes ; ce faisant, ordonner que l'édit du mois de février 1748, la déclaration du premier mars 1771, les arrêts du conseil des 21 août & 16 octobre suivans, ensemble les ordonnances des 10 juin & 4 juillet 1772, du sieur intendant de Flandres, seront exécutés selon leur forme & teneur, & condamner ledit sieur Durot au coût de l'arrêt à intervenir. Vu aussi l'édit de février 1748 ; la déclaration du premier mars 1771, les arrêts du conseil des 21 août & 16 octobre suivans, les procès-verbaux dressés par les commis du régisseur, les 4 & 16 juin 1772, les ordonnances du sieur intendant de Flandres, des 10 juin & 4 juillet de la même année, & les autres pièces jointes aux requêtes & mémoires respectifs des parties : ouï le rapport du sieur abbé Terray, conseiller ordinaire au conseil royal, contrôleur général des finances ; le roi en son conseil, sans avoir égard aux demandes, fins & conclusions dudit Durot, dont sa majesté l'a débouté & déboute, a ordonné & ordonne que les ordonnances du sieur intendant & commissaire départi dans la province de Flandres, des 10 juin & 4 juillet 1772 ; ensemble les édit du mois de février 1748 ; déclaration du premier mars & arrêts du conseil des 21 août & 16 octobre 1771, seront exécutés selon leur forme & teneur ; condamne en conséquence sa majesté ledit Durot à payer audit Alaterre, si fait n'a été, les condamnations contre lui prononcées par lesdites ordonnances ; lui enjoint de faire ses déclarations & de souffrir les visites & exercices des commis, conformément auxdites ordonnances ; condamne en outre sa majesté ledit Durot au coût du présent arrêt, liquidé à soixante-quinze livres. Veut & ordonne sa majesté, qu'en conformité des édit du mois de février 1748, déclaration du premier mars 1771, & arrêts du conseil des 21 août

Papier timbré. Voyez l'article FORMULE, &
ajoutez ce qui fuit :

Le roi ayant été informé des contraventions
qui fe commettoient journellement à l'exécution
de la déclaration du 19 juin 1691, de la part
des receveurs du tarif & des octrois de plufieurs
villes du royaume, qui étoient dans l'ufage ou
de ne point délivrer de quittances des droits qui
leur étoient payés, ou de les délivrer fur du Papier non timbré; fa majefté, pour faire ceffer cet
abus, rendit en fon confeil, le 28 février 1772,
un arrêt qui contient les difpofition fuivantes:

» ARTICLE I. La déclaration du 19 juin 1691,
» & les arrêts & réglemens rendus en conformité,
» feront exécutés felon leur forme & teneur;
» en conféquence, les receveurs des droits du
» tarif & d'octrois des villes & communautés,
» & de tous autres droits de pareille nature, fe-
» ront tenus d'avoir des regiftres de recette en
» Papier timbré, pour y porter généralement
» toutes les fommes qui leur feront payées par
» les redevables des mêmes droits, lefquels re-

& 16 octobre fuivans, ci-deffus rappelés, tous fabricans
de Papier, fabricans de cartons ou dominoteries, dont les
fabriques, magafins & ouvroirs font fitués dans l'enceinte,
fauxbourgs, territoire & banlieue des villes & lieux défignés
dans l'état annexé à ladite déclaration du premier mars,
foient tenus de faire aux bureaux du régiffeur déclaration
des Papiers, cartons & dominoteries qu'ils voudront fabriquer & qu'ils auront fabriqués; comme auffi de fouffrir
les vifites & exercices des commis, à toute réquifition, le
tout à peine de trois cents livres d'amende & de confifcation des Papiers, cartons & dominoteries non déclarés.
Fait au confeil d'état du roi, tenu à Verfailles le 4 mai
1773. *Signé*, DEVOUGNY.

» giftres feront repréfentés par ceux qui en feront
» dépofitaires , aux prépofés de la ferme géné-
» rale , à toutes réquifitions de leur part , à l'effet
» par eux de vérifier feulement fi lefdits regiftres
» font tenus en Papier timbré , à peine contre
» les contrevenans d'être déchus de leurs em-
» plois , & de trois cents livres d'amende pour cha-
» que contravention.

» 2. Enjoint en outre fa majefté aux commis
» chargés de la régie & perception des droits
» d'octrois, de tarif & de tous autres droits fem-
» blables , d'en donner leurs quittances fur Pa-
» pier timbré , lorfque ces droits feront de cinq
» fous & au deffus ; leur faifant défenfes de dé-
» livrer deux ou plufieurs quittances ou acquits
» fur la même feuille , demi-feuille ou quart,
» fous les peines portées par l'article précédent.
» 3. A l'égard des acquits & quittances au
» deffous de cinq fous , veut & entend fa ma-
» jefté que les receveurs les délivrent en Papier
» non timbré & fans frais , à peine de trois cents
» livres d'amende & de deftitution «.

Par arrêt du 16 mars 1773 , le confeil a condamné Jean-François Maillard , archer , garde de
la connétablie & maréchauffée de France , à une
amende de cent livres , conformément à la déclaration du 16 juillet 1697 , pour la contravention par lui commife en procédant à une faifie
& exécution de meubles , en vertu d'une obligation dont l'expédition n'avoit été délivrée qu'en
Papier , au lieu de l'être en parchemin timbré , aux
termes des réglemens.

Par un autre arrêt du 20 juillet 1773 , le confeil a ordonné que l'article 7 de la déclaration
du 19 juin 1691 , feroit exécuté felon fa forme

&

& teneur ; en conféquence , que les fentences interlocutoires de provifions & d'appointemens , rendues par les juges de la maîtrife des eaux & forêts de Saint-Dizier , continueroient d'être délivrées en Papier , fuivant l'ufage ; mais qu'à l'égard des fentences ou jugemens définitifs , tant en matière civile que criminelle , foit fur vu de pièces , foit à l'audience , ils feroient expédiés en parchemin timbré , à peine de cent livres d'amende pour chaque contravention.

Le confeil a rendu un autre arrêt femblable le 3 août 1773 , relativement aux fentences & jugemens qui émanent du bailliage & fiége préfidial de Rheims.

En conféquence du nouveau plan qui a été adopté pour l'exploitation des fermes & régies du roi, Jean Vincent René a été chargé de faire, pour le compte de fa majefté , la régie, recette & perception des droits de la formule fur les Papiers & parchemins, conformément aux lettres-patentes du 4 août 1780 , enregiftrées à la cour des aides de Paris le premier décembre fuivant , dont nous allons rapporter les difpofitions :

» ARTICLE I. Jean-Vincent René fera à notre » profit & pour notre compte direct , à com- » mencer le premier octobre de la préfente an- » née 1780 , dans nos provinces fujettes aux » droits d'aides , enfemble dans l'étendue de » nos duchés de Lorraine & de Bar, & à comp- » ter du premier janvier 1781 feulement dans » les autres provinces, l'adminiftration, régie & » recette des droits de timbre fur les Papiers & » parchemins, à la charge par lui de fe confor-

„ mer aux édits , déclarations , tarifs & réglemens,
„ concernant lesdits droits.

„ 2. Exceptons néanmoins de la régie dudit Jean-
„ Vincent René , les droits de timbre des quit-
„ tances , acquits & expéditions relatives à la per-
„ ception des droits d'aides , & autres dus aux
„ entrées de notre bonne ville de Paris & dans
„ le plat pays de ladite ville , ainsi que de celles
„ concernant la perception des droits de traites
„ & cinq grosses fermes à la douanne de Paris ,
„ le droit de timbre desquelles expéditions nous
„ avons jugé convenable de comprendre dans
„ l'article 6 du bail général de nos fermes fait
„ à Nicolas Salzard. Exceptons pareillement le
„ droit de timbre des expéditions & quittances
„ à la charge des redevables , qui seront délivrées
„ par les commis & préposés d'Henri Clavel ,
„ pour raison de la recette de tous les droits qui
„ sont compris dans la régie dont nous l'avons
„ chargé , ou qui pourroient y être ajoutés par
„ la suite , ensemble des registres, expéditions &
„ quittances timbrées , dont , aux termes des ré-
„ glemens , sont tenus de se servir tous les ré-
„ gisseurs, fermiers & receveurs des droits d'oc-
„ trois & tarifs des villes & de tous autres droits,
„ lesquels droits de timbre feront partie de la
„ régie générale dont nous avons chargé ledit Henri
„ Clavel.

„ 3. Pourra ledit René établir tels bureaux &
„ commettre telles personnes qu'il jugera à pro-
„ pos, pour faire la perception desdits droits sur
„ ses procurations ou commissions. Enjoignons à
„ ceux qui seront préposés par ledit René , de
„ lui compter exactement du montant de leur
„ recette , dans les temps & de la manière qui

» leur feront prefcrits, fans pouvoir différer fous
» aucun prétexte, ni prétendre d'autres appoin-
» temens, remifes ou attributions quelconques,
» que ceux qui feront réglés par les états de
» frais de régie qui feront arrêtés par nos ordres.
» Voulons qu'en cas de conteftations fur lefdits
» appointemens, remifes ou autres attributions,
» elles foient portées directement à notre confeil,
» fans que les commis ou prépofés dudit René
» puiffent, fous prétexte defdites conteftations,
» refufer de compter ni retenir entre leurs mains
» les deniers qu'ils ont reçus, dont, par provifion
» & avant de pouvoir former aucune demande,
» ils feront tenus de remettre le montant audit
» René, ou aux fondés de fa procuration, à
» peine d'y être contraints par provifion & par
» corps, comme dépofitaires de nos deniers. Fai-
» fons défenfes à nos cours & juges de furfeoir
» à l'exécution des contraintes qui feront décernées
» par ledit René, & de rendre en pareil cas au-
» cuns arrêts ou fentences portant défenfes d'exé-
» cuter lefdites contraintes, fous tel prétexte que
» ce puiffe être ; à peine d'en répondre en leurs
» propres & privés noms.

» 4. Les prépofés dudit Jean - Vincent René
» jouiront de tous les priviléges, franchifes &
» immunités dont ont joui les employés de nos
» fermes ou régies, en conformité de l'ordon-
» nance du mois de juillet 1681, & autres ré-
» glemens.

» 5. Les directeurs, receveurs & autres pré-
» pofés à la perception defdits droits, feront te-
» nus de fournir audit Jean-Vincent René, dans
» le délai qui leur fera prefcrit, pour la fûreté
» & garantie de leur geftion & recette, des cau-

» tionnemens bons & folvables, affectés fur des
» biens fonds jufqu'à concurrence des·fommes
» qui feront fixées pour chacun defdits cautionne-
» mens, indépendamment de ceux qu'ils ont
» fournis ou dû fournir en argent.

» 6. Autorifons ledit Jean-Vincent René à fe
» faire remettre par Laurent David, adjudica-
» taire des fermes générales, fes commis ou pré-
» pofés, tous les Papiers & parchemins deftinés
» à la formule, timbrés ou non timbrés, qui
» refteront en nature, foit dans les entrepôts ou
» magafins, foit dans les bureaux de diftribution;
» favoir, le premier octobre 1780, dans les·pro-
» vinces & généralités fujettes aux droits d'aides,
» & dans les duchés de Lorraine & de Bar; & le
» premier janvier 1781, dans les autres pro-
» vinces, à la charge par ledit René de rem-
» bourfer audit David le prix marchand defdits
» Papiers & parchemins.

» 7. Les conteftations qui pourroient s'élever
» dans la régie & perception des droits de la
» formule fur les Papiers & parchemins, feront
» portées en première inftance devant les offi-
» ciers de nos juridictions qui ont droit d'en
» connoître, & par appel en nos cours des aides:
» voulons qu'elles foient jugées fommairement
» & fans frais, & qu'il ne puiffe être accordé
» aux avocats & procureurs des parties plus d'une
» remife à la huitaine, pour plaider fur lefdites
» conteftations en première inftance, & plus de
» deux remifes à quinzaine, pour celles portées
» par appel dans nos cours des aides, paffé lef-
» quels délais il fera ftatué définitivement, en-
» core que les avocats & procureurs ne fe fuffent
» pas préfentés.

» 8. Voulons qu'à compter des premier oc-
» tobre 1780 & premier Janvier 1781, ledit
» Jean-Vincent René soit & demeure subrogé
» audit Laurent David ; à l'effet de quoi toutes
» les demandes, instances, procédures & pour-
» suites, qui, à l'une & à l'autre époques, se
» trouveront commencées à la requête dudit
» Laurent David, seront continuées à la requête
» & sous le nom dudit René, auquel, ou à ses
» procureurs ou commis, ledit David, ses commis
» ou préposés, seront tenus de remettre à la
» première réquisition les dossiers, titres &
» pièces des instances introduites à sa requête,
» pour en être l'instruction continuée suivant les
» derniers erremens.

» 9. Autorisons ledit René à décerner toutes
» contraintes nécessaires, soit contre les redeva-
» bles de nos droits, soit contre les receveurs
» commis qui seront par lui préposés, & qui se-
» ront en retard de compter des deniers par eux
» reçus, soit contre leurs cautions ; lui permet-
» tons de se servir, pour les commandemens à
» faire en vertu desdites contraintes & autres
» actes à signifier, de tels huissiers & sergens
» que bon lui semblera, même de ceux des sei-
» gneurs dans l'étendue du ressort de leurs jus-
» tices, lesquels seront tenus de prêter leur
» ministère à la première réquisition dudit René
» ou de ses préposés, à peine de 200 liv. d'a-
» mende, laquelle demeurera encourue sur le
» procès-verbal qui sera dressé de leur refus.

» 10. Ledit René sera tenu de faire fabriquer
» de nouveaux timbres pour marquer les Pá-
» piers & parchemins, à compter du premier
» octobre prochain, dans les provinces sujettes

» aux droits d'aides, ainſi que dans les duchés de
» Lorraine & de Bar; & du premier janvier 1781
» ſeulement dans les autres provinces, à comp-
» ter deſquelles époques les timbres ſervans
» actuellement à Laurent David, adjudicataire
» des fermes générales unies, demeureront ſup-
» primés; faiſons en conféquence défenſes à tou-
» tes, perſonnes de ſe ſervir, à compter du pre-
» mier octobre prochain, dans les généralités
» ſujettes aux droits d'aides, & dans nos duchés
» de Lorraine & de Bar; & du premier janvier
» 1781 dans les autres provinces ou généralités,
» d'autres Papiers & parchemins timbrés, que
» de ceux qui le feront des nouveaux timbres
» établis par Jean – Vincent René, à peine de
» nullité des actes & de 100 livres d'amende;
» ſans que ledit René puiſſe être tenu de
» contre-timbrer *gratis*, reprendre ni échanger les
» Papiers & parchemins timbrés en feuilles ou
» en regiſtres, qui pourroient lui être rapportés,
» à l'exception ſeulement de ceux de regiſtres en
» Papier marqué des timbres dudit Laurent Da-
» vid, cotés & paraphés par un juge, dont l'uſage
» aura commencé avant l'expiration du bail du-
» dit David, & dont les timbres valideront juſ-
» qu'à la conſommation deſdits regiſtres. Voulons,
» relativement au dépôt qui doit être fait par
» ledit René des empreintes des nouveaux tim-
» bres dans les greffes des élections ou autres
» juridictions, qu'il ne puiſſe être rien exigé par
» les juges, & qu'il ne ſoit payé aux greffiers,
» pour l'expédition des procès-verbaux, que 3
» livres par procès-verbal, non compris le Pa-
» pier timbré.

» 11. Les ordonnances, édits, déclarations.

» arrêts & réglemens concernant les droits de
» la formule fur les Papiers & parchemins tim-
» brés, feront exécutés felon leur forme & te-
» neur : enjoignons aux officiers des juridictions
» qui ont droit d'en connoître, d'y tenir la main.
» Si vous mandons, &c «.

PAQUEBOT. On appele ainfi des bâtimens
de mer qui fervent à porter les lettres.

Le feu roi rendit le 31 juillet 1763, au
fujet des Paquebots, deftinés à la correfpondance des colonies, une ordonnance qui contient les difpofitions fuivantes.

» ARTICLE 1. Il y aura à l'avenir neuf cor-
» vettes ou Paquebots dans le port de Roche-
» fort, deftinés à porter dans les colonies les
» ordres de fa majefté, ainfi que les différentes
» lettres & paquets concernant fon fervice, &
» en rapporter les lettres de fes gouverneurs &
» intendans, & autres perfonnes employées à l'ad-
» miniftration.

» 2. Ces corvettes ou Paquebots feront com-
» mandés par des lieutenans de vaiffeaux, & à
» défaut, par des enfeignes, avec le nombre
» d'officiers & de gardes-marine que fa majefté
» jugera à propos d'employer à leur navigation.

» 3. Il partira tous les mois, & autant que
» faire fe pourra le 10 de chaque mois, un de
» ces Paquebots du port de Rochefort ; le com-
» mandant & l'intendant de la marine dans
» ce port remettront à l'officier qui comman-
» dera le Paquebot, des paquets féparés pour
» chaque colonie, de toutes les lettres contre-
» fignées qui leur auront été adreffées pour les

D iv

» colonies de la Guiane, des îles du Vent &
» fous le Vent, & pour celle de la Loui-
» fiane ; & ledit officier fera obligé de leur en
» donner un reçu, pour être envoyé au fecré-
» taire d'état ayant le département de la guerre
» & de la marine.

» 4. Ledit officier commandant le Paquebot
» fera tenu de recevoir fur fon bord les jeunes
» gens de mauvaife conduite qui lui feront re-
» mis par le commandant de la marine à Ro-
» chefort ; il aura foin d'empêcher leur évafion,
» fur-tout dans les mouillages, en les retenant à
» bord fous bonne garde & avec toutes les pré-
» cautions qu'il jugera néceffaires, devant en
» répondre fpécialement à fa majefté ; il fe con-
» formera d'ailleurs, pour ce qui concerne leur
» traitement, à ce qui eft prefcrit par l'ordon-
» nance du 15 juillet 1763.

» 5. En partant de Rochefort, l'officier com-
» mandant fera route pour fe rendre à droiture
» au port de l'île de Cayenne, où il remettra
» au commandant ou à l'ordonnateur de cette par-
» tie de la Guiane, le paquet de cette colonie ,
» dont il lui fera donné un reçu ; il recevra le
» paquet des lettres qu'on aura eu foin d'y raf-
» fembler auparavant de toutes les parties de la
» Guiane, afin que cette opération foit prompte-
» ment terminée, & que ledit officier comman-
» dant le Paquebot puiffe continuer, fans per-
» dre de temps, fa navigation pour la Mar-
» tinique.

» 6. A fon arrivée à la Martinique, il fera
» la même opération qu'à Cayenne, pour re-
» mettre les paquets de toutes les îles du Vent
» au gouverneur & à l'intendant, & pour en re-

» cevoir les paquets de toutes les îles, qu'on y
» aura rassemblés auparavant; il y consignera en
» même temps au gouverneur les jeunes gens
» de mauvaise conduite qu'on lui aura remis à
» Rochefort, & il en retirera un certificat de
» leur débarquement : cette opération terminée
» le plus promptement qu'il sera possible, ledit
» officier commandant fera route pour Saint-Do-
» mingue.

» 7. Il aura soin, en arrivant à Saint-Domin-
» gue, d'atterrer au cap, & non ailleurs, à moins
» d'une nécessité forcée : il y fera la même opé-
» ration qu'à Cayenne & à la Martinique, pour
» les paquets qu'il aura à remettre aux gouver-
» neur & intendant de ladite colonie, & en
» recevra également le paquet destiné pour la
» cour, pour, immédiatement après cette opé-
» ration, faire son retour à droiture au port de
» Rochefort.

» 8. Ledit officier commandant recevra sur son
» bord, tant à Cayenne qu'à la Martinique &
» à Saint-Domingue, les officiers & soldats
» auxquels les gouverneurs auront accordé un
» congé pour revenir en France, pourvu que leur
» nombre n'excède pas celui qui pourra être placé
» sûrement & convenablement sur le Paquebot; il
» pourra prendre à fret dans l'une & dans l'autre
» colonie, des effets & denrées du pays que le gou-
» verneur & l'intendant lui feront remettre en quan-
» tité proportionnée au port du bâtiment & à la fa-
» cilité de la navigation. Il apportera la plus grande
» attention à les faire déclarer à son arrivée à
» Rochefort, en remettant à l'intendant les con-
» noissemens qu'il aura reçus; mais dans le cas
» où lesdites denrées ne seroient pas déclarées, ou

» que les connoissemens ne contiendroient pas
» les véritables noms des chargeurs, propriétaire;
» ou consignataires, lesdites denrées seront sé-
» questrées, & il en sera rendu compte à. sa
» majesté, qui donnera ses ordres en conséquence:
» s'il étoit reconnu que lesdites denrées étoient
» pour le compte de quelqu'un des officiers du-
« dit Paquebot, elles seront confisquées, & l'offi-
» cier à qui elles appartiendront sera cassé.

» 9. Pour assurer encore mieux l'axactitude de
» la correspondance que sa majesté s'est pro-
» posé d'établir avec ses colonies, par le départ
» & le retour successif desdits Paquebots, sa
» majesté recommande aux gouverneurs, inten-
» dans & commandans des îles du Vent, d'en-
» voyer à la fin de chaque mois toutes les lettres
» & paquets de leur colonie, au gouverneur & à
» l'intendant de la Martinique, afin que toutes
» les lettres des îles du Vent se trouvant rassem-
» blées au Fort-royal, lors du passage du Paque-
» bot, elles puissent être, sans retardement, re-
» mises à l'officier qui le commandera, lequel
» ne pourra rester plus de quatre à cinq jours
» au Fort-royal ; & pour éviter la confusion dans
» la réunion desdites lettres & paquets des diffé-
» rentes îles, on aura soin de les timbrer du nom
» la colonie d'où on les enverra.

» 10. Enjoint sa majesté aux commandans &
» au subdélégué général de Saint-Domingue,
» d'envoyer pareillement au Gouverneur général
» & à l'intendant de la colonie, résidans au cap,
» tous les paquets & lettres qu'ils auront à faire,
» passer à la cour ; le commandant de la Loui-
» siane se servira aussi de la même voie, autant
» que les occasions pourront le lui permettre,

» pour faire paffer fa correfpondance au cap, où
» on fe conformera pour tout le refte aux dif-
» pofitions qui ont été ordonnées ci-deffus pour
» la Martinique.

» 11. Sa majefté veut bien, pour faciliter la
» correfpondance de fes fujets habitans du
» royaume, avec ceux de fes colonies, permettre
» que le directeur de la pofte à Rochefort re-
» mette au commandant de la marine en ce port,
» les lettres qui lui auroient été adreffées des
» différentes provinces du royaume pour les colo-
» nies ; voulant fa majefté que lefdites lettres
» foient remifes à l'officier commandant le Pa-
» quebot, & qu'il en foit pris le même foin que
» des paquets concernant fon fervice.

» 12. Ordonne fa majefté à l'officier qui com-
» mandera le Paquebot, de faire fon retour au
» port de Rochefort, & non ailleurs, à moins
» d'une néceffité indifpenfable ; dès qu'il aura
» mouillé au bas de la rivière, il enverra un
» officier de fon bord porter à Rochefort la malle
» des lettres qu'il aura prifes à Cayenne, à la
» Martinique & à Saint-Domingue, lefquelles y
» auront été cachetées du fceau de chaque colo-
» nie ; ledit officier les remettra au commandant
» de la marine à Rochefort, qui, après avoir
» vérifié fi lefdits cachets font entiers, en don-
» nera un reçu au commandant du Paquebot, &
» fera remettre au bureau de la pofte toutes les
» lettres contenues dans lefdites malles, afin
» qu'elles puiffent partir, par le premier courtier,
» pour leur deftination dans le royaume : lui dé-
» fend expreffément fa majefté de mettre aucune
» lettre ou paquet particulier fous aucune adreffe
» privilégiée, pour les exempter du port qu'ils
» devront payer «.

PARAFE. Marque qui eſt faite d'un ou de pluſieurs traits de plume, & qu'on met ordinairement après ſon nom quand on ſigne quelque acte.

Au palais, le Parafe ſe met quelquefois ſeul, & tient lieu de ſignature, comme quand un des avocats généraux parafe un appointement aviſé au parquet.

Quelquefois auſſi le Parafe ſert ſeulement à marquer des pièces, afin de les reconnoître & pour en conſtater le nombre ; c'eſt ainſi qu'un notaire parafe par première & dernière toutes les pièces inventoriées, c'eſt-à-dire qu'il met ſur chacune un nombre, avec un Parafe qui tient lieu de ſignature, & que ces nombres ſe ſuivent tant qu'il y a des pièces, de manière que ſur la dernière le notaire met le nombre, comme vingtième, s'il y en a vingt, & on ajoute ces mots *& dernière*, avec ſon Parafe.

Le ſecrétaire du rapporteur parafe de même par première & dernière les pièces de chaque ſac d'une inſtance ou procès.

Lorſqu'on remet des pièces dans quelque dépôt public, ou que l'on fait un procès-verbal relatif à une ou à pluſieurs pièces, on les parafe *ne varientur*, c'eſt-à-dire, afin qu'elles ne puiſſent point être changées. Voyez FAUX & INSCRIPTION DE FAUX.

Par arrêt de réglement du 21 juin 1723, le roi en ſon conſeil a fait très-expreſſes inhibitions & défenſes aux notaires, greffiers & autres ayant droit d'inſtrumenter, de faire aucune rature, renvoi ni changement, de quelque eſpèce que ce fût, dans les actes qu'ils recevroient, qu'ils ne fuſſent approuvés par les parties, à peine de nullité de ces actes, de 200 livres d'amende, d'interdiction, & même, en cas de récidive, d'être poursuivis extraordinairement comme pour crime de faux. Il leur a en outre été enjoint, conformément à la déclaration du 14 juillet 1699, & sous les peines y portées, de faire parafer les renvois & ratures par les commis au contrôle des actes ; & il a été fait défense à ces commis de contrôler aucun acte où les ratures, changemens & renvois ne seroient pas approuvés, à peine de 300 livres d'amende & de révocation.

PARAGE. C'est une espèce de tenure à titre de fief, suivant laquelle l'aîné d'un fief échu à plusieurs cohéritiers, rend au seigneur dominant la foi & hommage pour la totalité du fief, tandis que les puînés tiennent leur portion du même fief divisément ou indivisément de leur aîné, sans en faire hommage ni au seigneur dominant, ni à l'aîné, qui les garantit sous son hommage.

Cette définition ne convient qu'au Parage légal, le seul qui mérite véritablement ce nom. Il y a une autre espèce de Parage, que les auteurs appellent *Parage conventionnel*, & que la coutume de Poitou désigne sous le nom de *tenure en gariment*. On parle de cette dernière espèce de droit aux mots GARIMENT, PARAGE CONVENTIONNEL, PART-PRENANT & PART-METTANT. On ne s'en occupera donc pas ici.

On ne recherchera pas non plus l'origine du Parage ; on en a déjà parlé au mot DÉMEMBREMENT DE FIEF, section 1, en traçant l'histoire de l'aliénation des fiefs. On peut voir plus de détails dans la préface du premier volume des ordonnances du louvre, dans le commencement de la dissertation

de Guyot fur les Parages ; dans Bruſſel , liv. 3 ;
chap. 13 ; enfin, dans les diſſertations de Ducange
ſur la vie de ſaint Louis par Joinville.

Pour ſe borner ici à ce qui concerne les principes actuels du Parage légal , qui ne préſentent
que trop de détails & de difficultés , on va diviſer
cette matière en 19 ſections , dans l'ordre ſuivant.

1°. Des coutumes où le Parage eſt admis.

2°. Des différens noms que les coutumes em-
ploient en matière de Parage.

3°. Des perſonnes entre leſquelles le Parage
peut avoir lieu.

4°. Des biens qui ſont ſuſceptibles de Parage.

5°. Des cas où le Parage légal s'établit.

6°. Du *ſous-Parage* , ou du Parage qui a lieu
dans la ſubdiviſion des portions du fief tenu en
Parage.

7°. Du titre d'aîné ou de chemier. A qui il
appartient.

8°. Des droits & prérogatives de l'aîné , tant
ſur les puînés que ſur les vaſſaux & tenanciers du
fief tenu en Parage.

9°. Des charges de l'aîné , tant envers le ſeigneur du fief tenu en Parage , qu'envers ſes
puînés.

10°. Des droits des puînés durant le Parage.

11°. Des charges des puînés durant le Parage.

12°. Des droits du ſeigneur dominant durant
le Parage.

13°. De la fin du Parage par l'aliénation de la
portion de l'aîné.

14°. De la fin du Parage par l'aliénation de la
portion des puînés.

15°. De la fin du Parage par le défaut ou
l'éloignement du lignage.

16°. De quelques autres manières dont le Parage
peut finir.

17°. De la procédure qui doit être tenue lors
de la fin du Parage.

18°. De quelles manières le Parage une fois
fini peut se renouveler.

19. Des effets de la cessation du Parage, tant
envers le seigneur dominant, qu'envers les propriétaires de la portion de l'aîné & des portions
des puînés.

SECTION PREMIÈRE.

Des coutumes où le Parage est admis.

Outre la coutume de Bretagne, qui connoît
une espèce de Parage sous le nom de *juveigneurie*,
dont on a traité particuliérement au mot JU-
VEIGNEUR, les coutumes de Normandie, de Blois,
du Maine, d'Anjou, de Touraine, de Loudunois,
de Poitou, d'Angoulême & de Saint-Jean-d'Angely, admettent expressément le Parage, & ce
sont les seules qui en fassent mention. Mais il
en reste des traces dans plusieurs autres coutumes.
C'est ainsi que, suivant la coutume d'Orléans,
art. 35, » un fils aîné, noble ou non noble, âgé
» de vingt ans & un jour, peut, si bon lui
» semble, porter les foi & hommage pour tous
» ses frères & sœurs, mariés & non mariés «.

» Le susdit usage de porter la foi par le fils
» aîné, dit Lalande sur cet article, vient de ce
» que jadis les cadets tenoient de leur aîné en
» Parage, c'est-à-dire aussi noblement que lui,
» mais avec quelque différence envers leursdits
» frères, la part qui leur étoit échue en fief hé-

» réditaire . . . . . Or l'aîné , à caufe de cette pré-
» rogative & de l'avantage qu'il prenoit par-
» deſſus ſes frères & ſœurs , même pour ce qu'on
» le réputoit comme titulaire du fief entier , étoit
» chargé de faire la foi au ſeigneur , non ſeule-
» ment pour le gros dudit fief qu'il avoit , mais
» auſſi pour les portions appartenant aux fils &
» mâles puînés , & leur garantir ſous ſon hom-
» mage franches de tout devoir ordinaire dû au
» chef ſeigneur . . . . . . Ladite loi des Parages ſe
» garde encore en quelques lieux. . . . . . Mais
» ailleurs , & dans la plupart des provinces , elle
» eſt abolie , fors qu'en beaucoup de coutumes
» il reſte encore cette obſervance , que le fils aîné
» peut porter la foi pour ſes frères & ſœurs ; &
» par ſucceſſion de temps , cela fut auſſi accordé
» aux roturiers ; même en quelques endroits , c'eſt
» un devoir de néceſſité aux aînés , qui ſont tenus
» de le faire , à peine de tous dépens , dommages
» & intérêts «.

La coutume de Montargis , chap. 1 , art. 32,
dit en effet que l'aîné eſt *tenu* de faire l'hommage
pour ſes puînés. Celle de Dourdan , art. 10, dit
qu'*il peut y être contraint*. On obſervoit la même
choſe dans l'ancienne coutume de Paris , & encore
aujourd'hui , ſuivant l'article 35 , » un fils
» aîné , en la foi & hommage au ſeigneur féo-
» dal , acquitte ſes ſœurs de leur premier ma-
» riage , tant de la foi que du relief , où il eſt
» dû relief «.

D'autres coutumes ſe rapprochent encore plus
près du droit des Parages. Celle de Chartres , art.
2 , porte : » Le frère aîné peut retenir & porter
» la foi des fiefs venus de père ou de mère , aïeul
» ou aïeule , ou autrement en ligne directe , du
» conſentement

» consentement de ses frères & sœurs; & en ce
» faisant, les sauve & garantit du profit de ra-
» chat; & si tiendront lesdits frères leurs portions
» de lui, sa vie durant seulement «.

La coutume de Rheims, après avoir dit aussi
que l'aîné peut porter l'hommage pour ses frères
& sœurs, pour le regard des fiefs qui leur adviennent en succession directe, ajoute dans les
art. 114, 115 & 116: » Et où ledit aîné seroit re-
» fusant porter ladite foi, les puînés successivement
» la pourront porter comme dessus; & ne pourra
» l'aîné être contraint porter ladite foi, au cas
» que les puînés voulussent opter de tenir leur
» portion de fief de leur seigneur féodal, & non
» de leur aîné. Car par ladite coutume, lesdits
» puînés frères & sœurs peuvent, si bon leur
» semble, tenir leur portion de fief de leur frère
» aîné, & en ce cas ledit aîné en fait arrière-fief
» au seigneur féodal; ou bien lesdits puînés
» peuvent tenir leurdite portion de fief du sei-
» gneur féodal, à leur choix & option, & ce
» dedans l'an après qu'ils sont âgés & hors de
» minorité; car, ledit temps passé, n'y seront plus
» reçus, & tiendront leursdites portions en fief
» de leurdit frère aîné, & en arrière-fief dudit
» seigneur féodal. Le pareil peut faire le père,
» mère, aïeul ou aïeule, à leurs enfans, ou en-
» fans de leurs enfans, à savoir, leur partager son
» fief, & faire que les membres d'icelui tien-
» dront en foi & hommage de lui ou de son fils
» aîné sans moyen, & du seigneur dudit fief en
» arrière-fief: ce que ne peuvent faire lesdits
» enfans en succession collatérale «.

Les coutumes de Vermandois, art. 159; de
Saint-Quentin, art. 35; de Vitry, art. 25; de

Mantes, chap. 1, art. 5; & du Perche, art. 63 &
fuivans, ont des difpofitions peu différentes. Il
paroît qu'un partage fait fuivant les règles, des
Parages, ne pourroit être critiqué dans ces coutumes, puifqu'il feroit plus avantageux au feigneur que la fous-inféodation qu'elles autorifent
expreffément. Mais le Parage pourroit-il être
établi de même dans les coutumes qui n'en difent
rien? D'après les principes admis aujourd'hui fur
le jeu de fief & les fous-inféodations, la négative de cette queftion ne peut guère faire de
difficulté.

Cependant on pratique le côntraire dans l'ufance
de Saintes, quoique l'art. 9 porte expreffément,
» que tous feigneurs aliénant leurs fiefs ou partie
» d'iceux, en quelque forte que ce foit, ne pour-
» ront préjudicier au droit d'hommage, lods &
» vente, & autres devoirs dus aux feigneurs des
» fiefs dominans, fans leur confentement «. Befchet convient que tous les manufcrits de l'ufance
ne difent pas un mot du Parage. » Néanmoins,
» ajoute-t-il, il n'y a rien de plus commun en
» notre ufage, qui obferve des loix non écrites
» en ce fujet par une forme de cabale ou de
» traditive de main en main. *Nullis quidem pro-*
» *dita litteris, fed quæ vim fuam retinent etiam*
» *dùm ex diutino ufu ad lites judicio definiendas,*
» *ait, Chopin. Initio de communib. franc. confuet.*
» *præcep.* «.

On trouve en effet une foule de partages faits
fuivant les règles du Parage dans le reffort de
l'ufance. Cet ufage eft même rapelé comme ayant
force de loi, dans une tranfaction du 5 juin
1396, entre Regnaud de Pons & les frères &
fœurs de Blanche d'Archiac, qui eft rapporté dans

la première requête de M. d'Aguesseau sur la mouvance de la terre de saint Maigrin. On y convient que » cette terre de saint Maigrin & » ses appartenances seront héritages perpétuels à » Jeanne, fille naturelle de ladite dame Blanche, » & à ses hoirs descendus & procréés de sa chair » & en loyal mariage, laquelle Jeanne & ses-» dits hoirs, ou li tiendront ledit châtel ou » châtellenie en franc Parage dudit seigneur » d'Archiac, tant comme le lignage dureroit » *jouxte & selon la coutume du pays de Sain-* » *tonge, delà la Charente,* &c. «.

Enfin, deux arrêts rapportés par Bescher, chap. 10 de sa digression des Parages, ont jugé conformément à ce droit. Ces arrêts sont, l'un du parlement de Bordéaux, que Bescher ne date point & qu'il dit rendu après enquête par turbe pour la seigneurie de Bois; l'autre du grand conseil, rendu en 1633, pour le fief de Salignac.

Il faut avouer néanmoins que l'autorité de cet usage dans le ressort de l'usance de Saintes, a été attaqué par M. d'Aguesseau, dans sa première requête sur la mouvance de la terre de saint Maigrin dont on vient de parler. » Les usages non » écrits, dit-il, que l'on appelle ordinairement » l'usance de Saintes, ne tiennent lieu de règle » dans les jugemens, suivant la remarque de » l'auteur qui a recueilli ces usages, que *dans* » *l'un de ces trois cas; le premier, lorsque les* » *parties en demeurent d'accord; le second, lors-* » *que l'usance dont il s'agit a été confirmée par* » *divers jugemens,* & principalement par arrêts; » le troisième, après une preuve faite par une no-» toriété..... Il faudroit donc, pour donner quelque » autorité à un tel usage, ou que les deux par-

» ties le reconnussent également, ou qu'il eût été
» confirmé par plusieurs jugemens, & principa-
» lement par des arrêts de la cour ; ou qu'on eût
» admis les parties à en faire la preuve par des
» actes de notoriété. Jusque-là le témoignage
» de Bescher ne seroit pas suffisant pour donner
» au prétendu usage des Parages dans cette par-
» tie de la Saintonge, le caractère & l'autorité d'une
» véritable loi, «.

J'ignore si cette affaire sur la mouvance de la
terre de Saint Maigrin a jamais été jugée ; elle
ne l'étoit pas du moins encore au temps où Guyot
écrivoit sa dissertation sur les Parages. » Cette
» instance, dit-il, étoit au rapport de M. Ro-
» bert, à présent conseiller honoraire, je ne sais
» à qui elle est redistribuée. Il seroit à souhaiter
» que l'arrêt pût fixer le point de droit sur les
» Parages dans cette usance ; mais je crois pou-
» voir dire, & j'assure ce fait comme un fait
» *de visu*, que cet arrêt ne préjugera rien pour
» ou contre le Parage dans l'usance «.

On voit en effet dans cet auteur, qu'on soutenoit nul le Parage de la terre de Saint-Maigrin,
établi par la transaction de 1396, comme contenant des conventions contraires aux dispositions
textuelles de la coutume même de Poitou, qui
sert de règle à cet égard dans l'usance de Saintes. On voit encore dans les deux requêtes de
M. d'Aguesseau, qu'il attaquoit ce même
Parage avec la plus grande force, par les principes de l'ordre public, relatifs aux domaines de
la couronne. Mais si l'arrêt eût été rendu contre
M. le procureur général, il faut avouer que ce
seroit un préjugé très-légitime en faveur du
Parage.

On ne pense pas au surplus qu'il soit besoin
de ce préjugé pour autoriser le Parage dans
l'usance de Saintes. Il seroit facile de le constater
par des actes de notoriété de la sénéchaussée de
Saintes ; & M. d'Aguesseau est convenu lui-même
que ces sortes d'actes, ainsi que les jugemens &
sur-tout les arrêts confirmatifs pouvoient autoriser
cet usage, dont la légitimité n'a jamais été contestée
sur les lieux.

La question présente beaucoup plus de difficultés dans la coutume de la Rochelle. Il est
certain qu'on trouve beaucoup d'exemples de
Parages dans les anciens partages du pays d'Aunis.
Dumoulin veut d'ailleurs qu'on supplée cette coutume, qui ne contient que 68 articles, par la coutume voisine du Poitou, qui est beaucoup plus
étendue, & qui, sur un grand nombre de points,
se rapproche fort de celle de la Rochelle. On
cite même deux arrêts, l'un du 28 mars 1743,
l'autre du 2 septembre 1744, qui semblent y avoir
autorisé le Parage.

Cependant c'est une opinion généralement
reçue aujourd'hui à la Rochelle, que le Parage
n'y peut point avoir lieu au préjudice & contre
le gré du seigneur. Elle a été particuliérement
adoptée par Vaslin, dans son excellent commentaire sur la coutume de la Rochelle, art. 4, n°.
48 & suivans ; par les annotateurs de Vigier sur
la même coutume, & par Guyot dans sa dissertation sur les Parages, chap. 1, n°. 17.

Voici le précis des longs détails que Vaslin a
donnés à cet égard : quels que soient les fonde-
mens de l'usage où l'on a été de partager plusieurs fiefs de l'Aunis à titre de Parage, on a
enfin reconnu en général dans la province que le

Parage ne pouvoit · pas y être admis malgré le
seigneur , attendu qu'il a pour objet de faire
perdre au seigneur la mouvance immédiate de
la partie détachée du fief , & de le priver ainsi
de tous les droits utiles éventuels. On ne peut
pas consulter dans cette occasion la coutume de
Poitou & les autres semblables , parce qu'elles sont
exorbitantes du droit commun des fiefs , & contraires à la loi fondamentale · qui en défend le
démembrement , suivant cette maxime : *Vassallus
meliorem conditionem domini facere potest , non
deteriorem.*

Deux arrêts, dont l'espèce est donnée par
Vallin , ont en effet rejeté le Parage en Aunis. Le
premier a été rendu le 24 juillet 1687 , au profit de la dame de la Barre , en sa qualité de
dame de Cramahé , contre les propriétaires des
fiefs de la Goronniere & de la Vallerie , qui
prétendoient les tenir en Parage. La dame de la
Barre soutenoit que le Parage n'avoit point lieu
en Aunis. Les propriétaires des deux fiefs pré·
tendoient le contraire , en alléguant que dans les
cas omis par la coutume de la Rochelle , on
prenoit pour règle celle de Poitou. Sur cela la
cour demanda un acte de notoriété des avocats
de la Rochelle , pour savoir , 1°. si le Parage avoit
lieu en Aunis : 2°. si l'on suivoit la coutume de
Poitou ou celle de Paris à la Rochelle , dans
les cas non prévus par la coutume. Par l'acte
de notoriété , il fut attesté que le Parage n'avoit
point lieu en Aunis , & que , dans les cas non
prévus par la coutume , on se régloit sur celle
de Paris. En conformité de cet acte de notoriété,
l'arrêt donna gain de cause à la dame de la Barre,
en condamnant le propriétaire du fief de la Val-

lerie, prétendn parageur, à lui faire la foi & hommage.

L'autre arrêt, du premier juin 1707, a été rendu à l'occasion des terres de Fouras & de Saint-Laurent de la Prée. Par le partage de cette terre entre le sieur Chesnel, mari de l'aînée de deux sœurs, à qui cette terre appartenoit, & les seigneurs de Sainte-Hermine représentant la cadette, il fut convenu que les portions des seigneurs de Sainte-Hermine seroient tenues en Parage de la portion de l'aînée. Le fermier du domaine poursuivit les propriétaires des deux terres pour rendre hommage, & fit faire sur eux une saisie féodale. Ils excipèrent du Parage. Une sentence du bureau des finances, sans égard à cette exception, déclara la saisie bonne & valable. Sur l'appel qui en fut interjeté, elle fut confirmée par arrêt.

Le procureur général (alors M. d'Aguesseau) étoit intervenu dans cette instance. On peut voir dans les requêtes qu'il fit à cette occasion, & qui se trouvent dans ses œuvres, la question traitée avec beaucoup de soin. Il ne faut pas néanmoins oublier de dire que M. d'Aguesseau, outre ces moyens généraux, alléguoit encore les grands principes sur l'inaliénabilité du domaine, pour prouver que le Parage, quand même il feroit admis à la Rochelle, n'y pourroit avoir lieu contre le roi. De Lauriere, qui cite aussi cet arrêt dans sa belle préface du premier volume des ordonnances du Louvre, ne parle même que de ce moyen seul, comme s'il eût décidé le jugement. Mais l'interprétation qu'y donne Vaslin paroît la plus conforme aux règles. On verra dans la section

4, que le Parage peut avoir lieu, même au préjudice du domaine.

Quoi qu'il en foit, on convient néanmoins à
la Rochelle, que lorfque le feigneur dominant
a approuvé le Paragé, il ne peut plus revenir
fur fes pas & le contredire. C'eft pour n'avoir
pas pris garde à cette diftinction, que quelques
jurifconfultes ont cru que la nouvelle jurifprudence avoit changé. Vaflin obferve que dans l'efpèce des arrêts des 28 mars 1743 & 2 feptembre 1744, les feigneurs avoient approuvé le Parage ; ça été là, dit-il, la feule raifon pour laquelle ils fuccombèrent, quoique dans l'efpèce
du fecond arrêt feulement on foutînt auffi la validité du Parage en Aunis, en infiftant davantage
fur l'approbation du feigneur, qui avoit été le
feul moyen de défenfes allégué lors du premier
arrêt. Enfin Vaflin rapporte dans le plus grand
détail l'efpèce d'un dernier arrêt rendu en faveur
de M. le prince de Talmont, au fujet de la
mouvance des feigneuries de la Mothe-Fraigneau
& Courfon, démembrées à titre de Parage de la
baronnie de Maillé. Le Parage avoit même été
approuvé par les officiers du feigneur. L'arrêt
rendu en la troifième chambre des enquêtes le 12
mai 1751, en confirmant une fentence des requêtes du palais, rejeta encore le Parage. La queftion
de droit n'éprouva aucune difficulté, dit encore
Vaflin ; mais il n'en fut pas ainfi de la queftion
de fait, fur le point de favoir fi le Parage avoit
été fuffifamment approuvé du feigneur par le
miniftère de fes officiers. On jugea néanmoins,
conformément à un précédent arrêt du 10 mars
1717, rendu au profit de madame la princeffe

de Conti, que les officiers du feigneur ne pouvoient lui faire perdre fes droits ni y préjudicier
en aucune façon.

SECTION SECONDE.

Des différens noms que les coutumes employent en matière de Parage.

Le mot *Parage* eft général à toutes les coutumes qui admettent le Parage. Mais les feules
coutumes de Poitou & de Saint-Jean-d'Angely
ufent du nom de *chemier*, pour défigner l'aîné
de tous les frères cohéritiers, ou celui qui le
repréfente, foit fils ou fille. Le même nom eft
adopté dans l'ufauce de Saintes. On nomme ainfi
l'aîné, pour défigner qu'il eft le chef de la famille ou de la maifon. C'eft pourquoi quelques
auteurs difent qu'on devroit écrire comme autrefois *chefmier*, qui fignifie chef du mier, ou
maifon, *caput manfi*.

Befchet a dit mal-à-propos » que les autres
» coutumes fe contentent de l'appeler fimple-
» ment l'aîné, excepté les coutumes de Touraine
» & d'Anjou, qui le nomment *parageur* «. Celles
du Maine & de Loudunois appellent auffi l'aîné
parageur, & les puînés *parageaux*. Il n'y a que
les coutumes de Normandie, de Blois & d'Angoumois, qui n'employent que le nom d'aîné pour
défigner le chef du Parage.

Les coutumes de Poitou, de Saint-Jean-d'Angely & d'Angoumois, appellent les puînés du
nom de *parageur*, que les coutumes de Touraine, de Loudunois, d'Anjou & du Maine employent pour défigner l'aîné ou fes repréfentans.

Ces quatre dernières coutumes appellent les puînés ou leurs représentans *parageaux* ; la coutume de Normandie les nomme *paragers* ; celle de Blois les appelle *cohéritiers*. C'est à quoi il faut, bien prendre garde en lisant les coutumes & les commentateurs, ou les titres qui sont relatifs à cette matière.

Plusieurs jurisconsultes & praticiens du Poitou & de la Saintonge appellent *chemerage*, le droit du chemier. Mais comme ce mot ne se trouve point dans les coutumes, & qu'il n'est point d'un usage nécessaire ; on n'en fera guère usage ici qu'en citant les commentateurs.

La coutume de Blois appelle *garentage*, la garantie que. l'aîné doit à ses puînés durant le Parage. La coutume de Poitou se sert du mot *gariment* dans le même sens. Mais on peut voir dans l'article particulier qu'on a donné sur le gariment, au tome 27 de cet ouvrage, que ce mot a une acception beaucoup plus étendue.

Enfin, il est encore nécessaire d'observer que les coutumes de Tours, Loudunois, Anjou & Maine, usent de ce terme *depié de fief*, pour indiquer qu'un fief est démembré, dépiécé ou mis en pièces, par vente, donation, cessation de Parage ou de toute autre manière. La coutume de Poitou appelle *empirer le fief de son seigneur*, lorsque le vassal diminue son fief au préjudice de son seigneur ou en distrait une portion, soit par sous-inféodation pure & simple, soit par accensement, soit par la cessation du Parage. On peut consulter là-dessus les articles Depié de fief, Dévolution en matière féodale, & Empirer le fief de son seigneur.

SECTION TROISIÈME.

Des perfonnes entre lefquelles le Parage peut avoir lieu.

Il y a plufieurs différences à cet égard entre nos coutumes, foit relativement à la qualité des perfonnes entre lefquelles le Parage peut avoir lieu, foit relativement à leur fexe.

1°. *Quant à la qualité des perfonnes*, le Parage a lieu entre roturiers, comme entre nobles, dans les coutumes de Poitou, d'Angoumois, de Saint-Jean-d'Angely & de Normandie. C'est un point reconnu par tous les commentateurs des coutumes de ces provinces, qui ne font point en effet de diftinction à cet égard, quoique celles de Poitou & de Saint-Jean-d'Angely n'admettent les roturiers à partager les fiefs noblement, qu'à la quatrième mutation.

On fuit une autre règle dans la coutume de Tours. Comme les acquêts féodaux ne s'y partagent point noblement entre roturiers, le Parage n'y eft point admis dans ce cas; mais dès qu'ils font tombés en tierce foi, c'eft-à-dire, dès qu'ils forment des propres, ils fe partagent noblement entre l'aîné & fes puînés ou leurs repréfentans. L'art. 297 dit en conféquence : » Fera ledit aîné » (quoique roturier) les foi & hommage, & » payera les devoirs feigneuriaux ordinaires *en la* » *manière defd ts nobles*, & les puînés auront » le tiers, hormis ledit avantage ; & chacun » defdits aînés & puînés font faifis refpective- » ment, & fe peuvent complaindre. Auffi paye- » ront les charges de l'arrière-ban & loyaux aides

» à raifon de ce qu'ils tiendront «. Pallu conclut avec raifon de là , que le Parage a lieu entre roturiers , comme entre nobles , pour les héritages venus en tierce foi. On doit en dire autant pour la coutume de Loudunois, qui a des difpofitions femblables.

Cependant les coutumes d'Anjou & du Maine, qui partagent de la même manière les fiefs tombés en tierce foi, entre roturiers, rejettent expreffément le Parage dans ce cas. Les articles 262 & 280 de ces coutumes laiffent feulement aux puînés le choix *de faire devoir à leur aîné ou d'être fes fujets , ou de faire hommage au feigneur de fief , dont tout meut & dépend.* L'aîné ne peut faire la foi & hommage pour le tout, *& garantir l'autre tiers à fes puinés de foi & hommage envers le feigneur fuzerain , dont tout eft tenu à foi & hommage , qu'en y retenant devoir ,* comme dans les aliénations de fief.

Le Parage légal n'a pas lieu non plus entre roturiers dans l'ufance de Saintes. La raifon qu'en donnent Befchet & Guyot, c'eft qu'il n'y a de droits d'aîneffe qu'entre nobles , & que la garantie en Parage eft une fuite du droit d'aîneffe, & particuliérement de la poffeffion du chef d'hommage ou principal manoir , que l'aîné des nobles feulement a droit de prendre à titre de préciput.

Dans ces coutumes , peut-il y avoir lieu au Parage lorfqu'une fille noble époufe un roturier ?

Cette queftion eft d'autant plus importante dans la coutume d'Anjou , que le Parage s'y établit le plus fouvent par le contrat de mariage des filles nobles , fuivant l'art. 213 , comme on le verra dans la section 5. Chopin, qui a le premier proposé cette difficulté pour cette coutume, ne l'a résolue, ni uniformément, ni clairement. Il paroît croire, sur les articles 62 & 64, que le Parage ne cesse pas, & il rapporte un arrêt du 28 avril 1581, qui jugea *qu'une fille ayant été mariée à un roturier, & lui ayant baillé la terre en parage à titre de cens, le parage que son frère lui avoit donné, seroit transféré à tous les descendans nobles demeurans en Anjou.* Sur l'art. 63, n°. 4, à la marge il dit : » C'est autre chose, » si une femme noble a été mariée par son père » ou son frère, toutefois avec Parage. Car le » Parage ne dépérit au profit de ses frères ou de » ses descendans, combien que ce soit autre » chose touchant le seigneur suzerain, comme » prétendant la directe immédiate par depié de » fief, à faute de vrai Parage : mais une femme » veuve, laquelle de son mouvement s'est ma- » riée à un roturier & sans l'avis de ses parens, » en ce faisant, elle perd tout à fait le Parage «.

Le même Chopin sur Anjou, liv. 2, chap. 2 de la troisième partie, tit. 2, n°. 7, dit aussi que le seigneur a droit de rejeter le Parage, lors même que c'est le père qui marie sa fille à un roturier.

Pour concilier toutes ces décisions, Dupineau, sur l'art. 212, dit que » lorsqu'une fille noble » épouse un mari roturier, & que son père lui » constitue dot en Parage par le contrat de ma- » riage ..... le droit & avantage du Parage de- » meurera au regard des cohéritiers dans les » Parages, mais non au regard du seigneur du » fief «.

Guyot, au chap. 1 de sa dissertation sur les Pa-

rages, trouve avec raifon que cette note de Dupineau n'eft pas plus claire que les décifions de
Chopin.

Pour les concilier, il fait obferver que dans
l'Anjou le fait de l'aînée ne peut préjudicier,
aux puînés qui tiendront d'elle en Parage, en
forte que la vente même faite par l'aînée de fa
portion, ne fait point finir le Parage, fuivant
l'art. 219. D'après cela, voici comme il penfe
qu'on doit expliquer l'art. 212 & les divers
fentimens de Chopin : » fi la fille eft mariée
» par père ou frère, avec dot en Parage, comme
» l'objet du Parage eft de garantir fous fon hom-
» mage celui auquel on donne en Parage (art.
» 214, qui dit *à tenir de lui en Parage*), alors,
» fi elle eft mariée à un roturier, il y a depié
» de fief. La mouvance retenue par le père ou
» le frère, fur la terre donnée en Parage, paffe
» au fuzerain, qui peut s'en faire rendre la foi
» & avoir rachat par le mari roturier, & alors
» la fille & le père ou frère, perdent, l'un le
» droit de Parage fur la terre donnée en Parage,
» & la fille le droit d'être garantie fous l'hom-
» mage du dotateur, parce qu'il n'y a vrai Parage.
» Si c'eft elle-même, qui, étant aînée d'un Pa-
» rage établi entre elle & fes puînées, de fon
» mouvement fe marie à un roturier, alors elle
» perd fon droit de chemière, c'eft-à-dire, quant
» à préfent l'efpérance d'avoir fes puînés pour
» vaffaux, en fin de Parage. La mouvance eft dé-
» volue au fuzerain, ou plutôt au dominant de
» cette aînée par depié de fief. Mais cela ne
» préjudicie point aux puînés, à l'égard defquels
» le Parage continue pendant le temps fixé par
» la coutume, qui eft au cinquième degré, & les

» puînés, pendant ce temps, ne rendront hom-
» mage, ni à leur aînée, ni au dominant de
» l'aînée ; mais, Parage fini, comme il y a eu
» dévolution de mouvance au profit du dominant
» de l'aînée, ils feront hommage au domi-
» nant, & non à leur aînée, qui, par son mariage
» a perdu le droit de Parage «.

Ainsi, suivant Guyot, quand une puînée est
mariée à un roturier, ce mariage empêche le
Parage, ou même le fait cesser incontinent, s'il
étoit déjà commencé, comme l'auroit pu faire
une aliénation faite à un étranger. Au contraire,
si c'est l'aînée qui se marie à un roturier, elle
ne conserve plus à la vérité le droit d'aînée, qui
est dévolu au seigneur ; mais la prérogative du
Parage subsiste toujours en faveur des puînées,
qui, suivant la coutume n'en peuvent être privées par le fait de leur aînée, pas même par
l'aliénation qu'elle feroit de sa portion.

La même décision doit s'appliquer à la coutume
du Maine, qui, sur ce point, est absolument
conforme à celle d'Anjou. Mais Beschet, au chap.
1, donne une décision contraire pour l'usance de
Saintes, qui a en effet des principes tout différens des coutumes d'Anjou & du Maine sur cette
matière. Il pense que le mariage d'une fille noble
avec un roturier n'est jamais un obstacle à l'établissement du Parage, & qu'elle en transmet
l'avantage à ses enfans de roturière condition,
puisqu'ils peuvent posséder des fiefs suivant l'usage
du royaume.

Voici les raisons solides qu'en donne cet
auteur. Si c'est un fief tenu en Parage (c'est-à-
dire, *si ce sont les portions des puînés qui sont
tenues par des roturiers*), il n'y a point d'in-

» convénient pour les comparrageans; & fi au
» contraire c'est la porcion du chemier, encore
» que l'aîné n'ait pas de droit d'aînesse, & que
» les qualités de chemier & de parageur ne se
» rencontrent point entre lui & ses puînés, lors
» du parrage en portions égales, & l'obligation
» à chacun de faire hommage de sa quotité en par-
» ticulier, ils sont obligés tous ensemble d'ac-
» quitter les anciens parageurs de l'hommage &
» des devoirs de leurs portions, tant que le Pa-
» rage continue, & même de s'accommoder
» entre eux pour recevoir les hommages à la fin
» du Parage, pour ce qu'il est individu & ne se
» doit faire qu'à un seul, qui me semble de-
» voir être celui auquel la maison est délivrée,
» suivant l'avis de Dumoulin sur l'art. 26 de la
» coutume de Paris, n'y ayant pas de raison
» d'obliger les vassaux d'aller faire les hommages
» en une autre seigneurie. *Nec refert* que l'alié-
» nation du chemier peut faire breche au droit
» des parageurs, lesquels sont nécessités dé
» faire hommage à l'acquéreur, combien qu'il
» soit de condition roturière; car il faut tou-
» jours en venir là, que la coutume de Poitou
» & les autres qui nous investissent, n'ont
» point fait de différence entre les nobles· &
» les roturiers en ce point, & que la noble
» épousant un roturier, il y a continuation
» de lignage, en sorte que la chose vient par
» succession & souche à ses enfans, suivant l'art.
» 129 de la même coutume «.

2°. *Quant aux sexe*, les coutumes de Touraine, Loudunois, Blois, Poitou, Angoumois
& Saint-Jean-d'Angely, admettent le Parage
entre les parens de quelque sexe qu'ils soient,

tant

tant l'aîné que le puîné. La même chose a lieu dans l'usance de Saintes. Mais, suivant les coutumes d'Anjou & du Maine, les puînés mâles nobles n'y ont leur portion qu'en *bienfait*, c'est-à-dire en usufruit, tandis que les filles au contraire l'ont *par héritage*, c'est-à-dire en propriété. Voilà pourquoi les articles 213 & 228 des coutumes d'Anjou & du Maine ne parlent du Parage que pour les filles ou les sœurs. » Quand » gentilhomme, y est-il dit, marie sa fille ou » sa sœur, il lui peut donner la tierce partie de » sa terre, qu'il tient à foi de son seigneur, & » la lui garantir en Parage, tant que le Parage » pourra durer «.

Bodreau conclut de là, sur l'article 228 de la coutume du Maine, que le Parage ne peut jamais être établi entre l'aîné & ses puînés mâles. Cependant on peut dire que si ces coutumes n'ont parlé que des filles, c'est uniquement parce qu'elles n'attribuent aux puînés mâles qu'une portion viagère. Mais comme elles permettent au père ou au frère de s'écarter de cette réduction si rigoureuse, & de donner au puîné sa portion dans le fief par héritage, suivant les articles 250 & 323 d'Anjou, 268 & 337 du Maine, il paroît conforme à leur esprit, que le père ou le frère aîné, en donnant à son fils ou son frère puîné sa portion au fief en propriété, puisse y établir le Parage, puisqu'ils se trouvent alors dans la même situation que les filles. Telle est l'opinion de Chopin sur l'article 62 d'Anjou ; de Pocquèt de Livoniere, livre 2, chapitre 1 de son traité des fiefs ; de Duplessis, section 2 de son traité du depié de fief & du Parage ; & enfin de Guyot, chapitre 1, n°. 30.

Tome XLIV.   F

On a fait une autre queſtion ſur cette diſpoſition commune aux coûtumes d'Ajou & du
Maine. On demande ſi cette expreſſion, *quand
un gentilhomme marie ſa fille ou ſa ſœur*, ſe
rapporte ſi néceſſairement au ſexe, que la fille
aînée, à défaut de mâles, ne puiſſe donner à
titre de Parage les portions de ſes ſœurs puînées?
Chopin, ſur l'article 62, eſt d'avis que ce mot
gentilhomme exclut néceſſairement la fille aînée
de la faculté de donner à titre de Parage.

Dupineau, ſur l'article 213, ſoutient au contraire que ce mot n'eſt pas limitatif; il invoque
pour ſon opinion l'article 232, qui décide en
effet la queſtion par les termes ſuivans : » L'aîné
» fils, qui eſt le principal héritier, ou ceux qui
» le repréſentent, *ou l'aînée fille, s'il n'y a que
» filles*, comme dit eſt, font la foi & hommage
» aux ſeigneurs de qui ils tiennent leurs terres,
» & *garantiſſent aux puînés en Parage* «. L'article 249 de la coûtume du Maine dit la même
choſe ; Guyot en donne d'autres raiſons qui ne
ſont pas auſſi déciſives.

Dans la coûtume de Normandie le Parage avoit
anciennement lieu entre les mâles comme entre
les femelles. Baſnage, ſur l'article 127, rapporte un arrêt du parlement de Paris de l'an
1398, où il eſt dit, que Robert de Mortemer avoit
eu de Guillaume ſon frère la terre de la Haye
du Puits, en premier degré de Parage de la
baronnie de Varanguebec, *per conſuetudinem noſ-
tre provincia Normania obſervatam, per quam
filius ſecundo genitus portionem hæreditagii ſibi ex
ſucceſſione paterná obvenientem à fratre primoge-
nito per Paragium tenere debebat uſque ad ſextum
gradum conſanguinitatis.*

Aujourd'hui que le partage des fiefs n'est plus admis, en Normandie, qu'entre filles & leurs représentans, la coutume ne parle plus que du Parage entre filles ; c'est ce que dit l'article 127 : » La tenure par Parage est quand un fief noble » est divisé entre filles, ou leurs descendans à leur » représentation «.

D'Aviron soutient néanmoins que l'énonciation portée par cet article n'est que par forme d'exemple, & qu'il y a du moins un cas où le Parage peut avoir lieu entre le frère & la sœur. Ce cas est celui où, suivant l'article 264, la sœur aura partage à la succession de ses père & mère, lorsque son frère refuse d'entendre à son mariage sans cause légitime.

Godefroy, Pesuelle & la plupart des autres commentateurs prétendent au contraire que le Parage ne peut pas avoir lieu entre frères, quand même ils avoudroient consentir la division des fiefs, ni entre les frères & sœurs, si les frères négligent de les marier. » Puisque notre coutume, » dit Godefroy, répète si souvent que les fiefs » nobles sont impartables & individus fors entre » filles, pour la conservation & maintien des fa- » milles, je ne crois pas que les particuliers y » puissent déroger à leur plaisir & volonté, *cùm* » *jus publicum privatorum pactis mutari non possit* » (*l. jus publicum ff. de pactis l. pacta quæ contrà* » *C. eodem tit.*) ; & de rechef le tiers que les » sœurs prennent sur lesdits fiefs, pour & au » lieu de partage, est évalué en deniers, ou ac- » censé en rente rachetable au denier vingt par » l'article 361 de la même coutume, parce que » les frères vivans les excluent d'y prendre part » en essence, & partant c'est un abus de les

» voulcir faire paragères avec les frères ; & s'il
» a été pratiqué autrement dans le temps de
» l'ancienne coutume, ça été plus par tolérance
» que par droit «.

Ces raisons ne tranchent pas entiérement la
difficulté. Suivant l'usage local d'une partie du
ressort de Gournay, article 2, l'aîné n'a que les
deux tiers des fiefs, outre le manoir seigneurial
& le pourpris, avec la faculté seulement de racheter au denier vingt-cinq dans l'année, ou de
donner des héritages roturiers pour l'autre tiers,
*qui demeure sans cela en propriété aux puînés
tant fils que filles :* mais l'aîné n'est point obligé
de faire ce rachat; c'est une faculté à laquelle il
peut renoncer.

Suivant d'autres usages locaux des vicomtés
de Rouen, de Caudebec, d'Arques & de Mon-
tivilliers, il y a différens lieux où tous les héritages, sans exception, se partagent également
entre les frères & sœurs, ou même entre les
frères seuls.

Il y a même des cas semblables dans la coutume générale de la province. Outre l'article 264,
dont parle d'Aviron, & les articles 258 & 261,
qui attribuent en certains cas aux filles une part
sur le fief, qui est à la vérité évaluée en deniers,
l'article 342 paroît encore être dans le cas d'un
fief partagé entre puînés.

Enfin l'article 318, en parlant des successions
collatérales, admet le partage égal de tous les
acquêts entre frères, même pour les biens situés
en Caux, » sauf toutefois le droit de préciput
» appartenant à l'aîné, où il y auroit un ou plu-
» sieurs fiefs nobles «. L'article 295, au titre des
successions en Caux, accorde aux puînés le tiers de

toute la succession propriétairement, sans une pareille restriction, quand les père, mère ou autres ascendans décèdent sans disposition ou testament.

Tant de dispositions semblent indiquer qu'il peut y avoir des cas où le Parage peut avoir lieu entre les mâles seuls, ou entre les mâles & les filles, comme entre les filles seules, quoique l'article 318 ne parle que du cas de la division entre filles ou leurs descendans à leur représentation. Aussi l'article suivant dit-il » que les aînés » font les hommages aux chefs seigneurs, pour » eux & leurs puînés paragers, & que les puînés » tiennent des aînés par Parage sans hommage «.

Section quatrième.

Des biens qui sont susceptibles de Parage.

L'essence du Parage étant que plusieurs tiennent sous un même hommage, qui est rendu par l'aîné de tous, il s'ensuit que le Parage ne peut avoir lieu que pour les fiefs, & seulement pour un seul & même fief tenu par plusieurs copropriétaires ou cohéritiers ; car plusieurs fiefs ne peuvent être tenus par un seul & même hommage, qu'ils ne soient par cela même réunis en un seul, & cela avoit lieu autrefois, quand l'aîné donnoit à son puîné un fief particulier de la succession, pour le tenir de lui en Parage. Mais aujourd'hui les règles de la subordination féodale ne permettent plus cette réunion sans le consentement du seigneur dominant ; & lors même que les fiefs qu'on voudroit ainsi réunir, sont dans la mouvance de la même seigneurie, l'on ne peut tenir en Parage un fief entier fous l'hommage d'un autre.

Rien n'empêche néanmoins que plufieurs frères ou d'autres cohéritiers ne puiſſent poſſeder divers fiefs à titre de Parage. Mais alors il y a autant de Parages diſtincts que de fiefs, & il n'importe aucunement pour cela que les fiefs foient poſſédés divifément ou indivifément par les cohéritiers. C'eſt donc bien mal à propos que Guyot prétend au chapitre 2, n°. 320, *que fi quelquefois le Parage légal a lieu fur plufieurs fiefs diſtincts, c'eſt feulement, dit l'article 125 de la coutume de Poitou, lors qu'une fucceſſion où il y a plufieurs fiefs eſt poſſédée par indivis.* Le Parage, qui a lieu indiſtinctement pour tous les fiefs d'une fucceſſion, avant le partage, ne fait pas que plufieurs fiefs foient tenus dans ce cas fous un feul & même hommage, comme Guyot paroît le fuppofer. Il y a toujours alors autant de Parages & d'hommages que de fiefs. On peut continuer cette multiplicité de Parages par le partage même de la fucceſſion; en donnant aux puînés, foit dans plufieurs coutumes, foit dans une feule, des portions de divers fiefs, dont l'aîné feul aura l'hôtel principal & fera les hommages.

Il fuit des mêmes principes, que dans la coutume de Normandie, où le fief ne peut être partagé au delà de huit portions, fans perdre fa qualité féodale, on ne peut tenir en Parage moins d'un huitième du fief pour chaque propriétaire. C'eſt ce qui a été jugé par arrêt du 13 mars 1603, rapporté par Bérault fur l'article 134 de la coutume de Normandie.

Dans l'efpèce de cet arrêt, » le fieur de Saint-

» Juſt, un autre, & le ſieur de Braqueville,
» conſeiller du roi en la cour des aides, au droit
» de leurs femmes, avoient fait lots & partages
» d'un huitième de fief. Au premier lot, avoit
» été pris le corps du fief, qui fut pris par non
» choix par le ſieur de Braqueville : aux deux
» autres lots, les reires & manoirs pris par le
» ſieur de Saint-Juſt & ſon autre cohéritier. Le
» ſieur de Saint Juſt, ayant vendu au ſieur de
» Bos Raoul ſon fils les terres échues à ſon lot, le
» ſieur de Braqueville en demande le treizième.
» Le ſieur de Saint-Juſt l'empêche, diſant qu'il
» tenoit ſeſdites terres par Parage, & partant
» ne devoit treizième, ſuivant la coutume, ar-
» ticle 134, qui exempte du droit de treizième
» la première vente faite par les paragers. Le
» ſieur de Braqueville réplique qu'il n'y a de
» Parage en roture. Ainſi jugé par ledit arrêt,
» & qu'il ſeroit payé treizième audit ſieur de
» Braqueville.

A plus forte raiſon, ſi, par le partage entre
ſœurs, *le fief* n'avoit point été diviſé, & qu'un lot
eût été compoſé ſeulement d'une portion du domaine du fief, ſans aucune dignité féodale, la
ſœur qui poſſéderoit ce lot ne pourroit le tenir
en Parage, quand même on ſeroit expreſſément
convenu par le partage, qu'elle le tiendroit en
cette qualité, puiſque le Parage ne peut avoir
lieu que pour le fiefs. C'eſt l'obſervation de
Baſnage ſur l'artile 127.

Suivant Guyot, chap. 2, n°. 2, » les auteurs
» des coutumes à Parage tiennent pour maxime,
» que le Parage n'a lieu que dans les ſimples
» fiefs, *id eſt*, es fiefs qui ne ſont pas du nom-
» bre de ceux que les coutumes déclarent im-

» partables , comme baronnie , châtellenie & au-
» tres de plus haute dignité.

» La raison de cette maxime est , dit - il , à
» cause de la sous-inféodation des portions ca-
» dettes , qui arrivent nécessairement Parage fini.
» Cette sous-inféodation dégraderoit le comté, la
» baronnie , la châtellenie ; cependant je crois
» qu'il faut y distinguer les dignitaires mouvans
» de la couronne , & ceux mouvans du roi à cause
» de tel comté. Dans ces derniers , le Parage
» peut y avoir lieu , le titre n'est pas dégradé «.

Cela n'est point assez exact. L'article 129 de la
coutume de Tours , & l'article 2 , chapitre 28
de celle de Loudunois , admettent expressément le
Parage *dans les baronnies ou au dessus ;* seulement
elles accordent alors quelques prérogatives de plus
à l'aîné. On le pratique ainsi dans toutes les coutumes de Parage , & les commentateurs n'ont
jamais prétendu le contraire.

Vigier , sur la coutume d'Angoumois , art. 25 ,
n°. 10 , dit bien que » les grands fiefs de dignité
» ne sont pas sujets au Parage , d'autant que , *de*
» *leur propre nature ,* ils ne tombent pas en par-
» tage & division. Mais , ajoute-t-il , d'autant
» que plusieurs fiefs de moindre qualité de nou-
» veau ont été honorés du titre de ces hautes
» dignités , lorsqu'ils sont mis en partage , les
» conditions du Parage y doivent être reçues à
» l'égal des autres fiefs «. Il faut donc distinguer
le titre du fief de dignité , d'avec le domaine
du fief. Le titre seul est impartable ; mais le domaine peut se partager , si l'on ne peut faire autrement ; & , dans ce cas , les puînés peuvent tenir,
comme à l'ordinaire , leur portion en Parage.

Quelques auteurs ont prétendu , à la vérité ,

que le Parage ne devoir pas avoir lieu au préjudice du roi, non seulement dans les fiefs de dignité, mais encore dans les simples fiefs qui relèvent nuement du roi. On se fonde pour cela sur les principes si connus de l'inaliénabilité du domaine, & sur le réglement du premier mai 1209, par lequel il fut arrêté qu'à l'avenir, en cas de partage des fiefs, ceux qui en posséderoient des parties les releveroient directement du seigneur dominant, comme avant le partage, au lieu de les tenir en Parage. M. d'Aguesseau a allégué ces moyens dans sa requête sur la mouvance du fief de Saint-Laurent de la Prie, pour soutenir qu'elle ne pouvoit être tenue en Parage au préjudice du roi; & de Laurière, dans la préface du tome premier des ordonnances du louvre, suppose même que c'est-là le motif de l'arrêt qui a été rendu en faveur du domaine dans cette affaire.

Mais, s'il est permis de discuter les opinions d'un magistrat & d'un jurisconsulte si justement célèbre, c'est transférer mal à propos les maximes actuelles de notre législation à des siècles auxquels elles étoient tout-à-fait étrangères, que de vouloir regarder le réglement de 1209 comme une ordonnance générale du royaume. On sait que celles de nos rois ne valoient alors que pour ses domaines, à moins que les seigneurs particuliers ne les eussent expressément reçues, & les coutumes où le Parage est admis n'étoient point alors dans le domaine du roi. Le réglement même de 1209 n'est point une ordonnance générale, mais un traité, ou plutôt, suivant son titre, *un établissement* particulier (*stabilimentum*) pour les terres des seigneurs qui l'ont souscrit, & l'on n'y

voit aucun seigneur des provinces où le Parag
est admis aujourd'hui.

Les principes sur l'inaliénabilité du domaine
dont on abuse trop souvent, ne s'opposent pa
plus à la validité du Parage pour les fiefs qui e
sont mouvans, qu'ils ne s'opposent à la validit
des inféodations qui ont été faites de ces même
fiefs. Sans examiner ici quelle est l'époque où c
principe a commencé à servir de règle, on con
vient du moins qu'il ne peut pas être allégué pou
annuller les actes qui ont diminué les droits util
dépendans de la mouvance des fiefs de chaqu
province, antérieurement à sa réunion à la cou
ronne. Ainsi les abonnemens de fiefs faits par le
anciens comtes de Poitou ou par les ducs d'An
jou, les droits qu'ils ont cédés à différens seigneur
ne sont pas sujets à contestation, malgré le prin
cipe de l'inaliénabilité du domaine. La raison e
est, que le roi n'a succédé qu'aux droits de mou
vance que ces grands vassaux lui ont laissés, & sou
les restrictions qu'ils y avoient mises; le surplu
n'appartenant plus à ces grands vassaux dès avant l
réunion de ces provinces à la couronne, n'a jama
pu être réuni au domaine. Or, la faculté de di
minuer les fiefs à titre de Parage, étoit universel
lement admise dans ces provinces; elle y formoi
une partie du droit public au temps de leu
réunion à la couronne. Le roi, qui n'a la mou
vance des principaux fiefs que comme représentan
les anciens comtes ou ducs, n'a cette mouvanc
qu'avec cette restriction & toutes les autres qu
y avoient été mises précédemment: elle ne lu
appartient en entier, qu'autant que les seigneur
particuliers ne feront point usage de la faculté d'em

pirer le fief, qui leur a été attribuée de toute ancienneté : si l'usage qu'ils font de cette faculté est
postérieur à l'établissement des maximes sur l'inaliénabilité du domaine, & à la succession du roi
aux droits des comtes & des ducs à qui la mouvance des premiers fiefs de la province appartenoit, la faculté même est antérieure de beaucoup
à ces deux objets.

· Cette opinion est conforme à celle de M. le
Febvre de la Planche, qui en donne des raisons
différentes dans son traité du domaine, livre 3,
chapitre 2. Quant à l'arrêt du premier juin 1707,
qui a rejeté le Parage du fief de Saint-Laurent
de la Prée, il a été déterminé, non par ces
maximes, mais par le principe général, que le
Parage n'a point lieu en Aunis Les annotateurs de
Vigier, Vallin & Guyot, qui en rapportent l'espèce, en conviennent unanimement, comme on
l'a pu voir dans la section première de cet article.

Au reste, quoique les coutumes de Parage
l'admettent indistinctement dans tous les fiefs, s'il
avoit été stipulé par le seigneur dominant lors de
l'inféodation, que le fief ne pourroit être empiré
par le Parage, une convention de cette sorte seroit très licite, parce que, dans cette matière comme
dans toutes celles qui ne sont pas essentielles à
la nature des fiefs, la coutume ne statue qu'à défaut de stipulation contraire.

Filleau & Constant sur l'article 125 de la coutume de Poitou, Rat & Boucheul sur le 126,
sont de cet avis ; mais ils se fondent sur une
subtilité peu décisive. L'article 126 porte, que
» lorsque le chemier ou l'aîné baille à son para-
» geur puîné par partage, une partie du fief (tenu
» auparavant à Parage indivis) dont le chemier

» demeure en hommage, les puînés & ſes ſuc
» ceſſeurs, *ſi autre convenance n'y a*, tiendrot
» en Parage «. D'où ils concluent, qu'une inféo
dation qui contiendroit la prohibition du Parage
ne ſeroit pas contraire à la coutume, qui n'adm
le Parage que lorſqu'il n'y a pas de conventio
contraire.

Il eſt évident que ces termes, *ſi autre convu
nance n'y a*, ne ſont relatifs qu'à la conventio
qui pourroit avoir lieu entre l'aîné & ſon puîné
lorſqu'ils partagent le fief poſſédé auparavant p
eux à titre de Parage d'indiviſion. La vraie raiſo
eſt celle qu'on a donnée ci-deſſus, que le Parag
n'étant qu'une faculté, un privilége accordé :
vaſſal, on a pu, par une convention contraire
l'ôter au vaſſal ; parce que la coutume, dans ce
ſortes de matières, ne ſtatue que pour ceux q
n'ont pas fait de convention ſur cet objet.

SECTION CINQUIÈME.

Des cas où le Parage légal s'établit.

Le Parage légal ne peut avoir lieu qu'en ſu
ceſſion, c'eſt-à-dire, quand un fief vient à pl
ſieurs cohéritiers à titre héréditaire. Mais on do
donner à ce mot de *ſucceſſion* le ſens le pl
étendu, en y comprenant les conſtitutions de d
& toutes les donations en ligne directe, qui ſo
toujours réputées avoir été faites en avanceme
d'hoirie.

Les coutumes d'Anjou, article 213, & d
Maine, article 228, le décident expreſſément da
le texte ſuivant : » Quand gentilhomme marie

» fille ou fa fœur ; il lui péut donner la tierce
» partie de fa terre, qu'il tiént à foi de fon fei-
» gneur, & la lui garantit en Parage, tant que
» le Parage pourra durer «. . . . .

Ces conftitutions de dot faites par le père ou
le frère, font même les manières les plus communes dont le Parage s'établit dans ces deux
coutumes. . . . .

Tout autre titre que ces donations ou la fucceffion, ne peut être le fondement du Parage légal,
quand bien même il attribueroit la propriété d'un
même fief à plufieurs frères ou fœurs. » Au
» procès entre le fieur le Doux, dit Bafnage fur
» l'article 127 de la coutume de Normandie, il
» fut jugé qu'il n'y avoit point lieu au Parage
» pour le fief d'Outrebois, que deux fœurs avoient
» en par droit de retenue féodale, parce que la
» coutume ne l'admet qu'en cas de partage, &
» non en cas de divifion entre affociés «.

Les coutumes ne font pas d'acord fur la nature des fucceffions qui peuvent donner lieu
au Parage. La coutume de Poitou l'admet en
toutes fortes de fucceffions, même collatérales,
en quelque degré que ce foit.

Il eft vrai que l'article 125 de cette coutume,
qui établit pour ainfi dire le fondement du Parage,
dit feulement ; » que fi aucun vaffal va de vie
» à trépas, délaiffant plufieurs enfans, l'aîné, ou
» qui le repréfente, fils ou fille, fera les hom-
» mages pour lui & fes frères-cheurs «. D'où l'on
a voulu conclure, que la coutume ne parlant que
des enfans, elle ne devoit pas s'étendre à des héritiers collatéraux. Mais l'article 107, qui établit
la différence entre le Parage & la tenure en
part-prenant & part-mettant, donne pour uni-

que caractère au Parage, qu'il *vient par fuccef-*
fion & lignage , & défaut , faillant le fignage.

D'ailleurs , l'article 289 de la coutume d
Poitou admet le même droit d'aîneffe en ligne
collatérale, qu'en ligne directe ; & l'article 11
dit expreffément : « Le fils ou fille aînée , o
» héritier principal, doit faire tous les hommages
» tant pour lui que pour fes cohéritiers & frères
» cheurs «. Le Parage doit donc avoir lieu toute
les fois qu'il y a une fucceffion à partager , foi
directe , foit collatérale. L'ufage conftant de la
province eft conforme à cette opinion , qui eft
fuivie par tous les commentateurs.

La coutume d'Angoumois admettant auffi le
droit d'aîneffe en ligne collatérale comme en
ligne directe , le Parage doit y avoir lieu indiftinctement. Mais cela doit s'entendre néanmoin
fous les limitations que les articles 90 & 91
apportent au droit d'aîneffe en collatérale , en
forte que le Parage n'y doit pas avoir lieu ,
quand il n'y a pas lieu au droit d'aîneffe.

On doit en dire autant de la coutume de
Normandie , dont l'article 127 dit que la tenure
par Parage eft, quand un fief noble eft divifé
entre filles ou leurs defcendans à leur repréfentation, fans diftinguer fi la fucceffion eft directe ou
collatérale.

On ne voit pas pourquoi le Parage ne feroit
pas auffi bien admis en ligne collatérale dans les
coutumes d'Anjou & du Maine, puifque , fuivant les articles 229 & 246 de ces coutumes,
le droit d'aîneffe y a lieu en ligne collatérale
comme en ligne directe , fi ce n'eft que dans la
coutume d'Anjou les puînés mâles ont dans ce
cas la propriété de leur portion, fuivant l'article

222, tandis qu'en ligne directe, ils n'ont cette portion qu'à titre de bienfait ou à vie. Mais il est évident que cela ne peut changer rien au droit de Parage.

Cependant Bodreau a prétendu qu'il falloit se tenir strictement aux termes de l'article 228 de la coutume du Maine, qui ne parle du Parage que *quand gentilhomme marie sa fille ou sa sœur.* Cet auteur prétend que la coutume n'a établi le Parage, que pour donner le moyen de trouver aux filles des maris plus illustres, qui, dit-il, pourroient ne pas consentir à tenir leur portion à titre de vassaux de leurs beaux-pères ou de leurs beaux-frères. Il conclut de là, assez inconséquemment, que le Parage ne peut avoir lieu hors des deux cas prévus par l'article 228, pas même quand la mère & l'aïeul ou l'aïeule marient leur fille ou leur petite fille.

Ce sentiment a été critiqué, avec raison, par Duplessis, dans son traité du depié de fief & des Parages, section 2, page 136 ; il est condamné d'avance par la coutume même. L'article 249 dit expressément : « L'aîné fils, qui » est le principal héritier, ou l'aînée fille, s'il » n'y a que fille, comme dit est, font la foi » & hommage aux seigneurs de qui ils tiennent » leur terre, & garantissent aux puînés en Pa- » rage ». La fin du même article permet d'établir le Parage entre les puînées qui ont eu un fief entier entre elles toutes. Le Parage peut donc y avoir lieu dans toutes les successions nobles où le fief se partage des deux tiers au tiers.

La même règle doit avoir lieu, à ce qu'il

paroît, dans le cas singulier où le droit d'aînesse
est admis en collatérale par les coutumes de
Tours, article 284, & de Loudun, chapitre 27,
article 23.

Il n'en est pas ainsi de l'usance de Saintes.
» Quant aux successions collatérales, dit fort bien
» Beschet au chapitre 2 de sa digression de
» Parages, comme il n'y a pas de droit d'aî-
» nesse par l'article 57 de l'usance, il n'y a
» point aussi de Parage ; de sorte qu'en la di-
» vision du fief chacun doit faire l'hommage
» pour sa quotité, & payer les devoirs à propor-
» tion, tout ainsi que les enfans en la coutume
» de Paris, qui ne reconnoît point de Parage,
» & en laquelle chacun des frères fait l'hommage
» de sa part «.

Il en doit être de même dans les coutumes
d'Anjou, Maine, Touraine, Loudunois & Normandie, lorsque les cohéritiers en ligne collatérale, ne sont parens qu'au degré où la coutume
a établi la cessation du Parage. Le Parage ne
peut pas, à plus forte raison, y être établi. Ce
cas ne peut se rencontrer dans les coutumes de
Poitou, d'Angoûmois & de Saintonge, ni dans
l'usance de Saintes, puisque le Parage ne
finit jamais par l'éloignement du lignage, tant
qu'il peut être spécifié & prouvé, comme on le
verra dans la section 15.

SECTION

SECTION SIXIÈME.

Du sous-Parage ou du Parage qui a lieu dans la subdivision des portions du fief tenu en Parage.

Lorsque l'aîné ou le chemier laisse plusieurs enfans qui partagent entre eux la portion du fief tenu en Parage, qui lui appartenoit, il n'est pas douteux qu'il ne se constitue un nouveau Parage dans la subdivision de cette portion, & que cela ne se repète de la même manière dans toutes les divisions ultérieures de la portion qui est échue à chacun des aînés. C'est la décision expresse des articles 214 de la coutume d'Anjou , & 229 de celle du Maine, qui, forment à cet égard le droit commun, de l'aveu de tous les auteurs.

En est-il de même pour les subdivisions des portions des puînés, lorsqu'elles sont partagées par plusieurs enfans? L'aîné des enfans de chaque puîné, en subdivisant sa portion suivant la coutume, peut-il s'attribuer les droits d'aîné à titre de Parage, & prétendre, par exemple, qu'elle sera mouvante de lui en cas d'aliénation des portions de ces puînés de la branche cadette?

Il semble d'abord que cette question n'en devroit point être une. Les articles 214 de la coutume d'Anjou, & 229 de celle du Maine, la décident nettement comme la précédente. » Et » semblablement, y est-il dit, le successeur fils » ou héritier du paraigeur (*l'aîné*), de ses deux » parts qui lui seront ainsi demeurées, peut bien » donner à sa fille ou sœur, comme devant, le » tiers d'icelles deux parts à tenir de lui en

» paraige, comme deſſus , &, de ſucceſſion
» ſucceſſion , chacun en peut autant faire.
» (ainſi) fera le paraigeur (*le puîné*) de ſ
» tiers qui ainſi lui aura été baillé, & qui l
» eſt garanti en Parage, & pourra bien donn
» à ſa fille ou ſœur le tiers ; & ainſi le fi
» noble ſe peut diminuer par ſucceſſion, ſa
» que le chef ſeigneur, dont le fief meut & e
» tenu à foi, le puiſſe nullement empêcher,
» qu'il y puiſſe demander foi & hommage p
» depié de fief, puiſque le fief eſt dépiécé p
» ſucceſſion ou avancement d'hoirie «.

Les articles 280 & 281 de la coutume d
Tours , ont une diſpoſition tout auſſi préciſ
mais les autres coutumes ne diſent rien à c
ſujet , & pluſieurs commentateurs ont prétend
qu'on y devoit tenir le contraire, C'eſt ſur-tou
l'avis de Conſtant ſur l'article 140 de la cou
tume de Poitou. » Cela fut ainſi décidé, dit il
» par tous les anciens praticiens de notre palais
» chez Me Pierre Rat, dans une conſultation o
» ſe trouvèrent Boiſſeau & pluſieurs autres. L
» principale raiſon ſur laquelle on ſe détermina,
» eſt que, de même que le corps humain ſeroi
» monſtrueux s'il avoit pluſieurs têtes, de même
» auſſi le corps du fief, tant qu'il forme un ſeu
» & unique fief (comme il l'eſt durant le Pa
» rage), ne peut avoir pluſieurs chefs. Il ne doi
» y avoir qu'un ſeul chef du fief, celui qui
» l'étoit originairement. C'eſt donc le premier
» chemier qui doit jouir excluſivement de tou
» les avantages qui lui ſont attribués par l
» coutume «.

Lelet ſur le même article, Theveneau ſu
l'article 106, & Deſvignes en ſa paraphraſe

sur la coutume de Saint-Jean-d'Angely, sont du même avis. Ces auteurs reconnoissent néanmoins, que lorsque le Parage originaire est fini & que la portion cadette forme un arrière fief tenu directement de la portion de l'aîné, il se forme alors un nouveau chemier dans cette portion cadette, qui a les mêmes droits sur ses puînés devenus parageurs, que le chemier originaire en avoit dans la totalité du fief.

Beschet, au chapitre 7 de la digression des Parages, est d'un sentiment différent. Voici comme il réfute la raison donnée par Constant & Theveneau, que *c'est une chose monstrueuse de voir deux têtes en un même corps, & deux chemiers en un même fief.* » Que ne dit-on que » c'est un monstre & un prodige de voir une » tête servir à deux corps, lorsque l'aîné demeu- » rant chemier des puînés de son père, est fait » chemier de ses propres puînés ? On devoit » observer que le second chemier n'est pas con- » sidéré pour faire l'hommage au premier, & » que sa qualité de chemier a son rapport seu- » lement à ses puînés, lesquels seront un jour » ses arrière-vassaux. . . . . . Aussi ce ne sont » point deux têtes en un même corps, & deux » chemiers en un même fief; mais ce sont deux » fiefs, comme deux genres, dont l'un étant le » suprême, l'autre ne laisse pas de conserver sa » nature de genre au respect des espèces qui » lui sont soumises & subalternes. La même » raison, qui donne le droit aux puînés en la » première division du fief, de tenir leurs portions » en Parage, milite en faveur des puînés du » parageur contre leur aîné, qui prend le droit » d'aînesse à la condition que l'aîné de leur père

» avoit pris le fien lors du partage de tout
» fief. Et en un mot, il n'y a rien de répugna
» ni de contraire à la nature des fiefs, car il n'e
» peut en arriver qu'une fubinfeodation, qui e
» réguliérement obfervée en notre coutume «.

Vigier, dans fon commentaire fur la coutum
d'Angoumois, article 27, n°. 11, a fait ur
diftinction entre le fief qui a été divifé, & cel
qui eft indivis. » Les divifions & fubdivifions
» dit-il, faites entre les cohéritiers, ne rompei
» point l'unité du fief, juftifiée par l'inféodatio
» & les anciens dénombremens, repréfentée e
» la perfonne d'un feul chemier, qui doit ferv
» le fief entier, & peut recevoir tous les droi
» pendant qu'il eft indivifé. Mais après les pai
» tages, les portions des puînés font autant d'ai
» rière-fiefs dépendans du principal, & en cha
» cune d'icelles il eft raifonnable d'admettre u
» chemier particulier, pour fatisfaire aux charge
» paffives pour lui & fes conforts, & recevoi
» les droits procédans des aliénations faites e
» leur lot...... Car, comme dit notre Jea
» Faure (§. adeo n. 7, inflit. de locat.), fi t
» teneas feudum à Titio, & ego à te, & Sempro
» nius à me, ego invefituram & laudimia reci
» piam, five ventas, & fi ego vendam, tu re
» cipies, femperque proximos dominus. De même
» Dumoulin, §. 1, gl. 6, n. 8, 9, 10
» 11, l'article 12 ci-deffus, & Poitou, artic
» 21 ; difent que les ventes appartiennent a
» feigneur plus près du fonds. Il femble toute
» fois que cela eft contraire à notre texte, qu
» donne ces droits à l'aîné des enfans dans le
» venditions faites par des parageurs, cohéritier
» & parfonniers, tels que font en ce lieu les ne

» veux avec leur oncle. Mais il parle entre les
» enfans au premier degré, le fief n'ayant été
» partagé ; car quand le fief a été partagé éntre
» les frères, chacun d'eux est l'auteur & le prin-
» cipe de sa branche, & les héritiers de diverses
» branches, *sunt inter se extranei* ; & comme les
» descendans d'un branchage ne succèdent point
» en l'autre, tant qu'il y a des descendans d'icelui
» capables de succéder ; aussi est-il juste que les
» branches & familles étant séparées, chacune
» d'icelles eût son chemier particulier pour la pres-
» tation & réception des droits & devoirs dont
» elle est composée ; *& eo jure utimur* «.

Boucheul a agité la question dans son commentaire sur l'article 140, n°. 20. Après avoir
rapporté les opinions de Beschet & de Constant,
il paroît s'en tenir à cette dernière. La coutume,
dit-il, n'admet qu'un chemier dans un même
fief, qui ne peut & ne doit pas recevoir division
par les changemens des parageurs. Mais les sommaires de cet auteur sur le même article disent
expressément le contraire ; & tel paroît être aussi
son avis dans son commentaire sur l'article 130,
n°. 22.

Guyot trouve la question très-difficile : il convient qu'il avoit d'abord embrassé l'opinion de
Beschet, en regardant celle de Constant & de
Theveneau comme une pure subtilité ; il finit
néanmoins par y adhérer. Voici l'extrait de ses
raisonnemens à ce sujet. Un principe incon-
testable dans les coutumes de Poitou & de Saint-
Jean - d'Angely, ainsi que dans l'usance de
Saintes, c'est que le fief tombé en Parage la
première fois, est toujours, pendant la durée de
ce Parage, un seul & même fief, & cela est

tellement vrai, que le premier chemier, l'aîné
de tous, rend toujours la foi de tout le fief,
tant pour lui que pour les portions cadettes du
tant, ce premier Parage, quelques subdivisions
que souffrent tant la portion de l'aîné que celle
des cadets, en cas de décès de leur part. Il
suit de là, que le chemerage, dans une portion
cadette subdivisée, est inutile & contraire au
droit de ces coutumes, tant que dure le premier
Parage.

Ce chemerage est inutile, parce que l'aîné de
la subdivision ne doit la foi ni pour lui, ni pour
ses puînés, au premier chemier, parce que leurs
portions ne font toujours, avec celle de leur aîné,
qu'une seule & même portion tenue en Parage
du premier chemier. Les puînés de la subdivision
ne trouveroient donc aucun avantage dans l'établissement d'un Parage subordonné au premier.

Ce chemerage subordonné n'est pas moins contraire à ces coutumes & au sentiment bien entendu de leurs commentateurs, parce qu'il est de
principe, que la portion paragère étant vendue, le
droits en appartiennent au chemier, *comme sei-*
gneur plus proche du fonds aliéné. C'est le texte
même des coutumes. Or, la portion paragère cadette, quoique subdivisée entre les enfans du puîné
décédé, est toujours la même, toujours une,
vis-à-vis du chemier premier : toutes ces portions
de la subdivision font toujours la même portion
intégrale du fief principal du premier chemier;
elles n'en deviennent parties subalternes que par
la fin du Parage premier. Donc le chemier premier, nonobstant la subdivision de la part cadette
sa paragère, est toujours, pendant la durée de son
Parage, le seigneur plus proche de la portion &

de toutes les portions de la portion cadette sa paragère. Il n'est donc pas possible de concevoir que l'aîné de la subdivision, pendant le premier Parage, élève sur ses puînés un chemerage qui le rende seigneur plus proche des portions de ses puînés, au préjudice du chemier premier, qui, pendant la durée de son Parage premier, les garantit tous sous son hommage. Il seroit contradictoire de supposer qu'ils pussent reconnoître un seigneur plus proche, autre que celui qui les garantit tous sous son hommage.

Mais lorsque le premier Parage est fini, l'aîné de la portion cadette, qui est devenue un fief distinct & mouvant de la portion du premier chemier, devient à son tour le chemier de ses puînés, qu'il garantit sous l'hommage au chemier premier, devenu dominant de toute la portion cadette par la fin du Parage. » Les droits de cet » aîné de la subdivision, qui avoient été suspendus » pendant le premier chemerage, comme ne pou- » vant subsister tous deux ensemble, reprennent » vigueur, & les puînés de cette subdivision n'y » ayant rien de leur fait, mais du fait de la loi » *seule*, ne perdent pas le droit d'être garantis » sous l'hommage de leur aîné immédiat, & il » faut feindre que cette portion cadette n'a été » subdivisée que depuis la fin du premier che- » merage ».

Ces raisons sont plus spécieuses que solides. Il est bien vrai que le fief tenu en Parage est un seul & même fief que l'aîné couvre sous son hommage seul ; mais ce seul & même fief est d'une nature particulière. A l'exception de l'hommage & des autres devoirs que l'aîné seul rend pour tout le fief, les puînés ont le même

droit que lui dans leurs portions ; ils ont la mouvance & la juridiction fur leurs vaſſaux & leurs
tenanciers. Cela eſt non ſeulement reconnu par
tous les auteurs, mais auſſi par l'article 140 de
la coutume du Poitou, qui dit expreſſément que
le parageur ou part-prenant a en ſa partie telle &
ſemblable juridiction & connoiſſance comme a ledit
chemier en la ſienne. Il peut donc ſous-inféoder
les deux tiers de ſon fief, ou même la totalité,
à l'exception du principal manoir ou chef d'hommage, s'il y en a un dans ſa portion, puiſque tout
vaſſal le peut faire dans la coutume de Poitou,
& que l'article 130 donne expreſſément ce droit
au chemier. Pourquoi donc ne pourroit-il pas faire
cette ſous-inféodation ſous une condition éventuelle, telle qu'eſt la condition du Parage ? Quoique le chemier de ce Parage ſubordonné ne rende
point d'hommage au chemier ſupérieur, il lui
rendra l'aveu pour toutes les portions du Parage
ſubordonné. Il aura, lors de l'expiration de ce
Parage, les mêmes avantages que les chemiers
ordinaires. Les portions de ſes puînés ne ſeront
ſujettes à l'exercice de ſes droits qu'en cas d'aliénation de leur part ou de celle du ſous-chemier,
& non pas en cas d'aliénation de la portion du
premier chemier. Il n'eſt donc pas vrai que le
chemerage ſoit inutile dans ce cas.

Dire que la portion paragère cadette, quoique
ſubdiviſée entre les enfans du puîné décédé,
eſt toujours la même ; que toutes les portions
de la ſubdiviſion ne deviennent parties ſubal-
ternes que par la fin du Parage premier, c'eſt
ou ſuppoſer ce qui eſt en queſtion, ou confondre
des relations différentes. Il eſt certain que le fief
ſubſiſtant encore dans ſon intégrité, le ſeigneur

dominant ne connoît que le chemier premier, tant que dure le Parage; le fief est donc un à son égard. Mais dès que la portion paragère est subdivisée, le chemier premier ne connoît plus que l'aîné des héritiers de son parageur; c'est à lui qu'il doit demander l'aveu de cette portion paragère. Cette portion n'est donc pas une à tous les égards.

. C'est se tromper évidemment que d'ajouter » que le chemier premier, nonobstant la subdi- » vision de la part cadette sa paragère, est tou- » jours, pendant la durée de son Parage, *le sei-* » *gneur plus proche de la portion & de toutes* » *les portions de la portion cadette sa paragère* «. Tant que le Parage dure, le chemier n'est point le seigneur le plus proche de la portion du pa- rageur. Il n'en est aucunement seigneur, il a seu- lement une aptitude à le devenir lors de la ces- sation du Parage. Mais le droit éventuel qui ré- sulte de cette aptitude, peut être restreint par toutes les espèces d'empirement de fief que la coutume permet aux vassaux & par conséquent par un autre Parage, comme par une sous-in- féodation pure & simple.

Il n'y auroit d'ailleurs aucune contradiction à ce que les parageurs de la portion cadette re- connussent un seigneur plus proche que l'aîné premier, qui les garantiroit sous son hommage. Cela a lieu pour les vassaux des portions para- gères dans toutes sortes de Parages, soit que ces vassaux possèdent des fiefs anciens dont la mouvance a été attribuée particuliérement aux parageurs par le partage du fief, comme on le fait souvent, soit qu'ils aient reçu ces fiefs des parageurs à titre de sous-inféodation, depuis que

le Parage est établi ; & on ne trouve rien d'étrang
là dedans.

Si, lorsque le premier Parage est fini, Guyo
convient bien que les puînes de la portion cadett
tiendront en Parage , & que les droits de l'aîné
qu'il suppose suspendus durant le premier Pa
rage, reprennent vigueur de plein droit, pour
quoi veut-il que ceux des droits de ce nouveau
Parage qui ne sont pas incompatibles avec l
premier, ne subsistent pas dès-lors ? La coutume n
dit nulle part que le Parage des portions ca
dettes ne commencera qu'à l'expiration du pre
mier, &, pour faire admettre cette supposition.
Guyot lui-même convient qu'il est nécessaire d
recourir à une fiction dont on ne trouve aucune
traces dans les coutumes de Parage. *Il faut*
dit-il, *feindre que cette portion cadette n'a été*
subdivisée que depuis la fin du premier chemerage.

Cette fiction offre , je crois, une idée plus
difficile à concevoir que celle des deux chemiers subordonnés l'un à l'autre dans un même
fief. Cette subordination n'est assurément pas
plus extraordinaire encore que celle qui s'établit
par la constitution d'un arrière-fief. Cependant
les coutumes de Poitou, de Saintonge & d'Angoumois, permettent expressément au vassal qui
n'a que le domaine utile du fief, & non le domaine direct, de retenir, à titre de sous-inféodation, ce domaine direct qui appartient à son
seigneur seul, & non à lui. Il est donc bien
dans l'esprit de ces coutumes d'autoriser des subordinations de Parage, de même qu'elles établissent des subordinations de mouvance.

SECTION SEPTIÈME.

Du titre d'aîné ou de chemier. A qui il appartient.

Toutes les coutumes de Parage supposent que le titre d'aîné ou de chemier appartient de plein droit à l'aîné de plusieurs copartageans ; mais c'est une question fort controversée que de savoir si ce titre appartient tellement à l'aîné, qu'on ne puisse l'attribuer par convention à l'un des puînés. La coutume de Normandie, art. 128, dit que les aînés font les hommages au chef seigneur pour eux & leurs puînés paragers, & les puînés tiennent des aînés par Parage sans hommage. Tous les articles suivans supposent également que c'est l'aîné qui doit jouir des priviléges attribués au chef du Parage.

Tous les commentateurs sont d'avis qu'on ne peut déroger à ces dispositions de la coutume. » Cela a été décidé, dit Bérault, par arrêt » donné en la cour séante à Caen le 11 août » 1593, au profit de Marie Dambret, damoi- » selle, femme du sieur de la Chapelle, contre » damoiselle Catherine & Lucrèce Dambret, » ses sœurs puînées. Sur le relèvement obtenu » par ladite Marie, aînée, laquelle n'avoit » choisi ledit premier lot, fut dit que lesdits » lots & partages seroient réformés, & en ce » faisant, que lesdites Catherine & Lucrèce » Dambret tiendroient par Parage de ladite Marie » leur sœur aînée, suivant les coutumes. Par » autre pareil arrêt donné au conseil le 21 juillet » 1600, entre Charles Martel, sieur de Mont-

» Pinchon, & Jean de Vesnois, fut ordonné que
» la fille puînée tiendroit par Parage de l'aînée,
» encore que, par leurs lots, le droit de Parage
» eût été employé au premier lot tombé à la
» puînée, lequel en avoit été rendu par ce moyen
» de moindre valeur, & ce nonobstant la re-
» quête faite par ledit de Vesnois, mari de la
» puînée, de procéder à nouveaux partages. Et
» est cela bien raisonnable & suivant l'inten-
» tion d'icelle coutume, qui ne donne le Parage
» à la part ou portion du fief, ains à la personne
» de la fille aînée. Par ainsi, le chef du lieu est
» toujours pardevers l'aînée, conséquemment est
» plus à honorer que les autres «.

En est-il de même lorsque les puînés, en divi-
sant le fief, mettent la juridiction, ou, comme
on le dit en Normandie, le gage-plége dans un
seul lot, & le domaine non fieffé dans l'autre,
& que l'aîné choisit le domaine non fieffé ? » J'ai
» vu, dit Godefroy, cette question en contro-
» verse, quoiqu'indécise, & résoudre que le
» puîné auquel est demeuré le gage-plége, le
» doit relever de l'aîné. Car *eo ipso* qu'il est aîné,
» la coutume lui attribue droit de féodalité &
» juridiction sur son puîné (*) «.

_____

(*) Cette séparation du domaine & du gage-plége est
licite en cas de partage, suivant le même Godefroy sur
l'article 336. Guyot, au chapitre 2, après avoir proposé
la décision de Godefroy sur l'article 129, dit que Basnage
sur l'article 127 *in fine*, est de même avis. Mais cela n'est
point exact. Basnage avoue bien que la prérogative du Parage doit toujours demeurer à l'aîné ou ses représentans,
nonobstant toutes actions contraires ; mais il ne paroît pas
admettre de Parage sans division du gage-plége, auquel la
directe paroît attachée.

- Bafnage patoît croire au contraire qu'il n'y auroit pas de Parage en ce cas, lorfqu'il dit fur l'art. 127, que « fi, par le partage entre « fœurs, le fief n'avoit point été divifé, & qu'un » lot eût été compofé feulement d'une portion » du domaine du fief, fans aucune dignité féo- » dale, la fœur qui poffléderoit ce lot ne pour- » roit tenir par Parage, bien qu'il fût dit par les » lots qu'elle tiendroit en cette qualité «. M. Roupnel dit la même chofe dans fes obfervations fur Pefnel. Cette opinion paroît la plus conforme à l'efprit de la coutume.

La difficulté eft plus grande encore dans les autres coutumes, où l'aîné a de plein droit le chef-lieu du fief, & d'autres avantages en cette qualité. On ne voit pas fi la qualité de chemier eft attachée par les coutumes à la perfonne de l'aîné & à fes repréfentans, ou bien fi elle l'eft au chef-lieu du fief. Par exemple, l'art. 125, avec plufieurs autres de la coutume de Poitou, dit que l'aîné fait l'hommage pour fes frères & fœurs, & que les puînés tiendront en Parage avec lui, » & eft ledit aîné, ou qui le repré- » fente, appelé chemier, & les puînés, ou qui les » repréfentent, appelés *parageurs* «. Mais l'art. 130 dit que le chemier perd le droit de garantir les parageurs fous fon hommage, s'il aliéne le chef d'hommage, quand bien même il retiendroit le furplus du fief, lorfqu'il y en a, ou le tiers du fief, qui en tient lieu lorfqu'il n'y a pas de chef d'hommage.

Conftant, fur l'art. 126 de la coutume de Poi- tou, conclut de là, que la qualité de chemier appartient au puîné de plein droit, fi l'hôtel principal ou chef d'hommage lui échéoit lors

du partage, & que l'aîné ait une partie des ap
partenances du fief, par exemple, trente boisselées
sans même que l'on convienne à quel titre & d
qui il les tiendra. *Qualitas chemerii, dit-il, u
divisione non est ratione primogenituræ, sed ra
tione castri. Itaquè quicumque forte divisionis habe
castrum, est chemerius, quamvis non sit primo
genitus ; & ideò cum lege consuetudinis, Para
gium sit inter cohæredes dividentes rem commu
nem, sic primogenitus* tiendra en Parage de so
cadet, chemier dudit fief, ses 30 boisselées d
terre qui en sont partie, & qui en ont été dis
traites, *Thevento* (*), *advocato doctissimo, prim
fronte dubitante, qui tamen, posteà opinioni me
accessit.*

Lelet est d'une opinion absolument contraire
Il se fonde sur ce texte de l'art. 126 : » Et sem
» blablement si ledit chemier baille à son para-
» geur puîné par partage aucune partie de so
» fief, dont le chemier demeure en hommage,
» ledit puîné & ses successeurs, *si autre conve
» nance n'y a*, tiendront en Parage.

» Le chemerage, dit-il, n'est point attaché
» au chef d'hommage, mais à la personne de
» l'aîné, de sorte que, quelque portion qu'il ai
» dans le fief par partage, il est toujours che

(*) Guyot, *ibid.* après avoir rapporté ce passage d
Constant, ajoute : » Theveneau, en sa paraphrase sur le
» articles 106 & suivans jusqu'au 190, ne dit rien de c
» que Constant lui prête ; au contraire, quand il parle d
» chemier, il le suppose toujours *aîné* «. Mais Constan
n'a point voulu parler ici de Theveneau, qu'on nomme e
latin *Thevenellus*, suivant l'analogie, mais bien de The
venet, dont on trouve quelques notes dans le commentai
de Lelet, Filleau & autres, imprimé en 1683.

» mier, s'il n'y a convenance au contraire : que
» fi·le chemerage étoit attaché au chef d'hom-
» mage, il s'enfuivroit que ledit chef d'hom-
» mage ne pourroit être parragé ; ce qui ne fe
» peut dire. Car, au cas de partage dudit chef
» d'hommage, il y auroit deux ou plufieurs
» chemiers, ce qui eft impoffible ; & les mots
» de la coutume, *fi autre convenance n'y a*, d'où
» on tire pour maxime, qu'un puîné puiffe être
» chemier par convention, font affez voir que
» le chemerage n'eft point attaché au chef d'hom-
» mage, & ne faut point tirer conféquence de
» l'art. 130, dont les termes marquent, que le
» chemier, pour demeurer en l'hommáge, doit
» retenir l'hôtel, ou, à défaut, le tiers du fief.
» Car ledit article s'entend en cas d'aliénation
» feulement, & non en cas de partage. Tel a été
» le fentiment des fieurs Baron, Milon & Gau-
» thier, & autres anciens confultans de leur
» temps (* «.

Ces raifons ne font point du tout décifives.
Le Parage légal ne peut être établi que par la
coutume & fous les conditions prefcrites par la
coutume. De ce qu'elle attache la qualité de
chemier à la perfonne de l'aîné auquel elle accorde le chef d'hommage ou principal manoir à titre de préciput, il ne s'enfuit affurément pas qu'elle lui attribue cette, qualité lorf-

---

(*) Il ne faut pas perdre de vue que dans cette queftion
& dans la fuivante, il ne s'agit que du Parage légal, qui
a lieu par la feule difpofition de la coutume, & non pas
du Parage conventionnel, que la coutume autorife auffi ;
dans celui-ci un puîné peut être chemier fans difficulté,
comme on le verra a la fin de cette fection.

qu'il ne conferve pas ce chef d'hommage qu'e
lui accordoit. Il n'y a aucun inconvénient à d
que le chef d'hommage ne peut être patta
dans la coutume de Poitou, de même que da
les autres coutumes de depié de fief on ne pe
partager le fief que des deux tiers au tiers, fi l'
veut le conferver dans fon intégrité...

:: Il n'eft point bien clair que ces mots de l'a
130, *fi autre convenance n'y a*, s'appliquent :
Parage conventionnel, dans lequel le puîné a
chef d'hommage ; on peut foutenir, à plus juf
titre, qu'ils indiquent une convention contrai
au Parage. A plus forte raifon ne difent-i
pas que le puîné, dans un Parage conventionnel
puiffe avoir le titre de chemier, & garantir comm
tel fes copartageans, fans avoir le chef d'hommag
quand ce mot feul de chef d'hommage indique
bien que le droit de faire & de recevoir les hon
mages y eft attaché.

Enfin Boucheul, qui condamne auffi cette d
cifion de Lelet, répond fort bien fur le mêm
article à fa dernière obfervation relative à l'ar
130 : » Quoiqu'à la vérité, dit-il, l'art. 130 fo
» dans le cas d'une vente & aliénation que l
» chemier feroit, *fi le chemier tranfporte fing*
» *liérement la chofe dont il eft chémier*, il fu
» pofe néanmoins, comme le principe, que l
» chemier avoit le chef d'hommage ; & c'eft pou
» quoi le préfent article ne dit pas fimplemen
» fi le chemier baille à fon parageur puîné part
» de fon fief ; mais il ajoute, *dont le chemier d*
» *meure en l'hommage*, pour faire voir qu'il fau
» que l'aîné fe réferve le chef d'hommage, p
» le partage qu'il fait avec fes puînés «.

Boucheul critique enfuite également l'opinio
d

de Conſtant, qui attribue au puîné le titre de chemier, même ſans convention, lorſque le chef d'hommage eſt échu dans ſon lor. Il conclut avec raiſon, » que pour avoir la qualité de che-» mier, ſans convention ou droit de chemerage » ſur ſes cohéritiers, deux choſes ſont requiſes, » & qu'on ſoit l'aîné, & que l'on demeure en » hommage «.

Guyot, qui en citant uniquement cette con-cluſion de Boucheul, n'en a pas rapporté les propres termes avec ſon exactitude ordinaire, prétend que » cette explication n'eſt pas claire. » Car, dit-il, ſuivant le ſtyle du Poitou, de-» meurer en l'hommage, c'eſt avoir le chef-lieu. » Or ſi l'aîné n'a pas le chef-lieu, il ne ſera donc » pas chemier : donc, pour être chemier, il n'eſt » pas néceſſaire d'être l'aîné «.

Ce raiſonnement eſt très-vicieux : dans le vé-ritable eſprit de la coutume, il faut à la fois être l'aîné & retenir le chef d'hommage, pour avoir le titre & les droits de chemier dans un Parage légal. On ne peut donc pas dire que le puîné qui aura ce chef d'hommage, ſera chemier, parce que ſon aîné qui ne l'a pas ne peut pas l'être. Ils ne doivent l'être ni l'un ni l'autre. Tel eſt le véritable eſprit de la coutume, que Boucheul a fort bien ſaiſi.

Au reſte, l'avis de Guyot, qu'il expoſe avec beaucoup d'étendue, rentre abſolument dans celui de Boucheul. Il décide nettement que la qua-lité de chemier doit appartenir à l'aîné, ſuivant l'eſprit général du droit féodal, qui attribue à l'aîné tous les honneurs & les prérogatives du fief ; qu'on doit décider la même choſe, en conſultant l'eſprit des coutumes ſur le Parage ;

que pour attribuer à un puîné le titre de che
mier, & les droits qui en dépendent, il fau
non feulement que le chef-lieu foit mis dans foi
lot, mais auffi que l'aîné renonce expreffémen
au droit de chemerage, pour l'attribuer au puîné.

Theveneau, Barraud, Conftant, Lelet · &
Filleau, fur la coutume de Poitou, penfent unanimement qu'il y a un Parage légal, lorfqu'ur
fief entier eft abandonné aux puînés, & que le
plus âgé de ces puînés en eft le chemier, foi
qu'ils poffèdent le fief indivifément, foit qu'il:
le partagent entre eux. La raifon qu'ils en donnent, c'eft qu'il n'y a point de depié de fief,
ni multiplication de foi, fur un même fief qui fe
partage à titre fucceffif; que le fief n'ayant qu'une
foi, il ne doit y avoir auffi qu'un des copropriétaires qui la porte, & que cette foi doit
être portée par l'aîné des puînés, comme repréfentant l'aîné de tous, qui ne peut plus être chemier.

Ces auteurs avouent néanmoins qu'il a été
jugé contre leur fentiment. Barraud lui-même,
par une contradiction qui lui eft trop fréquente,
dit au titre 6, chap. 3, que, dans ce cas, chacun des puînés doit faire hommage au feigneur
pour fa part, parce qu'il ne peut y avoir deux
chemiers dans une même fucceffion. Il ajoute
que cela a été ainfi jugé par arrêt pour le fief
des Rouziers. Cette dernière décifion a été adoptée par Boucheul fur l'article 115, n°. 23. Elle
eft dans les véritables principes, puifque, comme
on l'a vu ci-deffus, la coutume de Poitou n'admet le Parage légal qu'en faveur de l'aîné qui
poffède le chef d'hommage en fa qualité d'aîné.

Cette queftion eft d'ailleurs nettement décidée
par les coutumes d'Anjou & du Maine, articles
232 & 249, dont voici le texte.

» S'il y a fief entier, qui chet en partage des
» filles puînées, elles en feront chacune une foi,
» finon que par partage fait entre icelles filles puî-
» nées, à l'une d'icelles filles fuffent demeurés
» les deux tiers d'icelui fief, auquel cas elle
» pourroit garantir l'autre tiers a fes fœurs,
» fous fon hommage, en retenant devoir, ou
» qu'il foit baillé à tenir nommément & dé-
» clarément en Paraige, comme dit eft «. Le Parage ne peut donc avoir lieu entre les puînés
que par convention. Cette convention eft très-
licite. Vigier, fur la coutume d'Angoumois,
art. 25, n°. 5, rapporte un arrêt du 21 janvier
1640, qui en a autorifé une femblable, au moins
indirectement, en jugeant valide pour le tout
une quittance de droits feigneuriaux, donnée au
vaffal commun du fief tenu en Parage, par le
propriétaire de la moindre partie, auquel l'aîné
avoit cédé le droit de chemier par un traité particulier.

Guyot prétend néanmoins d'après Befchet,
que l'aîné peut fe faire reftituer contre un pareil traité, quoiqu'il convienne d'ailleurs que le
feigneur ne peut pas fe plaindre de cette convention, puifque l'aîné, devenu chemier, pourroit
aliéner le chef-lieu à un étranger, qui devien-
droit *chemier* (*); mais on ne voit pas pourquoi
cette convention feroit fujette à refcifion entre
majeurs, fi l'aîné étoit dédommagé par ailleurs.
Il eft facile de voir que les principes de la coutume de Normandie à cet égard, ne peuvent

(*) Il faut dire *feigneur dominant*, & non pas chemier,
puifque l'aliénation du chef-lieu du fief donne lieu à la fin
du Parage, fuivant l'article 130 de la coutume de Poitou.

recevoir d'application dans celles de Poitou & dan
les autres coutumes de Parage qui n'en difent rien
comme celles de Touraine & de Loudunois,
du moins quand l'un des héritiers conferve les
deux tiers du fief, puifque l'on peut fous-inféoder l'autre tiers au préjudice du feigneur ; le
Parage n'eft évidemment qu'une fous-inféodation
fufpendue.

Suivant toutes les coutumes de Parage , le droit
d'aîneffe n'appartient pas feulement à l'aîné,
mais auffi à fes repréfentans. L'article 141 de la
coutume de Poitou dit en particulier , que *fi le
chemier décède délaiffant plufieurs enfans , fils ou
filles , le fils aîné , ou la fille , s'il n'y a fils,
fera le chemier.* Il en doit, être ainfi de tous les
cas où la portion du chemier paffe à plufieurs de
fes héritiers. L'aîné de tous , lorfqu'il retient le
chef d'hommage , a le titre & les droits du chemier. Les queftions que Guyot a propofées à ce
fujet , chap. 2 , n°. 7 , ne peuvent offrir de difficultés.

On ajoutera feulement , qu'il eft bien vrai que
ce titre de chemier eft également donné à celui
qui eft chargé de faire l'hommage pour fes coteneurs & pour lui , dans les tenures en part-
prenant & part-mettant , & généralement dans
toutes les tenures en gariment , comme on l'a
dit au mot CHEMIER ; mais c'eft par erreur qu'on
a dit enfuite dans le même article , d'après Guyot:
» L'autre voie par laquelle on devient chemier,
» eft lorfque celui qui aliène une partie du fief
» y retient le devoir feigneurial , au moyen de-
» quoi il devient chemier, étant, chargé de por-
» ter la foi pour tout le fief «.

L'aliénation d'une partie du fief, en y retemant devoir, produit en Poitou, suivant les articles 30 & 130, un véritable arrière-fief; celui qui a fait l'aliénation, en devient non le chemier, mais le seigneur dominant, & n'en comprend plus que la mouvance dans son aveu. *Voyez* l'article DEPIÉ DE FIEF.

SECTION HUITIÈME.

Des droits & prérogatives de l'aîné, tant sur les puînés, que sur les vassaux & tenanciers de fief tenu en Parage.

Suivant l'article 140 de la coutume de Poitou, le » chemier n'a juridiction ne connoissance sur » son parageur, fors en trois cas; le premier par » défaut de devoir non payé pour la partie que » le parageur ou part-prenant y doit contribuer, » le second pour son aveu & déclaration non » baillée; & le troisième s'il vend la chose. Car » lors le chemier la peut avoir pour le prix ou » les ventes & honneurs à son élection, & èsdits » cas peut le chemier saisir & connoître à sa » cour, & en tous autres cas, n'y a ledit che- » mier juridiction ne connoissance «.

C'est improprement que la coutume attribue dans ce dernier cas une juridiction au chemier sur le parageur, puisque la vente fait cesser le Parage.

L'article 216 de la coutume d'Anjou dit aussi : » Le paraigeur & ses subjets, le Pa- » raige durant, ne répondront point en la cour » de leur paraigeur, mais en la cour & juridic- » tion du seigneur, sauf en deux cas; l'un en » cas de mesures, c'est à savoir pour les étalon-

» ner & ajuſter à celle de ſon ſeigneur ; le ſe-
» cond , pour raconter paraige, pour ce que le
» paraigeur èſdits deux cas doit une fois retour-
» ner à l'obéiſſance de ſon parageur «. Les coutumes du Maine , article 231 ; de Tours , article 130 ; de Loudun , chapitre 12 , article 8,
ont la même diſpoſition.

Beſchet , au chapitre 9 de ſa digreſſion , eſtime que l'on doit ſuivre dans l'uſance de Saintes
la règle de ces coutumes ſur les poids & meſu-
res , & cela paroît juſte.

La coutume de Normandie n'a pas des diſpoſitions auſſi préciſes ſur la juridiction de l'aîné
ſur ſes puînés en certains cas. On en trouve
néanmoins un exemple dans les articles 130 &
131 : » Par les mains des aînés , y eſt-il dit,
» payent les puînés les reliefs, aides & toutes
» redevances aux chefs ſeigneurs , & doivent
» leſdits puînés être interpellés par les aînés pour
» le payement de leur part deſdits droits. Les
» aînés paragers peuvent faire juſtice ſur les biens
» des puînés , par les mains du prévôt de leur
» fief «.

Godefroy conclut de là , avec raiſon , que l'aîné
a juridiction ſur ſes puînés en ce cas.

Quant aux prérogatives générales du chemier,
la coutume de Saint-Jean-d'Angely les a énoncées avec le plus grand détail dans les articles
ſuivans.

Article 107. » Entre cohéritiers parageurs,
» part-prenans & part-mettans , tenant fiefs no-
» bles par indivis, l'aîné, ou qui le repréſente
» ou chemier qui fait l'hommage deſdites cho-
» ſes, eſt recepvable à pourſuivir ſeul en juge-
» ment pour lui & ſes cohéritiers & à leur profit

» les droits defdits fiefs & chofes nobles , com-
» munes & par indivis entre eux , fans ce que
» la partie adverfe fe puiffe rappeler & débattre
» par fin de non recevoir qu'il ne puiffe pour-
» fuivre la partie defdits cohéritiers , parfonniers,
» parageurs, part-prenans & part-mettans, ne con-
» tredire au chemier, mêmement quand les co-
» héritiers, parfonniers, parageurs, part-prenans
» & par-mettans ne contredifent au chemier.

Article 108. » Au fils aîné compète & appar-
» tient la réception & façon des hommages qui
« font dus pour raifon des terres & feigneuries,
» qui meuvent & font tenues de lui & fes co-
» héritiers noblement & par hommage, *tant que*
» *les chofes font par indivis.*

Article 109. » Au fils aîné, ou qui le repré-
» fente en fucceffion noble , appartient la garde,
» gouvernement & adminiftration des lettres,
» titres & enfeignemens concernant les droits &
» domaines de ladite fucceffion, *tant qu'elle fera*
» *par indivis entre lui & fes cohétiers* , & pareil-
» lement la pourfuite & défenfe à tous & cha-
» cun les procez, qui feront muz & à mouvoir,
» pour raifon de la fucceffion, foit tant en de-
» mandant qu'en défendant. Auffi lui compète
» & appartient de faire les baillettes des domai-
» nes & héritages de la fucceffion, pour lui
» & fes cohéritiers, fans fraude commettre, pour
» obvier à laquelle feront proclamées à l'églife
» au plus offrant ; & ordonner fénéchaux, bail-
» lis, procureurs & autres officiers requis & né-
» ceffaires pour la juridiction des terres & fei-
» gneuries étant d'icelle fucceffion ; & a l'aîné
» auffi la garde des fcelz à contrats, papiers &
» autres enfeignemens de la fucceffion, comme

» deſſus , deſquels papiers & enſeignemens ſera
» tenu faire inventaire , enſemble des meubles «.

· Il faut néanmoins remarquer que la plupart
de ces priviléges attribués à l'aîné , n'ont lieu
que durant l'indiviſion , ſuivant le texte même
de la coutume de Saint-Jean-d'Angely , & que
pluſieurs autres ſont trop étendus pour qu'on
puiſſe les appliquer hors de ſon reſſort.

La plupart des coutumes de Parage , ainſi que
pluſieurs autres coutumes du royaume , dans leſquelles le Parage n'eſt point admis , diſent auſſi
que l'aîné fait & reçoit les hommages pour ſes
puînés , tant que la ſucceſſion n'eſt pas partagée.

Il paroît qu'on a eu principalement en vue là-
dedans l'indiviſion du fief à l'égard du ſeigneur
dominant. » Par les loix d'Angleterre , dit Baſ-
» nage ſur l'art. 128 de la coutume de Norman-
» die , la ſœur aînée fait la foi & hommage ,
» tant pour elle que pour ſes autres ſœurs , & ,
» conformément à cet article , elle ne peut exiger
» l'hommage de ſes autres ſœurs. Henri , roi
» d'Angleterre , en rend cette raiſon dans une dé-
» claration qu'il envoye au vice roi d'Irlande :
» *Cùm omnes ſorores ſint quaſi unus hæres de unâ*
» *hæreditate , ſi primogenita poſſet habere homa-*
» *gium aliarum ſororum vel cuſtodiam petere ,*
» *tunc eſſet illa hæreditas diviſa ita quòd ſoror*
» *primogenita eſſet ſimul & ſemel de hæreditate*
» *& domina & hæres , hæres ſuæ partis , & domina*
» *ſororum ſuarum. Stanford de prærogativâ reg.*
» *cap. 5.* Voyez *Briton , chap. 27 , l. ſancti*
» *Eduardi* «.

Lorſque , par le partage , les mouvances ſont attribuées en partie aux puînés , l'aîné ne reçoit plus
ſeul les hommages , quoiqu'il continue de faire

feul la foi & hommage de la totalité du fief tenu en Parage. Ce partage des mouvances eft très-licite, au moins dans les coutumes de Parage, puifque l'aliénation des vaffaux peut s'y faire féparément fans depié de fief. On peut voir cette queftion fort bien traitée à la fin du chapitre 3 des obfervations de Guyot fur le démembrement, au tome 3 de fon traité des fiefs. L'arrêt du 26 août 1739, rendu au profit de M. Raillé, acquéreur d'une partie de la mouvance de la châtellenie de Muley, membre du comté de Laval, à titre de fous-inféodation, a jugé la queftion de la manière la plus précife.

Lors, au contraire, que les mouvances reftent indivifes, l'aîné continue à recevoir feul les hommages. Par la même raifon, c'eft à lui feul que doit fe faire l'exhibition des contrats que les coutumes exigent, parce que l'exhibition eft un droit honorifique qu'il fuffit de faire au chef du fief. Les parageurs peuvent feulement prétendre la communication du contrat par forme d'édition. C'eft la décifion de Conftant & de Boucheul fur l'art. 140 de la coutume de Poitou.

Conftant croit néanmoins que l'option faite par le chemier fur cette exhibition, ne doit pas préjudicier aux parageurs, qui peuvent, nonobftant cela, prendre les lods & ventes ou le retrait, parce que c'eft un profit de fief commun aux chemiers & aux parageurs, qui, quoique cofeigneurs du même fief, ont leurs droits diftincts & féparés, & peuvent opter, chacun en leur particulier, les lods & ventes ou le retrait pour leur part & portion.

Filleau penfe au contraire, fur l'art. 125, que,

puifque le chemier eft capable feul de recevoir
l'exhibition, il fuit néceffairement, que le payement
qui lui a été fait par l'acquéreur du total des
lods & ventes, eft libératoire envers les parageurs,
qui font obligés d'entretenir ce qu'il a fait en
qualité de chef & principal feigneur du fief.
Boucheul, fur l'art. 140, n°. 15, paroît fe ranger
à cette opinion. Il cite à ce fujet un arrêt du
21 janvier 1640, rapporté par Vigier fur la coutume d'Angoumois, art. 25, n°. 5.

Cet arrêt, dont on a déjà parlé, a jugé que la
quittance des lods & ventes donnée par un chemier, même conventionnel, qui ne poffédoit
que le tiers du fief, valoit tant pour lui que
pour fon parageur, qui en poffédoit les deux
tiers. Mais il faut bien obferver que, dans cette
efpèce, le fief étoit poffédé indivifément ; &
Vigier a foin de dire : » Il en feroit autre-
» ment fi le fief avoit été partagé ; car alors
» l'aîné ne pourroit bailler quittance des droits
» & devoirs échus aux lots de fes cohéritiers,
» & dans lefquels il n'a rien à prétendre «.

Lorfqu'on partage à titre de Parage un fief
de dignité, l'aîné feul, durant le Parage même,
a le titre & l'honorifique de cette dignité, qui
font indivifibles (*). Les coutumes d'Anjou, art.

_____

(*) Boucheul, après avoir donné cette décifion, ajoute:
» C'eft le fujet de l'arrêt du 7 avril 1601, pour la baronnie
» de Fromental, rapporté par Barraud fur ce titre, chap. 6,
» n°. 12 ; & par Conftant fur l'art. 126, n°. 3 «. Mais,
en confultant ce dernier auteur, on voit que dans l'efpèce
de cet arrêt le Parage étoit fini, & que le propriétaire de
la portion ci-devant paragère avoit fait l'hommage au
chemier. On ne peut donc pas le citer comme un préjugé
pour cette opinion, quelque légitime qu'elle foit d'ailleurs.

21ʒ, & du Maine, art. 2ʒo, difent expreſſément que ceux qui tiennent en Parage ont telle
& femblable juſtice, & tiennent auſſi noblement
que leur aîné, *s'ils ne font partis de comté,
vicomté ou baronnie.*

Les coutumes de Tours, art. 129, & de Lou-
din, art. 12, chap. 7, ont des difpofitions femblables. On doit l'obferver ainfi dans les coutumes même qui n'en difent rien ; Befchet, au
chap. 2 de fa digreſſion, en donne de fort bonnes
raifons.

. Cet auteur affimile avec raifon fur ce point
les châtellenies aux baronnies, quoique les coutumes n'en parlent pas. Il a été jugé, dit auſſi
Conſtant, contre la dame de Roche-Serviere,
par arrêt de la chambre de l'édit du 7 feptembre
161ʒ, que dans la divifion d'une châtellenie,
faite entre cohéritiers, l'aîné feul, en fa qualité
de chemier, pouvoit garder le titre de châtelain,
& tous les droits & les priviléges de la châtellenie, quelque poffeffion que puffent alléguer au
contraire les parageurs, laquelle fut déclarée
abufive & fans droit, *abufiva & malè & perpe-
ram facta.* Il a même été jugé, dit toujours
Conſtant, pour le feigneur du fimple fief de la
Clyelle Brochard, que le parageur ne pouvoit pas
non plus retenir durant le Parage le nom du
fief principal, qui appartient exclufivement au
chemier. Mais on ne peut refufer aux parageurs
la qualification de *feigneurs en partie* du fief tenu
en Parage.

Section neuvième.

Des charges de l'aîné, tant envers le seigneur
du fief tenu en Parage qu'envers ses puînés.

Toutes les coutumes de Parage chargent l'aîné
de faire seul la foi & hommage au seigneur du
fief tenu en Parage. Mais comme il n'est pas seul
propriétaire du fief, & seul tenu de la fidélité
envers le seigneur, il doit exprimer que c'est
tant pour lui que pour ses puînés qu'il rend
l'hommage.

· De cette première obligation, suit naturellement celle de rendre seul l'aveu & dénombrement pour la totalité du fief. L'art. 136 de la
coutume de Poitou le suppose assez, en chargeant
les parageurs de donner leur aveu particulier,
non pas au seigneur, mais au chemier. C'est
afin, dit Boucheul d'après les autres commentateurs, » que le chemier soit plus certain de ce
» qu'il doit reconnoître & donner par aveu au
» seigneur supérieur, pour se conserver les droits
» qu'il a sur ses parageurs & part-prenans, &
» que le temps ne puisse en effacer la mémoire «.

L'aîné doit contribuer, comme ses puînés,
au prorata de sa portion dans le fief, non seulement aux rachats dus au seigneur dominant,
mais encore à tous les autres devoirs du fief,
selon qu'ils sont établis par les titres ou par les
coutumes.

Une suite naturelle des prérogatives de l'aîné
& de la charge qui lui est imposée de faire
l'hommage pour ses puînés, c'est qu'il est obligé
de les garantir des saisies féodales que le seigneur

dominant peut faire fur leur portion, lorfque l'aîné n'acquitte pas envers lui les devoirs du fief.

Cette obligation étoit autrefois bien plus étendue. L'aîné garantiſſoit les puînés des devoirs ordinaires, tels que les reliefs, rachats, gants, éperons, & autres droits dus aux mutations. Les puînés ne contribuoient qu'aux devoirs extraordinaires, tels que les loyaux aides, &c. On peut s'en aſſurer en conſultant la préface du premier volume des ordonnances du louvre par de Lauriere, & les chap. 22 & 42 des établiſſemens de faint Louis.

Aujourd'hui l'aîné n'eſt point tenu de garantir ſes puînés des devoirs ordinaires du fief. C'eſt ce que dit expreſſément l'art. 95 de la coutume de Poitou, pour le droit de rachat, à l'égard duquel il déclare que les parageurs *n'auront aucun recours vers le chemier.*

Suivant l'art. 94 de la même coutume, lorſque le feigneur faiſit le fief tenu en Parage, & que, » ſur l'appel des parageurs, ils perdent leur » cauſe par faute de garieur ou autrement, pour » hommage non fait, ou par défaut de dénom- » brement non baillé (s'il y a condamnation, » comme dit eſt), tout ce qu'ils ont pris & levé » écherra en perte ; mais ils en auront leur re- » cours vers & contre leur garieur, ou auſſi contre » leur chemier qui n'aura fait ledit hommage » ou baillé ſon dénombrement par écrit, s'il y » étoit condamné, comme dit eſt «.

La coutume de Tours a feule conſervé l'ancien droit fur la garantie due aux puînés, pour les devoirs même ordinaires du fief. » L'aîné no- » ble, dit l'art. 164, pour le droit qu'il prend

» plus que fes puînés, eft chargé de faire le
» foi & hommage, & garantir en franc Parage
» fous fon hommage, à fes puînés, leur tierce
» partie franche de tout devoir féodal ordinaire
» dudit hommage, en retenant à foi les deux
» parts du fief durant ledit Parage ..... mais lef-
» dits puînés contribueront pour leur regard avec
» ledit aîné aux charges du ban, arrière-ban &
» loyaux aides «.

La coutume de Loudun, chap. 27, art. 9,
dit auffi que l'aîné doit garantir la tierce partie des puînés *franche de tout devoir féodal dû*
pour raifon de l'hommage, finon ès cas èfquels
par autres coutumes ci deffus pofées, lefdits puînés
font tenus contribuer avec l'aîné au payement
defdits devoirs féodaux. Cet article ne dit rien des
charges de ban, arrière-ban & loyaux aides, dont
parle la coutume de Tours. Mais l'art. fuivant
ajoute : » Et n'eft à entendre que fous lefdits
» mots *de tout devoir féodal*, foit compris le
» droit de rachat, duquel droit de rachat, par la-
» dite coutume, n'eft tenu l'aîné garantir fefdits
» puînés, quand ledit rachat avient par mort
» Autre chofe feroit, fi par le fait dudit aîné &
» feigneur defdites deux parts, comme par ven-
» dition, mariage ou autre contrat d'aliénation,
« ou par coulpe, ledit rachat avient ; car adonc
» ques feroit tenu garantir fefdits puînés d'icelui
» rachat «.

Plufieurs commentateurs de la coutume de
Tours ont cru qu'il en devoit être de même
dans leur coutume, & que l'aîné n'étoit point
tenu de garantir fes puînés du droit de rachat,
lors du moins qu'il n'avoit pas lieu par fon fait,

Ils ont fuppofé pour cela, que le rachat n'étoit point un devoir ordinaire.

On a réfuté cette opinion dans l'article DEPIÉ DE FIEF, §. 4. Tout ce qu'on y a dit fur cet objet reçoit une entière application ici. Mais c'eft mal à propos que le Fevre, & Dupineau d'après lui, fur l'art. 213 de la coutume d'Anjou, en fe fondant fur l'art. 201 de cette dernière coutume, penfent que la même garantie y doit avoir lieu en faveur du puîné qui tient en Parage, lorfque le feigneur lève le rachat fur lui. Si l'art. 201 de la coutume d'Anjou charge celui qui a fous-inféodé une partie de fon fief de dédommager fon nouveau vaffal dans le cas où le feigneur fuzerain y leveroit le rachat, le feigneur dominant qui a fait la fous-inféodation, eft fuffifamment indemnifé de cette obligation par le droit qu'il a lui-même de percevoir le rachat aux mutations de fon nouveau vaffal. Mais l'aîné ne peut lever ainfi le rachat fur les parts de fes puînés, tant que dure le Parage; &, ce qui eft bien plus décifif, la coutume ne parlant point de garantie en ce cas, on ne doit pas la fuppléer, pour s'éloigner fans néceffité du droit commun, qui s'obferve aujourd'hui dans les coutumes de Parage.

SECTION DIXIÈME.

Des droits des puînés durant le Parage.

Suivant les coutumes d'Anjou, art. 215, & du Maine, art. 130 » celui qui tient en Parage a » autelle & femblable juftice comme fon para- » geur, & tient auffi noblement comme lui,

» s'il n'eſt parti de comté, vicomté ou baronnie,
» dont a été deſſus touché, s'il ne lui étoit ex-
» preſſément tranſporté; car les droits de comté,
» vicomté & baronnie ne ſe départent point,
» comme il ſera déclaré en la matière des ſuc
» ceſſions des nobles «. Les art. 216 & 231 de
mêmes coutumes ajoutent, » que le paraigea
» & ſes ſubjets, le Pataige durant, ne répon
» dront point en la cour de leur parageur, mai
» en la cour du chef ſeigneur «, ſauf dans le
deux cas dont on a parlé.

Les coutumes de Tours, art. 129 & 130, &
de Loudun, chap. 12, art. 7 & 8, ont des diſpo
ſitions abſolument ſemblables.

La coutume de Poitou, art. 140, après avoi
expoſé les trois cas où le chemier a juridictio
ſur ſes parageurs, comme on l'a vu dans la ſe
tion 9, ajoute : » Et en tous autre cas, led-
» chemier n'y a juridiction ni connoiſſance : l
» le parageur ou part-prenant a en ſa partie tel
» & ſemblable juridiction & connoiſſance, comm
» a ledit chemier en la ſienne, ſi autreme
» n'étoit convenu ou accordé au contraire, ou au
» par uſance ancienne «.

Ces textes établiſſent le droit commun d
coutumes de Parage; mais il ſuit des dernie
mots de la coutume de Poitou, que ſi, par
contrat de partage, ou par d'autres actes paſ
entre le chemier & les parageurs, il étoit co
venu que la juridiction reſteroit pour le tout
chemier, tant ſur ſa portion que ſur celle d
parageurs, ou bien qu'il auroit juridiction ſur e
dans quelques cas autres que ceux énoncés dans
coutume, une telle convention devroit être o
ſervée. On ne pourroit pas prétendre que c
arrangeme

àrrangemens feroient contraires à la nature du Parage, non feulement parce que la coutume permet expreffément de déroger à fes difpofitions à cet égard, mais auffi parce que cette faculté eft évidemment dans l'efprit de toutes les coutumes de Parage. Le vaffal y peut accenfer, ou fous-inféoder, au préjudice du feigneur, une portion du fief au moins égale à celle qui peut être abandonnée aux puînés à titre de Parage, comme on l'a vu aux mots Depie & Empirer. Le feigneur ne peut donc pas fe plaindre qu'on diminue les prérogatives dont il jouit, fuivant le droit commun, durant le Parage, puifque la fous-inféodation, qu'il ne pourroit empêcher, lui enleveroit toutes ces prérogatives.

. Lorfqu'il ne paroît point d'acte par écrit du partage du fief tenu en Parage, foit qu'il n'en ait jamais exifté, foit qu'il fe foit perdu par la révolution des temps, il faut d'abord confulter l'ancienne poffeffion (*l'ufance ancienne*), & ne recourir à la coutume qu'à défaut d'ufage conftant. Cela eft très-important, fur-tout dans les coutumes qui, comme celle de Poitou, font durer le Parage indéfiniment, *tant que le lignage fe peut compter*, parce que la longue durée des Parages fait que les actes de partages peuvent fouvent ne plus fubfifter. Mais comme cette ancienne poffeffion n'eft valide que parce qu'elle fait préfumer une convention originaire, lorfqu'on rapporte un acte de partage qui y eft contraire, on doit fuivre alors les principes relatifs à la prefcription du feigneur contre le vaffal, auquel le chemier & les parageurs peuvent fort bien être affimilés.

On a vu dans la fection 8 que l'exception portée par plufieurs coutumes, relativement à

l'impartibilité des prérogatives des comtés, vicomtés & baronnies, formoit également le droit
commun, & qu'elle s'étendoit à tous les fiefs de
dignité, même aux simples châtellenies. Hors ce
cas, les parageurs ont les mêmes droits dans leur
portion, que le chemier a en la sienne. Ils ont
non seulement le droit de justice foncière pour la
perception des droits de fief sur les rentiers &
redevables fonciers qui sont dans la mouvance de
leurs portions, mais ils ont aussi même droit à
la juridiction contentieuse.

Il ne faut pas croire néanmoins que chacun
des parageurs puisse avoir sa justice & ses officiers
séparés. Boucheul observe fort bien sur l'article
140 n°. 21, que cette multiplication de justice
est à la charge du public & des censitaires & jus-
ticiables. Tout ce qui peut résulter des dispositions des coutumes à cet égard, c'est que la
justice & les émolumens qui en proviennent,
demeurent communs entre le chemier & ses
parageurs, qui la doivent faire exercer par les
mêmes officiers. *Paragiarius*, dit Constant sur
le même article, *non habet privilegium juridic-
tionis, nisi conjunctim cum chemerio, id est, qua
tenùs jurisdictio etiam conjunctim exercetur.*

Tel paroît être aussi l'avis de Duplessis dans
son traité du depié de fief & du Parage, section 2, p. 118 & suivantes.

Les puînés ont droit de la même manière avec
leur aîné aux honneurs de l'église, à moins de
convention contraire. Basnage, sur l'article 127
cite un arrêt du parlement de Rouen, du 2
mars 1632, par lequel il a été jugé *que tous les
paragers auroient les honneurs de l'église, à condition que la part de l'aîné auroit seule cette prérogative après le Parage fini.*

Le même auteur cite à la vérité un autre arrêt sans date, qui a décidé différemment dans l'espèce suivante. » Le patronage de l'église de » Montfort avoit été aumôné par les seigneurs » de Monfort; ce fief avoit été divisé entre filles, » M. de Matignon représentant l'aînée, & le sieur » de la Harilliere représentant la puînée. M. de » Matignon avoit réuni sa portion à sa seigneu- » rie de Gacey, & il n'avoit d'autres preuves de » sa possession, qu'un banc dans le chœur, que » l'on présumoit être le banc des aînés. Le sieur » de la Harilliere avoit banc & sépulture au » dessous. Il fut jugé que M. de Matignon auroit » seul les honneurs de patron honoraire, parce » qu'on imposeroit trop de servitude à l'église, » si tous les paragers avoient les honneurs; & » néanmoins le sieur de la Harilliere fut maintenu » en la possession d'un banc, & il fut jugé que » quoique la possession ne soit pas suffisante sans » titre, toutefois qu'à cause du Parage il étoit » fondé en titre «.

Mais les circonstances particulières de cette espèce, & le tempérament adopté par l'arrêt, empêchent qu'il ne puisse être tiré à conséquence. Basnage observe fort bien encore, que » l'arrêt » pouvoit être fondé sur ce motif que le Parage » pouvoit être fini, mais qu'en ce cas on fai- » soit une grâce au sieur de la Harilliere de lui » laisser un banc dans le chœur, sa sépulture, » ses armes, & la préséance avant les autres » gentilshommes; que c'étoit lui donner presque » tous les honneurs «.

Au reste, durant le Parage même, l'aînée conserve toujours la supériorité sur les puînées pour les droits honorifiques. Le même Basnage cite un dernier arrêt du premier avril 1666, par lequel il a été jugé que les enfans de la fille aînée paragère » auroient les honneurs du patronage » alternatif avant les enfans de la fille puînée, » & même pendant la jouissance du curé présenté » par la puînée «.

Rien n'empêche néanmoins qu'on ne puisse mettre le droit de patronage dépendant du fief, au lot de l'une des puînées, comme l'observe M. Roupnel de Chenilly sur l'article 127. Dans ce cas, on doit dire, avec Godefroy sur l'article 128, que tous ceux qui tiennent en Parage ne peuvent avoir séance dans le chœur » qu'après que » celui auquel appartient le patronage par son lot » aura pris la première séance, auquel, par même » moyen, appartient l'honneur & préférence du » baise-main & de la procession, comme droit » dû au patron, afin que son partage opère quel- » que chose «. Cet auteur cite à cette occasion l'article 314 de la coutume (ancienne) de Bretagne (conforme à l'article 329 de la nouvelle).

L'article 127 de la coutume de Normandie, porte encore : » En cas de division de fief, le » droit de colombier doit demeurer à l'un des » héritiers, sans que les autres le puissent avoir, » encore que chacune part prenne titre & qua- » lité de fief, avec les autres droits appartenans » à fief noble par la coutume : néanmoins si les » paragers ont bâti un colombier en leur por- » tion de fief, & joui d'icelui par quarante ans, » paisiblement, ils ne pourront être contraints de » le démolir «.

La raison de la disposition générale de cet article, est facile à saisir. Le droit de colombier n'é- tant attaché qu'au plein fief de Haubert, il ne doit pas être multiplié par la division du fief. Le seigneur même, ou l'aîné d'un fief tenu en Parage, ne pourroient en concéder le droit qu'en s'en dépouillant personnellement. Beraut cite plusieurs arrêts qui l'ont ainsi jugé.

. On ne pense pas que l'exception accordée par cet article à la possession quarantenaire puisse être tirée à conséquence pour les autres coutumes de Parage. D'Aviron croit même, en se tenant strictement aux termes de l'article, que si un parager avoit laissé tomber en décadence & démolir son colombier, il ne pourroit le réédifier, nonobstant sa possession de quarante ans.

Basnage est à la vérité d'un avis contraire. Suivant lui, ce droit ne peut être perdu par la seule démolition, ni même par le non usage ; il suffit, pour le conserver, que les rentes & les vestiges en paroissent encore : Basnage cite à cette occasion le passage suivant de d'Argentré sur l'article 368 de la coutume de Bretagne : » *Ha-*
» *buisse columbarium intelligitur non tantùm qui*
» *integrum habuit & volantes columbas, sed &*
» *qui parietinas solas, & superstantia rudera &*
» *reliquias veteris materiæ habuit, sicut & in*
» *moletanis quoque judicatur* «.

Godefroy dit précisément la même chose ; mais il faut convenir que des priviléges de cette sorte sont si défavorables, qu'on doit adopter facilement toutes les interprétations qui peuvent les restreindre dans les bornes les plus étroites.

. La multiplication des moulins & de fours banaux n'entraîne pas les mêmes inconvéniens, puisqu'à défaut de moulins & de fours banaux appartenans aux parageurs, leurs tenanciers sont assujettis à la banalité de l'aîné : mais l'intérêt de celui qui a eu moulin ou four banal dans fon lot, doit empêcher que fes cohéritiers, lors même qu'ils tiennent à titre de Parage, ne puiffent jouir du même droit dans leurs portions.

Tous les autres droits de fief, à l'exception de ceux qui auroient été nommément attribués, foit au chemier, foit aux parageurs, fe partagent entre eux proportionnellement à la part qu'ils poffèdent dans le fief. Le chemier a feulement au deffus d'eux, comme on l'a dit dans la fection neuvième, le privilége de les recevoir feul en totalité, & d'en décharger valablement les redevables par fa quittance, tant que ces droits reftent indivis.

Les puînés font tellement réputés copropriétaires de la totalité du fief, que lorfque l'un d'entre eux acquiert des héritages mouvans du fief tenu en Parage, il a le droit de les réunir à fa portion, pour les tenir conjointement en Parage, fans pouvoir être contraint d'en rendre hommage à l'aîné.

C'eft du moins ce qui a été jugé par arrêt (fuivant Vigier fur l'article 25, n°. 6 de la coutume d'Angoumois) dans l'efpèce fuivante. » La » dame de Saint-Mary n'avoit retenu dans le fief » dont le fieur de Boisbertaut fon neveu étoit » chemier, que pour cent livres de fonds : mais » elle fait un acquêt dans le même fief pour dix » mille livres. Appelée par fon neveu pour lui » payer les ventes & faire hommage, elle offre » les ventes, & foutient n'être tenue de l'hom- » mage, parce que d'ailleurs elle avoit part dans » le fief & tenoit le tout en Parage. . . . . . . Le » demandeur répond qu'il y a de la contradiction » entre tenir en Parage & tenir par achat . . . . qu'il » n'eft pas inconvénient de pofféder en une héré-

» dité, partie en qualité d'héritier de son chef, &
» partie par achat, par vertu d'un titre parti-
» culier, & qu'il ne falloit pas confondre des
» droits & des titres de nature différente ; que
» d'ailleurs le peu & le rien sont d'égale consi-
» dération. . . . . Cent livres comparées à dix mille
» livres ! c'est un point, un atôme, un néant. . . . .
» La dame de Saint-Mary, au contraire, que son
» droit original dans le fief n'est point sujet à
» estimation, parce qu'il est fondé en nature, &
» lui appartient *jure sanguinis*, qui est un droit
» perpétuel & immuable . . . . . que, par sa nou-
» velle acquisition dans le fief, son droit a été
» augmenté & confirmé. . . . . . . Le plus ou le
» moins du fonds possédé ne fait rien à la qualité
» d'héritier. L'aîné, prenant plus grande part dans
» le fief, n'est pas plus héritier ou parent que ses
» parageurs. Aussi y auroit-il de la répugnance
» en une même personne de tenir également &
» inégalement en Parage & sans Parage, en
» même temps & pour raison d'un même fief. Le
» sénéchal d'Angoulême ayant adjugé l'hommage
» pour l'acquêt, la cour, par arrêt rendu le 13
» mai 1610, prononcé par après, en infirmant la
» sentence dont il étoit appel, déchargea la dame
» de Saint-Mary de l'hommage, & jugea que le
» tout seroit tenu en Parage «.

Outre ces priviléges communs à toutes les
coutumes de Parage en faveur des puînés, on
en trouve deux qui sont particuliers à la coutume
de Normandie. Le premier est que les portions
paragères des puînés ne tombent point en garde.
Ce privilége n'est point textuellement écrit à la
vérité dans la coutume, mais on le fait résulter

de l'article 213, qui n'affujettit au droit de garde que les fiefs nobles, ou les membres de fief de Haubert jufques à un huitième feulement. Tel eft l'avis de Bafnage & de Godefroy fur cet article.

· « Le fecond, qui ne peut éprouver aucune difficulté, eft que, fuivant l'article 134, » treizième » n'eft dû pour la première vente que fait le » parager de fon fief, foit à un étrange ou à » celui à qui il pourroit écheoit à droit de fuc- » ceffion «. Mais quoique le retrait lignager fait, par un des defcendans des paragers, faffe retomber en Parage l'objet vendu par l'un des paragers, fuivant l'article 135; le privilége accordé par l'article 134 aux paragers n'en eft pas moins confommé, en forte qu'il eft dû treizième de la revente que le retrayant feroit dans la fuite. Tel eft l'avis de Godefroy & de Bafnage. La raifon qu'en donne Godefroy, c'eft que le *retrait lignager n'a point détruit la première vente.* Bafnage ajoute, » que ce que le lignager a retiré » n'étant pas la portion qui lui eft échue, & » qu'il tient par Parage, il n'eft pas dans le » cas de cet article, & que puifque la pre- » mière vente a été exécutée, & que le re- » trait ne l'a point anéantie, il s'enfuit, qu'on » ne peut fe prévaloir de cet article pour cette » feconde vente «.

· Au refte, il n'en eft pas de même de la rentrée en poffeffion du vendeur, foit à titre de réméré, foit en vertu de lettres de refcifion. Ces deux cas détruifent abfolument tout l'effet de la vente, en forte qu'il n'eft pas dû de treizième dans ce cas, quoique la vente qui a été ainfi révoquée en eût produit naturellement.

SECTION ONZIÈME.

Des charges des puînés durant le Parage.

L'hommage que l'aîné rend pour ses puînés, dans toutes les coutumes de Parage, les en garantit envers le seigneur. C'est la disposition de toutes les coutumes ; mais c'est la seule des charges féodales dont ils soient exempts durant le Parage, si l'on y ajoute l'exemption de la garde seigneuriale pour la coutume de Normandie. Voyez l'article GARDE SEIGNEURIALE, section 3.

Les puînés seuls sont même sujets à toute la rigueur des contraintes féodales, lorsque le chemier ne fait pas l'hommage pour eux, comme on le verra dans la section suivante, & ils sont d'ailleurs tenus de toutes les autres charges du fief, outre les obligations particulières que leur impose le Parage. Ils doivent donc le rachat ou le relief pour les mutations qui y donnent lieu, & tous les autres droits de cette nature, tels que les plaids de morte-mains, les chevaux de service, &c. Mais comme les portions des puînés ne font qu'un seul & même fief avec celle de l'aîné, qui en est toujours le chef, & qui le porte en entier au seigneur dominant, ce sont les mutations survenues dans la portion chemière, & non celles des portions paragères, qui donnent ouverture à tous ces droits.

Tout cela est expressément énoncé dans les articles 95, 121 & 139 de la coutume de Poitou. » Combien, porte ce dernier article, que » les paragents, part-prenans, & ceux qui tien- » nent en gariment, ne doivent faire hommage,

» toutefois si le fief est tenu à devoir de rachat
» la part qu'ils tiennent dudit fief court en ra
∞ chat, *pour la mutation du chemier*, comme
» celle du chemier ; & si le fief est tenu à autr
» devoir, ils doivent contribuer pour telle pa
» qu'ils y tiennent, & aussi aux frais & mis
» que feroit le chemier, tant pour faire l'hom
» mage que payer le chambellage & autres de
∞ voirs pour raison de ce, & aussi doivent
» leur chemier leur aveu par écrit des choses qu'il
» tiennent avec lui «.

Cette disposition forme à cet égard le dro
commun, & elle se retrouve expressément dan
presque toutes les coutumes de Parage (*). Ma

(*) L'article 118 de la coutume du Maine, tel qui
se trouve dans les coutumiers généraux & dans d'autr
textes imprimés, semble faire seul un exception à cet
règle. On y lit, que » quand gentilhomme marie sa fille
» sa sœur, il lui peut donner la tierce partie de sa ter
» qu'il tient à foi de son seigneur, & la lui garantir
» Parage tant que le Parage durera, sauf de rachats
» prinses par défaut d'homme, dont le chef seigneur joui
» sur les parageaux, quand la terre *du parageau* y écherr
» comme sur leur parageur «.

Suivant ce texte, les portions des parageaux, c'est-à-dir
des puînés, ne seroient point sujettes au droit de rachat
en cas de mutation de la part du parageur, c'est-à-dir
de l'aîné, mais seulement en cas de mutation de la pa
des parageaux. C'est ainsi que Duplessis l'entend effectiv
ment dans son traité du depié de fief & du Parage, sect.
pag. 98. » Lors, dit-il, qu'il arrive mutation aux tiers qu
» forment la portion du parageur par succession avec moyen
» la seule qui donne lieu au rachat, en se faisant rend
» hommage, le seigneur levera rachat sur ces deux tien
» *seulement* : & au contraire, *mutation arrivant au tien*
» *des parageurs*, il ne sera point dû de foi ; mais le sei
» gneur ne laissera pas de lever son rachat *sur cette portio*

la coutume de Tours, par un privilége particulier, veut en ce cas que l'aîné garantisse ses puînés de tous les devoirs ordinaires, c'est-à-dire des devoirs dus aux mutations, & par conséquent du rachat. La coutume de Loudun prononce aussi cette garantie, en en exceptant néanmoins les rachats par une disposition expresse.

La généralité des expressions dont se sert la coutume de Poitou, & l'égalité qui doit régner entre tous ceux qui tiennent en Parage, pour les charges comme pour tout le reste, indiquent assez que la contribution des puînés doit s'étendre à tous les devoirs de fief. Cependant Beschet, en sa digression, chapitre 2, croit aussi que les puînés ne doivent contribuer proportionnellement qu'aux devoirs annuels ou aux autres charges, soit en grain, soit en argent ou autrement, dont les fiefs, qui sont assez communément abonnés

_____

» ouverte à cet égard «. C'est ainsi qu'il faut entendre la fin de l'article 228.

Mais il paroît que le texte imprimé de la coutume du Maine est ici corrompu. Il est contraire à tous les principes des coutumes du Parage, de vouloir que le seigneur, qui n'a de relations qu'avec la personne de l'aîné, duquel seul il reçoit l'hommage & le dénombrement, règle, sur les mutations des puînés, les droits qu'il n'a sur leurs portions que parce qu'elles font encore un seul & même fief avec celle de l'aîné. L'article 113 de la coutume d'Anjou, conforme d'ailleurs à l'article 228 de celle du Maine, dit expressément que le rachat aura lieu sur la portion du parageau, quand la terre _du parageur_ (& non pas _du parageau_) y écherra. Enfin, le texte même de la coutume du Maine, qui est au greffe de la cour, est conforme ici à la coutume d'Anjou, & non au texte imprimé de la coutume du Maine, suivant une note du nouveau coutumier général.

en Poitou comme dans l'usance de Saintes dans plusieurs coutumes voisines, sont très-souvent grevés. Il pense que l'aîné seul est tenu prêter à ses frais, » non seulement l'hommage » mais aussi les devoirs ordinaires, comme so » les gants, sonnettes d'épervier, éperons, & ser » blables choses qui se rencontrent diversem » dans les inféodations, & qui sont plutôt d » marques sensibles & matérielles de reconno » sance, que des devoirs profitables «.

Lelet & Boucheul, sur les articles 125 139 de la coutume de Poitou, ont, avec r son, soutenu au contraire, que » la coutu » parlant généralement, se doit aussi entend » généralement, même pour les devoirs qui s » vent la façon de l'hommage, frais & mi » que fera le chemier pour faire ledit hommag » comme la coutume le montre clairement p » le droit de chambellage qu'elle exprime «. — Lorsque le devoir dû pour la mutation est rachat ou le relief non abonné, il est sans dif culté que le seigneur a droit de jouir par le même de la totalité du fief, & par conséqué des portions paragères, comme de la portu chemière. Mais lorsque les fiefs sont abonnés des devoirs fixes pour chaque mutation, il f suivre, pour le payement de ces droits, la rè donnée par l'article 130 de la coutume de Na mandie : » Par les mains des aînés, payent l » puînés les reliefs, aides & toutes redevanc » aux chef-seigneurs, & doivent lesdits puîn » être interpellés par les aînés pour le payeme » de leurs parts desdits droits «.

Beraut observe fort bien sur cet article, » q » si le total relief n'est payé au chef seigneur

» il n'eſt tenu faire délivrance du fief, & eſt tenu
» chacun des puînés inſolidement envers le chef
» ſeigneur, qui peut, pour ſeſdits droits, ſaiſir
» toutes les portions du fief diviſé en Parage,
» auquel cas eſt raiſonnable d'admettre leſdits
» puînés paragers à pareille grâce que les puînés
» tenans en roture, ſelon l'article 115 «.

Il arrive aſſez ſouvent que par l'acte contenant
partage, on charge l'aîné ou chemier de payer
ſeul les devoirs abonnés auxquels le fief eſt ſujet;
mais, dans ce cas-là même comme dans tous
les autres, les puînés ou parageurs ſont toujours
ſujets à l'exercice des droits du ſeigneur dominant & à ſa juridiction, comme on le verra dans
la ſection ſuivante. On aura ſoin d'y retracer
les reſſources que les puînés peuvent avoir
lorſque l'aîné néglige de ſatisfaire aux devoirs dont
il eſt tenu au nom de tous.

Toutes les charges dont on vient de parler
juſqu'ici, ſont relatives au ſeigneur dominant, ſous
la mouvance duquel les puînés ne ceſſent pas
d'être, tant que dure le Parage. Mais il en eſt
d'autres relatives à l'aîné, qui dérivent de la
nature du Parage & de la tendance qu'il a à
aſſujettir les portions des puînés à la mouvance
de la portion de l'aîné, après le Parage fini.
C'eſt ſur ces motifs que l'article 140 de la coutume de Poitou ſoumet les parageurs à la juridiction des puînés dans trois cas, » l'un par dé-
» faut dudit devoir non payé pour la portion que
» ledit parageur ou part-prenant y doit contri-
» buer, l'autre pour ſon aveu & déclaration non
» baillée, & le tiers s'il vend la choſe; car
» lors le chemier la peut avoir pour le prix ou
» les ventes & honneurs à ſon choix «.

Les coutumes de Tours, article 130; de Lo
dun, chapitre 12, article 8; du Maine, artic
231, & d'Anjou, article 216, attribuent au
à l'aîné ou parageur ·· en deux cas, l'un en o
·· de mesure, c'est à savoir, pour les étalonn
·· & ajuster à celle de son seigneur; le seco
·· pour raconter Parage, parce que le parage
·· èsdits deux cas doit une fois retourner à l
·· béissance de son parageur. Enfin, suivant l
articles 130 & 131 de la coutume de Norma
die, *les aînés paragers peuvent faire justice*
les biens des puînes, par les mains du prevôt
leur fief, après les avoir fait interpeller de l
payer leur portion contributoire *des reliefs* (q
font abonnés en Normandie), *aides, & tou*
redevances qu'ils payent par ses mains au cl
seigneur.

Chacune de ces dispositions forme le dr
commun, comme on la vu dans la section.
Il en résulte, que les puînés sont tenus de rend
leur dénombrement à l'aîné; qu'ils doivent pre
dre pour étalon sa mesure dans leur terre; qu'i
ne peuvent se dispenser de reconnoître sa juridi
tion lorsqu'il leur demande la preuve de l'exi
tence du Parage, & qu'ils y sont encore ass
jettis, lorsqu'il leur demande leur portion co
tributoire dans le devoir dû au seigneur domina
du fief commun.

SECTION DOUZIÈME.

Des droits du seigneur dominant durant le Parage.

Le Parage ne dépouille le seigneur dominan
d'aucun de ses droits, non seulement sur l

portion de l'aîné , mais aussi sur celle de puînés ,
si l'on en excepte l'hommage , qu'il ne peut
exiger d'eux , parce que l'aîné est chargé de le
rendre pour eux & pour lui. Mais , lors même
que l'aîné négligé de satisfaire à ce devoir , le
seigneur dominant a le droit de saisir la totalité
du fief , avec gain de fruits. Il en est de même
des autres cas où la coutume permet au seigneur
dominant de saisir féodalement avec gain de
fruits. Cela ne *s'induit* pas seulement des articles
94 & 118 de la coutume de Poitou , comme
le dit Guyot ; la coutume le dit textuellement,
en accordant néanmoins la main-levée provisoire
aux parageurs.

L'article 118 de cette coutume, auquel l'article
11 de la coutume de Saintonge est absolument
conforme, porte en effet : » Quand aucun n'a fait
» hommage & est en demeure, le seigneur peut
» prendre & *lever les fruits du fief du vassal &*
» *de ses parageurs , & part-prenans & tenans en*
» *gariment ,* & l'exploiter comme son domaine,
» & n'est tenu, s'il ne veut, d'en faire délivrance
» & recréance audit vassal ; mais il est tenu de la
» faire aux parageurs, part-prenans ou autres te-
» nans en gariment «.

L'article 91 dit aussi que le seigneur qui
saisit pour hommages non faits, dénombremens
non fournis après condamnation & rachat non
payés, fait les fruits siens ; après quoi l'article
94 ajoute : » Es cas dessus dits, esquels le sei-
» gneur féodal fait les fruits siens , est à enten-
» dre qu'il fait lesdits fruits siens de ce qui ap-
» partient en domaine à celui qui devoit faire
» l'hommage. Mais si les parageurs, part-pre-
» nans ou frères-cheurs , ou qui tiennent avec
» lui en gariment, en demandent la délivrance

» ou recréance à caution ou pleige, en appel-
» à garieur le chemier, & défendant la caul
» ladite recréance leur doit être faite ; autreme
» ils ont caufe d'en appéler & appleiger ; & s
» perdent leur caufe par faute de garieur
» autrement pour hommage non fait , ou p
» défaut de dénombrement non baillé, s'il y
» condamnation, comme dit eft, tout ce qu'
» ont pris & levé écherra en perte ; *mais*
» *en auront leur recours vers & contre leur g*
» *rieur, ou auffi contre leur chemier* qui n'au
» fait ledit hommage, ou baillé fon dénombr
» ment par écrit , s'il y étoit condamné, comm
» dit eft «.

Cet article femble fuppofer qu'il ne refte a
parageurs d'autre parti à prendre en ce cas, qu
de demander la main levée provifoire, en appe
lant le chemier à leur garantie , & d'exerc
leur recours contre lui, s'il ne juge pas à propo
de rendre l'hommage, le dénombrement ou le
autres devoirs dont il eft tenu pour eux tous,
fans qu'ils puiffent eux-mêmes remplir ces devoi
à fon défaut, pour obtenir la main-levée défi
nitive de la faifie de leurs portions. Tel e
l'avis de Conftant fur cet article, & de Lel
& Filleau fur l'article 115. La coutume, difen
ils, en établiffant l'aîné pour chemier, le ren
feul capable de porter les foi & hommage. Le
parageurs, part-prenans & tenans en gariment,
n'ont aucun caractère pour cela.

Il n'eft perfonne néanmoins qui ne fente le
inconvéniens d'une pareille décifion, qui me
pour ainfi dire les puînés dans la néceffité d'avoi
avec leur aîné un procès dont fon infolvabili
peut quelquefois rendre le fuccès inutile. Ell
paroît

paroît d'ailleurs contraire à l'efprit de notre droit coûtumier. Les coutumés de Rheims, article 114; d'Etampes, article 3; de Dourdan, article 9; de Montfort, article 3, & plufieurs autres, autorifent expreffément le plus âgé des puînés; & fucceffivement lés autres, à porter la foi au feigneur, lorfque l'aîné ne le peut faire ou en eft refufant. On ne peut pas objecter que ces coutumes ne font point des coutumes de Parage. Par cela feul qu'elles autorifent l'aîné à porter la foi pour tous avant le partage, elles admettent évidemment le Parage, tant que dure l'indivifion; la coutume de Rheims laiffe même au choix des puînés de relever leurs portions de leur aîné après le partage. La coutume même de Blois, qui eft manifeftement une coutume de Parage, ne la fait durer non plus que jufqu'au partage.

Auffi Dumoulin, dans fon apoftille fur la coutume d'Etampes, dit-il que celle de Paris, & par conféquent toutes les autres qui autorifent l'aîné à rendre l'hommage pour fes cohéritiers, *fe doivent ainfi interpréter.* Loifel a fait de cette décifion une maxime générale, en fes inftitutes coutumières, livre 4, titre 3, article 78.

Enfin la coutume de Tours, article 265, dit expreffément, *que chacun des puînés peut, en l'abfence ou négligence de l'aîné, faire les foi & hommage dus pour les chofes de leur fucceffion.* La coutume de Loudun, chapitre 27, article 11, dit la même chofe. Les coutumes d'Anjou, article 266, & celle du Maine, article 284, difent plus clairement encore : » Pour ce » que partage d'héritiers nobles ou coutumiers » ne fe peut pas faire fouventes fois promptement, » pour l'abfence de l'un ou de l'autre, ou pour

» autres caufes, l'un des heritiers néanmoins, le
» partage non fait, peut venir devers les feigneurs
» des fiefs, dont les héritages font tenus à foi &
» hommage, & leur offrir & faire la foi *pour*
» *lui & pour les autres* (*), & leur gager le ra-
» chat, fi rachat y échet; & ne le peut le fei-
» gneur refufer, au moins par ce lui eft empêché
» par la coutume, de prendre par défaut d'hom-
» mes «. Les articles 100 & 113 des mêmes coutumes ont une difpofition femblable.

Il eft vrai que ces coutumes ne parlent que
du feul cas où la fucceffion eft poffédée indivifément. Mais dans les coutumes où le Parage
fubfifte encore après le partage, la même règle
doit avoir lieu dans ce dernier cas, parce qu'il
a la même raifon de décider. Auffi l'article 12
de la coutume d'Anjou, & l'article 156 de celle
du Maine, permettent à la douairière, au puîné
qui tient fa portion à vie, & à tout autre ufu-

_____

(*) C'eft donc mal à propos que Boucheul, fur l'artic.
118 de la coutume de Poitou, n°. 8, dit que l'offre de
foi & hommage faite par l'un des cohéritiers dans les coutumes d'Anjou & du Maine, » n'a effet que pour celui de
» cohéritiers qui a offert l'hommage & pour fa portion
» du fief, *& non à l'égard des autres*, contre lefquels l
» faifie du feigneur demeure en fa force; que c'eft ce qu
» a été jugé par l'arrêt du 7 feptembre 1604, rendu po
» la coutume de Touraine, & rapporté par M. Louet lett
» F, chapitre 26. «
Mais Boucheul convient lui-même enfuite que dans l'efpèce de cet arrêt il n'y avoit point de Parage; & ce qui e
bien plus décifif, quoique Boucheul n'en dife rien, c'e
que ceux des cohéritiers qui avoient offert l'hommage
ne l'avoient offert que pour leurs portions feules. Cet ar
ne prouve donc rien du tout.

fruitier, de faire la /
& de couvrir le /
défaut d'homm /
gence, le pr /
- Tous c /
-queftion /
pitre 2 d /
-parageur peu /
ricle 22 de la c /
fans aucune néceſſit /
du moins qu'en tout /
en offrant de faire l'hom /
fuivant l'arrêt du 7 feptembr /
parlé dans la dernière note.

[texte en diagonale :] 148 / ou tenemens / tures, Berat, par fucceſſion / de la même ant le lignage. / de faire l'y auroit au- / du fief les coutumes / parage, fois que la / rorn, eft mife / rrement. / rumes. / con- / porte / , le / n- / e

y Ce dernier parti paroît avoir été /
Boucheul fur l'article 118 de la cou /
Poitou, quoique Guyot ait fuppofé le co /
& par Guyot lui-même, chapitre 1, n°. 34. /
feroit plus jufte, je crois, & plus équitable d /
laiffer au feigneur le droit d'exiger, ou que tous /
les puînés fiffent la foi féparément, ou qu'ils la /
fiffent pour la totalité du fief par les mains d'un /
feul.

On peut argumenter pour cette opinion de /
l'article 115 de la coutume de Normandie. Cet /
article porte : » Si, après la faifie ou adjudication /
d'une aîneffe, l'aîné eft négligent d'obtenir /
main-levée, les puînés font tenus de la deman- /
der ; & en ce cas, il eft à l'option du fei- /
gneur de la leur bailler chacun pour leur part, /
retenant pardevers lui la part de l'aîné, ou bien /
la leur laiffer, en baillant par eux déclaration /
entière de toute l'aîneffe, & payant les arré- /
rages des rentes qui en font dues «.

Quoique cet article ne foit relatif qu'aux aîneffes,

K ij

ou tenemens solidaires, qui ne sont que des rotures, Beraut & Godefroy disent, sur l'article 130
de la même coutume, que si l'aîné est négligent
de faire les devoirs dont il est tenu pour la totalité
du fief, il est raisonnable d'admettre les puînés
paragers à pareille grâce que les puînés tenant en
roture, suivant l'article 115.

Au reste, les puînés ne peuvent demander la
main-levée provisoire que leur accordent les articles 94 & 118 de la coutume de Poitou, lorsque la saisie est faite à défaut du payement de
rachat, suivant les articles 91, 93, 95 & 139.
Un arrêt du 18 février 1692, rapporté par Constant, Filleau & Boucheul, l'a expressément décidé. Mais il faut entendre la décision de cet arrêt,
& les dispositions même de la coutume, sous la
restriction que l'on vient de mettre à la saisie
faite par le seigneur à défaut d'hommage. Les
puînés doivent toujours avoir la faculté de payer
ou d'offrir la totalité des droits de rachat &
autres semblables, sauf leur recours contre leur
chenier, & d'obtenir ainsi la main-levée définitive
de la saisie. C'est la remarque de Dumoulin dans
son apostille sur l'article 136 de la coutume du
Maine.

SECTION TREIZIÈME.

De la fin du Parage par l'aliénation de la portion de l'aîné.

Le principe fondamental de la tenure en Parage, c'est qu'il n'a lieu qu'entre parens qui recueillent une même succession, qu'il ne peut
subsister qu'entre eux & leurs descendans, qu'il

vient, comme difent les coutumes, *par fucceffion & lignage*, & qu'*il défaut*, *faillant le lignage*. Il fembleroit d'après cela, qu'il n'y auroit aucune difficulté à décider dans toutes les coutumes que le Parage doit ceffer toutes les fois que la portion, foit de l'aîné, foit des cadets, eft mife hors de la famille à titre de vente ou autrement. C'eft auffi la difpofition de quelques coutumes. Cependant la coutume d'Anjou porte le contraire : » Si le parageur, dit l'art. 219, tranfporte » tout fon fief & fa terre à perfonne étrangère, le » paraigeau ne fera pas, pour ce, foi & hom-» mage à l'achepteur, mais fera garanti comme » devant, tant que la ligne durera entre fon » parageur & lui, en la manière que deffus eft » dit «. Les coutumes du Maine, art. 234 ; de Tours, art. 131, & de Loudun, chap. 27, art. 19, ont des difpofitions femblables. Le motif de ces coutumes eft qu'elles confidèrent la tenure en Parage, comme un droit auquel l'aîné ne peut pas préjudicier par fon fait.

Il faut fuivre la même règle dans la coutume de Normandie, fuivant Godefroy dans fon commentaire fur l'art. 133 : cet auteur n'en donne aucune raifon ; mais il femble qu'on peut l'induire des art. 132 & 133.

L'art. 132 eft ainfi conçu : » Quand le lignage » eft hors le fixième degré, les hoirs des puînés » font tenus faire foi & hommage aux hoirs de » l'aîné, *ou autres poffeffeurs du fief qui écheut* » *à la part de l'aîné* «. Ces derniers mots fuppofent évidemment que la portion aînée a été précédemment aliénée à un étranger. Mais la coutume, en difant que dans ce cas les hoirs des puînés ne font tenus de faire l'hommage aux poffeffeurs de la portion *qui écheut à l'aîné*; qu'autant que le lignage eft hors du fixième degré, fuppofe bien que l'aliénation n'a pas donné lieu à cet hommage, & par conféquent qu'elle n'a point détruit le cours du Parage.

Guyot, qui fe décide de la même manière, mais par des raifons qui me paroiffent peu folides, trouve néanmoins la queftion problématique, d'après la généralité des expreffions de l'art. 133. Cet article dit à la vérité : » Le fief » fort de Parage, *& doit foi & hommage* quand » il tombe en main d'autres qui ne font para- » gers ou defcendans de paragers, encore qu'ils » foient parens «. Mais ces mots, *doit foi & hom- mage*, indiquent clairement qu'il ne peut être queftion que des portions des puînés, & non de celle de l'aîné, qui doit toujours la foi & hommage durant le Parage même.

L'article 129 de la coutume de Poitou dit au contraire : » Si le chemier tranfporte à perfonne » étrange, & fût-ce à fon parent, fief ou hommage, » ou fi le parageur tranfporte les chofes tenues » en Parage, celui qui a ce droit de chemier peut » lors demander avoir foi & hommage, & le » devoir pour ce dû, car dès-lors il n'y a plus » de lignage, & ne vient la chofe par fuccef- » fion & fouche à laquelle a commencé le Pa- » rage (*) «.

(*) C'eft ici le lieu de relever une erreur qui s'eft gliffée dans l'article *Chemier*, où on lit ce qui fuit : » En Poitou, » l'acquéreur du chemier a droit de recevoir la foi & » hommage des parageurs ; mais cela n'a pas lieu dans les » autres coutumes : en ce cas, le Parage y finit «.

C'eft précifément en Poitou que le Parage finit lorfque

L'art. 174 de la coutume de Blois porte auſſi :
» Si le fils aîné ou ſes hoirs, qui ont garanti
» en Parage leurs puînés & cohéritiers, aliènent
» leur portion dudit fief, en la mettant hors de
» leurs mains, en ce cas, ledit garentage & Parage
» ceſſeront, & ne ſeront plus leurſdits cohéritiers
» garantis en Parage ; mais ſeront tenus leurſdits
» cohéritiers faire la foi & hommage au ſeigneur
» de fief «.

Ces deux coutumes, ou bien celles qui décident le contraire, doivent-elles être priſes pour
règles dans l'uſance de Saintes & dans les coutumes de Saintonge & d'Angoumois, qui ne diſent rien ſur l'aliénation de la portion chemière ?
C'eſt une queſtion ſur laquelle les avis ſont
partagés.

Vigier (& non pas ſeulement ſes additionnaires,
comme le dit Guyot) veut qu'on ſuive la coutume
de Poitou. Maichin, ſur l'art. 28 de la coutume
de Saint-Jean-d'Angely, & Guyot, chap. 3, n°.
8, trouvent au contraire la diſpoſition de la coutume d'Anjou plus juſte.

Il eſt bien certain d'abord qu'on ne peut tirer
aucune induction de la déciſion de la coutume
de Blois, qui, en faiſant ceſſer le Parage par
le ſeul fait du partage, & en faiſant relever les
puînés du ſeigneur dominant de tout le fief, &
non pas de l'aîné ou de ſes repréſentans, lorſ-

---

le chemier aliène ſa portion, & ſans cela ſon acquéreur
n'auroit pas le droit de recevoir la foi & hommage des
acquéreurs. Dans les coutumes au contraire où l'acquéreur
du chemier ou aîné n'a pas le droit de recevoir la foi &
hommage des parageurs ou puînés, le Parage par cela même
n'eſt point fini.

K iv

que le Parage eſt fini, montre aſſez que l'aîné
peut, quand il le veut, faire ceſſer le Parage,
ſans le gré des puînés, & que la fin du Parage
ne diminue en rien la nobleſſe de la mouvance
des puînés.

On ne doit pas rejeter de la même manière la
déciſion de la coutume de Poitou, qui a généralement les mêmes principes que celles d'Angoumois & de Saintonge ſur les Parages, en traitant
néanmoins la matière avec beaucoup plus d'étendue; la coutume d'Angoumois dit expreſſément
comme celle de Poitou, que *le Parage dure tant
que le lignage ſe peut compter.*

La ſeule raiſon que Guyot oppoſe à cette
máxime, » c'eſt que le Parage tendant à une ſous
» inféodation des portions cadettes, dans la juſ-
» tice & dans l'exacte équité; ſi la coutume ne le
» dit expreſſément, comme le 129 de Poitou
» il ne doit pas dépendre d'un aîné de dégrader
» par avance les portions cadettes, & de les dé-
» grader en faveur d'un étranger «. Mais ce raiſonnement ne répond point aux principes que les
coutumes de Poitou & d'Angoumois ont priſe
ſur la durée du Parage, & l'uſage eſt conforme
à la coutume du Poitou.

» Un gentilhomme (dit Beſchet au chap. 3)
» qui, par ſa ſuffiſance, s'étoit rendu l'arbitre
» ordinaire de la plus grande partie des différends
» de notre nobleſſe, m'a aſſuré qu'il a vu la pra-
» tique de la fin du Parage par la vente de la
» portion du chemier, quatre ou cinq fois entre
» des gentilshommes de cette province, en la-
» quelle on ne doute pas que le Parage eſt fini
» par le tranſport du droit du chemier à une
» perſonne étrangère, ſuivant la coutume du
» Poitou «.

Le transport de la portion chemière à tout autre titre qu'à celui de succession ou d'avancement d'hoirie, détruit tellement le Parage dans la coutume de Poitou, que l'art. 129 le dit même du transport fait au parent du chemier. Ainsi, quoique le transport fût fait au plus proche parent, à celui même qui est habile à succéder, le Parage cesse, parce que la chose ne vient pas *par succession & souche*, comme l'exige la coutume.

Lorsqu'entre plusieurs frères tenant en Parage, l'aîné a transporté au second le manoir principal & tout le droit qu'il a dans le fief, Vigier, sur l'art. 25 de la coutume d'Angoumois, n°. 9, pense que le Parage doit continuer. Par ces mots, dit-il, » *encore qu'il ait transporté à son parent,* » il semble que la coutume de Poitou a entendu » parler d'un parent qui n'a aucune part dans le » fief; car elle adjoute, *il n'y a plus de lignage,* » *& ne vient la chose par succession & souche à* » *laquelle a commencé le Parage.* Que dirons- » nous donc si entre plusieurs frères parageurs » l'aîné a transporté au second le manoir prin- » cipal & tout le droit qu'il avoit dans le fief? » demandera-t-il l'hommage à ses autres frères, ou » s'ils tiendront de lui en Parage? On pourroit rap- » porter des coutumes pour l'affirmative, mais » il ne semble pas qu'elles aient pour fonde- » ment la raison que nous cherchons en ce » sujet «.

» Il se voit que les trois conditions du Parage, » la consanguinité, le titre d'hérédité, & la par- » ticipation au même fief, se trouvent ici de » toutes parts. La représentation de l'aîné & la » succession au droit d'aînesse, adjointe à la qualité » naturelle de parent & cohéritier dans le même

» fief, doivent être considérées conjointemen
» tellement que les deux qualités réunies en u
» même perfonne, la naturelle a attiré & co
» fondu en elle l'accidentale, si que les deux p
» tions ne font qu'un feul patrimoine, & les de
» qualités d'héritier & acquéreur confufes en un
» qui eft la naturelle & originale, l'addition
» l'acquêt emportant une confolidation des de
» portions du fief en un même corps; *nec vide*
» *res mutare manum,* quant à l'effet du Parag
» *ex quo non in extraneum, fed in confortem tra*
» *fertur (Molin. §. 13, gl. 6, n°. 5, 8, 9*
» *Argentr. art.* 141, j'entends le repréfentant
» Parage, tant que le fief dominant eft de mê
» lignage dedans les degrés de Parage; & fur
» art. 311 & 317, il dit que le Parage dure j.
» qu'à ce que le fief ou partie d'icelui ait paffé
» main étrangère. *Accedit* la faveur du Parage
» l'égalité entre frères. Ce doute qui ne va q'
» l'honneur mériteroit la décifion de la cour

Conftant fur l'art. 126 de la coutume de P.
tou, Filleau & Boucheul fur l'art. 129, Gu
au chap. 3, n°. 11 de fes obfervations fur
Parage, & Befcher au chap. 3 de fa digreffi
penfent au contraire, que dans le cas même oừ
chemier entre plufieurs puînés parageurs en ch
firoit un pour lui conftituer en dot fa por
chemière, le Parage n'en feroit pas moins fi
» J'eftime, dit Befcher, que tous ceux qui ne fo
» pas iffus du chemier *funt extranei hæredes,*
» que, pour continuer le Parage, il eft néceffa
» que les donations ou conftitutions de dot foie
» faites en faveur des defcendans; d'autant que
» fuivant les règles de la jurifprudence, h
» la ligne directe, tous font perfonnes étrangères

& que ces mot de l'art. *& fût-ce à son parent,* comprennent généralement tous ceux qui ne descendent pas du chemier, joint ces autres « termes, *car dès-lors n'y a plus de lignage & ne* » *vient la chose par succession & souche à laquelle* » *a commencé le Parage* ».

Les raisons données par Vigier peuvent bien avoir quelque poids lorsqu'il s'agit de l'aliénation faite par un parageur à son coparageur. L'accession se conçoit alors sans peine ; l'acquéreur est évidemment capable de tenir cette portion en Parage, & de la réunir à sa portion originaire, comme il auroit pu y réunir des domaines dépendans du même fief, mais non tenus en Parage, suivant l'arrêt du 13 mai 1609, rapporté par le même auteur au n". 5. Mais lorsqu'il s'agit de l'aliénation de la portion chemière, l'acquisition qu'en fait le puîné parageur ne peut lui donner le caractère d'aîné, que la coutume exige concurremment avec la possession de la portion chemière, pour pouvoir garantir les puînés sous un seul hommage ; & il paroît difficile d'admettre que la portion chemière, qui a plusieurs prérogatives sur les portions paragères, puisse y être réunie à titre d'accession.

Lorsque l'aîné, au lieu d'aliéner la totalité de sa portion, n'en aliène qu'une partie, le Parage cesse-t-il également ? Pour décider cette question, il faut se rappeler les principes que l'on a donnés sur la division des fiefs dans les différentes coutumes, aux mots DÉMEMBREMENT DE FIEF, DE-PIÉ DE FIEF, & EMPIRER LE FIEF DE SON SEI-GNEUR.

Dans la coutume de Poitou, le chemier, comme tous les vassaux, peut aliéner à titre de

fous-inféodation ou d'accenfement, la totalit[é]
fon fief, à l'exception du chef d'hommage[,]
hôtel principal, s'il y en a un, & s'il n'y en a [p]
.les deux tiers du fief, y compris ce qui en a[
diſtrait par des aliénations précédentes, & m[ê]
par des partages faits fous la condition du [
rage. Mais s'il aliène plus des deux tiers de[
fief, lorfqu'il n'y a pas de chef d'hommage, o[
chef d'hommage', s'il y en a un, l'acquéreur [
aura cette portion principale ou le chef d'h[o]
.mage, aura les mêmes droits que s'il eût ac[
.la totalité de la part du chemier. Le Parage[
donc fini dans ce cas à fon profit.

Si néanmoins l'acte d'aliénation réferve au v[
.deur la directe fur les chofes aliénées, le chem[
peut encore refter en hommage & garantir com[
auparavant fes coteneurs fous cet hommage, n[
gré cette aliénation exceffive, pourvu que le [
.gneur dominant y confente après avoir été i[
.truit de l'aliénation. Le Parage ne finira donc p[
.en ce cas, fi ce n'eſt feulement à l'égard des [
.tions aliénées par le chemier. Mais le conc[
de ces deux conditions eſt d'une néceffité i[
penfable; en forte que fi le chemier n'avoit [
réfervé expreffément la directe', il ne pourroit [
continuer à garantir fes puînés fous fon homm[
quand bien même le feigneur y confentiroit [
qu'il en feroit de même, bien qu'il y auroit [
une réferve expreffe de la directe dans l[
d'aliénation, fi le feigneur n'approuvoit pas c[
réferve.

Il faut fuivre des principes femblables [
l'ufance de Saintes & dans les coutumes d'[
goumois & de Saint-Jean-d'Angely. Il fen[
même qu'on peut les appliquer à la coutum[

lois, qui n'a aucune disposition directe fur cet objet, mais qui, dans l'art. 55 & dans plusieurs autres, paroît faire dépendre le droit de faire & le recevoir les hommages du chef lieu du fief.

Dans les coutumes d'Anjou, Maine, Touraine & Loudunois, lorsque la portion de l'aîné a été une fois diminuée du tiers appartenant aux puînés, l'aîné ne peut plus en rien distraire à titre d'aliénation, sans depié de fief & dévolution, même en y retenant devoir, quoique ses héritiers puissent encore subdiviser sa portion des deux tiers au tiers, & ainsi à l'infini. Comme l'acquéreur n'a pas lui-même les deux tiers qu'exige la coutume pour couvrir les parageaux sous son hommage, le Parage cesse, non pas à son profit, mais à celui du seigneur dominant, qui, dans ce cas, a le droit d'exiger l'hommage des puînés. Duplessis a expliqué tout cela dans le plus grand détail en son traité du depié de fief & du Parage, sect. 2, p. 125 & suivantes; il ne faut pas croire néanmoins avec lui que le seigneur puisse exiger également, à titre de dévolution, la foi de ceux qui tiennent en sous-Parage de l'un des parageaux, par l'effet de la subdivision des portions spéciales. Ce sous-Parage fait alors un Parage principal dans tous les systèmes, comme on l'a vu dans la section 7, & la dévolution de fief ne peut jamais s'étendre à ceux qui ne relèvent pas directement & personnellement leur tenure du fief dont la dévolution a eu lieu.

En Normandie enfin, suivant l'art. 204, tout vassal, & par conséquent l'aîné, *jouit des appartenances de son fief sans démission de foi, exclusivement, pourvu qu'il demeure assez pour satisfaire aux redevances dues au seigneur, le Parage* finit donc pas en ce cas.

SECTION QUATORZIÈME.

De la fin du Parage par l'aliénation de la por. *des puínés.*

Toutes les coutumes font · ici d'accord p faire ceffer le Parage lorfque le puîné aliène portion à un étranger. Néanmoins, s'il y a plufi puînés, le Parage ne ceffe que pour la por qui a été aliénée, & il fubfifte toujours p les portions qui ne l'ont point été. C'eft-là l prit de toutes les coutumes de Parage. Mais l'aliénation eft faite à un des parens, ou mê à l'un des parageurs, peut-on dire que le Par eft ceffé ?

L'art. 133 de la coutume de Normandie tr che la difficulté avec beaucoup de précifion. dit que le fief fort de Parage & doit foi hommage, *quand il tombe »* en main d'aut » *qui ne font paragers ou defcendans de parage* » encore qu'ils foient parens «.

Ainfi le Parage ne finit point lorfque la p tion d'un des puînés eft vendue à un autre pui ou à fes defcendans qui font habiles à poffé à titre de Parage.

La juftelle de cette décifion fi conforme l'efprit des coutumes de Parage, auroit dû, f femble, la faire adopter généralement ; cependa Befchet au chap. 3, Conftant fur l'art. 126 la coutume de Poitou, Filleau & Boucheul fu l'art. 129 de la même coutume, font d'un av contraire. Befchet le décide ainfi dans le cas mêm où l'un des parageurs transféreroit sa portion du fief ou partie d'icelle à l'autre ou à ses enfans (de l'autre parageur), *par une donation ou constitution de dot.* » Ce point, dit-il, ne seroit pas » sans difficulté ; l'on pourroit dire qu'il n'y au- » roit pas d'interruption du Parage, qui doit avoir » sa durée en un titre gratuit & favorable aux » parageurs, qui ne font point les personnes » étrangères dont parle la coutume de Poitou, » & néanmoins je ne voudrois pas faire de dif- » tinction, *non est enim distinguendum ubi lex non* » *distinguit. L. si defunctus cod. arbit. tutel.* «.

La coutume de Tours, qui fait aussi cesser le Parage par le transport de la portion de l'un des puînés *à personnes étranges*, définit au contraire ainsi les personnes étranges dans l'art. 131, *& sont entendus personnes étranges quant à ce, ceux qui ne sont en premier & prochain degré pour succéder ab intestat.* Lorsque la portion du puîné est transportée à un autre puîné qui est parageur comme lui, n'est-ce pas là le cas de dire avec Vigier sur l'art. 125 de la coutume d'Angoumois, n°. 9, qu'il se fait une accession, une véritable consolidation de la portion acquise avec la portion tenue en Parage ; que la chose est venue originairement dans la famille à titre successif, qu'elle n'est point sortie du lignage, *que les trois conditions du Parage, la consanguinité, le titre d'hérédité, & la participation au même fief,* se trouvent ici de toutes parts. On peut citer surtout comme un préjugé bien applicable à ce cas, l'arrêt du 13 mai 1610, qui est rapporté par le même Vigier, *ibid, n°. 6,* & par lequel il a été jugé que lorsque l'un des parageurs acquiert des héritages dans le fief dont il est parageur,

il tient le tout en Parage, fans pouvoir être c
traint de rendre hommage au chemier de ce q
a acquis, parce qu'il ne peut pas tenir éga
ment & inégalement des domaines qui doivent fa
un feul corps depuis la réunion.

Tous les auteurs conviennent du moins (
les donations en ligne directe, foit à titre
dot ou autrement, ne donnent pas lieu à
ceffation du Parage; la raifon pour laquelle
affimile ici les donations en ligne directe,
titre de fucceffion, eft que ces fortes de doi
tions font toujours faites en avancement d'h
rie, & qu'il n'y a pas, à proprement parler, d'i
terruption de Parage, puifque le lignage con
nue toujours entre les propriétaires de la porti
aînée & des portions puînées.

Suivant les principes du droit & des coutume
l'échange de deux héritages l'un contre l'au
opère une fubrogation, qui fait réputer les d
maines acquis, de même nature & qualité d'i
meubles que les domaines aliénés pour ê
tranfmis à titre fucceffif aux parens de la mê
ligne & dans le même ordre. » Néanmoins, ¿
» Befchet au même endroit, comme la loi ¿
» Parage eft plutôt introduite en faveur des pe
» fonnes, que pour le refpect des chofes, pro
» ter dignitatem hominum (L. juflifimè ff.
» ædilit. edicto), & par la confidération du fa
» & de la commune origine, j'eftime que fi
» chemier ou le parageur échange fon fief, l
» Parage ceffe & prend fin «.

Cette décifion ne peut fouffrir de difficul
dans le cas où l'échange fe fait avec un étran
ger, pour un héritage indépendant du fief ten
en Parage.

Il n'y a pas plus de raison alors pour le réputer tenu en Parage à titre de subrogation, qu'il n'y en auroit à réputer noble de la même manière un héritage roturier pris en échange d'un héritage noble. Mais lorsqu'il s'agit d'un échange fait entre ceux qui tiennent ensemble en Parage, la question doit paroître plus embarrassante. Bescher l'a encore discutée avec beaucoup de détails au chap. 3 de sa digression. Il distingue le cas où l'on tient en échange des biens de la même succession, & celui où l'on donne des biens étrangers à la succession. Dans le premier cas, il veut que le parageur qui a acquis à titre d'échange une portion du fief tenu en Parage, la tienne aussi en Parage, & qu'il jouisse même des droits de chemier, si la partie principale du fief lui a été transportée par l'aîné. Dans le second, il veut que le Parage cesse, quand bien même les biens qu'on auroit en échange de la portion du fief tenu en Parage, dépendroient de la succession paternelle, si le fief tenu en Parage venoit de la succession maternelle, & *vice versâ*.

Cette distinction ne me paroît pas devoir être admise en aucun cas. Si l'échange est fait à l'un des parageurs par son coparageur, il doit y avoir lieu, dans ce cas, à une accession ou consolidation en sa faveur, quel que soit l'objet donné par lui en contre-échange, puisque cette consolidation a lieu de plein droit dans les acquisitions faites par le parageur à quelque titre que ce soit, comme on vient de le voir. Lors, au contraire, que l'échange a pour objet la portion chemière, le titre de chemier, qui, suivant ce qu'on a dit dans la section 7, ne peut jamais appartenir de plein droit à d'autre qu'à l'aîné, doit être converti au profit de l'acquéreur en celui du feigneur dominant moins que lui & les autres parageurs n'établ fent un Parage conventionnel.

Si au lieu d'aliéner la totalité de fa portio le puîné n'en aliène qu'une partie, il faut, po décider fi le Parage eft ceffé, examiner la forme & quotité de l'aliénation. Par exemple, fi l'aliénati eft faite purement & fimplement à un étrange fans rétention de foi & hommage où de devoir n ble ou roturier, le Parage doit ceffer inconteft blement pour fa portion aliénée, lors même qu l'aliénation a été faite avec rétention de foi & hoi mage ou d'autre devoir : fi la partie aliénée excèi celle dont la coutume permet au vaffal de di pofer, il y a lieu au depié de fief, & le chi mier peut exiger la foi & hommage, ou ui reconnoiffance roturière de l'acquéreur. En un mo il faut ici fuivre les règles qu'on a tracées fur li aliénations partiaires des fiefs, aux mots DÉMEN BREMENT DE FIEF, DEPIÉ DE FIEF, & EMPIRE LE FIEF DE SON SEIGNEUR, telles qu'on les a rap pelées à la fin de la fection précédente. Il fau toutefois confidérer les portions des puînés, comm autant de fiefs diftinéts, auxquels on ne peut poin oppofer la diminution qui en a été faite par li partage d'où procède le Parage, comme on peu l'oppofer à la portion du chemier.

Lors donc que le parageur n'a aliéné que li portion dont la coutume lui permettoit de di pofer, avec rétention de foi & hommage, ou d'autre devoir, je ne vois pas pourquoi le puîni ne pourroit pas jouir de la mouvance qu'il y retenue, dès le moment de l'aliénation. Pallu dii à la vérité fur l'article 131 de la coutume de Touraine, que, durant le Parage, la portion aliénée relève de l'aîné qui en prend les droits, comme du reste de la portion du parageur, parce qu'il ne peut y avoir deux chef-seigneurs du même fief *simul & semel*, & que ce n'est qu'après le Parage fini, que la portion aliénée fait un nouveau fief qui relève du vendeur, lequel étoit parageur au temps de la vente.

Boucheul, sur l'article 129 de la coutume de Poitou, n°. 13, paroît adopter cette opinion de Pallu, en la rapportant. Tel est aussi l'avis de Duplessis dans son traité du depié de fief & du Parage, section 2, pag. 133, où il paroît se fonder sur les mêmes raisons. Mais n'est-ce pas là mettre la question en thèse? Dès que l'aliénation fait cesser le Parage, pour faire de chaque portion aliénée autant de tenures séparées, la portion aliénée n'est plus du domaine du fief tenu en Parage. Il est reçu que, lors du partage par lequel on établit le Parage, on peut mettre en une partie les mouvances du fief partagé dans le lot des puînés. Pourquoi donc ces puînés, qui sont si bien reconnus capables d'avoir des vassaux particuliers durant le Parage, ne pourroient-ils pas en augmenter le nombre par des aliénations que les coutumes de Parage permettent indistinctement à tous les possesseurs de fief, pourvu qu'ils se renferment dans les bornes qu'elle leur prescrivent?

SECTION QUINZIÈME.

De la fin du Parage, par le defaut ou l'éloignement du lignage.

Les coutumes d'Anjou, article 213, & du Maine, article 128, disent » que le Parage du

» rera tant que entre les fucceffeurs du pataigeur
» *videlicet* du père ou du frère, & les fucceffeurs
» de la fille ou fœur, que l'on appelle paraigeaux,
» le lignage foit fi éloigné, que mariage s'en
» puiffe trouver faire & confommer fans difpen-
» fation d'églife, c'eft à favoir hors le quatt de-
» gré «. Les coutumes de Tours, article 126,
& de Loudun, chapitre 27, art. 9 donnent la
même règle, en difant que le Parage faut
quand celui qui tient le fief eft tellement éloigné
qu'on fe peut prendre par mariage, qui eft de
quart au quint degré.

La coutume de Normandie, article 129, fait
au contraire durer le Parage jufqu'au fixième degré inclufivement. Les coutumes de Poitou, article 107, & d'Angoumois, article 26, conforme
en cela aux chapitres 44 & 74 des établiffe-
mens de faint Louis, décident que le *Parage*
dure autant qué le lignage, c'eft-à-dire, fuivant
que l'explique l'article 126 de la coutume mêmé
de Poitou, *tant comme le lignage fe peut comp-*
ter & prouver. On fuit la même règle, fuivant
Befchet, & Maichin, dans l'ufance de Saintes &
dans la coutume de Saint-Jean-d'Angely, qui
n'ont aucune difpofition à ce fujet.

Ces variétés tiennent néanmoins à un principe
unique, favoir, que la durée du Parage doit fuivre
la parenté. Les coutumes de Poitou & d'Angoumois fe font réglées fur le droit civil, où la
parenté fubfifte toujours, tant qu'on peut et
donner la preuve ; celles de Tours, de Loudun, d'Anjou & du Maine, ont fuivi le droit
canonique, qui ne confidère plus la parenté au
delà du quatrième degré pour le mariage. Enfin,
celle de Normandie a pris pour bafe d'anciennes
difpofitions du même droit, qui prohiboient

auſſi le mariage entre parens juſqu'au ſeptième degré. (*Voyez le traité du contrat de mariage par Me. Pothier , n°. 142 , 143 , 144 , & ſurtout au n°. 145.*)

Il ne faut pas croire néanmoins , dans l'uſance de Saintes , qu'il ſoit ſuffiſant , pour la durée du Parage , que ceux qui recueillent une portion paragère à titre ſucceſſif , puiſſent ſpécifier & prouver le degré de parenté qui ſubſiſtoit entre leur auteur & le chemier ; le Parage doit ceſſer , ſi les héritiers du parageur ou du chemier ne procèdent pas de l'auteur commun du premier chemier & de ſes parageurs ; car alors le bien n'eſt plus dans la ligne ; & la coutume de Poitou exige pour la durée du Parage , que le bien n'en ſorte pas. C'eſt ce qu'indique l'article 126 de la coutume de Poitou , qu'on prend pour règle dans l'uſance de Saintes , en diſant *que le Parage dure tant comme le lignage ſe peut compter.* L'article 107 le dit encore plus clairement par ces mots , *le Parage vient par ſucceſſion & lignage , & défaut ledit Parage , faillant le lignage.*

Cette difficulté peut ſe rencontrer dans l'uſance de Saintes. Comme on n'y obſerve point la règle *paterna paternis ,* la repréſentation à l'infini & les autres principes admis en Poitou ſur la ſucceſſion des propres , il eſt très-poſſible que la ſucceſſion d'un parageur ſoit recueillie , ſoit en ligne directe aſcendante , ſoit en ligne collatérale , par un parent d'une ligne étrangère à celle du chemier.

C'eſt l'obſervation de Beſchet , au chapitre 3 de ſa digreſſion. » L'exemple commun eſt du » père ou de la mère , qui ſuccède à ſon fils » parageur , à l'excluſion des parens maternels

» ou paternels, *ex cap.* 2, *novel.* 118 ; que nou
» obfervons pour les fucceffions ; d'autant que, pı
» ce moyen , le fief fort de Parage, parentage ὰ
» lignage, & qu'il fe transfère en une autre famillε
» L'on pourroit en dire autant d'un frère cor̯
» joint d'un côté feulement , d'un oncle ou d'uι
» coufin qui feroit plus proche qu'un autre pᾳ
» rent d'où feroit venu le fief «.

Befchet rend cet· exemple plus fenfible , ε
propofant une efpèce ; puis il a ajouté ces obfeı
vations judicieufes : » Les termes de l'article 12̯
» de la coutume de Poitou, *car dès· lors il n'y*
» *a plus de lignage , & ne vient la chofe* paı
» *fucceffion & fouche à laquelle a commencé* ℓ
» *Parage* , nous inftruifent que les fucceffiom
» mutuelles entre les defcendans des parageurs , nε
» transférant pas le fief hors la ligne , il y ᾳ
» continuation de Parage. Ce qui me fait penfeɾ̗
» que fi l'un des parageurs fuccédoit au chemieɾ
» par le droit de proximité & à l'exclufion d'uι
» autre en degré plus éloigné, il n'y auroit poiι
» de Parage au regard des autres parageurs, pouɾ
» ce que la chofe viendroit par fucceffion aυ
» lignage de la fouche. Auffi le changement dε
» nom ne fait point finir le Parage ; car encoɾε
» que la fille aînée ou la fille du chemier délaiffε
» des enfans qui ont le nom du mari , & quε
» par ce moyen il y a un nouveau nom en lᾳ
» famille , néanmoins la chofe vient toujours paɾ
» fucceffion au lignage de la fouche «.

SECTION SEIZIÈME.

De quelques autres manières dont le Parage peut finir.

Le défaut de lignage, ou du moins son trop grand éloignement & l'aliénation de la portion, soit du chemier, soit du parageur, sont les deux termes les plus naturels du Parage; mais outre le partage de la succession indivise, qui le fait cesser de plein droit dans la coutume de Blois seulement, il peut encore finir de deux autres manières; savoir, par la confusion & le désaveu.

La première de ces deux manières peut arriver par la réunion de la partie à son tout, lors du décès du parageur auquel succède le chemier, & *vice versâ*, ou seulement par le mariage de l'un avec l'autre. » Car tout ainsi, dit fort » bien Bescher, que le seigneur du fief domi- » nant, qui acquiert ou retire par retrait féodal » le fief servant, réunit l'arrière-fief au fief, ou » que le seigneur de fief qui acquiert en sa cen- » cive, réunit la seigneurie utile à la directe » (*Molin.* §. 1, *glos.* 5. n°. 15 & 16, des fiefs; » M. Louet, lettre F, n°. 5, & *ibid. notat;* Tron- » çon, sur les articles 20 & 53 de la coutume » de Paris), de même le fief démembré par le » partage entre l'aîné & le puîné, réunit ses » membres & retourne à son ancienne forme par » une légitime succession, ou par le mariage du » chemier & de la paragère, ou du parageur » avec la chemière. Car, comme dit l'article 107 » de la coutume d'Anjou, & Chopin, *lib.* 2, » *part.* 3, *tit.* 1, *n.* 11, *de feud. Andeg.,* il se fait

L iv

» par le mariage une confolidation des deux por-
» tions, en forte que les qualités de chemier &
» de parageur difparoiſſent & s'évanouiſſent «.

"La dernière manière dont ceſſe le Parage, dit
la coutume de Tours, article 126, eſt » quand
» le parageau, ſans fommer fon parageur, a fait
» hommage au ſeigneur fuzerain, auquel cas
» l'obéiſſance en peut être rendue audit parageur,
» s'il le requiert, lequel parageau fera en après
» ladite foi audit parageur «.

Beſcher, au chapitre 3 de ſa digreſſion, penſe
que cet article de la coutume de Tours doit être
obfervé dans les autres coutumes de Parage, &
que dans ce cas la prérogative du Parage doit être
commiſe par cette eſpèce de défaveu.

» Quant à la commiſe, dit-il, le viel pro-
» verbe françois eſt tel : *Qui fief dénie, fief*
» *perd*, c'eſt-à-dire, que le vaſſal qui défavoue
» fon ſeigneur, & par jugement eſt convaincu
» tenir de lui, il perd fon fief (*lib.* 4, *tit.* 5,
» *feud. & ibi Cujac.*). De même, ſi le parageur
» *ſciens & prudens*, mépriſe fon chemier, & fait
» l'hommage au ſeigneur du fief à fon préju-
» dice, il perd la qualité de parageur, & s'en-
» gage, non pas à la perte de fon fief, mais
» à la néceſſité de perdre le droit de tenir en
» Parage & de faire l'hommage au chemier
» comme étant une eſpèce de défaveu, qui en
» traîne la peine de demeurer ſimple vaſſal de
» fon aîné, au lieu qu'il avoit l'honneur de lui
» être égal en quelque façon (coutume de
» Tours, article 126). Quel tort lui fait-on, ſi,
» ayant voulu un ſupérieur, on lui donne par
» anticipation celui auquel l'ordre du changement
» & de la viciſſitude naturelle de toutes choſes

» le deſtine par une néceſſité inévitable ? C'eſt de
» lui que parle le poëte :

Heu ! patior telis vulnera facta meis.

» Je dis qu'il ne s'engage pas à la perte de
» ſon fief, d'autant que, comme dit Dumoulin,
» §. 30, n°. 9, ſur l'ancienne coutume de
» Paris, *requiritur denegatio ſpecifica, formalis*
» *& abſoluta,* pour l'effet de la commiſe, &
» que cette dénégation ou déſaveu ſe doit faire
» judiciairement, *ex l. famoſ, ff. ad l. Juliam ma-*
» *jeſt. & l. 7, C. ſi quis imper. maled. «.*

J'ajouterai à ces raiſons, que la peine de la
commiſe du fief n'eſt qu'une ſuite de la foi que
le vaſſal doit à ſon ſeigneur. Le parageur qui,
avant la fin du Parage, n'eſt point le vaſſal de
ſon chemier, ne peut donc pas y être ſujet ;
c'eſt bien aſſez de le priver de la prérogative du
Parage dans ce cas.

SECTION DIX-SEPTIÈME.

De la procédure qui doit être tenue à la fin du
Parage, & de ſes effets.

Suivant les articles 126, 127 & 128 de la
coutume de Poitou, » Si le parageur ne peut
» déclarer & nommer à ſon chemier leur lignage
» & deſcente, ledit chemier le peut contraindre
» de lui faire hommage de ladite choſe qui étoit
» tenue en Parage..... & à faire ledit hom-
» mage le ſeigneur dont la choſe eſt tenue par
» hommage doit être appelé & attrait par ledit
» parageur à garant ; autrement, ce qui ſeroit

» fait ne préjudicieroit audit seigneur , lequ
» pourroit toujours user de ses droits en prena
» son rachat ou les fruits pour ledit homma
» non fait par ledit chemier. Toutefois led
» seigneur ainsi appelé par ledit parageur , n
» peut empêcher que ledit parageur ne fa
» hommage audit chemier , si ledit lignage ne
» peut compter & prouver «.

Ainsi le chemier ne peut contraindre le r
présentant du parageur à lui faire homma
qu'autant qu'il s'est assuré qu'il ne pouvoit sp
cifier le lignage. Quand bien même donc l
seigneur seroit sûr que le représentant du pan
geur ne peut compter & prouver le lignage
il ne peut saisir sa portion de plein droit , a
tendu que la saisie féodale ne peut avoir li
que sur les vassaux , & que jusqu'à la foi l
hommage , ou au jugement qui ordonne de l
rendre , le Parage subsiste toujours au profit d
parageurs. Le chemier doit donc en ce cas fa
assigner le parageur en sa juridiction , pour d
clarer , compter & prouver leur lignage com
mun , sinon se voir condamner à lui rendre hor
mage.

Si le représentant du parageur soutient que l
Parage doit subsister, il faudra qu'il commun
que au chemier leur généalogie , en l'appuya
de pièces justificatives ; & sur la dénégation d
chemier , la contestation s'instruira de la mêm
manière que toutes les autres actions où il e
besoin d'établir la parenté. Ce n'est qu'après l
jugement qui déclarera le Parage fini , s'il y
lieu , que le chemier peut user de contrain
sur la portion paragère , pour en exiger l'hom
mage.

Le seigneur dominant du chemier doit être appelé en garantie par le parageur sur cette demande. Il ne suffiroit pas, dit fort bien Rat sur l'article 108 de l'ancienne coutume de Poitou, que le seigneur eût connoissance de la fin du Parage & de l'hommage que le propriétaire de la portion paragère feroit au chemier ; cela ne l'empêcheroit pas de faire usage de ses droits comme auparavant.

Il est remarquable que la coutume charge le parageur, & non pas le chemier, de faire appeler ainsi le seigneur dominant du chemier. C'est non seulement parce qu'il ne peut contester la demande à fin d'hommage, qu'en se faisant revendiquer par ce seigneur comme un des vassaux pour lesquels le chemier rend un seul & unique hommage, mais aussi parce qu'il a le plus grand intérêt à ce que le seigneur dominant du chemier ne puisse plus exiger de lui les droits qu'il payera désormais au chemier, si le Parage est jugé fini. Jusqu'à ce jugement, le seigneur conserve toujours le droit d'y percevoir, comme auparavant, les rachats & les autres droits auxquels les mutations du chemier donnent lieu, quoique le chemier y en perçoive désormais de semblables aux mutations du parageur. C'est ce qui a été jugé par arrêt non daté, que Constant rapporte sur l'art. 127, glose 3.

Le même Constant dit aussi néanmoins, qu'il a été jugé au contraire dans la même hypothèse, par arrêt rendu à l'audience le 10 juin 1597, lui plaidant, pour le chapitre de Luçon, contre Eméric Gourde, René de la Forêt, & entre Jacques Barré, Octave Brochard & leurs fem-

mes. » Que nonobſtant l'accord fait entre leſd
» Gourde, Barré & Brochard, ſur l'impoſitio
» nouvelle d'hommage par faute de prétendu P
» rage, le rachat du total (du fief) feroit co
» ſigné pendant le procés, & par le même arrê
» bien que les prétendus parageurs euſſent été
» demeure de faire appeler le ſeigneur ſupérieu
» toutefois leur chemier fut condamné en leu
» dépens, dommages & intérêts «. Mais
convention qui avoit été faite avec le chemi
pouvoit ſortir cette affaire des règles ordinaires
& Conſtant fait lui-même cette réflexion ſ
l'arrêt : » *Quod novum & contra conſuetudinem*
» quant à ladite condamnation du chemier
» mais, à la vérité, cela ne fut pas bien remo
» tré par l'avocat des parageurs qui plaidoit con
» moi, & qui n'entendoit pas la coutume
» Poitou «.

L'article 129 de la coutume de Tours,
diſant que le parageau doit répondre en la j
ridiction du parageur, *pour raconter Parag*
ſuppoſe que la demande en fin de Parage, à cau
de l'éloignement du lignage, doit ſe donner
la juridiction du chemier. On retrouve cette d
poſition dans les coutumes du Maine, de To
& de Loudun, & l'on ſuit la même règle da
les coutumes qui n'en diſent rien. Mais l'on ſe
bien que le ſeigneur dominant du chemier, s
juge à propos de répondre à l'aſſignation en g
rantie qui lui a été donnée par le propriéta
de la portion paragère, a le droit d'évoquer
connoiſſance du tout en ſa juridiction. Il ſer
peu décent qu'il fût obligé de défendre ſes dro
en la juridiction de ſon vaſſal. C'eſt l'avis
Boucheul ſur l'article 127, n°. 5.

Conftant & Filleau, fur le même article, difent qu'il eft d'ufage d'aller en ce cas devant le
juge royal fupérieur ; mais on ne trouvera
aucune loi qui faffe de cette matière un cas
royal.

Au refte, la coutume de Poitou n'exige cette
demande en garantie, & même la demande
principale, qu'au cas où le Parage eft fini, à
défaut par le propriétaire de la portion paragère
de pouvoir compter le lignage. Dans les autres,
où le Parage finit, la nature de la caufe qui
le fait ceffer, n'exige pas l'examen que peut occa-
fionner la fin du Parage par le défaut de preuves
du lignage.

Cette interprétation de la coutume paroîtra bien
plus jufte encore, fi l'on réfléchit que fes difpofitions à cet égard remontent à une époque
très-reculée, & que dans ces temps anciens, où
l'on ne faifoit prefque aucun ufage de la preuve
par écrit, il falloit le plus communément recourir aux enquêtes ; or on fait combien ce genre
de preuves même peut rendre les conteftations
embarraffées, fur-tout dans une queftion de cette
forte, par l'incertitude & les contradictions des
témoins.

La coutume de Poitou eft la feule qui ait
ordonné formellement la mife en caufe du feigneur dominant de l'aîné, lorfqu'il prétend le
Parage fini à défaut de lignage ou à caufe de
fon éloignement. Befchet, au chapitre 6 de fa
digreffion, prétend que cette mife en caufe ne
doit pas avoir lieu dans l'ufance même de Saintes.
La raifon qu'il en donne, c'eft qu'elle prend
fa fource du droit de rachat, de forte que dans
les lieux où ce droit n'eft pas en ufage (comme

dans l'ufance de Saintes où les fiefs font abon
nés à des fervices peu confidérables pour la plû
part), le feigneur dominant n'a prefque poit
d'intérêt à empêcher la fous-inféodation qui e
la fuite de l'hommage fait au chemier par l
propriétaire de la portion paragère.

Boucheul dit au contraire, » que la coutum
» parle en termes généraux du rachat & autre
» devoirs, pour empêcher la collufion qui pour
» roit être entre le chemier & fes parageurs
» *propter fpretum & neglectum fuperiorem patre*
» *num* «. Cette obfervation a d'autant plus d
poids, que la coutume de Poitou établit i
une règle générale, tandis que dans les ar
cles 171 & fuivans, elle énonce une grand
partie de la province où les rachats font abon
nés. Le texte de l'article 128 dit en effet gé
néralement, » qu'autrement ce qui feroit fait n
» préjudicieroit au feigneur, lequel pourroit tor
» jours *ufer de fes droits*, en prenant fon rachat o
» les fruits pour ledit hommage non fait par ledi
» chemier «.

Quoi qu'il en foit, il n'eft point néceffaire
dans les autres coutumes, de faire appeler le fei
gneur fur la demande en fin de Parage formé
par l'aîné à caufe de l'éloignement du lignage
L'aîné n'y eft pas obligé de la faire prononcer e
juftice; mais il y a le plus grand intérêt dans le
coutumes d'Anjou, du Maine, de Tours & d
Loudun, fi les puînés ne lui font pas volontai
rement l'hommage, parce que, dans ce cas, il
n'y eft dû aucun rachat pour la première fo
faite par Parage failli, comme on lé verra dan
la fection 20.

SECTION DIX-HUITIÈME.

De quelles manières le Parage , une fois fini , peut se renouveler.

La coutume de Normandie , art. 135 & 136 , admet trois cas où le Parage peut se renouveler. « Au cas , y est-il dit , que le fief parager , vendu » à un étrange , soit retiré *à droit de lignage* » par aucun des descendans des paragers étant dans » le sixième degré , en ce cas , ledit fief vendu re- » tombe en tenure par Parage. Pareillement si » le vendeur rentre en possession de son héritage » par *clameur révocatoire , ou par relèvement ou* » *condition de rachat ,* il tiendra son héritage » par Parage , comme il faisoit auparavant ; » mais s'il le rachète , il se tiendra par hom- » mage «.

De ces trois cas , les deux derniers , qui font la rescision du contrat ou restitution en en- tier , & le réméré , doivent être admis dans toutes les coutumes , puisque l'effet de la rentrée en possession , en vertu des lettres de rescision ou d'une clause de réméré , est de remettre le ven- deur au même état que si la vente n'eût jamais existé. C'est l'avis de Beschet au chap. 3 de sa digression ; de Chopin sur les coutumes d'Anjou , liv. 2 , part. 3 , chap. 1 , tit. 2 , n°. 3 ; de l'Hommeau sur l'art. 221 de la même cou- tume ; de Duplessis dans son traité des depiés de fief & des Parages , section 2 , p. 113 ; enfin de Boucheul sur l'art. 129 de la coutume de Poitou.

Suivant plusieurs de ces auteurs , il n'en est pas

ainfi du premier cas, c'eft-à-dire, de celui o
la chofe eft retirée par retrait lignager par u
des parageurs même. Le rettrayant étant fubrogé
la place de l'acquéreur, il ne doit pas être con
fidéré plus favorablement, & le Parage ne pe
plus avoir lieu, parce qu'aux termes de l'art. 11
la chofe ne vient pas par fucceffion & fouche
laquelle a commencé le Parage. Mais ce raifo
nement ne prouve rien, puifqu'on a vu dans
fection 14, que la portion d'un parageur, acqui
par fon coparageur, devoit être cenfée réun
à l'ancienne portion de l'acquéreur; le retr
doit certainement jouir des mêmes privilég
que les acquifitions pures & fimples, & proc
rer les mêmes avantages à l'acquéreur.

Lorfque l'aîné a perdu fon droit par la dév
lution féodale, à caufe de l'aliénation de fon fie
dans les coutumes où elle a lieu, il paroît q
le Parage doit revivre à fon profit, lorfque l'ai
eft rentré, à quelque titre que ce foit, en po
feffion de la portion aliénée en vertu de la réin
tégration de fief, fuivant ces termes de l'ar
205 de la coutume d'Anjou : » Dès - lors q
» la chofe fera retournée à fa première nature
» & confolidée avec le lieu dont elle eft parti
» le tout demeurera à la foi & hommage où
» étoient devant, nonobftant procès, condamm
» tion ou poffeffion qui pourroient être intervent
» au contraire avant ladite confolidation «.

Il en doit être de même lorfque le Parag
avoit été fini par la confufion des portions che
mière & paragère, qui avoient été réunies dan
la même main par le mariage de leurs poffeffeur
Si l'un des conjoints décède fans enfans de ce m
riage, & qu'il laiffe des enfans d'un premier m
riag

riage , ou des héritiers en ligne collatérale , différens de l'autre conjoint, le Parage, comme
l'observe Bescher , doit reprendre son cours.

SECTION DIX-NEUVIEME.

*Des effets de la cessation du Parage , tant à
l'égard du seigneur dominant du fief ci-devant
tenu en Parage , qu'à l'égard des propriétaires
de la portion de l'aîné & des portions des
puînés.*

L'art. 221 de la coutume d'Anjou , qui se retrouve presque mot pour mot dans l'art. 236 de
la coutume du Maine, exprime à cet égard le
droit commun sur les effets de la cessation du
Parage ; on doit l'appliquer à tous les cas où le
Parage finit , quoiqu'il ne parle que des deux cas
les plus communs en Anjou.

Voici cet article : » Et en ces deux cas de
» Parage failly (par l'éloignement du lignage)
» & d'hommage fait au paraigeur (par l'acqué-
» reur de la portion du paraigeau) , dès-lors
» les héritaiges tenus & garantis en paraige sont
» subjets nuement & sans moyen au seigneur pa-
» raigeur & à ses successeurs ; & les subjets du-
» dit paraigeau sont sujets, en cas de ressort &
» de suzeraineté, audit seigneur paraigeur, & dès-
» lors le paraigeur, ses gens & officiers y feront
» tous exploits de justice , comme en leur fief &
» nuepce ; & en aura le paraigeur les rachats &
» ventes, quand le cas y écheira : car la foi qui
» lui est faite par paraige failly , lui acquiert ju-
» ridiction & connoissance sur les choses baillées
» audit paraigeau & ses sujets nuement & sans

» moyen , car , en ce cas , ce que autrefois étoi
» fon domaine eft fon fief «.

Ainfi l'effet principal de la ceffation du Parage
eft de reculer d'un degré la mouvance du feigneu
dominant, pour les portions qui appartenoien
aux puînés ; de mettre ces mêmes portions dan
la mouvance de l'aîné , & de réduire les pro
priétaires des portions cadettes à la fujétion de l
vaffalité envers cet aîné dont ils étoient précé
demment les coteneurs.

Le feul privilége que donne la ceffation du Pa
rage aux propriétaires des portions cadettes, c'ef
que, lorfque le Parage finit par l'éloignemen
du lignage, ils ne doivent ni le rachat , ni aucu
autre devoir à l'aîné, lors du premier hommag
qu'ils lui font. Cè point eft encore décidé, ave
plufieurs autres , par la coutume d'Anjou , an
218 : » Quand le Paraige eft failly, y eft-il di
» le paraigeau doit venir à la foi & hommag
» de fon paraigeur , des chofes qui anciennemen
∞ partirent de la foi ; & fi le paraigeur ,faifo
» foy lige , le paraigeau fera femblablemen
» foy lige , ou fimple, fi la foy eft fimple ;
» fera affis devoir fur les chofes qui ont été g
» ranties en Paraige , felon la grandeur d'icelle
» eu regard au devoir, foit de cheval de fervi
» ou autre , que le paraigeur fait au chef fe
» gneur , & en payera au paraigeur à raifon d
» ce qu'il tient : & pour cette première foy fait
» par paraige failly , le paraigeur n'aura aucu
» rachat de fon paraigeau , fi l'hommage n'e
» dû à caufe de la femme du mari , auquel ca
» il appartiendra rachat (*) «.

_____

(*) La coutume ajoute : » Et, par ce, peut l'on bie

Les coutumes du Maine, art. 233; de Tours, art. 127, 136, 177; de Loudun, chap. 12, art. 11, chap. 14, art. 14, & chap. 27, art. 19; de Poitou, art. 126 & 134, ont des difpo-fitions femblables.

On peut induire la même chofe de l'art. 132 de la coutume de Normandie, qui charge fim-plement les héritiers des puînés de faire *foi & hommage aux hoirs de l'aîné*, ou à fes repréfen-tans, quand le lignage eft hors le fixième degré. Les puînés jouiffent de ce privilége dans les cou-tumes même qui n'en difent rien.

L'exception feule, que la coutume d'Anjou propofe contre le mari, ne fe retrouve que dans celle du Maine; mais cette exception même n'eft qu'apparente; car, fuivant les art. 87 & 100 de ces coutumes, le mari doit toujours le rachat pour les fiefs de fa femme, à quelque titre qu'ils lui foient parvenus; & lorfque le Parage eft fini, il ne peut pas oppofer perfonnellement qu'il n'eft ceffé que par l'éloignement du lignage, puifqu'il eft lui-même étranger à ce lignage. Auffi Du-pleffis, dans fon traité du depié de fief & du Parage, fect. 2, p. 107, obferve-t-il, que fi le Parage finit par éloignement de lignage à caufe de la mort du parageur, c'eft-à-dire de l'aîné, le mari qui a déja payé perfonnellement le ra-

---

» voir, que, durant le paraige, préfcription ne court contre » le paraigeur «. C'eft que les difpofitions même de la coutume, la manière dont le feigneur exerce fa juridiction & fa directe fur les portions des puînés, dans le cas feule-ment où il y a mutation dans la portion de l'aîné, rendent néceffairement vicieufe la poffeffion de juridiction & de directe que le feigneur pourroit avoir,

chat au défunt, fon parageur, n'en doit point au
fucceſſeur de ce parageur.

Il faut obferver encore avec le même auteur,
que cette exemption de rachat dans les cas ordinaires, a lieu en faveur des puînés, en quelque
temps que l'aîné leur demande l'hommage,
quand bien même il laiſſeroit écouler pluſieurs
mutations fans le demander. Les coutumes
d'Anjou & du Maine ne diſent point en effet
qu'il n'eſt dû aucun rachat *pour la première mu-*
tation ou *pour la première foi due*, mais qu'il
n'en eſt pas dû *pour la première foi faite* ; ce
qui eſt bien différent. Juſque-là l'aîné n'eſt point
reconnu pour ſeigneur, il ne peut donc en demander les droits.

Par la même raiſon, on doit décider au contraire, que l'exemption prononcée par les coutumes a été conſommée dès que les puînés
ont fait hommage à l'aîné, ou qu'il le leur a
demandé, quand bien même la mutation qui
auroit fait ceſſer le Parage n'auroit point donné
lieu au rachat, telles que ſont les mutations arrivées dans la branche de l'aîné, ou celles qui
ſont arrivées dans la branche des puînés en ligne
directe.

Les coutumes d'Anjou & du Maine diſent
bien qu'après le Parage fini le parageur de
l'aîné, ſes gens & officiers, feront ſur les portions des parageaux ou des puînés, *tous exploits*
de juſtice, comme en leur fief & nuepce ; mais il
ne paroît guère être là queſtion que de la juſtice
foncière que tout ſeigneur a ſur ſes vaſſaux, &
du moins ces coutumes ne s'expliquent pas ſur
la juridiction des propriétaires des portions cadettes. **Maichin** & des **Vignes**, ſur l'article 28 de l

coutume de Saint-Jean-d'Angely , prétendent que
les portions cadettes auront chacune une juſtice ſemblable à la portion de l'aîné. Il ſe fondent pour
cela ſur les diſpoſitions des coutumes qui attribuent aux puînés durant le Parage une juridic-
diction ſemblable à celle de l'aîné. Ils ajoutent,
que les puînés ayant eu cette juridiction comme
un bien patrimonial , le changement qui arrive
à leurs portions ne doit point influer ſur cet
objet.

Dupleſſis , dans ſon traité, page 118 & ſui-
vantes , décide d'abord , d'après la lettre de la
coutume, que la fin du Parage n'anéantit point
la juſtice des propriétaires des portions cadettes,
mais qu'il l'éloigne d'un degré , comme la mouvance même de leur fief. Il en excèpte ſeulement les baronnies & les autres fiefs dont le
titre eſt ſupérieur , à l'égard deſquels il convient
que la juſtice eſt impartable ; mais , à cette occaſion , il fait des réflexions très-juſtes ſur les inconvéniens de la multiplicité des juridictions qui réſulte de ces diſpoſitions des coutumes. Il conclut
enſuite , ſans prendre un parti bien décidé, qu'il
faut , ou que les puînés reſtent copropriétaires
par indivis avec leur aîné, de la juſtice attachée
au fief dont leurs portions ont été diſtraites ,
ou qu'ils l'abandonnent pour la totalité à l'aîné,
ou du moins , qu'après le Parage fini la juridiction de chaque portion , ſi on veut leur en attribuer une particulière , doit reſſortir directement,
comme auparavant , à celle où reſſortit la juridiction de l'aîné.

Guyot , après avoir réfuté cette dernière opinion par les articles 25 & 26 de l'ordonnance
de Rouſſillon , qui proſcrivent la multiplication

M iij

des juridictions qu'on pourroit faire en les partageant, soutient, au chap. 2 , n° 26 de sa dissertation, qu'après le Parage fini les puînés, ou leurs représentans, n'ont qu'une simple justice foncière, qu'ils ont perdu tous leurs droits à la juridiction de leur aîné, en perdant la cotenure qui leur attribuoit ces droits; & enfin, qu'ils deviennent soumis à cette juridiction de l'aîné, puisque les coutumes ne les en exemptent qu'en leur qualité de parageurs.

Constant sur l'article 140 de la coutume de Poitou, Beschet en sa digression des Parages, ch. 9 , & d'Argentré sur l'article 311 de l'ancienne coutume de Bretagne, sont du même sentiment. Guyot veut néanmoins que cela n'ait lieu qu'au seul cas où il s'agit de la portion cadette d'un simple fief ayant haute-justice, tombé en Parage » Mais, ajoute-t-il, dans le cas où le fief » tombé en Parage seroit baronnie, châtellenie, » en un mot, terre titrée, alors la portion cadette, » quand le Parage est fini, perd les prérogatives » de coseigneurie. Le titre dignitaire & les droits » de la dignité sont à l'aîné; le puîné, devenu » vassal de l'aîné, *prend pour titre de sa portion* » *le titre & la justice , qui est au dessous de celle* » *de son frère aîné :* en sorte que, si le fief » tombé en Parage étoit baronnie, la portion » aînée aura le titre, les droits & toute la pré- » rogative de la baronnie ; & la portion ca- » dette , devenue fief mouvant de l'aîné, devien- » dra châtellenie, qui est le titre qui suit la ba- » ronnie , & cette baronnie portera un nom autre » que la baronnie restée au frère aîné «.

Jacquet a combattu cette exception par des raisons très-fortes. Les justices & terres titrées, dit-il, ne peuvent pas être érigées sans lettres du roi, qui eſt la ſource des ſeigneuries & des juſtices. » Dailleurs , ſi les portions des parageaux » d'un duché devenoient des comtés ou des mar- » quiſats, il arriveroit qu'un duché enfanteroit » ſix comtés ou marquiſats, quand le duc laiſ- » ſeroit 7 enfans ; qu'un marquiſat engendreroit » neuf baronnies , ſi le marquis venoit à décéder » laiſſant dix enfans ; que la baronnie produiroit » ſept châtellenies , ſi le baron avoit huit enfans » à ſon décès , &c. « On ſent avec combien de facilité toutes ces dignités ſe multiplieroient preſ- que à l'infini.

Jacquet eſtime donc que , dans ce cas comme dans tous les autres, il faut s'en tenir à la rè- gle générale de Guyot, » qu'il ne reſte plus aux » puînés , après le Parage fini , qu'une juſtice » foncière , à moins que la portion de la terre à » eux échue en partage ne ſoit titrée de marquiſat, » comté, vicomté, baronnie, châtellenie, ou » haute juſtice, & n'ait en conſéquence la juſ- » tice annexée aux terres de cette qualité ſur » leurs vaſſaux cenſitaires & autres ſujets qui en re- » lèvent directement & habitent dans ſes enclaves «.

Cette déciſion ſemble devoir ſouffrir d'autant moins de difficulté pour les terres titrées, qu'il eſt reçu généralement, & décidé par pluſieurs des coutumes de Parage, que le titre & l'ho- norifique, & par conſéquent les droits de juſtice de ces ſortes de fief ſont impartables, lors même qu'on eſt dans la néceſſité d'en partager le domaine. Il ſemble donc que la juridiction contentieuſe de toutes les eſpèces de fief, doit toujours reſter à l'aîné après le Parage, ſi ce n'eſt dans le cas de l'exception propoſée par Jacquet.

On peut autoriſer cette opinion de l'arrêt du

M iv

parlement de Rouen du 20 mars 1632, dont on a déjà parlé dans la section onzième, & par lequel il a été jugé que tous les paragers auroient les honneurs de l'église, *à condition que la part de l'aîné auroit seule cette prérogative après le Parage fini.*

Voyez les coutumes de Blois, de Normandie, du Maine, d'Anjou, de Tours, de Loudun, de Poitou, de Saint-Jean-d'Angely, d'Angoumois, &c. avec leurs commentateurs; la digression de Beschet sur les Parages dans l'usance de Saintes; le traité du depié de fief & du Parage dans le second volume de Duplessis; la dissertation sur le Parage dans le tome troisième du traité des fiefs de Guyot, & les autres autorités citées. Voyez aussi les articles DÉMEMBREMENT DE FIEF, DEPIÉ DE FIEF, DÉVOLUTION EN MATIÈRE FÉODALE, EMPIRER LE FIEF DE SON SEIGNEUR, GARIMENT, JUVEIGNEUR, PARAGE CONVENTIONNEL, PART-METTANT, PART-PRENANT, QUART-HOMMAGE, &c.

. (*Article de* M. GARRAN DE COULON, *avocat au parlement.*)

PARAGE CONVENTIONNEL. Beschet au chapitre 11 de sa digression des Parages, & les commentateurs de plusieurs coutumes où le Parage est admis, appellent ainsi une espèce de tenure, suivant laquelle l'un de plusieurs coacquéreurs d'un fief auquel on laisse l'hôtel principal ou le chef-d'hommage, est chargé d'en faire seul la foi & hommage, & de garantir ses coacquéreurs sous cet hommage, de la même manière que l'aîné, dans le Parage légal, garantit ses puînés. Il n'est pas même besoin pour faire admettre le Parage conventionnel, de rapporter la preuve d'une convention expresse entre les copropriétaires du fief. Cette convention fe préfume par l'ufage ancien où le propriétaire du chef d'hommage eft de rendre la foi & hommage au feigneur pour fes copropriétaires.

Cette forte de Parage n'eft connue que dans les coutumes de Poitou , d'Angoumois , de Saint-Jean-d'Angely , & dans l'ufance de Saintes. Le mot même de *Parage conventionnel* ne fe trouve point dans le texte de ces coutumes ; elles le défignent fimplement fous le nom de *tenure en part-prenant* ou *part-mettant* , & cette efpèce de tenure eft elle-même comprife avec le Parage fous le nom générique de *tenure en gariment* , c'eft-à-dire de tenure en garantie. Tout cela eft indiqué dans les articles 106 & 107 de la coutume de Poitou , qui préfentent auffi la différence fpécifique du Parage légal & du Parage conventionnel d'une manière très-précife.

» Les domaines & chofes immeubles nobles , » dit l'article 106 , font & doivent être tenus » par hommage ou en Parage part-prenant ou » part-mettant , & en gariment ou autres devoirs » nobles abonnés fans foi & fans hommage.

» Entre tenir en Parage , dit l'article 107 , & » tenir part-prenant & part-mettant , il y a diffé-» rence ; car le Parage vient par fucceffion & » lignage, & défaut ledit Parage faillant le lignage ; » & le part-prenant & part-mettant vient par con-» vention & longue ufance , & ne change par » tranfport ni faute de lignage «.

Ainfi le Parage conventionnel ne peut ceffer que de la même manière qu'il a été établi, c'eft-à-dire par convention. A cette différence près, on y doit fuivre les mêmes règles fur les droits du feigneur dominant & fur les obligations refpec-

tives du chemier & de ſes parageurs conventio
nels, que pour le Parage légal, tant qu'il r
a point de clauſes contraires dans l'acte qui él
blit le Parage conventionnel. On peut conſulte
cet égard l'article précédent & les mots GA
MENT, PART-PRENANT, & PART-METTANT.

On n'ajoutera ici qu'un petit nombre d'obſer
vations ſur la manière dont le Parage conventio
nel, peut être établi. La manière la plus na
relle eſt ſans doute d'en inférer la convention d.l
l'acte même d'acquiſition faite par pluſieurs pf
ſonnes. Mais lorſqu'on a oublié de le faire, lesv
acquéreurs peuvent - ils valablement introdu
cette eſpèce de tenure, par une convenr
poſtérieure, par exemple, dans le partage qu
font entre eux.

Beſchet a vu naître la queſtion dans l'eſp
ſuivante. Le 12 décembre 1611, Alain de Sa
Maure, ſieur de Sainte - Coulombe vendi
fief de Saint - Germain, à Charles Cheſ
ſieur de Meux, pour les deux tiers, & à a
Charles Cheſnel, ſieur de Reau, pour le tiers reſt
Le 17 janvier 1612, les ſieurs de Meux &
Reau firent un partage de leur acquiſition,
cette clauſe, que *le ſieur de Reau ſera tenu ſ*
hommage & reconnoître le ſieur de Meux,
du partage & choſes ci-deſſus; que de tous
autres droits tenus par ledit ſieur de Reau,
vés de la châtellenie de Saint-Germain, &
devant acquis du ſieur de Sainte-Coulombe,
dèvoir d'un denier de franc-devoir ſans aucun
peát, ni honneur, ni autre redevance, & ſans
ledit fief dudit ſieur de Reau puiſſe tomber
commiſe, payant audit ſieur de Meux &
ſiens ledit devoir de vaſſal, qu'il pourra envo
& faire préſenter par qui il lui plaira.

Le fieur de Jonzac, feigneur dominant, prétendit que, malgré cette convention, le fieur de Reau lui devoit faire l'hommage de fa portion, fous prétexte que la vente ayant une fois été confommée, il avoit eu incontinent le droit d'exiger l'hommage de chacun des coacquéreurs pour fa portion, à titre de depié de fief, fans qu'ils puffent lui ravir ce droit par une convention contraire.

Le fieur de Reau, au contraire, foutenoit que le chef d'hommage & la plus grande partie du fief étant demeurés au fieur de Meux, il fe pouvoit attribuer à jufte titre la qualité de chemier, & le fieur de Reau celle de tenant en gariment, puifque, par l'effet de la convention, le fief demeuroit toujours en fon entier fans depié de fief ni divifion de foi & hommage. Il alléguoit pour cela l'exemple de deux toturiers, qui, fuivant Chopin, *lib.* 2, *part.* 3, *cap.* 1, *tit.* 1 ; *n°.* 6, *de feudis Andeg.* peuvent empêcher le depié de fief par leur partage ; à quoi l'on pouvoit ajouter l'article 51 de la coutume de Paris, qui permet le jeu de fief.

» Si le feigneur du fief dominant, difoient-ils » enfin, allègue fon intérêt pour les lods & » ventes, la retenue féodale & la commife, il » femble qu'il peut être renvoyé par cette confi-» dération que le Parage conventionnel peut avoir » lieu, & l'une des portions du fief mife en » gariment, *invito & irrequifito domino*, & par » ce moyen empirer en partie le fief du feigneur » fupérieur, favoir eft quant aux ventes en cas » de vendition de la partie aliénée & mife en » part-prenant ou gariment (comme difcourt Bar-» raud, *tit. des fiefs*, *chap.* 11, *n°.* 14 *de la coû-*

» *tume de Poitou*), le droit feulement lui deme.
» rant de tout le fief en cas de vente pa
» chemier «.

Les parties , dit Befcher , s'accommodère
par une voie & par des confidérations qui ne fu
pas de breche ni de préjugé ès cas femblailes ; c
les plus célèbres avocats de Paris , de Saintes
d'Angoulême , avoient donné leur avis en faveur.
Parage conventionnel.

Quoique ce que l'on appelle communéme
Parage conventionnel n'ait lieu d'ordinaire qu'e
tre les copropriétaires d'un fief qu'on a eu
titre d'acquifition , on peut néanmoins établir
Parage par convention entre des parens qui r
cueillent conjointement un fief à titre fucceff.
dans les cas où le Parage légal ne peut av
lieu entre eux de plein droit. C'eft ce que les co
tumes d'Anjou , article 232 , & du Maine , ar
cle 249 , décident expreffément pour le cas
la totalité d'un fief échet au lot des puînés
l'événement du partage.

Lors même qu'un fief vient à titre fucceffi
ceux entre lefquels la coutume établit le Para
légal , on peut encore déroger plus ou moins
règles du Parage légal , par l'acte de partag
fuivant la décifion de l'article 140 de la coutu
de Poitou , & il y a alors un véritable Parage c
ventionnel. Mais comme on ne doit fuppofer
dérogation à la coutume , qu'autant qu'elle
nettement exprimée , le Parage n'eft pas conve
tionnel à tous les égards. Il doit finir , comm
le Parage légal , à moins qu'il n'y ait une cla
expreffe dans le partage , qui prolonge la du
du Parage , lors même que le fignage fera

On peut voir fur tout cela ce qui a été dit ci deſſus, au mot PARAGE, ſection 7, page 114, & ſection 8, pag. 128 & 129.

Voyez auſſi les articles GARIMENT, PART-PRENANT & PART-METTANT.

(*Article de M. GARRAN DE COULON, avocat au parlement*).

PARAPHERNAL (BIEN). Mot grec qui ſignifie littéralement *extra-dotal*. Il a deux ſens abſolument différens l'un de l'autre : dans les pays de droit écrit, il déſigne le bien que la femme n'a point compris dans la conſtitution de la dot : dans la coutume de Normandie, » les » Paraphernaux ſe doivent entendre des meubles » ſervans à l'uſage de la femme, comme ſe- » roient lits, robes, linges, & autres de pareille » nature. » Ce ſont les termes de l'article 395 de cette coutume.

Nous diviſerons donc cet article en deux par-ties. La première aura pour objet les biens Pa-raphernaux conſidérés ſuivant les principes & les uſages des pays de droit écrit : la ſeconde concernera uniquement la coutume de Nor-mandie.

PREMIÈRE PARTIE.

Des biens Paraphernaux conſidérés ſuivant les principes & les uſages des pays de droit écrit.

1°. Quelle eſt l'origine des Paraphernaux ? 2°. Quels biens doivent être réputés tels ? 3°. Quels

font les droits de la femme relativement à l
miniftration, à l'aliénation & au recouvren
de ces biens? 4°. Quelle eft fur les mêmes ol
la condition du mari? Ces quatre queftions
la matière de cette première partie : on les a
effleurées au mot BIENS, mais leur import:
exige qu'on les approfondiffe ici.

§. I. De l'origine des biens Paraphernau

Les Romains diftinguoient deux fortes de f
mes mariées; les unes qu'ils appeloient m
de famille, les autres qu'ils qualihoient fim
ment d'époufes ou de matrones. Les prem
n'avoient que des biens dotaux, parce que l
perfonne & tout ce qu'elles poffédoient paffo:
en quelque forte dans la propriété de leurs r
ris (*); les fecondes pouvoient avoir des bi
de trois efpèces, des dotaux, des Paraphern
& des réceptices ou particuliers.

Les biens dotaux étoient ceux que la fem
apportoit à fon mari pour foutenir les char
du mariage : la propriété en appartenoit à ce
ci, mais elle n'étoit qu'imparfaite à fon égar
il étoit obligé de la reftituer après la diffolu
du mariage, & l'aliénation lui en étoit interd

Les biens Paraphernaux étoient ceux dom
mari n'avoit de droit que la fimple poffeffio
& qu'il pouvoit adminiftrer lorfque la femm
lui permettoit.

La loi 9, §. 3, D. de jure dotium, remarq

(*) Voyez l'article DOT.

que les anciens Gaulois appeloient ce genre de biens, le pécule de la femme. *Cœterum si res adentur in eâ que Grœci Parapherna dicunt, que que Galli peculium appellant.* Elle ajoute qu'à Rome la femme avoit un petit regiſtre des choſes qu'elle avoit portées dans la maiſon de ſon mari pour ſon uſage particulier, & que le mari ſignoit ce regiſtre, qui par ce moyen étoit pour la femme un titre en vertu duquel elle pouvoit reprendre, après la diſſolution du mariage, tous les effets dont il contenoit le détail.

Les biens réceptices ou particuliers étoient ceux dont le mari n'avoit ni la propriété ni la poſſeſſion, que la femme n'apportoit point en la maiſon, & qu'elle gardoit à part ſoi, *qua ex ſuis bonis uxor retinebat, neque ad virum tranſmittebat, ea receptitia dicebantur*, dit Aulugelle, livre 17, chapitre 7.

Cette dernière eſpèce de biens n'eſt plus connue, même dans les pays de droit écrit; tous les biens de la femme y ſont dotaux ou Paraphernaux.

On diſtingue deux ſortes de Paraphernaux. La première eſpèce comprend les biens que la femme s'eſt réſervés, ſoit expreſſément, ſoit tacitement, par ſon contrat de mariage. La ſeconde comprend tous les biens qui viennent à la femme pendant le mariage, ſoit par ſucceſſion, ſoit par donation, ſoit par toute autre voie légitime; on appelle ceux-ci biens adventifs : il en eſt fait mention dans les coutume d'Auvergne, chapitre 14, article 1, & de la Marche, articles 197 & 305.

§. II. *Quels biens doivent être réputés Pa phernaux ?*

C'est une grande question si tous les biens la femme sont dotaux, lorsqu'ils ne sont expressément réservés en Paraphernaux. On co vient assez généralement que si, par le con de mariage, la femme s'est constitué nomn ment quelque chose en dot, il n'y a de b dotal que celui qu'elle a déclaré tel, & que surplus est réservé en Paraphernal : c'est u suite de la maxime *inclusio unius est exclusio terius ;* & c'est le vrai cas de l'arrêt du 6 juil 1744, rapporté à l'article Dot.

La question est plus controversée lorsqu'il a point eu de constitution de dot, & que néa moins la femme a fait à son mari une traditi effective des biens qu'elle lui a apportés lors mariage, ou qui lui sont échus depuis.

L'auteur de l'article que nous venons de cit nous paroît avoir très-bien établi qu'il n'y a a cune différence entre ce cas & le précédent, que, dans l'un comme dans l'autre, tout ce q n'est point expressément stipulé dotal, doit ê rangé dans la classe des biens Paraphernaux. Il prouvé que telle est la jurisprudence du par ment de Toulouse, & aucun auteur ne dit q l'on ait jamais jugé autrement à Bordeaux, à Au ni à Grenoble.

On prétend, il est vrai, qu'il y a un usa contraire dans les pays de droit écrit qui re sortissent au parlement de Paris, & l'on cite ce sujet un arrêt de la cour des aides du 13 m

1739, par lequel, fuivant Denifart, « il a été
» jugé que les biens d'une femme mariée en
» Beaujolois fans contrat de mariage, font ré-
» putés dotaux, & non Paraphernaux «.

Mais nous avons plufieurs obfervations à faire
là-deffus. 1°. Dans l'ancien droit romain, c'étoit
l'autorité maritale qui faifoit réputer dotaux tous
les biens des femmes mariées *per coemptionem*, &
que l'on appeloit par cette raifon *mères de famille*.
Or cette autorité a lieu dans les pays de droit
écrit du reffort du parlement de Paris, comme
dans les provinces de pur droit coutumier. Il ne
feroit donc pas étonnant que ces pays euffent
adopté l'ufage dont on parle, & ce ne feroit pas
une raifon pour l'étendre aux reffords des autres
parlemens de droit écrit, où la puiffance du
mari fur la femme ne produit prefque aucun des
effets qui en réfultent parmi nous.

2°. Ce prétendu ufage n'eft rien moins que
juftifié. M. Boucher d'Argis en avoit parlé dans
fon traité des gains nuptiaux, comme d'un point
très-conftant ; mais fon affertion a été critiquée
par un ancien jurifconfulte de Lyon, dont là
note eft conçue en ces termes : « L'auteur pofe
» pour maxime, que par toute la France tous les
» biens d'une femme font dotaux, s'il n'y a ré-
» ferve de Paraphernaux ; tout le monde eft ici
» dans un principe contraire, & l'on tient, que
» lorfqu'une femme, pour avoir fon bien ou
» partie en Paraphernal, fe contente de ne point
» faire de conftitution générale, fes biens font
» Paraphernaux. Ici concourent la loi, l'opinion
» du palais, & la pratique ; ainfi cela doit paffer
» pour maxime «.

3°. L'arrêt cité par Denifart ne juge pas notr question ; c'est ce que prouve la manière dou le rapporte l'auteur des notes fur Bretonnier article *Paraphernaux* : » Par arrêt rendu en l'au
» dience de la première chambre de la cour de
» aides , le 13 mars 1739 , plaidans MM. Griffo
» & Regnard , il fut jugé que les biens d'un
» femme mariée en pays de droit écrit , fai
» contrat de mariage , devoient payer la dette d
» mari , tant ceux qu'elle avoit lors du mariag
» que ceux qui lui étoient échus depuis , qu
» l'on appelle communément biens adventifs ;
» qui femble juger que ces biens étoient dotau
» — L'efpèce de cet arrêt étoit dans la province d
» Lyonnois , pays de droit écrit du reffort d
» parlement de Paris. Il s'agiffoit du payeme
» de la taille à laquelle le mari avoit été impof
» l'occafion d'un domaine acquis par fa femm
» depuis le mariage , & que par le contrat d'i
» quifition elle s'étoit expreffément réfervé d
» Paraphernal du confentement de fon mari. O
» jugea néanmoins , au profit des habitans du liu
» que la taille devoit être payée fur ce domaiu
» M. Bellanger , avocat général , avoit conclu
» contraire. — On m'a dit que le motif de l'au
» avoit été , que la claufe du contrat d'acquifiti
» étoit une contre-lettre contre le contrat tac
» du mariage. — Pour moi , je crois que l'a
» auroit pu fe déterminer encore par un aur
» motif , qui eft , que le privilége de la taillee
» inhérent au fonds , qu'ainfi le domaine deve
» la taille , fauf le recours de la femme conn
» fon mari : cette dernière queftion ne fut poi
» agitée ; ainfi je penfe que cet arrêt n'a ju
» autre chofe , finon que le privilége de la tail

» est réel, & non pas que les biens fuffent des
» Paraphernaux «.

Il n'y a donc rien d'affuré & de pofitif, relativement à notre queftion, fur l'ufage des pays de
droit écrit du reffort du parlement de Paris; &
par conféquent, dans ces pays comme dans les
autres de la même efpèce, il faut s'attacher aux
principes & aux décifions des loix romaines, fuivans lefquels tout ce qui n'eft point expreffément
ftipule dotal, doit être réputé Paraphernal.

Il en faut cependant excepter les provinces
d'Auvergne & de la Marche, qui ont fur ce point
des loix particulières. La coutume de la première,
chap. 14, art. 8, dit que » tous biens que la
» femme a au temps de fes fiançailles, font tenus
» & réputés biens dotaux, s'il n'y a dot parti-
» culière conftituée en traitant le mariage «. L'article 304 de la coutume de la Marche eft conçu
dans les mêmes termes.

M. de Catelan, liv. 4, ch. 56, demande » fi
» la conftitution faite par la femme de tous fes
» biens, fans dire *préfens & à venir*; comprend
» les biens à venir «, ou fi au contraire ceux-ci
font Paraphernaux.

Voici ce qu'il répond: » Il a été jugé que
» cette conftitution ne comprenoit que les biens
» préfens, & non les biens à venir, le 27 mars
» 1668, en la première chambre des enquêtes, au
» rapport de M. de Caffaignau; & à mon rapport
» le 14 mai de la même année, au procès de
» Jean Vert & Raymonde Guimbert, mariés,
» d'une part; & Jeanne Clavière, d'autre «.

Peut-on, dans les pays coutumiers, imprimer
par des ftipulations particulières la qualité de
Paraphernaux à des biens qui, par les difpofitions

des coutumes, doivent être de nature dotal
L'article 9 de l'ordonnance de 1731 fuppofe é
demment qu'on ne le peut pas, puifqu'en au
rifant implicitement les femmes à accepter
donations qui leur font faites pour leur tenir li
de bien Paraphernal, il déclare que cela ne d
avoir lieu que » dans les pays où les femm
» mariées peuvent avoir des biens de cette qu
» lité «. C'eft d'ailleurs ce qui paroît avoir é
jugé par un arrêt que Denifart nous retrace
ces termes : » Le vendredi 6 juillet 1759, de i
» levé, on a plaidé en la grand'chambre la quefti
» de favoir fi la marquife de la Ferté, née i
» Angleterre, & dont le contrat de mariage pal
» en France avec le marquis de la Ferté, po
» toit, que les parties *n'entendoient s'éloigner*
» *rien des loix, coutumes & ufages de France*
» *d'Angleterre*, pouvoit jouir de fes biens pe
» fonnels fitués en Angleterre, où la communau
» de biens n'a pas lieu, & contracter des eng
» gemens fans l'autorité de fon mari, pour avo
» lieu fur ces biens comme Paraphernaux. Da
» cette efpèce, la marquife de la Ferté avoit i
» des lettres de change fur Lyon, & elles avoie
» été proteftées. Il étoit prouvé qu'elle touché
» fes revenus perfonnels de Londres, par vo
» de lettres de change. La caufe fut mife en d
» libéré; &, par l'arrêt définitif du 6 feptemb
» 1759, la procédure & les lettres de change c
» été déclarées nulles, comme le tout fait p
» une femme en puiffance & fans l'autorifatic
» de fon mari «.

§. III. *Quel est le pouvoir de la femme relativement à ses biens Paraphernaux ?*

Suivant le droit romain, la femme est la maîtresse absolue de ses Paraphernaux. La loi 6, C. *de revocandis donationibus*, lui permet de les donner sans le consentement ni la participation de son mari. Les loix 8 & 11, C. *de pactis conventis*, lui laissent le droit d'exercer seule, tant en demandant qu'en défendant, toutes les actions qui concernent ces sortes de biens.

La jurisprudence du parlement de Toulouse est conforme à ces textes. M. de la Rocheflavin en rapporte un arrêt du 19 avril 1605, qui juge que la femme n'a pas besoin de l'autorité de son mari pour disposer de ses Paraphernaux. M. de Catelan, liv. 5, ch. 68, en rend le même témoignage : » La femme, dit-il, est maîtresse » de ses biens Paraphernaux; elle est, dans le » commerce & l'économie de ses biens, indépen- » dante de l'autorité de son mari; elle peut donc » les vendre sans sa participation «.

On juge de même au parlement d'Aix. Boniface, tom. 1, liv. 7, tit. 3, ch. 3, nous en fournit un arrêt du 27 mars 1645, qui confirme la donation faite par une femme de ses biens Paraphernaux en l'absence & par conséquent sans le concours de son mari.

Telle est aussi la jurisprudence du parlement de Bordeaux. La Peyrere, lettre D, n°. 122, dit que la femme peut, en droit écrit, donner ses biens Paraphernaux sans l'autorité de son mari, & qu'il en a été ainsi jugé par arrêt du 27 juin 1662, dans une affaire de Limoges. L'auteur des

maximes journalières, qui a écrit suivant les ufag
du même tribunal, dit au mot *Paraphernaux*
maxime 6, que la prefcription court contre
femme, même pendant le mariage, pour ce q
concerne les Paraphernaux ; & la raifon qu'il
donne, eft que, n'ayant pas befoin de l'autor
de fon mari à cet égard, elle peut agir & i
terrompre la prefcription.

Le parlement de Grenoble a également adop
ces principes. Chorier fur Guypape, p. 229,
3, en cite un arrêt du premier juillet 1677, p
lequel il a été jugé que la femme peut s'oblig
valablement pour raifon de fes biens adventif
fans l'autorité de fon mari.

Les coutumes d'Auvergne & de la March
c'eft-à-dire, les deux feules qui, dans le reffu
du parlement de Paris, reconnoiffent l'ufage d
Paraphernaux, fe font aufli conformées en cer
matière aux décifions des loix romaines.

La première déclare, chapitre 14, article
que la femme eft fous la puiffance de fon man
» excepté quant aux biens adventifs ou Paraphe
» naux, defquels elle eft réputée mère de famil
» & dame de fes droits «. L'article 9 du mên
chapitre porte, que la femme, conftant fon m
riage, peut » difpofer à fon plaifir & volont
» fans le confentement de fon mari, par quelqu
» contrat que ce foit, de fes biens Paraphernau
» & adventifs au profit de fes enfans & autre
» perfonnes quelconques «.

Suivant l'article 305 de la feconde, » la femm
» peut difpofer de fes biens Paraphernaux o
» adventifs par titre onéreux, durant fon m
» riage, fans l'autorité de fon mari ; mais, à tit
» lucratif, elle n'en peut difpofer entre vifs à per

» sonne quelconque, sinon en faveur du ma-
» riage, ou par donation mutuelle à sondit mari «.

Bretonnier fait sur la disposition de ces deux loix
municipales une observation qui trouve naturellement ici sa place : » C'est une chose bien singu-
» lière, dit-il, que dans ces coutumes qui sont
» du ressort du parlement de Paris, la femme
» puisse disposer de ses biens Paraphernaux sans
» l'autorité de son mari, & que, dans les pays
» de droit écrit du ressort de la même cour, elle
» ne puisse pas le faire sans être autorisée par
» son mari, quoique les loix lui en donnent la
» liberté entière. Le comique dit que la justice
» est bien mal meublée, mais l'on peut dire qu'elle
» est habillée d'une manière bien bizarre «.

C'est au mot *Paraphernaux* que Bretonnier
s'explique ainsi ; dans un autre endroit du même
article, il développe en ces termes les usages
du Lyonnois sur ce point : » La femme a l'ad-
» ministration & la jouissance (de ses biens Pa-
» raphernaux), indépendamment de son mari,
» mais elle ne peut disposer, vendre, engager
» ou donner la propriété, sans le consentement
» de son mari. Il y a plus, elle ne peut inten-
» ter aucune action, même pour raison des jouis-
» sances, sans l'autorité de son mari, parce que,
» dans les pays de droit écrit du ressort du par-
» lement de Paris, les femmes mariées ne peu-
» vent contracter ni ester en jugement sans l'au-
» torité de leurs maris, même pour raison des
» biens Paraphernaux, soit adventifs ou autres.....
» Le même usage est observé dans les provinces
» de Bresse, Bugey, Gex & Valromey, qui sont
» des pays de droit écrit du ressort du parlement
» de Dijon, suivant le témoignage de Revel sur

„ les ſtatuts de ces provinces, page 289, & de
„ Collet ſur les mêmes ſtatuts, liv. 5, pag. 169 „.
„ Il faut obſerver en paſſant, que les femmes
des pays de droit écrit du reſſort du parlemen
de Paris, n'ont pas toujours été regardées par
cette cour, comme incapables d'agir ſans l'autoriſation de leurs maris. Il y a dans Papon, livre 7,
titre 1, n°. 75, un arrêt du 28 mars 1528, qu
déclare valable une procédure faite avec une
femme non autoriſée de ſon mari. Mais l'addi-
tionnaire de cet auteur dit „ que le contraire a
„ depuis été jugé, à ſavoir, que la femme ma-
„ riée en pays Lyonnois de droit écrit, n'eſt ca
„ la puiſſance de ſon père, ains de ſon mari,
„ & que par le mariage des filles par toute la
„ France, la puiſſance paternelle ceſſe, & eſt
„ transférée au mari. Le 19 juin 1593 „.

Quoi qu'il en ſoit, la différence qu'il y a ſur
cette matière entre l'uſage des pays de droit écrit
qui reſſortiſſent au parlement de Paris, & celui
des parlemens de Toulouſe, de Grenoble, de
Bordeaux & d'Aix, ſe fait remarquer juſque
dans la manière dont l'article 9 de l'ordonnance
de 1731 permet aux femmes d'accepter, ſans
le ſecours de l'autoriſation maritale, les donations qui leur ſont faites de biens ſtipulés Paraphernaux. Cet article porte, „ que les femmes
„ mariées, même celles qui ne ſeront commu-
„ nes en biens, ou qui auront été ſéparées par
„ ſentence ou par arrêt, ne pourront accepter
„ aucune donation entre vifs, ſans être autoriſée
„ par leur mari ou par juſtice à ſon refus. N'en-
„ tendons néanmoins rien innover ſur ce point à
„ l'égard des donations qui ſeroient faites à la
„ femme pour lui tenir lieu de bien Parapher-

» nal, dans les pays où les femmes mariées peu-
» vent avoir des biens de cette qualité «.

Ces mots, *n'entendons rien innover*, font voir
que le légiſlateur a laiſſé ſubſiſter la différence
dont nous venons de parler. Il faut donc s'en
tenir à l'uſage ancien, diſtinguer, comme auparavant, les provinces de droit écrit qui ſont du
reſſort du parlement de Paris, d'avec celles qui
n'en ſont pas, & décider que dans les premières
une femme mariée ne peut accepter, ſans l'autorité de ſon mari, une donation qui lui eſt faite
pour lui tenir lieu de bien Paraphernal, & que
dans les ſecondes elle le peut indiſtinctement.

§. IV. *Quels ſont les priviléges de la femme
pour la répétition de ſes Paraphernaux diſſipés
par ſon mari ?*

La loi dernière, C. *de pactis conventis*, parlant des dettes actives qui tiennent à la femme
lieu de Paraphernal, & dont elle a autorité de
ſon mari de faire le recouvrement, porte, qu'elle
a pour les répéter contre lui une hypothèque ſur
les effets qu'il lui a ſpécialement affectés à cette
fin par le contrat de mariage, ſans pouvoir prétendre de privilége ſur les autres biens ; mais
que s'il n'y a pas eu de ſtipulation ſur ce point
par le contrat de mariage, elle doit avoir une
hypothèque tacite & générale. *Et ſi quidem in dotali inſtrumento hypotheca pro his nominatim à
marito ſcripta ſint, his eſſe mulierem ad caute-
lam ſuam contentam ; ſin autem minimè hoc ſcrip-
tum inveniatur, ex præſenti noſtrâ lege habeat
hypothecam contra res mariti, ex quo pecunias
ille exegit.*

Cette hypothèque n'a plus lieu dans le reſſort

du parlement de Paris, que fur les immeuble
M. Bouguier, lettre Q, §. 14, rapporte un arr
rendu fur un appel de la fénéchauffée de Lyo
par lequel il a été jugé que la femme d'un fai
devoit être préférée fur les meubles pour fa dot ¿
fon augment, mais *que pour le payement des P¿
raphernaux elle viendroit à contribution avec l¿
autres créanciers.*

- C'eft une queftion fi l'hypothèque dont il s¿
git, lorfqu'il y a des biens propres à en receve
l'impreffion, doit dater du jour du mariage
ou feulement de celui des aliénations faites ¿
des payemens reçus par le mari. Le parleme¿
de Bordeaux eft dans l'ufage de colloquer l¿
femme du jour du contrat de mariage : la Pe¿
rere (*) nous en a confervé un arrêt du 7 août 167¿

La même chofe a été jugée au parlement ¿
Paris, par arrêt du 22 juin 1695, confirma¿
d'une fentence du bailliage de Mâcon du 5 fe
tembre 1691. L'efpèce en eft remarquable, ¿
les moyens fur lefquels il a été rendu mérite¿
d'être ici rapportés en fubftance.

Le 4 juin 1640, jean Durand, demeura¿
à Saint-Amour près de Mâcon, maria Dimanch¿
Durand fa fille, à Claude Ravinet, & lui don¿
1200 livres de dot : par le contrat de mariag¿
la communauté fut ftipulée entre les deux co¿
joints, & l'hypothèque donnée de ce jour à ¿
femme pour la répétition de fa dot.

Le 15 juillet 1641, Claude Ravinet, Gu¿
laume Ravinet fon coufin, & Céfar-Charle¿
prirent à bail du nommé Villot les dîmes ¿
Vinzelles. En conféquence de ce bail, Villot l¿

(*) Edition de 1706, lettre C, n. 148.

fit condamner, dans la fuite, à lui payer 152 livres, d'une part, & 305 livres, d'autre, avec les intérêts.

Le 9 juillet 1654, Pierre de Saint-Martin inftitua fes héritiers par fon teftament, Dimanche & Anne Durand fes nièces. Elles vendirent à Pierre Cheinard un bien fitué à Varennes, qui faifoit partie de cette fucceffion. Dimanche Durand laiffa toucher à Claude Ravinet fon mari une fomme de 1000 livres, qui lui en revenoit pour fa part, & qu'il diffipa.

En 1655, Guillaume Ravinet paya 414 livres en l'acquit de Claude Ravinet, fur le bail par eux pris des dîmes de Vinzelles. Les héritiers de Guillaume Ravinet firent dans la fuite un tranf-port de cette dette à Benoît Durand, qui en conféquence demanda que les biens acquis des héritiers de Claude Ravinet, par Philbert de la Balmondiere, préfident aux traites foraines établies à Mâcon, fuffent déclarés affectés & hy-pothéqués à cette fomme de 414 livres.

Le fieur de la Balmondiere répondit que ces biens lui avoient été vendus par les héritiers bénéfi-ciaires de Claude Ravinet & de Dimanche Durand fa femme; qu'ainfi, exerçant les droits de celle-ci, dont l'hypothèque remontoit au 4 juin 1640, jour de fon contrat de mariage, il fe trou-voit le plus ancien créancier, & rendoit entière-ment inutile la demande en déclaration d'hypo-thèque formée par Benoît Durand.

Durand répliquoit que Dimanche Durand n'a-voit hypothèque du jour de fon contrat de ma-riage que pour les 1200 livres de fa dot, & non pas pour le bien à elle échu de la fucceffion de Pierre de Saint-Martin, qui lui faifoit un bien Pa-raphernal dont elle avoit la difpofition entière, & que fon mari & elle avoient vendu conjointement ; qu'en ayant laiſſé volontairement toucher les deniers à ſon mari , elle n'avoit hypothèque pour le remploi de ces deniers que du jour de la vente.

Le ſieur de la Balmondiere oppoſa à ces raiſons la communauté ſtipulée par le contrat de mariage de Claude Ravinet & ſa femme , & ſoutint que le mari ayant , en conſéquence de cette communauté, diſpoſé de ce bien , la femme devoit néceſſairement avoir pour le remploi qui lui en étoit dû , ſon hypothèque du jour de ſon contrat de mariage.

Sur la conteſtation intervint ſentence au bailliage de Mâcon le 5 ſeptembre 1692 , qui débouta Bénoît Durand de ſa demande. L'appel porté au parlement de Paris , & diſtribué en la cinquième chambre des enquêtes au rapport de M. *de Maiſſart*, on diſoit, pour ſoutenir la ſentence , que comme le mineur a hypothèque ſur les biens de ſon tuteur du jour de ſon acte de tutelle , & non pas du jour que le tuteur a reçu les revenus des biens de ſon mineur, la femme a de même ſon hypothèque ſur les biens de ſon mari du jour de ſon contrat de mariage , pour tout ce qui peut lui appartenir , étant *in perpetuâ tutelâ mariti.*

Suivant les loix 29 & 30, *cod. de jure dotium*, & un autre texte du titre , *qui potiores in pignore habeantur* , la femme a un privilége non ſeulement pour ſa dot, mais encore pour l'augmentation faite depuis à ſa dot, ſur tous les créanciers antérieurs à cette augmentation, à moins qu'elle ne ſoit ſuſpecte de fraude à l'égard des créanciers, ſuivant la novelle 97, chapitre 2.

L'hypothèque de la femme , qui eſt purement légale dans le droit, ne l'eſt parmi nous qu'au défaut de contrat de mariage ; quand il y en a

un, il donne lieu à une hypothèque conventionnelle qui fait ceſſer la légale, & qui ne s'acquiert
en France que par l'autorité du roi, & par le mi-
niſtère de ſes officiers.

La femme n'auroit point d'hypothèque pour le
remploi de ſon bien aliéné, ſi elle ne la tiroit
de ſon contrat de mariage; car lorſque le mari
vend le bien de ſa femme conjointement avec
elle, il ne ſe fait point de convention qu'elle
aura ſon hypothèque pour le remploi de ſon bien
aliéné, ſur ceux du mari; elle n'a donc point
d'autre hypothèque que celle qui lui eſt donnée par
ſon contrat de mariage, *ex quo pecunias exegit*;
ce qu'on ne doit pas entendre *ex quo tempore exe-*
git, mais ſimplement *ex eo quo exegit*, qui eſt le
véritable ſens de la loi 11, *cod. de pactis con-*
ventis. Si la loi *ſi conſtante matrimonio*, *cod. de*
donationibus ante nuptias, ne fait pas remonter
l'hypothèque au jour du mariage, c'eſt à cauſe de la
convention particulière qui naît entre le mari & la
femme, de l'augmentation de ſa dot & de la donation; encore cette loi, qui eſt de l'empereur
Juſtin, paroît-elle avoir été abrogée par la novelle
97 de Juſtinien ſon fils.

Ce n'eſt point la réception actuelle des biens
de la femme, qui produit ſon hypothèque ſur les
biens de ſon mari; c'eſt le titre qui lui a donné
le droit de les recevoir en lui donnant la qualité
de mari, & ce titre n'eſt autre choſe que ſon
contrat de mariage; car ſi, par malice ou par négligence, il n'avoit pas reçu les biens de ſa femme,
il ne laiſſeroit pas d'en être reſponſable; autrement, il pourroit, en ne les recevant point, ou
en différant de les recevoir, retarder & même
rendre inutile l'hypothèque de ſa femme par des
emprunts qu'il feroit auparavant.

L'hypothèque de la femme est donc indivisible; elle ne peut être d'un jour pour certains biens, & d'un autre jour pour d'autres. C'est ce qui a été jugé par un nombre infini de sentences des juges de Mâcon, dont une a été confirmée par arrêt rendu en la première chambre des enquêtes le 11 août 1683. C'étoit à la vérité dans le cas de biens venus par succession directe; mais on n'a jamais fait sur cette matière aucune distinction entre les biens échus à la femme en ligne directe, & ceux à elle échus en collatérale.

Enfin Ravinet, en stipulant par son contrat de mariage une communauté avec sa femme, a dérogé aux loix de droit écrit, pour se soumettre au droit coutumier; ce qui lui a donné le droit d'entrer en jouissance de tous les biens de sa femme indistinctement, même des Paraphernaux, & d'en disposer. Il en a effectivement disposé, & le prix en est entré dans sa communauté; par conséquent l'hypothèque du remploi ou de ce prix doit remonter au jour du contrat de mariage.

Tels étoient les moyens par lesquels l'intimé soutenoit la sentence juridique.

De la part de Durand, appelant, on disoit au contraire, que l'impuissance où est un mineur d'administrer ses biens lui-même, rendant l'administration d'un tuteur nécessaire, il avoit bien fallu établir son hypothèque du jour de l'acte de tutelle, qui est le titre de son administration, mais qu'il n'en est pas de même à l'égard des biens de la femme; car si son mari essuye un dérangement notable dans ses affaires, & donne lieu de craindre une insolvabilité prochaine, elle peut conserver sa dot en demandant la séparation de biens.

Quant à ses Paraphernaux, le mari ne les peut aliéner sans son consentement ; ainsi, lorsqu'elle veut bien qu'ils soient vendus & que son mari en touche les deniers, il est constant qu'elle n'a pas hypothèque pour la restitution de ces deniers, si ce n'est du jour de l'aliénation.

Le privilége de la femme pour l'augmentation de sa dot, n'avoit lieu autrefois, suivant la plupart des interprètes, que contre les créanciers qui avoient une hypothèque expresse, antérieure à l'augmentation de sa dot ; encore mettoit-on de la différence entre cette augmentation & le bien Paraphernal de la femme ; mais depuis, ce privilége a cessé.

La qualité de mari qui a pu servir de motif à la femme pour confier au sien son bien Paraphernal, n'a pas donné au mari le droit d'en disposer au préjudice de sa femme, puisque la loi 8, *cod. de pactis conventis*, lui en interdit expressément la disposition.

Il est vrai que le contrat de mariage a donné lieu à une hypothèque conventionnelle, mais cette hypothèque est limitée à ce qui a été constitué en dot ; il en a fallu une légale pour les biens Paraphernaux non compris dans la constitution dotale. C'est ce qui est établi par la loi *si mulier, cod. de pactis conventis*, parce que l'hypothèque conventionnelle ne comprend, comme la loi le marque, que ce qui est écrit *in instrumento dotali* ; mais à l'égard de ce qui n'y est point écrit & de ce qui n'a pas pu l'être, n'étant échu que plusieurs années après, *ex præsenti nostrâ lege habeat hypothecam contra res mariti, ex quo pecunias ille exegit.*

Ex eo quo, ou *ex inde quo*, est une explication contraire à celle de tous les interprètes ; & précisément à la loi , *si constante matrimonio , cod. de donationibus ante nuptias : jura autem ,* dit cette loi, *hypothecarum quæ in augenda dote vel donationé fuerint , ex eo tempore initium accipiant ex quæ eædem hypotheca contractæ sunt , & non de prioris dotis vel ante nuptias donationis tempora referantur.*

Bien loin que le second chapitre de la novelle 97 de Justinien , change rien à la constitution de Justin son père , il en parle au contraire avec éloge , & rapporte la raison de la restriction qu'il donne au privilége de l'augment de la dot. *Quod ab initio factum est in toto sine suspicione est ; quod autem posteà machinatum est contra creditores , hoc ipso introducit meditationem ; & lædi homines ex dato à nobis privilegio dotibus nullo volumus modo.* Ces termes ne peuvent être appliqués dans un cas où il n'y a point de contrat de mariage rédigé par écrit ; l'espèce de la loi *si mulier ,* étant d'un contrat de mariage écrit , *sin autem in instrumento dotali ,* &c.

C'est un mauvais moyen de dire, que faute d'être convenu, lors de l'aliénation, que la femme aura hypothèque pour le remploi de son bien aliéné , elle ne peut avoir que celle qui lui est donnée par son contrat de mariage. On convient qu'elle a hypothèque, mais cette hypothèque n'est pas conventionnelle ; l'empereur ne lui a donné en ce cas qu'un hypothèque légale , par une loi qui en a fixé l'époque au jour que le mari a reçu le prix de la vente , *ex quo pecunias exegit.*

Il ne peut arriver de là à cette femme aucun dommage qui ne soit volontaire ; car si le mari diffère de recevoir le prix de la vente , & fait cependant

cependant des emprunts , *volenti non fit injuria*, la femme étant par la loi maîtresse d'empêcher cette vente, qui sera nulle de plein droit si le mari vend seul. Si elle vend conjointement avec lui, elle peut recevoir elle-même les deniers. Si elle veut bien les laisser toucher à son mari, & que cependant il vienne à emprunter, elle doit se l'imputer. La loi a cru faire assez pour elle, en empêchant que la vente de son bien se fasse malgré elle, & en fixant son hypothèque pour la répétition du prix, au jour qu'elle en a fait elle-même l'aliénation.

Sans la disposition de la loi *si mulier*, la femme n'auroit qu'une simple action pour la répétition de son bien Paraphernal aliéné, & non pas une hypothèque ; c'est l'empereur qui lui en donne une par cette loi, car on ne peut avoir d'hypothèque qu'en vertu de la loi ou d'une convention.

L'indivisibilité de l'hypothèque est mal opposée par l'intimé ; car dans l'espèce particulière la femme a deux différentes hypothèques, l'une conventionnelle pour ce qu'elle a apporté en dot, l'autre tacite & légale pour ce qu'elle a laissé toucher à son mari de son bien Paraphernal. Cela est si vrai, que si une femme séparée de biens & en jouissance de ses immeubles, les vendoit, & en laissoit toucher le prix à son mari, elle n'auroit hypothèque sur les biens pour la restitution de ce prix, que du jour de la vente.

Il ne paroît pas que les sentences que l'intimé allègue en sa faveur, aient été rendues dans une espèce semblable à celle dont il s'agit ; c'est ce qu'on ne peut voir que par la présentation des contrats de mariage sur lesquels elles ont été rendues. Quant à l'arrêt qui a confirmé une de ces sentences, il s'y agissoit de biens échus en ligne directe, qui ont d'autres privilèges que ceux échus en ligne collatérale ; on a toujours mis en droit une grande différence *inter dotem profectitiam, & dotem adventitiam.*

L'intimé a encore moins de raison de dire que Ravinet, en stipulant une communauté entre lui & sa femme, a dérogé au droit écrit. Si le droit écrit défendoit les associations entre le mari & la femme, ils y dérogeroient effectivement s'ils en faisoient ; mais il ne les défend pas plus entre eux qu'entre étrangers. C'est le droit écrit qui a introduit les sociétés, dont la communauté entre mari & femme est une espèce. Celle qui a été stipulée entre Ravinet & sa femme, a bien donné à Ravinet le droit de jouir des revenus du bien Paraphernal de sa femme, comme de ceux de son bien dotal ; mais elle ne lui a pas donné le droit de disposer du fonds, de la même manière qu'en pays coutumier il ne peut pas disposer d'un propre de sa femme, la stipulation de communauté ne donnant au mari que la jouissance des revenus du bien de la femme, & sa moitié dans les acquisitions faites pendant le mariage, qu'on appelle *conquêts* ; mais il ne peut, sur le fondement de la communauté, convertir en conquêts les propres d'une femme.

Suivant l'article 439 de la coutume de Bretagne, qui est pays coutumier, la stipulation de communauté ne donne pas à la femme, pour tous ses immeubles vendus, une hypothèque antérieure à la vente ; pourquoi donc à Mâcon, qui est pays de droit écrit, une pareille stipulation feroit elle remonter l'hypothèque de la femme, pour la restitution du prix de son bien Para-

phernal, plus haut que la vente, & jufqu'au jour
du contrat de mariage, lorfque cette hypothèque
eft précifément fixée au jour de la vente & réception du prix par une loi exprefle, dont on
ne peut non plus fe départir en pays de droit
écrit, que d'un article de coutume en pays coutumier ?

Nonobftant ces raifons, la fentence des juges
de Mâcon a été confirmée par arrêt du 22 juin
1695.

» Cette queftion, dit Augeard, partagea les
» avocats au palais, & fit beaucoup de difficulté
» à la chambre. Le principal motif, ou, pour mieux
» dire, le feul qui détermina les juges, fut la
» ftipulation de communauté entre Ravinet &
» fa femme, & un certain efprit de faire préva-
» loir notre ufage ordinaire, à d'autres auxquels
» on n'eft pas accoutumé «.

On a élevé au parlement de Touloufe la queftion de favoir qui devoit être préféré ou des
enfans d'un premier lit pour la répétition des
Paraphernaux de leur mère, ou d'une feconde
femme pour le recouvrement de fa dot ; & il
a été jugé, dit M. de Catelan, livre 4, chapitre
11, par arrêt rendu » en la feconde chambre des
» enquêtes, le 12 décembre 1669, que les en-
» fans du premier lit, mineurs de 25 ans, doi-
« vent être préférés fur les biens de leur père
» généralement faifis, à la dot de la feconde
» femme, pour les droits Paraphernaux de leur
» mère, que leur père, comme adminiftrateur de
» leurs biens, avoit reçus avant le fecond ma-
» riage. On n'y regarda point que les enfans
» n'avoient pas dénoncé leur hypothèque à la
» feconde femme, & on jugea qu'il ne falloit

» pas leur imputer de n'avoir pas fait ce que leur
» âge & le respect paternel les avoient empêchés
» de faire «.

§. V. *Quelle est la condition du mari à l'égard
des biens Paraphernaux de sa femme ?*

Cette question peut être considérée sous deux
faces ; 1°. par rapport à la disposition ; 2°. par rapport à l'administration des Paraphernaux.

Le mari n'a comme tel aucun droit de disposer
des biens de cette nature, mais la femme peut
le lui donner par un consentement exprès. » Il
» est son procureur plus naturel, dit M. de
» Catelan, livre 5, chapitre 68, tout cela est
» dans l'ordre. Le mari qui vend peut en rece-
» voir l'argent ; c'est une suite du pouvoir de
» vendre : cependant dans un cas de cette nature,
» & où ces conjonctures étoient même accom-
» pagnées de celle de la garantie, à quoi le mari
» procureur s'étoit obligé, & de celle de l'omission
» de faire ratifier la vente par sa femme, les soup-
» çons de la trop grande impression de la révérence
» maritale formèrent un doute en la seconde
» chambre des enquêtes, au rapport de M. de
» Nupce-Florentin, sur la contestation entre les
» enfans héritiers de la femme, & l'acquéreur
» qui avoit acheté du mari. Les enfans héritiers
» faisoient valoir toutes les susdites conjonctures,
» qu'ils disoient faire, à l'égard de la crainte ou
» fraude intervenue dans la vente, une de ces
» présomptions de droit qui n'ont pas besoin
» de preuve ; pouvoir de vendre sans expression
» de cause, argent reçu par le mari, son obli-
» gation à la garantie, point de ratification pour

» la femme ; après toutes lesquelles circonstan-
» ces, il n'étoit plus permis, disoient-ils, de
» douter que le mari n'eût abusé de l'autorité
» maritale pour vendre à son profit les biens de
» sa femme. Mais elles ne purent prévaloir sur
» les règles ordinaires, & ces enfans, qui n'of-
» froient pas de prouver autrement la fraude &
» la violence, perdirent leur cause. La faveur qui
» suit les acquéreurs soutint l'acquisition contre
» toutes les présomptions alléguées. On opposoit,
» il est vrai, aux héritiers de cette femme, qu'elle
» avoit vécu 20 ans après la procuration & vente,
» sans se pourvoir contre. Mais cette raison ne fut
» pas considérée, & on ne crut pas qu'elle donnât
» une fin de non recevoir, bonne à opposer à un
» acte prétendu fait par crainte, dans un cas
» où cette crainte étant une fois supposée, il au-
» roit fallu présumer qu'elle avoit toujours du-
» ré, parce que le mari avoit survécu à la
» femme. Ainsi le temps n'auroit pu courir contre
» la femme, le temps ne courant pas tandis que
» la crainte dure «.

A l'égard de l'administration, nous avons deux
coutumes qui la défèrent de plein droit au mari,
& qui même en font résulter pour lui un gain
absolu de tous les fruits qui naissent ou échoient
pendant le mariage. Ces coutumes sont Bordeaux & la Marche ; en voici les termes :

» Le mari a l'administration des fruits de tous
» & chacun les biens de sa femme, en quelque
» lieu qu'ils soient assis, pendant & durant leurdit
» mariage, lesquels fruits sont dudit mari, &
» d'iceux peut faire son plaisir & volonté sans
» qu'il soit tenu en rendre compte & reliquat
» aux héritiers de sa femme après le décès

» d'icelle, fi elle a prédécédé, fi le contraire
» n'étoit accordé au contrat de mariage, en
» portant les charges defdits biens ; auffi les
» dettes de fa femme & de la fucceffion échue
» à elle, feront pris fur lefdits biens «. Bordeaux, article 42.

» Le mari a l'adminiftration des biens de fa
» femme conftant le mariage, foient lefdits biens
» dotaux, adventifs ou Paraphernaux, & en fait
» les fruits fiens tant que le mariage dure «. La
Marche, article 297.

Ces coutumes font contraires, dans l'un &
l'autre objets de leurs difpofitions, aux maximes
du droit romain & aux ufages des autres pays
de droit écrit.

La loi 8, C. *de pactis conventis*, défend au
mari de s'immifcer dans les biens Paraphernaux
de fa femme, & d'y prendre aucune part malgré elle. *Hac. lege decernimus ut vir in his rebus*
quas extrà dotem mulier habet, quas Græci Pa-
rapherna dicunt, nullam, UXORE PROHI-
BENTE, habeat communionem, nec aliquam ei
neceffitatem imponat. Ce texte ôte à la fois au
mari, & le pouvoir d'adminiftrer les biens Paraphernaux, & le droit de s'en approprier les
fruits lorfque la femme le lui défend, *uxore*
prohibente.

Faut-il donc une défenfe expreffe de la part
de la femme, pour empêcher le mari d'adminiftrer & de faire les fruits fiens ? l'affirmative
eft inconteftable pour la fimple adminiftration.
Tous les auteurs établiffent que le confentement
tacite de la femme fuffit à cet égard pour donner
au mari tout pouvoir ; & il y a dans le code deux
loix qui confirment pofitivement cette opinion.

La loi 21, C. *de procuratoribus*, décide que le mari peut agir fans procuration dans toutes. les instances concernant les biens de sa femme, parce qu'il en est naturellement le procureur né ; mais que, si elle lui a donné une procuration à cette fin, il ne peut s'écarter des bornes dans lesquelles cet acte le renferme (*).

La loi 11, C. *de pactis conventis*, porte que le débiteur d'une somme Paraphernale peut valablement la payer au mari sur un mandement de la femme, fans que le premier soit tenu de donner caution de faire ratifier la quittance par la seconde, & même que la remise faite par. la femme au mari de ses titres de créances Paraphernales, autorise suffisamment celui-ci à en faire le recouvrement (**).

La première partie de cette loi a servi de motif à un arrêt du parlement de Bordeaux, du 19

(*) Maritus citrà mandatum in rebus uxoris cùm solemni satisfactione & aliâ observatione, intercedendi liberam habeat facultatem, ne fæminæ persequendæ litis obtentu in contumeliam matronalis pudoris irreverenter irruant, & conventibus virorum vel judiciis interesse cogantur. Sin autem mandatum susceperit licet maritus sit, id solùm exequi debet, quod procuratio emissa præscripserit.

(**) Si mulier marito suo nomina, id est, fæneratitias cautiones quæ extra dotem sunt, dederit, ut loco Paraphernarum apud maritum maneant, & hoc dotali instrumento fuerit adscriptum : utrùmne habeat aliquas ex his actiones maritus, sive directas, sive utiles, an penes uxorem omnes remaneant, & in quem eventum dandæ sint marito actiones, quærebatur. Sancimus itaque, si quid tale evenerit, actiones quidem omninò apud uxorem manere, licentiam autem marito dari easdem actiones movere apud competentes judices, nullâ ratihabitione ab eâ exigendâ.

février 1644, par lequel un mari infolvable fut déchargé de donner caution pour recevoir, du conféntement de fa femme, une fomme de deniers Paraphernaux. Cette décifion eft rapportée par la Peyrere, édition de 1717, lettre D, n°. 100.

Il y a plus de difficulté fur la queftion de favoir fi le mari fait fiens les fruits des Paraphernaux qu'il perçoit du confentement tacite de fa femme. On peut voir dans Bretonnier combien varient là-deffus les fentimens des docteurs. Nous ne nous arrêterons pas à les analyfer; le flambeau des loix & la jurifprudence font pour nous des guides plus fûrs; bornons nous aux décifions des premières & aux éclaircifemens de la feconde.

La loi 11, C. *de pactis conventis*, qui veut, comme on l'a déjà remarqué, que le confentement tacite de la femme fuffife au mari pour recevoir les dettes actives qu'elle s'eft réfervées en Paraphernal, ajoute, que le mari doit employer au profit de fa femme les capitaux de ces dettes, mais qu'à l'égard des intérêts, il peut s'en fervir pour leur ufage commun. *Sancimus itaque, fi quid tale evenerit, actiones quidem apud uxorem manere, licentiam autem marito dari eafdem actiones movere apud competentes judices, & ufuras quidem eorum circa fe & uxorem expendere, pecunias autem fortis quas exegerit, fervare mulieri, vel in caufas ad quas ipfa voluerit diftribuere.*

Ce qu'a décidé ce texte pour les intérêts qui font des fruits civils, doit fans contredit s'appliquer aux fruits des héritages: il y a entre les uns & les autres parité abfolue de raifon, & par conféquent néceffité d'étendre à ceux-ci la loi qui règle expreffément le fort de ceux-là. Cela eſt d'autant plus certain, qu'en général les fruits des héritages ſe règlent par les mêmes principes que les intérêts, ſuivant la loi 34, D. *de uſuris & fructibus.*

Il faut donc tenir pour conſtant que la volonté tacite de la femme eſt pour le mari un titre qui le met en droit de s'approprier en partie les fruits des Paraphernaux.

Nous diſons en partie, parce que, comme l'on vient de voir, le mari eſt obligé d'employer les fruits, tant à l'uſage de ſa femme qu'au ſien.

Ménochius ſoutient cependant que le mari n'eſt point comptable des fruits qu'il a perçus du conſentement de ſa femme ſans les employer à leur uſage commun. » Je ne crois pas cette » opinion juridique, dit Bretonnier ; car elle eſt di- » rectement contraire à la loi, qui charge expreſſé- » ment le mari d'employer les intérêts à l'uſage » commun de lui & de ſa femme «.

Y a-t-il à cet égard quelque différence entre les fruits naturels & les fruits induſtriaux ? Accurſe, ſur la loi 11, C. *de pactis conventis,* dit que le mari ne profite pas des premiers, & qu'il eſt obligé de les rendre à ſa femme, parce qu'ils ne lui coûtent aucun ſoin ni dépenſe. Guypape, queſtion 468, adopte la même diſtinction, & dit l'avoir vu confirmer par arrêt : *ſecundùm hanc diſtinctionem tanquàm veriorem vidi judicari.* Il ajoute que ſon opinion eſt fondée ſur la loi 45, D. *dé uſuris & fructibus,* où il eſt dit qu'en vertu de la donation faite entre un mari & une femme pendant le mariage, celui qui a perçu les fruits induſtriaux n'eſt pas obligé de les rendre, mais qu'il doit reſtituer les fruits naturels. Guypape ſe vante même d'avoir trouvé le pre-

» mier un texte auffi précis. Mais, dit Bretonnier,
» il n'a pas pris garde que ce texte ne convient
» pas à l'efpèce dont il s'agit, parce que cette loi eſt
» dans le cas de la perception des fruits en vertu
» d'un titre qui n'eſt pas valable, & qu'en ce cas
» celui qui a perçu les fruits eſt tenu de les rendre
» à l'autre, *ſi factus eſt locupletior*; ainſi que
» cela eſt décidé dans la loi 5, §. 18, D. *de*
» *donationibus inter virum & uxorem* «.

Deſpeiſſes rejette pareillement la diſtinction
de Guypape. Voici comme il s'exprime, tom.
1, page 431 : » Le mari ni ſes enfans ne ſont pas
» tenus à la reſtitution deſdits fruits ni à la va-
» leur, lorſque leſdits fruits ayant été perçus de
» la volonté de la femme, ne ſont plus en na-
« ture, non ſeulement lorſqu'il eſt queſtion de
» fruits induſtriels, mais auffi des fruits naturels
» conſumés à l'uſage commun des mariés,
» comme il ſe juge tous les jours, & notam-
» ment à la chambre de l'édit de Caſtres, au
» rapport du ſieur de Suc, en ſeptembre 16..
» ſuivant la Novelle de Valentinien, *de fructib.*
« *inter maritum & uxorem expenſis*, au code
» Théodoſien, & ce qui eſt dit des intérêts des
» dettes Paraphernales exigées & employées par
» le mari à l'uſage commun des mariés «.

Chorier, dans ſa juriſprudence de Guypape,
a enchéri ſur l'auteur qu'il commentoit. Il dit
que les fruits, ſoit naturels, ſoit induſtriaux des
biens adventifs, ſont ſi abſolument propres à la
femme, & ſi éloignés de toute obligation de
contribuer aux dépenſes de la famille, que s'ils
y ont été employés, *& qu'il ne paroiſſe pas clai-*
rement & évidemment qu'elle l'a bien voulu, le
mari ou ſes héritiers n'en éviteront point le pai-

ment, quoiqu'il les ait confumés dans fa famille, & qu'il n'en foit pas devenu plus riche ;
ce qui a, dit - il, été jugé par deux arrêts du
parlement de Grenoble, l'un du 9 juillet 1614,
l'autre du 17 mai 1615. ·

Cette opinion eft un vrai paradoxe, & il eft
faux que le parlement de Grenoble l'ait jamais
adoptée. Baffet, connu pour un auteur plus exact
que Chorier, rapporte, livre 4, titre 5, chapitre 6, quatre arrêts de cette cour qui ont jugé
directement le contraire ; & entre ces quatre arrêts, il s'en trouve deux des 8 juillet 1614 &
17 avril 1615, qui certainement font les mêmes
que ceux dont a voulu parler Chorier fans les
connoître. ·

La jurifprudence des autres cours vient à l'appui de ce que nous avançons. M. de Cambolas,
préfident au parlement de Touloufe, dit, livre
2, chapitre 18, que la fimple tolérance de la
femme fuffit pour donner droit au mari de jouir
des fruits des Paraphernaux, fans être obligé
de les reftituer. Defpeiffes, à l'endroit cité, affure
pareillement, que » s'il n'appert pas que lefdits
» fruits aient été perçus par la volonté de la
» femme, ou contre fa volonté, on eftime qu'ils
» ont été perçus de fa volonté, comme il a
» été jugé en la chambre de l'édit de Caftres
» le 23 juin 1599, entre Molinier contre Mo-
» riat, fuivant la loi 8, C. *de paʃtis conventis*,
» en ces mots, *nullo modo, muliere prohibente ,*
» *virum in Paraphernis ʃe volumus immiʃcere.*
» Donc fi la femme ne prohibe pas par exprès
» fon mari de fe mêler de fes biens Parapher-
» naux, ledit mari peut s'en mêler «.

La Peyrere, lettre F, n°. 103, cite un arrêt du

» parlement de Bordeaux du 13 août 1645, » qui
» a jugé que le mari qui a perçu les fruits des
» Paraphernaux, n'en est pas comptable ««.

» Au parlement de Provence, dit Bretonnier,
» quand le mari a joui des fruits des biens Para-
» phernaux du consentement de sa femme, & qu'il
» les a employés à leur usage commun, la femme
» ne peut plus les redemander ; cela a été ainsi
» jugé par un arrêt du 2 octobre 1644, rapporté
» par Boniface.... Il en remarque un autre du 30
» juin 1644, par lequel les fruits des biens Pa-
» raphernaux consumés par le mari, *quibus fac-*
» *tus fuerat locupletior,* furent adjugés à la femme;
» mais il ne dit pas s'ils avoient été perçus par
» le mari du consentement ou contre la volonté
» de sa femme ; sans doute que c'étoit contre sa
» volonté, autrement ce seroit *fatuum arrestum,*
» comme parle Dumoulin ««.

Le mari doit apporter dans l'administration
des Paraphernaux de sa femme, les mêmes soins
& la même diligence que dans ses propres affaires.
C'est ce que décide la loi 11, C. *de pactis*
conventis, relativement aux dettes Paraphe-
nales (*).

Ainsi il doit répondre des actions ou des
héritages qu'il laisse prescrire par sa négligence.
La loi 16, D. *de fundo dotali,* en contient
une disposition expresse pour les biens dotaux,

(*) Dùm autem apud maritum remanent eædem cautiones, & dolum, & diligentiam, maritus circa eas præstare
debet qualem & circa suas res habere invenitur, ne ex
ejus malignitate vel desidiâ aliqua mulieri accedat jactura.

& elle s'applique naturellement aux Paraphernaux dont le mari a l'adminiſtration.

Si cependant la preſcription avoit été preſque acquiſe au moment du mariage ou de l'adminiſtration , le mari n'en ſeroit pas reſponſable. *Planè ſi pauciſſimi dies ad perficiendam longi temporis poſſeſſionem ſuperfuerint , nihil erit quod imputabitur marito* ; ce ſont les termes de la loi 11 , C. *de paſtis conventis.*

Lorſque la femme meurt laiſſant des enfans ſous la puiſſance de leur père , celui-ci a droit à l'uſufruit des Paraphernaux , & les enfans ne peuvent pas en jouir pendant ſa vie. Ils ne le pourroient pas même, dit M. de Catelan , livre 6, chapitre 14, quand »les biens de leur père »ſeroient généralement ſaiſis. Le père en a l'u»ſufruit par la puiſſance paternelle , & il ne » peut même y renoncer au préjudice de ſes »créanciers , au profit deſquels l'uſufruit doit »céder. Il fut ainſi jugé en la grand'chambre , » au rapport de M. la Rocheflavin le 17 juillet »1680 , au profit des créanciers de Ricard , »contre ſes enfans; l'arrêt ordonna que la pro»priété des biens paraphernaux de leur mère, »& des biens de l'aïeul maternel , parvenus à »ſes enfans , ſeroit diſtraite de la ſaiſie géné»rale des biens , mais que les fruits de ces biens »pendant la vie de Ricard diſcutés , ſeroient »fonds pour le payement des créanciers , ſuivant »leur ordre «.

D E U X I È M E P A R T I E.

Des Paraphernaux confidérés fuivant la coutum de Normandie.

Loifeau dit que » le *Paraphernal* des femme » en Normandie, eft leur *infernal*, parce que » n'eft qu'un effet de leur misère & de leur ma » vaife fortune «.

En effet, on n'entend par Paraphernaux, Normandie, que ce que l'on appelle en quelqu autres endroits *chambre étoffée ;* voyez ce mo

L'article 394 de la coutume de Normand porte, que » la femme peut renoncer à la fu » ceffion de fon mari dans les quarante jou » après le décès d'icelui . . . . auquel cas elle au » feulement fes biens Paraphernaux exempts » toutes dettes, & fon douaire «.

L'article 395 ajoute : » Les biens Paraphe » naux fe doivent entendre des meubles ferva » à l'ufage de la femme, comme feroient liu » robes, linges, & autres de pareille natúre » defquels le juge fera honnête diftribution à » veuve en effence, eu égard à là qualité d'ell » & de fon mari, appelés néanmoins l'hériti » & le créancier, pourvu que lefdits biens n'e » cèdent la moitié du tiers des meubles, » néanmoins où le meuble feroit fi petit, ell » aura fon lit, fa robe & fon coffre «.

C'eft une jurifprudence conftante en Normat die, que la femme ne peut prétendre de P raphernaux, que lorfqu'elle n'a point ftipulé remport, ou qu'elle ne peut l'avoir tel qu'ell

l'a ſtipulé. » Elle ne peut avoir ces deux cauſes
» lucratives, dit Baſnage, ſuivant qu'il a été jugé
» par les arrêts remarqués par Bérault, & depuis
» encore par arrêt du 17 août 1618, pour Jean
» le Courtois, contre la veuve de ſon frère.
» Autre arrêt en la chambre des vacations du 17
» octobre 1654, entre la nommée le Preſtre &
» Cécile, plaidans Macorry & Liout : on caſſa
» la ſentence qui avoit adjugé à ladite le Preſtre
» ſes Paraphernaux, outre ſon remport «.

Le legs fait par le mari à ſa femme la prive-
t-il de ſes Paraphernaux ? Cette queſtion fut
partagée en la chambre des enquêtes du parlement de Rouen, le 14 mai 1655. On diſoit
pour la négative, que la veuve » pouvoit avoir le
» legs à elle fait par ſon mari, puiſqu'il l'avoit
» pu faire comme il l'auroit fait à un étranger ;
» mais que cette libéralité ne pouvoit pas lui
» faire perdre ce qui lui étoit acquis par la cou-
» tume ; & bien que les choſes qu'elle pouvoit
» demander pour ſon Paraphernal, fuſſent com-
» priſes dans ſon legs, néanmoins elle pouvoit
» les prendre en eſſence en vertu de ſon legs,
» & avoir encore le ſixième denier de la valeur
» des meubles par le bénéfice de la loi «.

On oppoſoit à ces raiſons, » que la veuve ne
» pouvoit avoir que le legs ou le Paraphernal,
» la coutume ne donnant les Paraphernaux que
» par commiſération & en l'honneur du mariage,
» l'honnêteté publique ne permettant pas qu'une
» femme ſorte de la maiſon de ſon mari comme
» une gueuſe, ſans avoir de quoi ſe vêtir & ſe
» coucher ; mais lorſque la femme, par ſon
» contrat de mariage, a ſtipulé un préciput &
» un remport de ſes joyaux, habits, linges &

» lit, en ce cas, si elle renonce à la succession
» de son mari, & qu'elle remporte les meu-
» bles qu'elle a stipulés, elle ne peut plus pré-
» tendre aucune chose pour son Paraphernal,
» parce qu'il ne lui est donné par la coutume
» que lorsqu'elle ne remporte rien : il faut dire
» la même chose lorsque son mari y a pourvu
» par son testament, & que, prévoyant le besoin
» de sa femme il a voulu lui donner à peu près
» les mêmes choses que la coutume lui auroit
» accordées ; & c'est en cette rencontre que l'on
» peut faire valoir la maxime *provisio hominis*
» *facit cessare provisionem legis* «.

Sur ces raisons, dit Basnage, » il passa pres
» que tout d'un voix en la grand'chambre, à
» dire que la veuve ne pouvoit avoir que le le.
» ou le Paraphernal «.

Le même arrêt a jugé une autre question non moin
intéressante, mais plus facile à résoudre. La veuve
se plaignoit de ce que, par la sentence dont étoit
appel, on ne lui avoit adjugé que mille livres
pour son Paraphernal, » encore que le prix des
» meubles montât à dix ou douze mille livres,
» & les cédules, bestiaux & grains à vingt mille
» livres, de tous lesquels biens elle prétendoit avoir
» le sixième denier «. On répondoit, que le Paraphernal, évalué par la coutume au sixième
denier, » ne s'entendoit pas de tous les effets
» mobiliers d'une succession, mais seulement des
» meubles servans dans une maison «. Et il a
été ainsi jugé, en confirmant la sentence à cet
égard.

La demande des Paraphernaux est-elle transmissible aux héritiers de la femme qui ne l'a
pas formée pendant sa vie ? Bérault & Godefroy
soutiennent

soutiennent qu'elle ne l'est point , & le premier rapporte un arrêt conforme à cette opinion.

» Cependant, dit Basnage, cette question fut » décidée en faveur des héritiers de la femme » par plusieurs arrêts ; le premier fut donné en » la chambre de l'édit le 26 août 1626...... » Il fut jugé par cet arrêt qu'un second mari étoit » admissible à demander les Paraphernaux qui » eussent appartenu à sa défunte femme , quoi- » que de son vivant elle n'en eût formé aucune » demande «.

Le second arrêt a été rendu le 30 juillet 1627, sur l'appel d'une sentence qui avoit jugé la même chose que le précédent. » Le Roux, avocat de » l'appelant, disoit que la demande des Para- » phernaux étoit personnelle, & qu'elle ne pas- » soit point à ses héritiers , si elle n'en avoit » formé la demande ; ce qui se prouve par la » définition des Paraphernaux que la coutume » donne elle-même, *les Paraphernaux sont les* » *meubles servans à l'usage de la femme* ; c'est » donc à elle seule qu'ils sont dus, puisqu'on » ne lui accorde que ce qui est propre à son » usage ; c'est un droit singulier & un tort que » l'on fait aux créanciers & aux héritiers , *jus* » *autem singulare quòd contra tenorem rationis* » *propter aliquam utilitatem introductum est, non* » *est trahendum ad consequentiam.* Il n'est pas » raisonnable que la femme qui renonce à la » succession de son mari emporte une partie de » ses meubles à un titre purement lucratif, au » préjudice des légitimes créanciers ; & cepen- » dant la coutume, par un mouvement d'hu-

» manité & de commifération, ayant eftimé
» qu'il feroit honteux de chaffer une veuve fans
» fon lit & fes habits, elle lui a donné fes
» petits meubles; mais quand elle n'a pas voulu
» en faire la demande, l'intention de la cou-
» tume n'a pas été de les donner à fon héritier:
» ce qui fe prouve encore par les termes de cet
» article, que *le juge en fera une honnête diftri-*
» *bution à la veuve*; car tous les termes de cet
» article marquent que cette grâce n'eft accordée
» qu'à la feule perfonne de la veuve. Coqueret
» répondoit pour les intimés, que les Parapher-
» naux n'étoient pas un fimple ufufruit qui s'é-
» teignît par la mort de la veuve, que c'étoit
» un bien propre qui paffoit à fon héritier, &
» que, lui étant donnés par la coutume, fon hé-
» ritier avoit droit de les demander. — La caufe
» ayant été appointée au confeil, par arrêt du
» 30 juillet 1627, la fentence fut confirmée
» — Ce qu'il y avoit de particulier, étoit que
» la femme étoit morte trois jours feulement
» après fon mari, de la maladie contagieufe;
» ainfi elle n'avoit point été en état de renonce
» ni de demander fes Pataphernaux; ce qui ren-
» doit fon héritier favorable «.

Pour obtenir la délivrance des Paraphernaux
il n'eft pas néceffaire que le contrat de mariage
ait été revêtu des formes conftitutives de l'hypothèque; c'eft la doctrine de Bafnage, & elle
paroît inconteftable.

Le même auteur établit que la féparation civile
produit, en cette matière, le même effet que le
décès du mari, & qu'ainfi la femme doit obtenir fes Paraphernaux, dans le cas de l'une
comme dans le cas de l'autre. Mais elle ne pour

roit pas , ajoute-t-il , sans être préalablement séparée , en demander la distraction d'une saisie
générale des meubles de son mari.

Une femme avoit transigé avec son mari sur
une accusation d'adultère qu'il avoit intentée
contre elle , & s'étoit implicitement avouée coupable par l'acte ; elle avoit même renoncé *à
prétendre aucun douaire sur le bien de son mari ,
de son vivant.* Le mari décéda cinq ou six mois
après ; aussi-tôt la veuve se pourvut en justice ,
& demanda son douaire , son deuil & ses Paraphernaux ; le juge de Valognes la débouta de
tout : elle en appela , & par arrêt du parlement
de Rouen du 5 avril 1669 , rendu sur les conclusions de M. l'avocat général de Préfontaines ,
» la sentence fut cassée en ce que la veuve étoit
» privée de son douaire , & on la confirma pour
» les habits & les Paraphernaux «.

*Voyez Aulugelle , livre 7 , chapitre 6 , & livre
17 , chapitre 7 ; Loiseau , du déguerpissement ,
livre 2 , chapitre 4 , n. 4 & 5 ; Guypape ,
& ses annotateurs ; Dumoulin sur les conseils
d'Alexandre , livre 5 , conseil 144 ; Pereze sur le
code ; Despeisses ; Menochius , de præsumptionibus ;
les arrêts de Basset , de Boniface , de Cambolas ,
de Catelan ; les décisions de la Peyrere ; les
questions de droit de Bretonnier , avec les notes
de Boucher d'Argis ; la collection de jurisprudence ;
Berault , Godefroy , Penelles , & Basnage sur la
coutume de Normandie , &c.* Voyez aussi les articles
BIENS , DOT , COMMUNAUTÉ , AUTORISATION ,
FEMME , MARI , RENONCIATION , &c.

(*Article de M. MERLIN , avocat au parlement
de Flandres*).

PARATITLES. On appelle ainfi des expli
tions abrégées de quelques titres ou livres du co
ou du digefte.

Les Paratitles ont pour but d'éclaircir les m
tières, d'y mettre de l'ordre & de la netteté,
de rapprocher certains objets qui, quoique rel
tifs, fe trouvent difperfés fous différens titres

PARCHEMIN. Peau de brebis ou de moutt
préparée pour écrire deffus.

Différentes loix, & en dernier lieu un arr
du confeil du 22 décembre 1771, ont ordonr
que les contrats réels & les actes portant oblig
tion ne pourroient être mis à exécution, fignifi
ni infinués, & que les exploits faits en conf
quence, & les jugemens & fentences qui e
feroient la fuite, ne pourroient être contrôlé
délivrés, ni fcellés que les groffes de cès con
trats & actes n'euffent été expédiés en Parchemi
timbré (*).

(*) Cet arrêt contient cinq articles, qui font ai
conçus :

Art. 1. Les déclarations des 19 juin 1691 & 16 juill
1697 feront exécutées fuivant leur forme & teneur; e
conféquence, les contrats de mariage, de vente, échange
donation & autres actes tranflatifs ou rétroceffifs de propri
de biens immeubles; les conftitutions de rentes, oblig
tions, tranfactions, fentences arbitrales, teftamens,
tous autres actes portant obligation, feront expédiés
délivrés en Parchemin par les notaires & tabellions qui l
auront reçus, avant que les parties puiffent faire aucu
demande ni acte en conféquence, les produire en juftice
ni les mettre à exécution de quelque autre manière que c
foit, à peine de cent livres d'amende contre les contrev
nans, de nullité des demandes, exploits & procédures,

Par un autre arrêt du 16 février 1772, le roi
en son conseil a ordonné que les arrêts, sen-

---

de cassation des arrêts, sentences, jugemens & ordonnances qui interviendront sur des expéditions délivrées en
papier.

2. Fait sa majesté très-expresses inhibitions & défenses
à tous notaires, huissiers & sergens, de donner aucunes
assignations ni de faire aucuns commandemens, sommations ou autres exploits en vertu des contrats & obligations
qui doivent être délivrés en Parchemin ; aux procureurs,
de faire aucunes réquisitions, significations & procédures
pour leur exécution, même d'en remettre des copies signées
d'eux, de la main à la main ; & aux juges d'avoir égard
aux procès-verbaux, saisies-réelles & autres actes faits en
conséquence ; d'accorder des *pareatis*, mandemens, commissions, permissions d'assigner, exécuter ou saisir, ni de
rendre aucuns arrêts, sentences & jugemens sur aucuns
des mêmes contrats & actes, qu'il ne leur soit apparu que
les expéditions en ont été délivrées en Parchemin timbré,
à peine de cent livres d'amende pour chacune contravention
& contre chacun des contrevenans.

3. Fait pareillement défenses à tous greffiers de délivrer,
& aux commis à la perception des droits de petit-scel, de
sceller aucuns jugemens, sentences & ordonnances intervenus sur des contrats, obligations ou autres actes dont
les expéditions doivent être mises en Parchemin, comme
aussi aux contrôleurs des actes & des exploits, de contrôler aucuns exploits qui seront signifiés en conséquence,
que les grosses de ces actes n'aient été expédiées en Parchemin timbré, sous la même peine de cent livres d'a-
mende pour chacune contravention & contre chacun des
contrevenans.

4. Ordonne en outre sa majesté que les greffiers des
justices & juridictions, ensemble ceux des insinuations ecclésiastiques & laiques, ne pourront enregistrer, insinuer
ni ensaisiner aucuns des contrats & actes de la nature &
qualité désignées par l'article premier du présent arrêt, si
ce n'est sur des grosses ou expéditions délivrées en Parchemin timbré, sous pareille peine de cent livres d'amende,

tences, jugemens & autres actes qui, aux termes
des réglemens, devoient être expédiés en Parchemin, ne pourroient être délivrés en Papier
aux parties ; qu'ils ne pourroient être mis à exé-
écution ni signifiés, & que les jugemens, ordonnances, actes & exploits rendus & faits en
conséquence, ne pourroient être scellés ni contrôlés, que les expéditions n'en eussent été délivrées en Parchemin timbré. (*).

---

contre chacun des contrevenans & pour chacune contravention.

5. N'entend néanmoins sa majesté comprendre dans la
défense portée par l'article précédent, les donations ou
autres dispositions dont le défaut d'insinuation emporte la
peine de nullité, lesquelles dispositions seront insinuées dans
l'instant que cette formalité sera requise, quand bien même
les actes seroient expédiés en papier. Ordonne sa majesté
qu'en ce cas les greffiers des insinuations seront tenus de
dresser des procès-verbaux des contraventions commises
par les parties, en faisant expédier en papier des actes
qui auroient dû être délivrés en Parchemin, sur lesquels
procès-verbaux les contrevenans seront poursuivis dans la
forme ordinaire & condamnés à la restitution des droits
de formule, ainsi qu'aux peines qu'ils auront encourues.
Enjoint aux sieurs intendans & commissaires départis pour
l'exécution des ordres de sa majesté, dans les provinces
& généralités du royaume, de faire lire, publier & afficher le présent arrêt par-tout où besoin sera, à ce que
personne n'en prétende cause d'ignorance. Fait au conseil
d'état du roi, &c.

(*) *Voici cet arrêt, qui est d'autant plus important,*
que les dispositions des loix antérieures sur la matière dont
il s'agit y sont rappelées.

Le roi s'étant fait représenter en son conseil la déclaration du 19 juin 1691, portant réglement pour les écritures qui doivent être faites sur papier & Parchemin timbrés, par les articles 1, 2, 7 & 15 de laquelle il est
ordonné, 1°. que les arrêts des cours de parlement,

Voyez au furplus les articles FORMULE & PA-
PIER TIMBRÉ.

---

chambre des comptes & cour des aides, tant définitifs,
qu'interlocutoires, provifionnels, préparatoires ou intro-
ductifs d'inftance, rendus en matière civile & criminelle,
foit qu'ils foient contradictoires, par forclufion, congé,
défaut à l'audience, fur procès par écrit, ou accordés au
parquet, réglemens à écrire & produire ; les baux judiciaires, les décrets forcés & volontaires de licitations ou
adjudications, homologations de contrats, tranfactions,
fentences arbitrales, actes de réception d'officiers ; les décrets de prife de corps, d'ajournemens perfonnels & d'affignés pour être ouis ; les défauts levés au greffe & aux
préfentations en matière civile & criminelle, les exécutoires
de dépens, d'apport de procès, conduite des prifonniers ;
enfin, tous les arrêts & ordonnances defdites cours, &
les actes dont il refte minute aux greffes d'icelles, feront
expédiées en Parchemin, d'un feul volume, dont la page
contiendra vingt-deux lignes, quinze fyllables à la ligne,
une ligne compenfant l'autre : 2°. que les arrêts qui con-
tiendront au delà de vingt-fix lignes & vingt huit fyllabes
à la ligne, feront mis en rôles & feuillets de Parchemin,
fans que les greffiers puiffent les mettre en quart, avec
injonctions aux procureurs des cours de régler les qualités
des arrêts d'audience, dans lefquels ils établiront celle des
parties, de dater les appointemens, fentences ou actes
dont fera appel, & de faire mention par quels juges ils
auront été rendus : 3°. que les fentences ou jugemens définitifs rendus aux requêtes du palais, celles des bailliages,
fiéges préfidiaux, élections, greniers à fel, prévôtés, châtellenies, amirautés, & autres juftices royales, & tous
autres actes qui feront mis à exécution, tant en matière
civile que criminelle, rendus à l'audience ou fur procès
par écrit, feront également expédiés en Parchemin ; &
qu'à l'égard des fentences interlocutoires, de provifions ou
d'appointemens, elles feront expédiées en Parchemin dans
les lieux où elles y étoient expédiées avant l'édit du mois
de mars 1673 ; & en papier où elles n'étoient expédiées
qu'en papier avant cette époque, à la réferve néanmoins
des fentences des juridictions confulaires, lefquelles feront

. Tout le Parchemin qui arrive à Paris doit
être porté à la halle du recteur de l'université,

expédiées en papier ou Parchemin, suivant l'usage de ces
juridictions : 4°. que l'édit du mois de mars 1673, l'ordonnance du mois de juin 1680, pour les papier & Parchemin timbrés, la déclaration du 18 avril 1690, & les
arrêts & réglemens intervenus depuis, seront exécutés en
ce qu'ils ne sont pas contraires aux articles ci-dessus, à
peine contre les contrevenans de trois cents livres d'amende, qui ne pourra être remise ni modérée, sous quelque
prétexte que ce soit. La déclaration du 16 juillet 1697, par
laquelle il est pareillement ordonné, conformément à celle
du 17 juin 1691, que les expéditions des jugemens &
sentences que les parties voudront faire signifier ou mettre
à exécution, seront expédiées en Parchemin, avec défenses aux greffiers de les délivrer en papier, & aux huissiers ou sergens de les signifier ou mettre à exécution, si
elles ne sont en Parchemin, à peine de faux, nullité,
cent livres d'amende, dépens, dommages & intérêts, sans
cependant rien innover à l'égard des sentences interlocutoires,
de provision ou d'appointemens, qui seront expédiées en
Parchemin ou papier, conformément à l'article 7 de la
déclaration du 28 août 1691 ; il auroit été pareillement
fait des défenses à tous juges d'avoir égard aux procès-
verbaux, saisies-réelles & autres actes faits en exécution
des sentences & jugemens, si elles ne leur sont présentées
en Parchemin ; & à tous huissiers & sergens, sous les
mêmes peines, de mettre à exécution les sentences & jugemens expédiés en papier, encore que le sceau de la
juridiction y soit apposé : & sa majesté étant informée,
que, nonobstant ces défenses, l'usage s'est introduit dans
plusieurs villes & lieux du royaume, de délivrer, signifier
ou mettre à exécution, sur des expéditions en papier, les
arrêts, sentences, jugemens & autres actes qui doivent être
expédiés en Parchemin, d'où il résulte, sur le produit
des droits de la formule, une diminution considérable ; elle
auroit jugé qu'il étoit indispensable, pour réprimer des
abus aussi préjudiciables à cette partie de ses droits, en
renouvelant les dispositions des réglemens précédemment
intervenus à ce sujet, de prescrire les nouvelles précautions

pour y être visité ; il y est rectorisé, c'est-à-dire, qu'il reçoit la marque du recteur, comme preuve

---

qui ont été reconnues nécessaires pour rétablir sur cet objet intéressant l'ordre & la règle qu'il exige. A quoi voulant pourvoir : ouï le rapport du sieur abbé Terray, conseiller ordinaire au conseil royal, contrôleur général des finances ; le roi étant en son conseil, a ordonné & ordonne ce qui suit :

ART. I. Les déclarations des 19 juin 1691 & 16 juillet 1697 seront exécutées suivant leur forme & teneur ; en conséquence, les arrêts, sentences, jugemens & autres actes qui, aux termes de ces déclarations, doivent être mis & expédiés en Parchemin timbré, ne pourront être délivrés en papier aux parties & autres qui s'en feront remettre des expéditions, à peine contre les greffiers qui les expédieront autrement qu'en Parchemin, de cent livres d'amende pour chaque contravention.

2. Fait sa majesté très-expresses inhibitions & défenses à tous particuliers de faire signifier les arrêts, sentences, jugemens & autres actes qui doivent être délivrés en Parchemin, d'en suivre l'exécution, de former aucune demande ou action, ni de faire faire aucuns exploits ou autres actes en conséquence, que les expéditions n'en aient été délivrées en Parchemin timbré, à peine de nullité des actes & exploits qui seront faits sur des expéditions délivrées en papier, & de cent livres d'amende pour chaque contravention & contre chacun des contrevenans.

3. Fait pareillement défenses aux huissiers & sergens de donner aucunes assignations ni de faire aucuns commandemens, sommations ou autres exploits en vertu des arrêts, sentences, jugemens & autres actes qui doivent être délivrés en Parchemin ; aux procureurs de faire aucunes réquisitions, significations & procédures pour leur exécution, même d'en remettre des copies signées d'eux, de la main à la main ; & aux juges d'avoir égard aux procès-verbaux, saisies-réelles & autres actes faits en conséquence ; d'accorder des *paréatis*, mandemens, commissions, permissions d'assigner, exécuter ou saisir, ni de rendre aucuns jugemens & ordonnances sur aucuns des mêmes arrêts, sentences & autres actes, qu'il ne leur soit

de fa bonne qualité. Pour ce droit de marque, chaque botte de 36 peaux doit au recteur vingt deniers de notre monnoie actuelle. Ce droit fe percevoit autrefois par les officiers mêmes de l'univerfité ; mais, depuis environ deux cents ans, il eft donné à ferme, & cette ferme eft le feul revenu fixe du recteur de l'univerfité.

PARCOURS, ENTRECOURS. Ces deux mots ont deux acceptions, dont l'une eft relative aux hommes, & l'autre aux beftiaux. La première fignifie une fervitude perfonnelle qui tire fon origine de l'ancien gouvernement féodal. La feconde eft le droit que les habitans de la cam-

---

apparu que les expéditions en ont été délivrées en Parchemin timbré, à peine de cent livres d'amende pour chacune contravention & contre chacun des contrevenans, de nullité des demandes, exploits & procédures, & de caffation des arrêts, fentences, jugemens & ordonnances qui interviendront fur des expéditions délivrées en papier.

4. Ordonne en outre fa majefté que les commis à la perception des droits de greffe & du petit-fcel, ne pourront mettre la quittance de ces droits, ni fceller aucuns des arrêts, fentences, jugemens & autres actes de la nature & qualité défignées par les articles precédens ; comme auffi que les contrôleurs des exploits ne pourront contrôler aucuns exploits faits en conféquence, fi ce n'eft fur des expéditions délivrées en Parchemin timbré, fous pareille peine de cent livres d'amende contre chacun des contrevenans & pour chacune contravention. Enjoint aux fieurs intendans & commiffaires départis pour l'exécution des ordres de fa majefté, dans les provinces & généralités du royaume, de faire lire, publier & afficher le préfent arrêt par-tout où befoin fera, à ce que perfonne n'en prétende caufe d'ignorance. Fait au confeil d'état du roi, fa majefté y étant, tenu à Verfailles le 16 février 1772.

Signé, PHELYPEAUX.

pagne ont de faire parcourir par leurs beftiaux divers territoires pour les faire paître. Nous traiterons féparément ces deux efpèces de Parcours, & nous parlerons d'abord du Parcours confidéré comme fervitude perfonnelle.

Anciennement, dans quelques cantons, quand un homme ou une femme *de franche condition* s'établiffoient dans un endroit fujet à *la fervitude de corps*, ils étoient acquis au feigneur auffi-tôt qu'ils avoient fixé leur domicile dans l'étendue de fa feigneurie. Pour donner lieu à l'exercice de ce droit odieux & contraire à la liberté naturelle, il falloit dans d'autres cantons que les nouveaux habitans euffent demeuré un an & un jour dans la feigneurie. Après ce terme, ils étoient ferfs du feigneur. Une des fuites de ce droit exorbitant confiftoit à priver les vaffaux de la liberté de changer leur domicile fans la permiffion de leurs feigneurs. Une pareille fervitude avoit les effets de l'efclavage le plus dur. Pour en adoucir la rigueur, les feigneurs, plus éclairés ou plus humains, etablirent *le Parcours ou entrecours*. A cet effet, ils faifoient enfemble des traités par lefquels ils autorifoient leurs habitans *francs & nobles* à parcourir & entrecourir, c'eft-à-dire, à changer réciproquement leurs domiciles fans être expofés à la fervitude de corps.

On trouve dans l'hiftoire plufieurs exemples de femblables traités faits entre des feigneurs voifins.

Plufieurs coutumes fe fervent indifféremment des termes Parcours & entrecours.

La coutume de Sens appelle ceux qui demeurent dans le reffort de Sens, & qui font bourgeois du roi par simple aveu, *bourgeois de Parcours*.

Le droit de Parcours a la même origine que la main-morte : depuis le dernier édit par lequel Louis XVI a abrogé cette servitude odieuse dans ses domaines, elle n'existe plus que dans un petit nombre d'endroits. Il y a même tout lieu d'espérer que le nom n'en sera conservé dans peu que dans l'histoire de notre ancien droit féodal, & qu'il sera entiérement détruit. Au reste, on peut consulter sur cette matière l'article MAIN-MORTE.

Quant au Parcours des bestiaux, il est fondé sur l'usage & sur les dispositions de quelques coutumes particulières. Comme c'est une servitude réciproque de paroisse à paroisse, c'est l'usage & la possession qui en règlent l'exercice.

Il y a des coutumes où les habitans qui ont le droit de Parcours ne peuvent l'exercer en particulier & avoir des troupeaux séparés. Dans la coutume de Vitry, l'usage autorise seulement les seigneurs hauts-justiciers à cause de la distinction qui leur est due, à avoir des troupeaux séparés. Ce privilége a été confirmé par la jurisprudence, & restreint aux seigneurs hauts-justiciers. Plusieurs arrêts ont établi ce principe, entre autres deux, dont l'un est du 14 juillet 1714, & l'autre du 6 septembre 1756.

Par le premier de ces arrêts, le parlement a confirmé une sentence du bailliage de Sainte-Ménéhoult, qui avoit défendu au fermier d'un seigneur bas-justicier d'avoir un troupeau particulier, & qui lui avoit ordonné de confier ses bestiaux au conducteur commun des troupeaux.

Par le second arrêt, les mêmes défenses ont

été faites au fermier des supérieurs du séminaire de Rheims, qui sont seigneurs moyens & bas-justiciers, & il lui a été enjoint de mettre son troupeau sous la garde du berger choisi par la communauté des habitans.

Ainsi, d'après ces deux arrêts, il est certain que, dans la coutume de Vitry, les seigneurs hauts-justiciers ont seuls le droit d'avoir des troupeaux séparés.

Le droit de Parcours ne peut avoir lieu que dans deux cas ; le premier, lorsqu'il est permis par la coutume des lieux, & le second quand il est autorisé par des titres qui contiennent une convention réciproque entre deux paroisses, Hors ces deux cas, on ne peut exercer le droit de Parcours, parce qu'il est contraire au droit commun, qui veut que chaque propriétaire ne puisse faire paître ses bestiaux que sur les héritages qui lui appartiennent.

En matière de Parcours, la jurisprudence a consacré un autre principe qu'il est important de rappeler, c'est que, dans les lieux où l'on exerce le droit de Parcours, il ne suffit pas d'être propriétaire d'héritages pour en faire usage, il faut être membre de la communauté qui jouit de ce privilége. Ainsi un propriétaire qui a des bestiaux dans une paroisse ne peut les conduire dans une autre où il a des héritages, ni même sur ses propres héritages. Cette maxime est fondée sur le sentiment des auteurs & sur plusieurs arrêts dont nous allons rapporter les espèces.

Le premier de ces arrêts a été rendu le 27 mars 1741 ; le second, le 19 avril 1766, & le troisième, le 2 octobre 1767.

Voici l'efpèce de l'arrêt de 1741. Les fieu
Ourfin & Beaurin, propriétaires d'héritages dan
la paroiffe de Saint-Martin de Béthify, préten
doient avoir le droit d'y envoyer leurs beftiaux
& de jouir du droit de Parcours, quoiqu'il
euffent leur habitation dans une autre paroiffe
La communauté de Saint-Martin de Béthify f
oppofa, & affigna les fieurs Ourfin & Beaur
au bailliage de Villers-Cotterets, pour voir o
donner qu'il leur feroit défendu de faire pâtur
leurs beftiaux dans l'étendue de leur paroiffe
mais les juges de Villers-Cotterets ayant reje
la demande des habitans de Saint-Martin d
Béthify, ces derniers interjetèrent appel de l
fentence, & par l'arrêt qui intervint, le parlemen
infirma cette fentence, & fit défenfes, tant au
fieurs Ourfin & Beaurin qu'à leurs fermiers, d
faire pâturer leurs troupeaux & beftiaux f
aucune des terres & pâtures du territoire de Sain
Martin de Béthify, de quelque nature qu'ell
fuffent, & même fur les héritages à eux appa
tenans, fitués dans l'étendue du territoire de Sain
Martin de Béthify.

L'efpèce de l'arrêt de 1766 exige plus
détails. Cet arrêt a été rendu en faveur de la veu
Remy, fermière au village de Chaignolle, con
Charles le Gendre, fermier au village
Villegat.

Le Gendre prétendoit avoir le droit d'envo
fes beftiaux fur le territoire de la paroiffe
Chaignolle, qui étoit voifine de celle de Vil
gat. Pour appuyer cette prétention, il fouten
que la coutume d'Orléans, qui étoit voifine
celle de Chartres, dont dépendoient les paroi
de Villegat & de Chaignolle, autorifant le P

cours, il pouvoit l'exercer, puisque la coutume
de Chartres n'avoit aucune disposition contraire.
Il ajoutoit, qu'il étoit en possession de faire pâturer ses bestiaux sur le territoire de Chaignolle,
& qu'il avoit quatre-vingts arpens dans l'étendue
de ce territoire ; que d'ailleurs, en envoyant ses
bestiaux sur le territoire de Chaignolle, il avoit
suivi l'exemple de la veuve Remy, puisqu'elle
avoit elle-même fait conduire son troupeau sur
le territoire de la paroisse de Villegat. De ces
faits, le Gendre concluoit que la veuve Remy
n'étoit pas fondée à s'opposer à ce qu'il exerçât
le droit de Parcours sur le territoire de Chaignolle.

La veuve Remy soutenoit au contraire que la
coutume d'Orléans ne contenant aucune disposition qui pût autoriser la prétention de son ad-
versaire, on devoit avoir recours aux règles générales qui sont admises en matière de Parcours ;
qu'il n'en est point de plus certaine, que chaque
communauté doit jouir de son bien ; que les
étrangers ne peuvent l'usurper ; que le droit de
Parcours n'est point un privilége particulier, mais
une faculté générale qui appartient aux membres
d'une communauté ; qu'il ne suffit pas, pour jouir
du droit de Parcours, d'avoir des héritages dans
une paroisse, qu'il faut encore y demeurer ;
qu'ainsi il étoit indifférent que le Gendre eût quatre-
vingts arpens de terre dans la paroisse de Chaignolle, puisqu'il n'y demeuroit pas ; enfin, que
la possession ne pouvoit suppléer au titre nécessaire pour réclamer le droit de vaine pâture sur
un territoire étranger ; que par conséquent tout
se réunissoit pour faire proscrire la prétention de
le Gendre.

. Les juges de Chartres avoient accueilli la demande de ce fermier ; mais, fur l'appel de leur fentence, la veuve Remy a obtenu, le 19 avril 1766, un arrêt qui a infirmé cette fentence & qui a fait défenfes à le Gendre d'envoyer à l'avenir fon troupeau fur la paroiffe de Chaignolle. Voici les faits qui ont donné lieu au troifième arrêt.

Le hameau de Buiffonné eft dans le reffort de la coutume de Vitry ; celui de Neuvizy, qui le touche, eft régi par la coutume de Rheims.

La première de ces deux coutumes admet le Parcours entre les villages *qui font contigus & qui fe joignent fans moyen.* La feconde coutume (celle de Rheims) ne connoit point le droit de Parcours.

Un laboureur de Buiffonné, nommé Simon, & un fermier de Neuvizy, nommé Beglot, envoyèrent au mois d'août 1765 leurs troupeaux fur le territoire de Neuvizy. Le procureur fifcal inftruit de cette entreprife, donna un réquifitoire pour faire défendre à ces deux particuliers de faire pâturer à l'avenir leurs beftiaux dans l'étendue de la terre & feigneurie de Neuvizy, & les condamner en une amende. Sur ce réquifitoire, le juge de Neuvizy rendit une fentence, le 26 novembre 1765, qui, fans faire défenfes à Simon & à Beglot d'envoyer leurs beftiaux fur le territoire de Neuvizy, les condamna chacun à une amende de 75 livres.

Simon & Beglot interjetèrent appel de cette fentence, & intimèrent le feigneur de Neuvizy. Pendant l'inftruction de cet appel, qui fut porté aux eaux & forêts au fouverain, les communautés de Neuvizy & de Buiffonné furent mifes en cause, & la question du droit de Parcours fut alors discutée & approfondie.

Les habitans de Neuvizy prétendoient que ceux de Buissonné ne pouvoient envoyer leurs bestiaux en vaine pâture sur le territoire de Neuvizy, à titre de Parcours & d'entrecours, parce que ce droit ne peut être exercé que dans les lieux où il y est autorisé par la loi municipale, ou lorsqu'on représente un titre qui contient une convention réciproque entre deux communautés. Or (disoient les habitans de Neuvizy), les habitans de Buissonné n'ont aucun prétexte pour faire conduire leurs bestiaux sur notre territoire, puisque la coutume qui le régit n'admet point le Parcours, & qu'ils ne rapportent aucun titre qui leur attribue ce droit. Ainsi (concluoient les habitans de Neuvizy) la prétention de ceux de Buissonné est contraire à toutes les règles & doit être proscrite.

Les habitans de Buissonné répondoient que le Parcours doit être envisagé comme ayant pour principe une sorte d'association entre deux communautés voisines pour leur avantage commun; que sous ce point de vue il est très-favorable; qu'il en résulte les plus grands avantages pour l'agriculture & le commerce, puisqu'il tend à multiplier les pâturages & les ressources pour augmenter le nombre des bestiaux; que la coutume de Vitry, qui régit la paroisse de Buissonné, autorise le Parcours; que cette paroisse étant voisine de celle de Neuvizy, les habitans de cette paroisse n'avoient aucun prétexte pour s'opposer à l'exercice du droit de Parcours sur leur territoire, puisqu'ils pouvoient jouir de la même faculté sur le territoire de Neuvizy. Sur ces moyens

oppofés, intervint l'arrêt rendu par les eaux
forêts au fouverain le 2 octobre 1767, qui r
jeta la demande des habitans de Buiffonné, & le
fit défenfes d'exercer le Parcours fur le territoi
de Neuvizy.

Il réfulte des arrêts que nous venons de rappo
ter, que la jurifprudence a confacré le principe
qu'il faut que la coutume des lieux admette
Parcours, ou qu'on repréfente un titre qui re
ferme une convention réciproque entre deux con
munautés voifines, pour donner lieu à l'exerci
du Parcours. Ainfi, lorfqu'on ne fe trouve p
dans l'un ou l'autre de ces deux cas, on ne pe
jouir du droit de Parcours.

Quand deux communautés ont droit de Pa
cours réciproquement l'une fur l'autre, les habita
d'une communauté peuvent-ils s'oppofer à ce q
ceux de l'autre mettent des prés en réferve po
en tirer le regain? Cette queftion a été agitée :
parlement de Dijon entre les communautés (
Magny & de Corcelles en Momaux.

La communauté qui réclamoit la faculté de m
tre des prés en réferve, appuyoit fa demande f
ce qu'elle étoit en poffeffion depuis plus de tre
ans de faire cette réferve. Le parlement fe déte
mina en faveur de cette poffeffion par arrêt (
30 janvier 1738; mais cet arrêt particulier ne pe
être invoqué en thèfe générale.

En effet, tous les auteurs qui ont écrit fur
Parcours penfent qu'une communauté ne pe
mettre des prés en réferve que du confentemer
de l'autre communauté. Cette décifion a été ado
tée par un arrêt du parlement de Dijon, du
mars 1747. Par cet arrêt, il a été fait défenf
aux habitans de Changuy & de Saint-Simphorie

qui avoient respectivement droit de Parcours les uns sur les autres, de mettre en réserve en aucun temps leurs pâturages, à moins qu'ils n'eussent obtenu le consentement réciproque des deux communautés.

Toutes les fois qu'il se manifeste une maladie épidémique parmi les bestiaux, le droit de Parcours cesse & reste suspendu. On peut consulter à cet égard les loix qui ont été promulguées, & les arrêts qui ont été rendus sur l'épizootie.

En 1745, le 24 mars, le parlement de Paris fit un réglement par lequel cette cour défendit aux communautés qui avoient droit de Parcours, de l'exercer dès l'instant qu'il y auroit des bestiaux atteints de maladie, sous peine par les communautés qui contreviendroient à ce réglement, de répondre solidairement de tous dommages & intérêts, & d'être tenues civilement des faits de leur berger commun.

Voyez Ducange dans son glossaire ; Morgues sur les statuts de Provence ; la Marre sur la coutume de Bourgogne ; le Grand sur celle de Troies ; de Lauriere ; le code rural ; la coutume de Troies ; celles de Vitry, de Lorraine, de Senlis, &c. Voyez aussi les articles MAIN-MORTE, SERFS, VASSAUX, BESTIAUX, PATURAGES, TROUPEAUX, &c.

(*Cet article est de M.* DESESSARTS*, avocat, membre de plusieurs académies*).

ADDITION au mot PARCOURS.

On connoît quatre espèces de Parcours : celui des bestiaux, celui des main-mortables, le Parcours de bourgeoisie, enfin le Parcours de travail.

Le Parcours des beſtiaux eſt un droit réciproque de deux ou pluſieurs communautés voiſines, qui conſiſte à envoyer paître le bérail ſur leurs territoires reſpectifs en temps de vaine pâture.

, Suivant Freminville, *pratique des terriers*, tome 3, *page* 436, le droit de Parcours eſt l'effet d'une convention faite entre deux paroiſſes & villages, par laquelle les habitans ſe ſont donné mutuellement la liberté de faire pacager leurs beſtiaux ſur chacun de leur territoire, & reſpectivement pour leurs uſances. Ce qui donne lieu à ces conventions, ſont la proximité, & ſouvent le mélange de ces territoires qui ſe croiſent & s'étendent les uns dans les autres, ſouvent même par parties ſéparées, en ſorte qu'ils ne peuvent quelquefois profiter ſeuls des herbages qui leur appartiennent, ſans paſſer les uns ſur les autres; & comme toutes les juſtices & paroiſſes n'ont pas la même difficulté, & qu'à ce moyen ils jouiſſent tranquillement de ce qui eſt à eux, il n'y a dans ces endroits aucun droit de Parcours; ce qui fait qu'il n'eſt point de droit commun. Nous en avons un exemple dans la coutume du comté de Bourgogne; l'article 103 du chapitre 16 porte : » Sur ce qu'aucuns ont voulu prétendre, » par coutume générale, pouvoir uſager de vain » pâturage de clocher à autre, s'il n'y a empê- » chement de rivières, grandes forêts ou mon- » tagnes, ladite coutume de Parcours n'eſt point » tenue, ni réputée générale, & n'entend-on, » pour ce, aucunement préjudicier au Parcours » qu'aucuns particuliers dudit comté de Bourgogne » ont accoutumé d'avoir les uns ſur le territoire » des autres «.

Il y a des provinces & cantons où ces uſages

font plus ordinaires que dans d'autres ; nous voyons dans la coutume de Sedan une difpofition plus étendue ; l'article 302 du titre 15 porte: » Les habitans des deux villages voifins, tant en » général que particuliérement, peuvent mener » ou faire mener leur bétail en vaine pâture les » uns fur les autres «.

Morgues, fur les ftatuts de Provence, penfe de même que le droit de Parcours eft l'effet d'une convention primitive entre deux communautés voifines. Voici fes termes : » Les fréquentes » contentions qui arriveroient entre les habitans » des villages & bourgs voifins, à l'occafion des » herbages ou des forêts commodes pour y en-» graiffer des pourceaux & y prendre du bois » pour le chauffage, ont donné fujet aux fei-» gneurs & communautés defdits bourgs d'éta-» blir ou convenir en plufieurs lieux, qu'il y au-» roit compafcuité & communion, tant des her-» bages que des glandages, & du bois pour les » chauffages, & en conféquence de cette entre-» communion de facultés, les habitans defdits » bourgs, entre lefquels cette compafcuité & » communion eft établie, ufent réciproquement » des droits & facultés les uns des autres, *& les* » *uns ne peuvent faire aucune difpofition ou ré-* » *glement au préjudice des autres*, fi par tranfac-» tion il n'en eft autrement difpofé, ou fi par » une longue poffeffion lefdites facultés récipro-» ques ne font reftreintes & limitées ; & ne peut » cette compafcuité & communion introduite » pour le bien & utilité defdits bourgs & pa-» roiffes, être réfolue & anéantie, finon du » commun confentement de tous les intéreffés «.

Cependant il n'eft pas néceffaire de rapporter

le titre dépofitaire de cette convention ; une pi
feſſion immémoriale la fait préſumer. On exi
qne la poſſeſſion ſoit immémoriale , parce qu
le Parcours eſt une ſervitude diſcontinue. Voy
le dictionnaire de Brillon , *verbo Parcours.*

En général , ce droit n'a lieu que pour l
vaines pâtures , les groſſes pâtures en ſont affra
chies ; c'eſt la diſpoſition de l'article 223 de
coutume de Vitry , dont voici les termes : » l
» par la même coutume , les habitans contig
» & joignans ne peuvent mener leurſdites bê
» l'un ſur l'autre en paſquis & graſſes pâtures
» mais en vaines pâtures , comme dit eſt , & ſo
» leſdites graſſes pâtures aux habitans & deme
» rans aux finages où elles ſont aſſiſes , n'eſto
» que leurs voiſins y euſſent acquis uſage p
» quarante ans , ou qu'ils en euſſent tit
» valable «.

Les limites du Parcours ſont ordinairemer
d'un clocher à autre ; c'eſt ce qui eſt porté pa
l'article·179 de la coutume de Meaux , conç
en ces termes : » Habitans de villes ou village
» peuvent champoyer & mener leur bétail pou
» leur nourriture , & ſans fraude , en pâturage
» vains , de clocher à autre , ſans danger d'a
» mende , depuis les ·prés , avoines & autres ga
» gnages levés , & ne peuvent les ſeigneu
» hauts-juſticiers empêcher ne faire prend leu
» bétail «.

Les coutumes de Melun , article 303 ; Sen
146 ; Auxerre , 260 ; Troies , 169 ; Chaumon
103 ; Vitry , 122 ; Châlons , 266 ; Montargis
chapitre 4 , article 2 ; Orléans , 145 ; Lorraine
titre 15 , article 1 , & autres , y ſont conforme
la coutume du duché de Bourgogne ſe ſert d
mot de *parochiage.*

La coutume de Lorraine, titre 15 ; article 1 ,
s'explique en ces termes : » D'usage commun
» les habitans en divers villages, desquels les bans
» & finages sont joignans, soit de mêmes ou di-
» verses justices, peuvent, par droit de *Parcours* ,
» régulièrement envoyer les troupeaux de leurs
» bêtes pâturer & champoyer ès lieux de vaines
» pâtures, à l'écarte de *clocher à autre* , s'il y a
» église, & s'il n'y en a, jusqu'à l'écarte du
» milieu des villages, si ce n'est qu'en aucuns
» lieux il y ait des titres , ou d'usage particulier ,
» autres bornes ou arrêts que lesdits clochers &
» milieu de village «.

Cette coutume est conforme à celle du comté
de Bourgogne (*) , de Bar (**) , de Troies (***),
de Meaux (****) , de Melun (*****), Chaumont (******), Sens (*******) , Auxerre.

Les peines contre celui qui excède les limites
du Parcours sont déterminées par l'article 169
de la coutume de Troies. » On garde audit
» bailliage, que les habitans dont les villes ,
» villages ou territoires sont voisins, ou tenans
» l'un à l'autre, peuvent mener champoyer &
» vain-pâturer leurs bêtes, grosses & menues ,
» les uns sur les autres, de clocher à autre ; &
» s'ils le passent & y sont pris par justice du lieu ,
» il y a amende de soixante sous tournois contre

(*) Chap. 16 , art. 103.
(**) Tit. 15, art. 206.
(***) Art. 169.
(****) Art. 179.
(*****) Art. 303.
(******) Tit. 9 , art. 103.
(*******) Tit. 11 , art. 146.

Q iv

» chacune garde ou proie entière, étant sous un
» bâton ou garde par la communauté, avec la
» reftitution du dommage, & s'il y a bêtes de
» gens particuliers, & ils y paffent & font prins
» comme deffus, y a feulement cinq fous tour-
» nois d'amende, & néanmoins bêtes blanches
» peuvent être menées fi loin que l'on veut, pour-
» vu qu'elles retournent ou puiffent retourner au
» gîte de jour en leur finage; & fi autres bêtes
» demeurent au gîte outre lefdits clochers, à
» garde faite, en ce cas auroit l'amende arbitraire «.

Un édit du mois de mai 1769, regiftré le
21 avril précédent, abolit le Parcours dans la
province de Champagne. Voici les difpofitions de
cet édit : » Nous permettons à tous propriétaires,
» cultivateurs, fermiers & autres de la province
» de Champagne, de clore les terres, prés,
» champs, & généralement tous les héritages de
» quelque nature qu'ils foient, qui leur appar-
» tiennent ou qu'ils cultivent, en telle quantité
» qu'ils jugeront à propos, foit par des foffés,
» haies vives ou fèches, ou de telle autre manière
» que ce foit «.

» Les terreins qui auroient été ainfi enclos ne
» pourront être affujettis à l'avenir & tant qu'ils
» refteront en cet état de clôture, au Parcours, ni
» ouverts à la pâture d'autres beftiaux que de
» ceux à qui lefdits terreins appartiendront, fe-
» ront affermés ou accenfés, interprétant à cet
» effet & dérogeant même, en tant que de be-
» foin, à toutes loix, coutumes, ufages & régle-
» mens à ce contraires.

» La clôture des héritages ne pourra avoir lieu
» au préjudice du paffage des beftiaux pour aller
» fur les terreins qui refteront ouverts à la pâture,

» ni de celui des charrues & voitures pour la
» culture des terres & l'enlèvement des récoltes,
» & à cet effet tout propriétaire ou fermier sera
» tenu de laisser ledit passage libre sur son terrein,
» s'il est assujetti, ou qu'il ne puisse le clore sans
» intercepter le passage.

» Les clôtures d'héritages se feront à frais com-
» muns entre les propriétaires d'iceux, s'ils y con-
» sentent ; &. en cas de refus des propriétaires
» voisins, l'emplacement de la clôture sera pris sur
» le terrein que l'on voudra clore.

» Les troupeaux de chaque communauté ne
» pourront plus à l'avenir être conduits sur le
» territoire des communautés voisines & adja-
» centes, sous prétexte du droit réciproque de
» Parcours, lequel sera & demeurera aboli,
» comme nous l'abolissons par notre présent
» édit «.

Le Parcours d'hommes ne consistoit d'abord
que dans la simple convention que deux seigneurs
voisins faisoient entre eux, qu'au cas que l'homme
de corps de l'un d'eux vînt à épouser une femme
de corps de l'autre seigneur, le seigneur de la
femme ne pourroit lever aucun droit sur son
mari, à cause d'elle, tant que les enfans procréés
de ce mariage habiteroient conjointement avec
leur père & vivroient à sa table. C'est ainsi que
Hugues III, duc de Bourgogne, & Manassès,
évêque de Langres, convinrent en l'année 1188,
qu'ils en useroient réciproquement par rapport
aux hommes que chacun d'eux avoit dans la ville
& châtellenie de Châtillon-sur-Seine, laquelle
le duc tenoit en fief de cet évêque, & où celui-
ci avoit un domaine considérable.

Mais, dans les années suivantes, le Parcours

d'hommes prit une telle faveur parmi les feigneurs qui fe l'étoient accordé réciproquement,
qu'il autorifoit les hommes de l'un des deux feigneurs à pouvoir tranfporter à perpétuité leur
domicile dans la terre de l'autre feigneur, &
par-là de devenir fes hommes, fans que leur
ancien feigneur fût pour cette raifon en droit
de s'emparer des héritages qu'ils avoient laiffé
dans fa terre, ni même de les empêcher de fuccéder aux héritages qui leur y avenoient par le
décès de leurs parens ; c'eft ce que montrent de
lettres-patentes de Pierre (de Courtenay), comte
d'Auxerre & de Tonnerre, de l'an 1205, qui
portent, qu'étant en différend avec Blanche, comteffe de Troies, fa dame, touchant le Parcour
d'entre Tonnerre, de la part de lui comte,
· *Hervi & Saint-Florentin*, de la part de la comteffe ; enfin, après qu'il a été fait fur ce un
foigneufe & fuffifante enquête, de leur commun
confentement, ils ont appris qu'il y a Parcour
entre lefdites villes, & qu'ainfi ce Parcours a été
connu & approuvé (réciproquement). Que par-deffus
cela, il s'eft défifté des difputes & des plaintes
qu'il avoit contre Engenoul le Gros, touchant
ce jugement, auquel il lui avoit promis de fe
foumettre, & contre Colomb Bourgin au fujet
de l'héritage de fa mère décédée.

Les feigneurs ne furent pas toujours fidèles à
remplir ces fortes de conventions ; ils les violoient,
ils fufpendoient le droit de Parcours quand ils
s'appercevoient qu'il leur devenoit trop préjudiciable.

- En l'année 1221, la comteffe de Champagne
& de Brie défendit aux habitans de fa ville de
Provins de fe fervir du Parcours qui étoit entre

cette ville & la terre de l'archevêque de Sens.
C'est ce qui se voit par un bref du pape Honoré III, de l'an cinquième de son pontificat,
adressé à l'évêque de . . . . . à l'abbé & au
prieur de Saint-Martin de Séez, par lequel bref
il les commet pour entendre l'archevêque de
Sens & la comtesse de Champagne, en présence
l'un de l'autre, dans leurs raisons sur la contestation qui étoit entre eux touchant le Parcours
prétendu par l'archevêque, au regard des hommes
de la ville de Provins appartenante à cette comtesse, & qui étoit du diocèse de cet archevêque,
& d'informer ensuite le saint siége du tout, afin
qu'il se trouvât en état de prononcer son jugement sur cette contestation.

En 1205, le comte d'Auxerre, & en 1267, le
seigneur de Hons, contestèrent le Parcours qui
avoit été précédemment établi entre leurs villes
& seigneuries, & celles de Champagne qui y
confinoient, parce qu'ils jugèrent ce Parcours
préjudiciable à leurs intérêts. Les comtes de Champagne tinrent la même conduite toutes les fois
qu'ils pensèrent qu'il leur étoit avantageux d'interrompre le Parcours existant entre leurs villes
& paroisses de la Champagne & de la Brie, &
la terre de quelques seigneurs voisins qui ne re-
levoient pas d'eux.

Cette convention de Parcours, quant aux personnes, n'a pu avoir lieu que pendant la durée des
main-mortes. Elle fut comme l'aurore de la liberté;
son effet étoit, que les habitans des seigneuries tenues en Parcours respectif pouvoient aller
librement de l'une dans l'autre, sans être sujets
aux droits de confiscation & de poursuite envers
le seigneur du lieu de leur origine.

Quand le *Parcours ou l'entrecours*, dit M. de Lauriere (*), étoit fait entre deux seigneurs qui avoient droit de souveraineté, c'étoit une soci té au moyen de laquelle les sujets d'un de ces sei gneurs pouvoient, librement & sans danger de tomber dans la servitude de corps, se venir éta blir dans l'état de l'autre. Le *Parcours* contract. entre deux seigneurs étoit fait, ou au sujet de leurs étagiers & de leurs hommes de corps, ou des bestiaux de leurs sujets. Quand il concernoit les hommes de condition servile, c'étoit une so ciété au moyen de laquelle l'étagier & l'homme de corps d'un seigneur pouvoit aller s'établir dans le fief & la justice d'un autre, & prendre femme de sa condition dans la terre de l'autre seigneur, sans danger de formariage.

Le même M. de Lauriere nous apprend d'une manière également satisfaisante en quoi consiste le Parcours de bourgeoisie.

Il faut d'abord se rappeler qu'il y avoit deux manières d'acquérir la bourgeoisie, par lettres & par simple aveu. Pour acquérir la bourgeoisie par aveu, il suffisoit de désavouer son seigneur, & de s'avouer bourgeois du roi. On devenoit bourgeois par lettres, en prenant des lettres de bourgeoisie, & en satisfaisant aux autres formalités prescrites par l'ordonnance.

Le franc homme n'étoit astreint à cette for malité, à l'obligation de prendre des lettres, que lorsqu'il n'étoit pas originaire d'un pair qui fut en *société* de *Parcours* & d'*entrecours* avec le pays où il venoit nouvellement s'établir, car

___

(*) Notes sur le glossaire de Ragueau, *verb. Parcours.*

dans ce cas il étoit de plein droit bourgeois du
roi sans lettres & sans solennité ; en sorte que
s'il étoit domicilié dans la terre d'un seigneur
haut - justicier non ayant les droits, royaux *en
s'avouant bourgeois du roi par simple aveu*, il
déclinoit la juridiction du seigneur, & devenoit
justiciable des juges royaux ; & comme ce bourgeois n'avoit le privilége de simple aveu qu'en
vertu du Parcours, il étoit appelé *bourgeois de
Parcours*. Après cette observation, on entendra
les articles suivans.

Vitry, art. 78. Par l'entrecours gardé & observé
entre le pays de Champagne & Barrois, quand
aucun homme ou femme nés dudit pays de Barrois, vient demeurer au bailliage de Vitry, il
est acquis de ce même fait au roi, & lui doit
la jurée, comme les autres hommes & femmes
de jurée demeurans audit bailliage, &c.

Sens, art. 136. Les bourgeois de Parcours *qui
sont bourgeois du ressort de Sens ès marches de
Champagne*, se peuvent avouer bourgeois du roi
par simple aveu, sans montrer par écrit leur
bourgeoisie, en payant par chacun an douze deniers
parisis au roi.

La même coutume, art. 137. *Les bourgeois
de la rivière de Vannes payent leur bourgeoisie
au prévôt fermier de ladite rivière, pour ce que
lesdites bourgeoisies sont baillées au jour du bail
des fermes avec ladite prévôté. En ce faisant,
ceux qui sont demeurans ès villes & bourgs de
ladite rivière, se peuvent* avouer bourgeois du
roi par simple aveu, comme les bourgeois de
Parcours.

Art. 138. *Ceux qui ne sont* bourgeois de Parcours ou de la rivière de Vannes doivent avoir

& prendre leurs lettres de bourgeoisies du prévô
de Sens, de Villeneuve - le - roi ou leurs lieutenans chacun à son égard, présens deux ou trois
bourgeois de la ville, en promettant faire leur
devoir en tel cas requis, &c.

Art. 139. *Et doivent ceux qui ne sont bour-*
geois de Parcours *prendre lettres de désaveu à*
bailli de Sens ou son lieutenant, & par ver.
d'icelles s'avouer bourgeois du roi par un serge
royal, &c.

Le Parcours, quant au travail, est ainsi défin
dans le glossaire de Ducange : *Spectabat etiar*
percursus facultatem datam hominibus in alier.
fundo operas faciendi ; le droit de travailler libr-
ment & sans charges des droits établis dans la
seigneuries avec lesquelles on est en droit à
Parcours.

Tels sont, quant aux sujets, les effets du Pa-
cours de travail; quant aux seigneurs, l'effet c
Parcours a toujours été, que le seigneur du do
micile originaire percevoit sur son homme le
droits & redevances dont il pouvoit être tenu e
totalité, soit à raison de sa personne, soit à l'o-
casion de son travail & de ses bestiaux, en quelqu.
lieux qu'ils eussent été employés.

La coutume de Nivernois, article premier d
titre 12, donne un exemple du droit de Parcou
quant au labourage : elle décide que la dixm
se partage ordinairement entre le seigneur du d.
micile du laboureur qui a cultivé, & le seigne:
foncier du territoire dans lequel l'héritage est situé;
mais quand il y a Parcours, ou droit d'aller la
bourer l'un sur l'autre, alors la dixme entiè
appartient au seigneur du domicile, & ce droi
porte l'article, *s'acquiert par titre ou prescripti:*
suffisante.

Ce que l'on appelle Parcours quant au travail, est donc le droit, d'aller franchement dans un territoire autre que celui de la seigneurie du domicile y exercer le travail de ses bestiaux, à la charge seulement de servir au seigneur du domicile la totalité des redevances dont le travail de ces bestiaux est tenu envers lui.

Le Parcours seroit une servitude, si quelque seigneur le souffroit, de la part de ses voisins, dans sa terre, sans que ses habitans en jouissent de même dans les territoires voisins ; mais dès qu'il est respectif, c'est une convention ordinaire, dans laquelle le seigneur du domicile reprend sur le travail que ses habitans vont faire dans les seigneuries voisines, le fruit qu'il perd par le travail de ses voisins dans la sienne.

Si la redevance est personnelle, ou si, malgré la réalité de la redevance, il y a convention de Parcours prouvée par les titres ou par la prescription, entre les deux seigneuries, alors le seigneur du domicile du laboureur aura seul la redevance totale, & en cela il ne blessera pas l'intérêt du seigneur son voisin, qui, en vertu du Parcours, exigera de même la redevance totale de son droit semblable sur ses domiciliés qui auront été porter leur travail dans les autres seigneuries tenues également en convention de Parcours.

On peut juger par-là de la justice & même de l'égalité que comporte en général la convention du Parcours ; elle rend inutile tout examen sur la nature du droit. Le réel doit être gouverné, en vertu du Parcours, de la même manière que s'il étoit personnel. Il faut ajouter qu'elle procure à chaque seigneur la facilité de trouver dans

fa propre feigneurie le payement de tout ce qu
lui eft dû ; ce qui ne feroit pas, fi le feigneu
étoit obligé de fuivre dans les lieux voifin
routes les divifions qu'opéreroit la réalité d
fon droit parmi les cultivateurs ; il y gagne en
core l'avantage de pouvoir faire faire le recou
vrement de fon droit entier de la feule autori
de fes juges , qui feroient incompétens pou
connoître de l'exécution d'un droit réel né dan
un territoire étranger , & à pourfuivre des labou
reurs domiciliés dans une autre juftice.

L'effet du Parcours de travail eft donc double
l'un s'applique au feigneur , l'autre à fon hab
tant. L'effet du Parcours, pour le feigneur, eft d
le faire jouir feul de la rédevance due par fo
habitant, foit à raifon de fa perfonne , foit
raifon de fes beftiaux & de leur travail. L'effet
en faveur de l'habitant, eft d'opérer qu'en acqui
tant envers le feigneur de fon domicile les red
vances dont la bourgeoifie , le labourage ou
pâture font chargés dans fa feigneurie , il d
meure quitte de toutes redevances envers les fe
gneurs voifins dans les territoires defquels i
pourra mener franchement fes beftiaux , l
charrue.

Voyez les auteurs cités dans cet article , &
fur le Parcours de travail un mémoire imprim
de M. Mauclerc , avocat au parlement : nou
ne connoiffons rien de mieux ; nous y avo
puifé les notions que nous venons de préfent
(*Addition de M. H**, avocat au parlement.*)

PARDON. Rémiffion d'une faute , d'un
offenfe.

On appelle *lettres de Pardon ,* les lettres qu

le prince accorde en chancellerie à un homme impliqué dans une affaire criminelle, pour s'être trouvé dans la compagnie du principal accusé, lorsqu'il a commis le crime.

Les lettres de Pardon peuvent être obtenues dans les petites chancelleries, & celui auquel on les accorde n'est pas obligé de se mettre en état, c'est-à-dire de se rendre en prison pour les présenter aux juges.

Ces sortes de lettres ont beaucoup de rapport avec ce que les Romains appeloient purgation. On les intitule : *A tous ceux qui ces présentes lettres verront,* & on date du jour de l'expédition : elles sont scellées en cire jaune, au lieu que celles de rémission se datent du mois seulement, & sont scellées en cire verte, & intitulées : *A tous présens & à venir,* parce qu'elles sont *ad perpetuam rei memoriam.*

PARÉATIS. On donne ce nom à des lettres qu'on expédie en chancellerie pour faire exécuter les arrêts & les sentences hors le ressort des tribunaux où ils ont été rendus.

Comme les juges n'ont d'autorité que dans l'étendue de leur juridiction, & qu'il est important que les jugemens rendus par un tribunal puissent être exécutés dans tout le royaume, on a introduit le Paréatis, pour empêcher que les juges de lieux ne s'opposassent à l'exécution de jugemens qu'ils n'auroient pas prononcés.

On peut donc dire que le Paréatis est la sauvegarde du territoire des juridictions, en même temps qu'il sert à faire exécuter généralement, dans toutes les provinces soumises à la domina-

tion du roi , les arrêts & les fentences rend
par fes juges.

Il y a trois fortes de Paréatis ; ceux qui s'ol
tiennent au grand fceau , ceux qui s'accorde
dans les chancelleries particulières , enfin ce
que donnent les juges des lieux où l'on peut fai
exécuter un arrêt ou une fentence.

L'effet d'un Paréatis qui émane du grand fceau
confifte à rendre les arrêts , les jugemens & l
contrats pour lefquels on l'a obtenu , exécutoir
dans toute l'étendue du royaume.

Les Paréatis des chancelleries particulières fo
reftreints dans les limites du reffort de ces cha
celleries.

Ceux des juges n'ont de pouvoir que dans l'er
clave de leur juridiction.

L'article 6 du titre 27 de l'ordonnance à
1667, contient fur cette matière plufieurs dif
pofitions qu'il eft néceffaire de rapporter.

» Tous arrêts (y eft-il dit) feront exécut
» dans toute l'étendue de notre royaume , e
» vertu d'un *Pareatis* du grand fceau , fans qu
» foit befoin d'en demander aucune permiffion
» nos cours de parlement, baillis , fénéchaur
» & autres juges dans le reffort ou détroit de
» quels on les voudra faire exécuter ; & au c
» que quelques-unes de nos cours ou fiéges
» empêchent l'exécution, & qu'ils rendent que
» ques arrêts, jugemens ou ordonnances porta
» défenfes ou furféance de les exécuter ; voulo
» que le rapporteur, & celui qui aura préfid
» foient tenus folidairement des condamnatio
» portées par les arrêts dont ils auront empê
» ou retardé l'exécution, & des dommages

» intérêts de la partie , & qu'ils foient folidai-
» rement condamnés en deux cents livres d'amende
» envers nous : de laquelle contravention nous
» réfervons la connoiffauce à nous & à notre
» confeil. Sera néanmoins permis aux parties &
» exécuteurs des arrêts hors l'étendue des parle-
» mens & cours où ils auront été rendus , de
» prendre un Paréatis en la chancellerie du par-
« lement où ils devront être exécutés , que les
» gardes des fceaux feront tenus de fceller à peine
» d'interdiction , fans entrer en connoiffance de
» caufe. Pourront même les parties prendre une
» permiffion du juge des lieux au bas d'une re-
» quête , fans être tenues de prendre en ce cas
» *Paréatis* au grand fceau & petites chancelle-
» ries : mandons à nos gouverneurs & lieutenans
» généraux de tenir la main à l'exécution de la
» préfente ordonnance , fur la fimple repréfen-
» tation dès *Paréatis* ou de la permiffion des juges
» des lieux «.

Quoiqu'en thèfe générale ce foit un principe
certain que les arrêts & les jugemens ne peuvent
être exécutés hors le reffort des tribunaux qui les
ont rendus , qu'avec un Paréatis , il y a cependant plufieurs exceptions à cette règle , qui font
fondées fur des loix particulières.

Par exemple , les fentences des juges confer-
vateurs des priviléges des foires de Lyon s'exécutent dans toute l'étendue du royaume , fans
qu'on foit obligé d'obtenir aucun Paréatis. C'eft
une difpofition de l'édit du mois de juillet 1669.
Les fentences rendues par le fiége de la connétablie
s'exécutent auffi fans Paréatis.

Les jugemens rendus par le bailliage de l'artillerie de France , dont le siége est à Paris à l'arsenal , sont également dispensés de la formalité du Paréatis par l'édit du mois d'août 1703 qui a créé cette juridiction.

L'édit du mois d'avril 1695 a fait la même exception en faveur des sentences des officiaux & des autre juges d'église.

. Les décrets rendus en matière criminelle , de quelques juges qu'ils soient émanés , s'exécutent également par-tout le royaume sans Paréatis suivant la disposition de l'article 12 du titre 1 de l'ordonnance de 1670.

Quant aux contrats passés sous le *scel royal* l'article 95 de l'ordonnance de 1539 veut qu'ils soient exécutoires dans toute l'étendue du royaume sans Paréatis.

Il n'est point nécessaire d'obtenir des lettre de Paréatis pour exécuter les commissions de conservateur des priviléges royaux de l'université de Paris , ni celles des autres juges conservateurs des universités de France , & autres députés pe le roi.

Les sentences arbitrales , lorsque les parties ont acquiescé devant notaires , jouissent du même privilége ; mais les contrats reçus par les notaire des seigneurs ne peuvent être mis à exécution hor le ressort de leur justice , qu'en vertu d'une per mission des juges des lieux.

Les Paréatis ne peuvent se refuser , à moin que le titre qu'on veut exécuter ne soit pas re vêtu des formes extérieures qui rendent un acte paré. Par exemple, s'il y a quelque défaut dans l'i titulé ; s'il n'est pas revêtu du sceau de la jur diction dont il est émané ; enfin s'il est l'ouvra d'une autorité non reconnue en France : hors ces cas, l'article 120 de l'ordonnance de 1629 veut qu'on accorde les Paréatis sans connoissance de cause.

Hors les cas que nous avons ci-dessus rappelés & qui sont exceptés de la règle générale qui exige un Paréatis pour mettre un arrêt ou un jugement à exécution dans l'étendue du ressort d'un autre tribunal que celui dont ils sont émanés, la formalité du Paréatis est de rigueur & indispensable. Ainsi toutes les fois qu'on ne la remplit pas lorsqu'elle est nécessaire, les procédures qu'on fait sont nulles & ne produisent aucun effet ; l'huissier ou le sergent qui les ont faites peuvent même être punis par les juges des lieux, pour n'avoir pas respecté leur autorité : mais lorsqu'un huissier est porteur d'un Paréatis, il n'est pas obligé d'obtenir une commission du juge des lieux.

Nous avons dit ci-devant que les sentences des officiaux & des autres juges d'église s'exécutent sans Paréatis : cependant ce privilége n'a pas lieu lorsqu'il s'agit de temporel, de possessoire, de séquestre ou de saisie ; c'est ce qui a été jugé par un arrêt solennel, rendu sur les conclusions de M. l'avocat général Gilbert de Voisin, le premier décembre 1744. Le parlement de Paris, par cet arrêt, a déclaré nulle la saisie exécution & la vente des meubles d'un curé, faites en vertu de sentences rendues par un official portant condamnation de sommes pécuniaires, & il a été fait défenses à tous huissiers de mettre à exécution les sentences des juges d'église, sans permission préalable des juges laïques.

Quoique la justice du comté de Lyon ne soit qu'une justice seigneuriale, elle jouit du privilège particulier que ses sentences peuvent être mises à exécution sans Paréatis dans toute l'étendue de la sénéchauffée de Lyon. Un arrêt du parlement de Paris du 8 février 1653, l'a ainsi jugé en faveur du juge du comté de Lyon, contre les officiers de la sénéchauffée de cette ville.

Les gardes des eaux & forêts peuvent, lorsqu'il s'agit de délits commis dans le ressort d'une maîtrise, exercer leurs fonctions hors leur ressort, & même dans le ressort d'un autre parlement, sans être obligés d'obtenir aucune permission ni Paréatis. C'est ce qui a été jugé par un arrêt du conseil du 17 décembre 1737, qui a cassé un arrêt du conseil souverain de Roussillon.

Lorsqu'on veut exécuter à Paris un jugement qui n'est pas revêtu d'un Paréatis, il faut obtenir une permission de M. le lieutenant civil. Ce magistrat ne l'accorde qu'à condition que l'impétrant élira un domicile dans le lieu où se fait l'exécution.

En 1731, M. le lieutenant civil ayant permis, sur requête, d'exécuter une ordonnance du prévôt de Bar, qui autorisoit à emprisonner un particulier pour dettes civiles, par-tout où il le trouveroit, ce particulier se plaignit au parlement de l'ordonnance de M. le lieutenant civil, &, pour la faire déclarer nulle, il soutenoit qu'un juge ne pouvoit permettre l'exécution d'une ordonnance sur requête non communiquée, qui n'avoit pas été signifiée à la partie qu'elle intéressoit, & qu'une permission semblable étoit contraire à toutes les règles de l'ordre judiciaire.

Cependant le parlement n'eut point égard à

ces moyens, &, par arrêt du 23 mai.1731, il confirma le Paréatis de M. le lieutenant civil, & renvoya l'appel du prévôt de Bar devant le bailli de la même ville..

Comme c'est un principe certain que.les contrats passés en pays étranger, & les jugemens rendus par des tribunaux soumis à l'autorité d'autres souverains que le roi de France, n'ont point hypothèque dans le royaume, on n'accorde point de Paréatis pour exécuter ces contrats & ces jugemens contre des sujets régnicoles.

Les Suisses jouissent d'un privilége particulier. Les jugemens rendus par les tribunaux supérieurs de la Suisse s'exécutent en France comme les jugemens des tribunaux françois s'exécutent en Suisse : mais, pour mettre à exécution ces jugemens, il faut qu'ils soient revêtus des formes prescrites pour attester leur authenticité & l'autorité légitime dont ils sont émanés ; il faut ensuite obtenir un Paréatis du juge des lieux où l'on veut les exécuter.

Voyez l'ordonnance de 1667, l'édit de 1695, & les autres ordonnances qui sont citées dans cet article ; Bouchel, Bornier, Jousse, Ferriere, &c. Voyez aussi les articles COMMISSION, JUGE-MENS, RESSORT, &c.

(Cet article est de M. DESESSARTS, avocat au parlement, membre de plusieurs académies).

ADDITION à l'article PARÉATIS.

Les arrêts du grand conseil peuvent-ils être exécutés sans Paréatis dans les provinces sur lesquelles ce tribunal n'a point de juridiction, telles que la

Flandre ,, l'Artois ,' le Hainaut , le Cambrefis, le Rouffillon , l'Alface , &c. ? Cette queftion avoit été décidée pour l'affirmative par arrêt du grand confeil même , du 3 février 1781 , rendu fur la requête du procureur général , & conçu en ces termes : » Ordonne que les difpofitions de » l'article 6 du titre 27 de l'ordonnance de » 1667 , de l'article 13 de l'édit du mois de » mai 1775 , feront exécutées felon leur forme & » teneur ; en conféquence , caffe & annulle l'or- » donnance de Paréats , rendue par les prévôt, » mayeur & échevins de la ville de Lille , le 10 » janvier dernier , pour l'exécution de l'arrêt du- » dit confeil du 22 décembre précédent ; leur » enjoint de fe conformer auxdits articles de l'or- » donnance de 1667 & de l'édit du mois de » mai 1775 , fus énoncés ; fait défenfes au pro- » cureur fyndic de ladite ville de s'oppofer à » l'exécution des arrêts dudit confeil , d'exiger à » l'avenir de pareilles ordonnances , à tous huif- » fiers de les requérir , & aux juges de les ac- » corder , fous telles peines qu'il appartiendra ; » ordonne que le préfent arrêt fera fignifié , tant au » procureur fyndic de ladite ville , qu'au greffier » de la prévôté & échevinage d'icelle «.

Mais cet arrêt ayant été dénoncé à M. de Caftéele , procureur général du parlement de Flandres , ce magiftrat a donné un réquifitoire dans lequel il expofe , » que les difpofitions de » cet arrêt annoncent que le grand confeil a formé » le deffein de renouveler d'anciennes prétentions, » & de foumettre à l'autorité réfultante de fon » attribution , les provinces du reffort de la cour: » mais que la cour , dépofitaire & gardienne des » priviléges conftans des peuples Belgiques & de

»leur droit national, confervés & maintenus
» jufqu'à nos jours, ne fouffrira pas qu'ils reçoi-
» vent aucune altération de cette attaque momen-
» tanée, & que la partie des Pays Bas foumis au
» meilleur des gouvernemens, parce qu'il eft di-
» rigé par la juftice & par la foi des traités, con-
» fervera le privilége précieux de n'être foumis
» à aucune autre juridiction que celle de fes ju-
» ges domiciliaires, fans que, fous prétexte d'é-
» vocation, de committimus, ou autrement, les
» habitans puiffent être traduits en des fiéges ou
» tribunaux qui leur foient étrangers.

» Que cette entreprife du grand confeil doit
» d'autant plus étonner la cour, que l'incompé-
» tence de ce tribunal a été difcutée & pronon-
» cée en nombre d'occafions, & que depuis long-
» temps fon filence donnoit lieu de croire que,
» content de jouir dans l'intérieur du royaume
» d'une juridiction accidentelle & momentanée,
» il n'auroit plus tenté de fortir des bornes qui
» lui font prefcrites, pour effayer d'étendre fon
» pouvoir dans des provinces qu'une multitude
» de loix & de décifions notables ont garanties
» conftamment de l'effet des évocations, des com-
» mittus, & de tous autres priviléges qui ont
» été jugés inférieurs de beaucoup au droit na-
» tional des, habitans & à la conftitution des
» tribunaux des Pays-Bas.

» Que fi la nouvelle prétention du grand con-
» feil n'a pas pour objet direct l'exercice d'une
» cédule évocatoire, elle tend au moins à fe pré-
» parer les moyens d'introduire cette forte de pri-
» vilége dans la Flandre ; car, en admettant avec
» le grand confeil que fes arrêts peuvent être mis
» à exécution dans le reffort de la cour, fans de-

» mander aucune permiſſion, *viſa* ou *Paréatis*
» aux juges des lieux, il ſeroit facile à ce tribu-
» bunal d'y exercer ſes évocations dans toute leur
» étendue, ſans que les tribunaux en ſoient pré-
» venus ; qu'ainſi l'arrêt du 3 février dernier,
» rendu ſur la requête du procureur général du
» roi au grand conſeil, que le remontrant dé-
» nonce à la cour, tend évidemment à renouveler
» toutes les anciennes conteſtations qui ont eu lieu
» entre la cour & ce tribunal ; que déjà la con-
» noiſſance de cet arrêt a porté l'inquiétude dans
» différentes adminiſtrations, & que la cour, in-
» formée de cette entrepriſe, reconnoîtra tout
» la fois la néceſſité d'en annuller l'effet, & de
» raſſurer les juges de ſon reſſort contre les atta-
» ques d'une autorité qui leur a été inconnue juſ-
» ques à préſent.

» Que le droit que prétend le grand conſeil
» de faire mettre à exécution ſes arrêts dans les
» provinces du reſſort de la cour, ſans aucune
» permiſſion, *viſa* ou *Paréatis* du juge des lieux
» eſt un acte de juridiction auſſi éminent que ce-
» lui de juges, dont il eſt dépendant & indi-
» viſible ; qu'il réſulte de ce principe, qu'un tribu-
» nal qui n'a pas de juridiction dans un territoire
» n'a pas le pouvoir d'y faire mettre ſes mande-
» mens à exécution ſans la permiſſion du juge à
» qui la juridiction appartient.

» Qu'ainſi en établiſſant que le grand conſeil
» n'a aucune juridiction, de quelque nature que
» ce ſoit, dans le reſſort de la cour, il ſera dé-
» montré qu'il ne peut y faire mettre ſes arrêts
» à exécution ſans permiſſion, *viſa* ou *Paréatis*
» des juges des lieux «.

Après ce préambule, M. de Caſtéele trace

rapidement une esquisse des différens édits & arrêts qui maintiennent le ressort du parlement de Flandres dans un affranchissement entier de la juridiction du grand conseil, & dont nous avons rendu compte aux articles DOUAI, ÉVOCATION & FLANDRES; après quoi il continue de cette manière:

, » Des loix aussi précises, des décisions autant » multipliées, auroient dû persuader à jamais le » grand conseil, que toutes les tentatives pour » soumettre à sa juridiction, soit directement, » soit indirectement, les provinces du ressort de » la cour, continueront d'être infructueuses; & » que, par une conséquence nécessaire, il n'avoit » pas le droit d'y faire exécuter ses arrêts ou com- » missions, sans en demander· aucune permission » ou *Paréatis*.

» C'est en vain que, pour colorer son entre- » prise, le grand conseil fonde l'arrêt qu'il a » rendu contre les officiers municipaux de Lille, » sur les dispositions de l'ordonnance du mois » d'avril 1667, & d'un édit du mois de juillet » 1775.

» La première de ces ordonnances n'a jamais » été enregistrée en la cour, elle n'y a pas même » été envoyée : ses dispositions ne sont aucune- » ment connues dans les provinces de son ressort, » & n'y ont pas plus d'empire que le tribunal qui » les réclame, à moins que le grand conseil ne » prétende aussi avoir le droit d'introduire dans » les Pays-Bas françois un réglement auquel » le roi n'a jamais jugé devoir soumettre ses su- » jets flamands.

» Mais en supposant que la cour voulût adop- » ter, pour un moment, la disposition de la loi

» réclamée par le grand conseil, elle ne fa
» roit justifier l'arrêt qu'il a rendu le 3 févri
» dernier. L'article 6 du titre 27, cité par
» procureur général de cette cour, ordon
» que tous arrêts seront exécutés dans toute l'
» tendue du royaume, en vertu d'un Paréatis
» grand sceau, sans qu'il soit besoin de demand
» aucune permission; mais l'arrêt du grand conse
» sur lequel les échevins de Lille ont accor
» un *Paréatis*, n'étoit pas revêtu de cette marq
» de l'autorité souveraine, lorsqu'un huissier étra
» ger se rendit à Lille pour la mettre à ex
» cution. Le grand conseil objectera sans dou
» que ses arrêts étant scellés du grand sceau, ce
» équivaut à un Paréatis; ce raisonnement n'
» que spécieux; le grand sceau peut bien équ
» valoir, par rapport au grand conseil & dans l
» cas qui lui sont attribués, à une chancelle
» qui n'existe point auprès de lui, comme il y
» a une près de chaque cour souveraine, &
» sceau peut avoir la vertu d'assurer l'exécuti
» de ses arrêts dans les provinces où les évoc
» tions sont admises; mais il est insuffisant po
» celles où ce privilége est inconnu, & où il é
» défendu de l'introduire; dans les pays soum
» aux évocations, le grand conseil y a réellemé
» une juridiction relative à chaque objet qui l
» est attribué; & c'est alors qu'il peut dire qu
» n'a pas besoin de Paréatis pour l'exécution
» ses arrêts : mais dans le ressort de la cour, o
» le grand conseil ne peut exercer aucune ju
» diction, de telle nature qu'on la conçoive,
» simple mention du grand sceau au bas de
» arrêts ne suffit pas pour les y mettre à exécution
» parce que ce n'est jamais par suite de droit

» juridiction qu'ils s'y exécutent, mais unique-
» ment à raison du domicile des parties qui ont
» comparu pardevant lui, pour des objets réels
» situés hors du ressort de la cour; il faut donc
« en ce cas un Paréatis *du grand sceau ou des ju-*
» *ges des lieux*, conformément à l'article 6 du
» titre 27 de l'ordonnance de 1667, & c'est aussi
» ce qui est confirmé par l'article 13 de l'édit du
» mois de juillet 1775, invoqué par le grand
» conseil : malgré que cette loi, uniquement rela-
» tive à la compétence de ce tribunal, ne soit
» pas plus connue en Flandres que ne l'est l'or-
» donnance de 1667, on y lit : » *Voulons que*
» *les arrêts, ordonnances & mandemens, dans les*
» *matières qui sont attribuées à notre grand con-*
» *seil, & qui feront scellées du grand sceau, soient*
» *exécutés dans toute l'étendue de notre royaume,*
» *ainsi que les arrêts de nos cours le font dans*
» *les limites de leur ressort, sans demander aucune*
» *permission* «.

La conséquence que ledit procureur général du
roi fait résulter de cette disposition, est, » que
» le grand conseil n'ayant aucune matière qui lui
» soit attribuée dans le ressort de sa cour, ces
» arrêts ne peuvent être signifiés ni exécutés sans
» permission ; car lorsque le législateur veut que
» les arrêts du grand conseil soient exécutés sans
» permission dans toute l'étendue du royaume,
» ce n'est qu'à raison des attributions qui forment
» la juridiction de ce tribunal, & de la même
» manière que les arrêts des cours le font dans
» les limites de leurs juridictions ; mais, hors de
» cette limite, le grand conseil n'ayant pas de
» juridiction, ses arrêts sont à l'instar de ceux
» des autres cours, qui ne peuvent être exécutés

» fans *Paréatis* dans un territoire qui leur eſt
» étranger.

» Ces principes étoient adoptés par le grand
» conſeil en 1776, lorſque, dans un arrêt du 9
» janvier contre le parlement de Dijon, il diſoit
» *n'avoir aucun territoire limité, & que ſa juri-*
» *diction ne s'étendoit ſur les ſiéges inférieurs, que*
» *dans les matières qui lui ſont attribuées.*

» Il doit convenir auſſi que n'ayant aucune attri-
» bution qu'il puiſſe réclamer en Flandres, il n'a
» aucune autorité ſur les juges de ces provinces,
» & que par conſéquent il n'a pas eu le droit de
» faire aux officiers municipaux de Lille les
» injonctions portées par ſon arrêt du 3 février «
Sur ce réquiſitoire, le parlement de Flandres a
rendu, au rapport de M. Hennet, un arrêt du
17 mars 1781, dont voici le diſpoſitif : » La
» cour déclare ledit arrêt (du grand conſeil) nul
» & de nul effet ; fait défenſes à tous huiſſiers
» & ſergens de ſignifier ou autrement exécuter,
» dans le reſſort de la cour, ſemblables arrêts,
» commiſſions ou mandemens dudit grand con-
» ſeil, & aux juges, tant royaux que municipaux
» & ſeigneuriaux, de ſouffrir les ſignifications &
» exécutions deſdits arrêts, commiſſions ou man-
» demens, à peine contre les huiſſiers, ſergens
» ou autres qui les auroient ſignifiés en contra-
» vention du préſent arrêt, d'empriſonnement,
» s'ils ſont officiers étrangers du reſſort de la cour,
» à ce faire leſdits juges autoriſés, & d'interdic-
» tion ou de plus grande peine, s'il y échet,
» contre les huiſſiers & ſergens d'aucuns des ſiéges
» & juridictions du reſſort de la cour ; ordonne
» que le préſent arrêt ſera lu, publié à l'audience
» tenant, imprimé & affiché où beſoin ſera, &

» que copies collationnées d'icelui feront envoyées
» dans les bailliages & autres fiéges inférieurs du
» reffort, pour y être pareillement lues, publiées
» & enregiftrées : enjoint aux fubftituts du pro-
» cureur général du roi éfdits fiéges, d'y tenir la
» main, & d'en certifier la cour dans le mois «.
·(Cette addition eft de M. MERLIN, avocat
au parlement de Flandres.)

PARENTÉ. C'eft le rapport qu'il y a entre des
perfonnes unies par les liens du fang.

Les perfonnes nées d'un mariage légitime
peuvent feules être confidérées comme parentes
de la famille de leur père & de leur mère : ainfi
un bâtard n'a point de parens, fi ce n'eft fes
enfans nés en légitime mariage, d'où il fuit qu'à
l'exception de ceux-ci, perfonne ne lui fuccède
& il ne fuccède à perfonne (*).

On diftingue trois fortes de parens ; favoir,
les afcendans, les defcendans, & les collatéraux.

Les afcendans font les père ; mère, aïeul
& aïeule, & autres plus éloignés en remontant:

Les defcendans font ceux qui font iffus des
mêmes afcendans.

Les collatéraux font ceux qui defcendent d'une
fouche commune ; tels que les frères, les coufins,
l'oncle & le neveu, &c.

Les degrés de parenté font l'éloignement qu'il
y a d'une génération à l'autre : pour les compter,
on fuit la ligne ou fuite des perfonnes dont on veut
connoître la proximité.

(*) Cette règle admet une exception en quelques provinces, & particuliérement en Dauphiné, où la mère &
le bâtard fuccèdent réciproquement l'un à l'autre.

La parenté entre les afcendans & les defcenda
fe compte fuivant l'ordre de la ligne directe afce
dante & defcendante; & la parenté des collatéra
fe compte de même dans la ligne collatérale;
manière que chaque perfonne ou génération fi
un degré.

Ainfi le père & le fils ne font éloignés qu
d'un degré, le petit fils eft éloigné de fon aïe
de deux degrés; on ne compte pour celui-ci qu
deux degrés, quoiqu'il y ait trois perfonnes, par
que de l'aïeul au petit fils il n'y a que deux g
nérations; favoir, le fils & le petit fils : on i
compte pas l'aïeul, parce qu'il ne s'agit pas en c
cas de fa génération.

Les degrés de Parenté, en collatérale, fe comp
tent de même par génération, en remonta
à la fouche commune, que l'on ne comp
pas.

Ainfi, pour trouver le degré de parenté enti
deux coufins germains, il faut remonter à l'aïeul
& comme il y a entre lui & ces deux coufi
quatre générations, deux d'un côté & deux d
l'autre, favoir, les deux fils & les deux petits fils
qui font coufins germains, il fe trouve qu
ces deux coufins font parens au quatrième degr

Cette manière de compter les degrés par gé
nérations a lieu pour la ligne directe, tant p
le droit civil que par le droit canon; mais e
collatérale elle n'eft obfervée que fuivant le droi
civil.

Suivant le droit canon, en collatérale, il fat
deux perfonnes engendrées pour faire un degré
c'eft-à-dire, que l'on ne compte les degrés qu
d'un côté; de manière que deux collatéraux fo
parens entre eux au même degré qu'ils fo
éloigné

éloignés de la fouche commune ; & fi l'un des deux en eft plus éloigné que l'autre, c'eft cet éloignement où le premier fe trouve de la fouche commune, qui forme le degré de parenté entre eux, fuivant la règle vulgaire, *remotior trahit ad fe proximiorem*.

En France, on compte les degrés de parenté fuivant le droit canon, pour les mariages & pour les récufations des juges.

Pour ce qui eft des fucceffions, on ne fuccédoit, fuivant le droit Romain, que jufqu'au dixième degré de parenté ; l'article 41 des placités de Normandie porte, qu'*on ne fuccède dans cette province que jufqu'au feptième degré inclufivement* ; mais, fuivant le droit commun obfervé en France, on fuccède à l'infini, foit en directe ou en collatérale, tant que l'on peut prouver fa parenté, quand même on n'en prouveroit pas précifément le degré ; le fifc ne fuccède qu'au défaut de tous les parens.

Le mariage eft défendu entre les afcendans & les defcendans jufqu'à l'infini.

Il eft également défendu entre les collatéraux qui fe tiennent lieu entre eux d'afcendans & de defcendans, comme l'oncle & la nièce, la tante & le neveu, &c.

A l'égard des autres collatéraux qui n'ont point entre eux cette reffemblance de la ligne directe, le mariage eft défendu jufqu'au quatrième degré canonique inclufivement ; c'eft-à-dire, qu'il eft défendu jufqu'aux petits fils des coufins germains inclufivement.

L'alliance fpirituelle qui procède de l'adminiftration ou réception du facrement de baprême, ou de celui de confirmation, forme auffi une

efpèce de parenté ou affinité, dont les degrés
comptent de même que ceux de la parenté q
vient des liens du fang.

La parenté fait auffi un empêchement pou
être pourvu d'une charge de judicature dans u
tribunal où l'on a quelque parent au degré ma
qué par l'ordonnance; ces degrés fe comptent fu
vant le droit civil.

L'édit du mois d'août 1669 porte défenfes
ceux qui font parens aux prémier, fecond & tro
fième degrés, qui font le père & le fils, l
frères, l'oncle & le neveu, & à ceux qui font allié
jufqu'au fecond degré, qui font le beau-père (
le gendre, & les deux beaux-frères, de poffède
& exercer conjointement aucun office, foit dan
les cours fouveraines ou fiéges inférieurs, à pein
de nullité des provifions & des réceptions qu
feroient faites, & de la perte des offices.

Le même édit fait défenfes aux officiers titu
laires, reçus & fervant actuellement dans l
cours & fiéges, de contracter alliance au premiè
degré de beau-père & de gendre; autrement, &
en cas de contravention, l'édit déclare l'office d
dernier reçu, vacant au profit du roi.

On peut obtenir du roi des difpenfes de pa
renté, à l'effet d'être reçu officier dans un tri
bunal où l'on a des parens ou alliés au degré fpé
cifié par la loi; mais en ce cas les voix de ce
parens ou alliés ne font comptées que pour une,
quand ils ne font pas d'avis différens.

Lorfqu'on fait le procès au cadavre ou à l
mémoire d'un défunt, l'article 2 du titre 22 de
l'ordonnance criminelle du mois d'août 1670
veut que le juge lui nomme d'office un curateur,
& qu'un parent du défunt foit préféré, s'i

s'en offre quelqu'un pour faire cette fonction.

Voyez au surplus les articles TÉMOIN, SUC-
CESSION, TUTEUR, BAIL JUDICIAIRE, SAI-
SIE, &c.

PARÈRE. Avis, sentiment de négocians sur
des questions de commerce.

La pratique du négoce, particuliérement de
celui des lettres de change, étant venue d'Italie,
on a conservé dans presque toutes les places de
France, singuliérement en celle de Lyon, l'usage
des Parères : ils tiennent lieu d'actes de notoriété,
lorsqu'ils ont été donnés de l'autorité du juge conservateur, ou par une consultation particulière
pour appuyer le droit de celui qui consulte.

Depuis l'érection des chambres particulières de
commerce dans quelques principales villes de
France, en conséquence de l'édit de 1700 &
de l'arrêt du conseil de 1701, les Parères faits
sur les places de la bourse ou du change, dans
les villes où ces chambres sont établies, ne peuvent avoir d'autorité qu'après avoir été présentés
& approuvés par ces chambres.

M. Savary, auteur du parfait négociant, a
donné au public, en 1688, un livre intitulé,
*Parères ou avis & conseils sur les plus importantes
matières du commerce.*

Ce livre contient la résolution des questions les
plus difficiles concernant les banqueroutes &
faillites, les lettres & billets de change, les
ordres sans dates & sans expression de valeur,
les signatures en blanc, les renouvellemens des
billets & lettres de change, celles qui sont tirées
ou acceptées par des femmes en puissance de

mari , la minorité des tireurs , les différentes sociétés , la compétence des juges & consuls, & d'autres matières touchant le fait du commerce, ensemble plusieurs arrêts des parlemens rendus en conformité des Parères donnés sur toutes ces questions.

Ce livre a été depuis imprimé en 1715 par Guignard, libraire, avec une augmentation de trente-neuf Parères sur différentes questions toutes nouvelles , tirées des mémoires de l'auteur.

PARI. Voyez GAGEURE.

PARIAGE. On appelle *pariage, accompagnement ou association* , la possession par indivis du même domaine, seigneurie ou justice. Ce qui a introduit ces sortes de sociétés , est que l'église qui , dans des temps orageux , craignoit de perdre ses biens par la force & la violence de certains seigneurs, s'associoit avec d'autres , leur cédoit la moitié de ses droits, pour les intéresser à conserver le tout par leur autorité.

Ragueau (*) dans le glossaire du droit françois, sur le mot *Apparation*, l'explique en ces termes : *Cùm princeps , dux , comes , baro, vel alius dominus & episcopus , abbas vel ecclesia pares sunt domini in eâdem civitate & ditione, multæ sunt principum cum ecclesiis societates.*

Pariage ès anciens instrumens & arrêts, dit encore le même auteur (*) , *est un droit de compagnie & de société , quand un évêque, abbé*

_____

(*) Tom. 1, pag. 52.
(**) Tom. 2, pag. 196.

ou églife fait une affociation perpétuelle avec un feigneur temporel pour la juftice qui s'exerce fur leurs fujets, & pour les amendes & tailles qui fe lèvent fur eux.

Le motif de ces accompagnemens eft expliqué dans les additions de M. de Lauriere fur cet endroit. *Quand un évêque, un abbé ou quelque autre feigneur, manquoit d'autorité, il affocioit autrefois avec lui dans fa feigneurie & dans fa juftice quelque autre feigneur plus puiffant avec qui il partageoit fes droits, pour en conferver une partie par la force.*

Chopin (*), dans tous fes ouvrages, parle de ces fortes de Pariage & d'accompagnement : » On trouve, dit-il, plufieurs églifes, lefquelles » d'ancienneté ont reçu les rois & les princes en » leurs communautés, pour être affociés avec » elles en leurs biens & droits temporels, pour » fe garantir plus aifément contre les perfécuteurs » & perturbateurs de l'églife, étant affurées d'avoir » par-là de bons & puiffans patrons & fauve- » garde affurée «.

Il en cite plufieurs exemples dans fon traité du domaine (**), & ajoute, que les rois feuls n'ont point été admis en telle fociété par le confentement des églifes, mais auffi les ducs de grand renom, & les comtes plus apparens. Il en rapporte encore plufieurs exemples.

La Rocheflavin, & Graverol dans fes additions fur cet auteur, traité des droits feigneuriaux (***),

_____

(*) Pol. eccl. liv. 3, tit. 3, art. 8.
(**) Liv. 2, tit. 8, art. 7.
(***) Chap. 24.

atteftent encore l'ufage ancien & immémorii des Pariages. Ce dernier en diftingue de deux efpèces , les uns qui étoient limités à la vie de grands feigneurs avec qui les abbés & monaftè res traitoient, les autres qui étoient à perpétuité il ajoute qu'on n'en voit plus de la première efpèce mais que ceux qui étoient à perpétuité fon demeurés dans leur force & vertu , quoiqu la raifon de leur établiffement ne fubfifte plu

On ne finiroit pas fi on vouloit en citer le exemples connus & rapportés par les auteurs ; c fe contentera d'en indiquer quelques-uns , fuivan l'ordre des temps.

. 1123. Pariage entre l'abbaye de faint Rem de Rheims & le Comte de Rhetel , pour l feigneurie de Rancourt. *Ecclefia & comes i perpetuum pro indivifo poffidebunt jure focie tatis* (*).

1155. Louis le Jeune eft affocié avec l'abbay de faint Jean de Sens , pour les lieux de Chefy Lify & Voons : *Intuitu defenfionis ..... ejufdem loci abbates ad medietatem totius prædiclarus villarum collegerunt nos in quibufcumque red ditibus , hâc fervatâ immobiliter convention quod regiæ liberalitati non liceat fuam medieta tem donare alteri perfonæ* (**).

1160. Le même prince eft encore affocié avec l'abbaye de Bonnevale. *Ego Ludovicus , &c. abbas de Bonavalle & totus ejufdem monafterii con ventus nos participes conftituerunt in villam fuam quæ vocatur Laureium* (***).

(*) Chop. pol. eccl. fup.
(**) Martenne , amplif. collect. tit. 1, pag. 832.
(***) Chop. fup.

1184. L'églife de Rheims avec le comte dè Champagne (*).

1192. L'abbaye de Lombec avec le roi (**).

1233. Thibaut, comte de Champagne, avec l'abbaye de Molefme : *In totâ juſticiâ ſuâ quam habent in hominibus & fœminis , me & hæredes meos comites Campaniœ aſſociant* (***).

1263. Le comte de Champagne avec l'abbaye de Luxeuil (****).

1273. Le roi avec les templiers. *Dom. rex aſſociatus fuit per templarios in redditibus & juſtitiâ villœ de Paludello ſubtus ſanctum Porcianum* (*****).

1332. L'archevêque d'Embrun aſſocie le Dauphin de Viennois dans la ſeigneurie de la ville d'Embrun (******).

En la même année , l'évêque de Rhodes aſſocia de même le comte d'Armagnac.

1346. Les conſuls de Miremont en Languedoc aſſocient de même Philippe de Valois (*******).

Nous avons encore un exemple fameux de ces fortes d'accompagnemens ou Pariages, c'eſt celui de la ville de Chablis , dans laquelle le chapitre de faint Martin de Tours aſſocia le comte de Champagne; on en trouve les titres dans le traité de l'ufage général des fiefs de Bruſſel (********),

---

(*) Id. *Ibid.*
(**) Ducang. V. *Paragium.*
(***) Chop. pol. fup.
(****) Mém. de Pithou.
(*****) Chop. fup.
(******) *Id.* fur Anjou.
(*******) Ragueau, tom. 2 , pag. 797.
(********) Tom. 2, pag. 772 & ſuiv.

on y voit que quand on crioit le ban, le crieur
se servoit de ces termes : *De par saint Martin*
& de par le comte, actuellement le sceau de la
justice est commun, d'un côté sont les armes
du roi, & de l'autre celles de saint Martin,
avec légende, *sigillum communis curiæ chabl.* Il
en est de même dans les autres seize prévôtés
qui appartiennent au chapitre de saint Martin
de Tours, où le Pariage subsiste de la même
manière.

· Le plus ancien· Pariage que l'on connoisse
est consigné dans· le testament de saint Yrier,
fondateur du monastère d'Attane, aujourd'hui
appelé saint Yrier, dans le diocèse de Limoges,
dans lequel il confirme la donation qu'il avoit
faite à saint Martin de Tours, pour qu'il se ren-
dît le protecteur de ce nouveau Monastère (*):
Donamus tibi per hujus testamenti paginam, medie-
tatem Griciensis, aliam vero medietatem cum ædi-
ficiis vel cum omni jure suo Artano consistentes
monarchi nostri in perpetuum, te, sancte Martine
defensante, possideant (*). Saint Yrier est mort
en 591.

La célèbre abbaye de Remiremont en Lorraine
est de même très-anciennement en Pariage avec
le roi, comme représentant le duc de Lorraine.

En 1266, elle s'associa de même le duc de
Bourgogne pour tous les domaines qu'elle avoit
dans l'évêché de Châlons-sur-Saone..... L'association fut faite solennellement en présence du roi

---

(*) Ruynard, ad calcem Greg. Turon. pag. 1308.
(**) L'original de ce testament se conserve dans les
archives de saint Martin de Tours.

faint Louis, qui la confirma. L'original de la
chartre est au tréfor de la chambre des comptes
de Dijon.

L'objet des eccléfiastiques, en donnant en Pariage, étoit, comme nous l'avons déjà dit, de fe
procurer des protecteurs puiffans. A l'inftant où
le Pariage étoit établi, l'églife étoit fous la garde,
l'avouerie, la défenfe du prince ou feigneur do-
nataire, & les princes étoient très-fidèles à remplir cette obligation. Nous en voyons un exemple
mémorable dans ce qui fe paffa au commencement du douzième fiècle pour l'églife de Remiremont. Il s'éleva alors une grande conteftation
entre le chapitre de Remiremont, d'une part, &
les abbés & religieux de Chaumoufey, d'autre,
au fujet des offrandes d'une églife paroiffiale, que
l'évêque avoit données aux religieux de Chaumoufey. Thierry, duc de Lorraine, fe regardant
comme chargé de la défenfe de l'abbaye de Remiremont, fe préfenta avec l'abbeffe devant l'évêque
de Toul : *Et maxime dux Theodoricus, qui
præfens aderat & defenfionem caufæ earum adverfus
nos fufceperat, cum magnâ potentiâ inftabat* (*).
Ce font les termes de la chronique de Chaumoufey. Les religieux de Chaumoufey obtinrent des
lettres de recommandation de l'empereur auprès
du duc de Lorraine, à qui il appartenoit de défendre l'églife de Remiremont. *Duci Theodorico
ad cujus defenfionem Romaricenfis abbatia pertinebat, hujufmodi epiftolam mifit.* Ce font toujours
les religieux de Chaumoufey qui parlent. Ils
reconnoiffent, non pas que le duc de Lorraine

_____

(*) Martenne, thefaur. anecdot. tom. 3.

protégeoit seulement l'abbaye de Remiremont, mais qu'il étoit chargé de sa défense , & que cette défense lui appartenoit comme un droit singulier, ou plutôt que l'église de Remiremont lui appartenoit pour qu'il la défendît , *ad cujus defensionem abbatia Romaricensis pertinebat.*

Cette garde est précisément la même chose que l'advocatie, l'advouerie , la défense , suite nécessaire , ou plutôt chargé inséparable du Pariage.

. Les ducs de Lorraine étoient si jaloux de la garde de Remiremont, qui leur appartenoit, qu'ils ne souffroient pas que d'autres princes la partageassent avec eux ; c'est ce qui paroît par un titre du septembre 1298 , qui est dans la chambre des comptes de Lorraine (*): on y voit que Jean de Bauzey , chargé de la procuration du chapitre de Remiremont, déclara au gardien du duché & comté de Bourgogne, qu'au nom de la dame abbesse & du chapitre, il renonçoit à la garde dudit comté, tant pour leur bien du Valdaj que autres , attendu que le duc de Lorraine qui est leur gardien , tant en chef qu'en membres , n'agréoit ladite garde (**).

Les ducs de Lorraine ne faisoient en ce qu'imiter l'exemple de plusieurs autres princes. Le sire de Bourbon, en 1205 , exigea des moines de Ruquet une reconnoissance qu'ils étoient sous sa garde, & une promesse de ne se point retirer pour quelque prétexte que ce p'être.

_____

(*) Invent. des titres de Lorraine , biblioth. du roi layette 1 , Remiremont, n°. 99.

(**) Brussel, des fiefs, pag. 769.

Ce droit de garde étoit donc alors regardé comme précieux par les plus illustres princes ; c'étoit un engagement solennel qui lioit réciproquement l'église protégée & le prince son protecteur.

C'est sur cette obligation de garder l'église de Remiremont, que sont fondés les sermens que les ducs de Lorraine étoient obligés de faire & faisoient toujours lors de leur entrée à Remiremont ; il y a plusieurs procès-verbaux des années 1392, 1432, 1465, 1474, 1513 & 1579 (*), dans lesquels il est dit que le duc de Lorraine a été trés-humblement requis par *les abbesse & religieuses de faire les sermens accoutumés de faire d'ancienneté, pour cause & raison de la garde de ladite église & ville de Remiremont, mêmement de toutes leurs terres, seigneurie & sujets à lui recommandés de très-grande ancienneté.* Que le duc de Lorraine, *bien informé par les titres, lettres & chartres, & par son noble conseil, répondit bénignement, qu'il vouloit faire son devoir & ce à quoi il étoit attenu, comme ses prédécesseurs ducs, de Lorraine avoient fait.*

Il ne faut pas être surpris après cela, si, en 1595, les officiers du duc de Lorraine ayant mal à propos troublé le chapitre de Remiremont dans les droits communs & indivis qu'il avoit avec le prince dans les bans d'Arches, Moulin, Bellefontaine, Longchamp, Ramonchamp & Vagney, le grand duc Charles confirma par un arrêt de son conseil le partage égal de tous les

---

*) Archives de Remiremont.

droits & revenus de ces justices & seigneuries, avons lesdites dames abbesse & chapitre admis & admettons dès conjointement avec nous, en chacuns desdits bans, où la création du majeur & officiers de justice se fait ès plaids annaux, prendre & recevoir conjointement la moitié des amendes arbitraires ci-devant à elles quérelées, comme aussi de toutes épaves, attrahieres, boissons & autres profits & émolumens semblables de haute, moyenne & basse justice, nonobstant toutes choses dites & proposées & pretendues au contraire par nosdits officiers, ou de leur part, dont nous les avons déboutés (*). Nous rapportons les termes de cet arrêt, parce qu'ils font très-bien connoître les droits respectifs de l'église & du prince avec lequel elle tenoit en Pariage.

Après ces définitions & ces exemples, nous ne pouvons rien faire de mieux, pour donner une juste idée de cette espèce de convention, que de transcrire le passage suivant de la Rocheflavin des droits seigneuriaux, ch. 24.

» Droict de Pariage est un droit de société &
» compagnie, quand un évêque, abbé, chapitre
» ou église fait une association perpétuelle avec un
» seigneur temporel pour la justice qui s'exerce
» sur leurs sujets : la plupart desquels Pariages
» que nous avons en France, même ceux qui sont
» avec le roi, ont procédé des guerres que les
» anciens ducs, comtes & autres grands seigneurs
» se faisoient entre eux, & du ravage que leurs
» gens de guerre portoient au plat pays, même
» ès terres des ecclésiastiques, qui n'étoient respe...

(*) Archives de Remiremont.

» tés ni de l'un ni de l'autre party , ains c'eſtoit un
» ſéjour & paſſage ordinaire des gens de guerre ,
» leſquels n'oſoient entrer en terres du roi , qui au
» contraire étoient reſpectées & privilegiées de
» tous. Si que voiant les ſeigneurs eccléſiaſtiques
» leurs ſubjets ruinés & leurs terres quaſi déſertes
» & en friche, eſmeus de pitié envers leurs ſub-
» jets , & de l'utilité qui leur proviendroit s'ils
» étoient exempts & leurs terres des ravages de
» guerre , & le peu d'émolument qu'ils retiroient
» de leurs juſtices, ils mettroient en Pariage avec
» eux pour la moitié de leurs juſtices, le roi &
» aucuns de la moitié des autres droicts ſeigneu-
» riaux, mais à la charge que le roi ne les met-
» troit hors de ſes mains, & ne les pourroit
» tranſporter même en apanage ou récompenſe
» d'apanage , ainſi que Pithou l'a remarqué en
» ſes mémoires , allegué en l'indice des droits
» royaux , à cauſe de quoi les eccléſiaſtiques au-
» roient occaſion d'empêcher les aliénations que
» le roi fait de tels droits de Pariage avec eux. Il
» y avoit de ſemblables Pariages & pour mêmes
» cauſes avec ces anciens grands ducs & comtes
» de Normandie , Guienne , Toloſe , Champagne
» & autres, par l'union deſquels duchés & comtés
» à la couronne, les Pariages ont été unis auſſi ,
» deſquels il y a des exemples dans l'indice allegué
» ſur le mot *Pariage* «.

Le roi a ce privilége, que celui qui eſt ſeigneur en Pariage avec lui, ne peut contraindre
aucun de leurs ſujets à lui faire hommage ou
paſſer reconnoiſſance , ſans à ce appeler le procureur général du roi ou ſes ſubſtituts aux ſiéges
royaux , comme il le peut faire étant en Pariage
avec autre que le roi, & ce pour obvier aux

ufurpations qu'on pourroit faire des droits du roi, lefquels le plus fouvent font négligés. C'eſt pourquoi, par arrêt de l'an 1540 entre certains feigneurs directs du pays d'Albigeois en Pariage avec le roi, fut inhibé à tous feigneurs en Pariage avec le roi, de faire ni procéder aux reconoiſſances des fiefs en Pariage, fans à ce appeler le procureur du roi fur les lieux, en conféquence duquel arrêt les reconnoiſſances éxigées par un cofeigneur de Verfuel en Rouergue, fans avoir appelé le procureur du roi, furent caſſées par arrêt de la grand'chambre le 6 mai 1566.

Quand une juſtice eſt tenue en Pariage entre le roi & quelque feigneur, le juge doit être nommé alternativement de trois ans en trois ans par le roi & par le feigneur particulier; il en eſt de même d'une juſtice tenue en Pariage entre deux feigneurs. Ordonnance de Rouſſillon, art. 25 & 26.

Pour faire entendre nettement cet ancien uſage, dit le favant Lauriere dans fes notes fur le gloſſaire de Rageau, on rapportera ici l'extrait d'un contrat de *Pariage* en date du 4 août 1346, paſſé entre le roi Philippe de Valois, & les confuls de la ville & château de Miremont, près la ville de Rieux en Languedoc; il eſt ſtipulé entre autres chofes par ce contrat, *quòd dominus rex nec ejus futuri ſucceſſores in regno, nullo tempore poſſunt vendere, donare, permutare, vel alio quocumque titulo, in alium transferre, quâcumque ratione vel cauſâ, niſi in illum in quem transferret civitatem Toloſæ, & comitatum Toloſanum, partem contingentem dominum regem, in dictâ altâ & baſſâ juſticiâ, mero & mixto im-*

perio ; se quòd dicta pars contingens dominum regem virtute paragii perpetuò remaneat in & sub dominio immediato domini regis & suorum successorum regum Franciæ, seu saltem sub illo qui esset dominus civitatis Tolosæ, &c. & à la charge encore que la justice seroit exercée en la ville de Miremont par le juge royal de la ville de Rieux, lequel pour cet effet seroit tenu de prêter serment entre les mains des coseigneurs & des consuls de Miremont de bien administrer la justice, & de conserver les droits communs, *jura condominorum & parteriorum,* & qu'il tiendroit l'audience audit lieu de Miremont, avec les coseigneurs, *cum dictis condominis & parteriis, si sedere vellent, & cum dictis consulibus.*

Il y a arrêt du conseil de 1641, rendu sur la requête des agens généraux du clergé de France, qui ordonne que tous les contrats de paréage ou Pariage, passés entre les rois & les ecclésiastiques, seront exécutés & fidélement entretenus ; ce faisant, le roi relève lesdits ecclésiastiques de la prescription de 150 ans.

Freminville, dans sa pratique des terriers, tom. 4, pag. 618, examine la question de savoir à qui du roi ou du seigneur appartient le droit de chasse dans les terres tenues en Pariage ; voici la résolution. Il résulte, dit cet auteur, de la nature du Pariage, que chacun des deux seigneurs du roi & du seigneur particulier, laïque ou ecclésiastique, a droit de jouir des droits de justice, chacun à son tour ; mais le droit de chasse, quoiqu'attaché à la haute justice, ne peut pas être divisé, c'est un droit personnel & non réel ; c'est ce qui est décidé par l'art. 27, qui régle, que si la justice appartient à plusieurs frères, l'aîné feul a droit de jouir de la chaffe, & les autres non.

Or, dans une juftice en Pariage, le roi ne peut jamais être mis à la place de l'aîné, parce qu'il n'eft devenu propriétaire que par affociation gra-tuite; fi l'un des deux feigneurs de cette juftice a lieu d'avoir la préférence pour la chaffe, c'eft fans contredit le feigneur qui a appelé le roi à fo-fecours.

. Ainfi dans ces Pariages du roi avec des fei-gneurs laïques ou eccléfiaftiques, fi les titres n'en paroiffent pas, on doit préfumer que c'eft le feigneur qui a affocié le roi, non pas le roi qui a affocié un feigneur particulier avec lui.

D'où l'on doit conclure, que le feigneur en Pariage. avec le roi doit avoir droit de chaffe en tous les temps dans l'étendue de la juftice, & peut pourfuivre par fes officiers & même devant ceux du roi, ceux qui enfreignent les ordonnances fur la chaffe.

Nous avons dit plus haut que le roi ne peut pas aliéner les feigneuries qu'il tiênt en Pariage; peut-il au moins les engager, & s'il le fait, fon cofeigneur doit-il avoir la préférence ?

On peut dire qu'un fimple engagement n'eft pas une aliénation, & que le roi demeurant toujours le vrai maître, il n'eft pas cenfé pour cela con-trevenir au Pariage & aux conditions qui le règlent; que tout lè domaine du roi étant alié-nable, celui qui dépend du Pariage ne peut pas être de condition différente, & que fi l'un peut être engagé, l'autre le peut être auffi; qu'autrement ce feroit impofer une loi à fon fouverain, & le rendre dépendant de fes fujets. Enfin, que le bien de l'état étant la fuprême loi, le prince peut faire tout ce qu'il juge néceffaire, & engager auffi bien les terres du Pariage que les autres.

Au contraire, on peut dire que qui donne fon bien y peut mettre la condition que bon lui femble, & que c'eft une loi inviolable; que la difpofition du droit y eft formelle en tout le titre du code *de donationibus quæ fub modo*, &c. n'y ayant rien de plus jufte que d'obferver ce qui a été convenu : que fi cela doit fervir de règle en tous contrats, c'eft avec plus de raifon qu'il le faut fuivre aux donations & autres contrats qui procèdent de quelques libéralités. Qu'en ceux-là il fuffit de dire, qu'autrement on n'auroit pas donné, & par conféquent, qu'il faut ou quitter la chofe ou fatisfaire à la condition : que fi, en la loi *venditor ff. communia prædiorum*, le jurifconfulte oblige l'acheteur d'accomplir la condition oppofée, quoiqu'elle fût en quelque façon contraire au droit public, *quia bona fides legem contractûs venditionis fervari expofcit*; à plus forte raifon pour une donation & pour une condition favorables. Le Pariage n'a été fait que parce que le feigneur vouloit avoir le roi pour protecteur ; & quand le contrat ne le diroit pas, il feroit aifé de le juger, puifque *nemo præfumitur jactare fuum*, & qu'il faut qu'il y ait quelque intérêt qui porte à donner. Donc la donation n'ayant été faite que pour ce motif, il en eft inféparable.

On ajoute, il ne faut pas diftinguer fi c'eft une vente incommutable ou un fimple engagement, puifque c'eft toujours donner au coeigneur un nouveau compagnon, & moindre que celui qu'il avoit choifi, difons mieux, un rival,

un adverfaire. Enfin, autant il eft honorable de
céder au roi, autant il eft défagréable d'avoir
un copropriétaire qui difpute à chaque pas la
préférence.

Cette queftion a été décidée entre M. l'évêque
du Puy & M. le vicomte de Polignac. » Car
» autrefois il y a eu Pariage entre l'évêque
» du Puy & le roi, pour la ville du Puy & la
» juftice d'icelle. En effet, il y a une cour com-
» mune, & qui eft compofée des officiers
» du roi & des officiers de l'évêque. Le roi
» ayant donc voulu engager fa part, & ledit fieur
» vicomte de Polignac en ayant accepté l'engage-
» ment, le défunt fieur de Serre, évêque, s'y op-
» pofa, & foutint qu'au préjudice des conditions
» du Pariage, le roi ne pouvoit engager fa part,
» ou qu'en tout cas il devoit être préféré. Cette
» préférence fut adjugée audit fieur évêque par
» arrêt du confeil privé (*).

Nous terminerons cet article par un paffage
de Guyot fur la nature des juftices tenues en
Pariage avec le roi. » Alors, dit cet auteur,
» *traité des fiefs*, *tome* 6, *page* 129, la haute
» juftice, *in fenfu communi*, s'efface; elle eft ab-
» forbée dans les rayons de la juftice royale; la
» haute juftice de ce feigneur devient juftice royale;
» il lui refte, outre l'utile, pour fa portion, le
» droit de nommer & de donner fes provifions
» au prévôt de cette juftice, lefquelles s'atta-
» chent fous le contre-fcel de celles données par
» le roi, *qui les donne en plein*; en forte que ce
» juge eft nommé par le roi & par ce feigneur,
» fuivant l'article 25 de l'ordonnance de Rouffillon

(*) Henrys, tom. 2.

» de 1563. Anciennement on jugeoit que le roi
» auroit son juge, & le seigneur le sien, qui
» exerceroient tour à tour. Chopin sur Anjou,
» article 42, n°. 14, en rapporte un arrêt de 1554.
» Je l'ai vu *de facto* pour l'abbaye de Molesme,
» ordre de saint Benoît, congrégation de saint
» Maur ; c'étoit pour le bourg d'Essoie, coutume
» de Chaumont en Bassigny. Le Pariage avoit été
» fait avec le comte de Champagne, au lieu du-
» quel est le roi, par la réunion de la Cham-
» pagne à la couronne, & il a son cours encore
» actuellement ; le prévôt y est prévôt royal ; les
» provisions des religieux sont sous le contre-scel
» de celles du roi «.

(*Article de M. H**, avocat au parlement*).

PARISIS. Nom que l'on donnoit autrefois à
la monnoie qui se battoit à Paris, laquelle étoit
plus forte d'un quart que celle qui se battoit à
Tours.

On a appelé Parisis d'argent, une monnoie
d'argent fin, que Philippe de Valois fit fabriquer, & qui pesoit quatre deniers ; elle valoit
un sou Parisis, ou quinze deniers tournois. Ce
prince fut le seul, entre nos rois, qui fabriqua
de ces espèces.

Le Parisis d'argent avoit cours au même temps
que le Parisis d'or ; il valoit douze deniers Parisis, de sorte que le Parisis d'argent étoit le sou
Parisis, comme le gros tournois étoit le sou tournois. On peut voir dans la table du traité des
monnoies, par M. le Blanc, le temps où toutes ces
espèces ont été fabriquées, leur aloi, leur poids &
leur valeur, aussi bien que celle du marc d'argent.
Ces Parisis d'argent ne passèrent pas le règne de

Philippe de Valois, quoiqu'on ait continué sous les règnes suivans de se servir de la monnoie Parisis, ainsi qu'il paroît par les doubles & les deniers Parisis que firent faire ses successeurs.

Les Parisis d'or furent ainsi nommés, parce qu'ils valoient une livre Parisis, ou vingt sous Parisis, & pesoient quatre deniers; de sorte que les Parisis d'or, qui valoient alors vingt sous Parisis ou vingt sous tournois, vaudroient aujourd'hui environ vingt-six livres. Le Parisis d'or fut établi au mois d'octobre 1330, & il ne dura que jusqu'au premier février 1336. Cette monnoie étoit nouvelle; & on n'avoit point encore vu en France d'espèce d'or qui portât ce nom-là; on peut en voir la figure dans le traité historique de M. le Blanc.

Autrefois on stipuloit qu'un payement se feroit en deniers ou en deniers Parisis. Si le payement étoit stipulé en deniers Parisis, il falloit que le débiteur payât le quart en sus : mais, par l'article 18 du titre 27 de l'ordonnance du mois d'avril 1667, le législateur a voulu que les sommes pour condamnations, taxes, salaires, redevances & autres droits, fussent à l'avenir exprimées dans les jugemens, conventions & autres actes, par deniers, sous & livres, & non pas par Parisis ou tournois : il a en même temps ordonné que quand on stipuleroit le Parisis dans quelque acte, la somme n'augmenteroit pas pour cela.

Cependant, comme cette loi ne s'étend point aux actes qui l'ont précédée, il faut en conclure que les cens & rentes qui s'augmentoient auparavant du quart en sus à cause du Parisis, doivent encore se payer sur le même pied.

PARJURE. C'eſt le crime de celui qui a fait
ſciemment un faux ſerment en juſtice. Et l'on
appelle auſſi *Parjure*, le coupable qui s'eſt
parjuré.

Les loix romaines ont prononcé différentes
peines contre les Parjures : les unes ont voulu
qu'ils fuſſent condamnés au fouet, d'autres au
banniſſement, & d'autres à l'infamie. Quelques-
unes ont ordonné que le Parjure ne ſeroit plus
reçu au ſerment, & qu'il ne pourroit plus être
témoin, ni agir en demandant.

Il paroît néanmoins que la juriſprudence étoit
à cet égard fort incertaine ; car la loi 2, au code
de rebus creditis, dit que le Parjure ne doit pas
être puni par le prince, parce que c'eſt aſſez qu'il
ait dieu pour vengeur de ſon crime.

Julius Clarus nous apprend qu'au royaume de
Naples il y a une conſtitution qui condamne
les Parjures à avoir le poing coupé. Proſper Farinacius dit que la même peine s'applique à ce
genre de crime en Lombardie.

La conſtitution Caroline veut, 1°. que celui
qui commet un Parjure en matière civile ſoit
condamné à reſtituer les deniers ou autres choſes
que ſon crime lui a procurés ; qu'il ſoit d'ailleurs
privé de ſes honneurs & dignités, & que, ſelon
l'exigence du cas, il ſoit en outre condamné à
avoir les doigts coupés, conformément à l'ancien
uſage de l'empire.

2°. Que le témoin coupable d'un Parjure qui
donne lieu à prononcer contre quelqu'un une
peine capitale, ſoit puni de la même peine.

3°. Que cette peine ſoit pareillement prononcée
contre ceux qui engagent par méchanceté une perſonne à commettre un Parjure.

Nous avons en France différentes loix contre le Parjure. Suivant les capitulaires de Charlemagne & de Louis le Débonnaire, la peine du Parjure est d'avoir la main droite coupée.

Par l'ordonnance de saint Louis en 1254, qui est rapportée dans le style du parlement, le bénéfice d'appel est dénié à celui qui a été condamné pour crime de Parjure ; mais elle ne règle point la peine à laquelle il doit être condamné.

L'ordonnance de Charles VII sur le fait des aides, article 14, dit que si le Parjure se trouve prouvé, celui qui se sera parjuré sera condamné à une amende arbitraire envers le roi & envers le fermier, & aux dépens, dommages & intérêts du fermier.

L'article 593 de l'ancienne coutume de Bretagne, qui est le 638 de la nouvelle, porte, que tout officier de justice qui est convaincu de Parjure, est infame & incapable d'être juge & de tenir aucun autre office public.

Enfin, l'article 362 de la coutume de Bourbonnois déclare que si aucun affirme frauduleusement qu'il mène aucune chose par Paris, pour gens privilégiés, & qu'il soit convaincu du contraire, il doit être puni comme Parjure à l'arbitrage du juge.

Il résulte de ce qu'on vient de dire, que parmi nous la peine du Parjure est arbitraire, & qu'on punit ce crime relativement à la qualité du fait & des circonstances.

On trouve au journal des audiences un arrêt du 9 mars 1682, par lequel le parlement a condamné à cinq cents livres d'aumône le sieur Loiseau, ancien commissaire du châtelet de Paris, pour avoir affirmé fauſſement qu'il n'avoit point une pièce qu'on lui demandoit.

Le Parjure que commet une perſonne conſtituée en dignité doit être puni plus ſévérement que celui d'un ſimple particulier. Il faut en dire autant du Parjure commis par un tuteur, un curateur, un aſſocié, &c.

On conſidère auſſi pour la punition du Parjure les effets qui ont pu réſulter de ce crime. C'eſt pourquoi s'il eſt tel qu'il ait eu trait à faire prononcer une peine capitale contre une perſonne, il doit être puni de la même peine.

Mais le Parjure que commet un accuſé pour défendre ſa vie ou pour éviter la punition de ſon crime, n'entraîne aucune peine.

Le Parjure s'excuſe auſſi quand on affirme une choſe fauſſe que l'on croit être vraie.

Il en eſt de même du Parjuae qui ne cauſe de préjudice à perſonne.

Quoique le Parjure ſoit un crime qui intéreſſe l'ordre public, la recherche en eſt néanmoins aſſez rare, ſoit parce qu'il eſt difficile de prouver que ce crime ait été commis ſciemment, ſoit parce que, ſelon la loi 1, au code *de rebus creditis*, on ne peut pas, ſous prétexte de Parjure, faire rétracter un jugement rendu ſur le ſerment déféré à une partie par ſon adverſaire : mais obſervez à ce ſujet que ſi le ſerment a été déféré par le juge, & que depuis le jugement on ait trouvé de nouvelles pièces qui prouvent la fauſſeté du ſerment, on doit être admis à pourſuivre le coupable.

Il y a même des auteurs, & particuliérement d'Argentré, qui prétendent qu'après la preſtation du ſerment déféré par la partie adverſe, on doit recevoir la preuve du Parjure & rétracter le jugement rendu en conséquence, lorsque cette preuve est établie sur des écrits, comme quand on représente la promesse d'un débiteur qui a nié sa dette, ou la quittance d'un créancier qui a nié le payement qu'on lui a fait. Cette jurisprudence est judicieuse, & doit être suivie dans la pratique

Voyez le recueil des ordonnances du louvre; Julius Clarus, practica criminalis; Prosper Farinacius, praxis & theoria criminalis; le journal des audiences; d'Argentré sur la coutume de Bretagne; le traité des matières criminelles; Brodeau sur Louet, &c. Voyez aussi les articles FAUX, TÉMOIN, SERMENT, &c.

PARLEMENT. On appelle ainsi une cour souveraine composée d'ecclésiastiques & de laïcs, établie pour administrer la justice en dernier ressort au nom du roi, en vertu de son autorité, comme s'il y étoit présent.

Il y a dans le royaume treize Parlemens, qui, suivant l'ordre de leur création, sont le parlement de Paris, celui de Toulouse, celui de Grenoble, celui de Bordeaux, celui de Dijon, celui de Rouen, celui d'Aix, celui de Rennes, celui de Pau, celui de Metz, celui de Besançon, celui de Douai, & celui de Nancy.

Du Parlement de Paris.

Ce Parlement, qui est aussi appelé *la cour du roi, la cour de France, la cour des pairs,* est le premier Parlement & la plus ancienne cour souveraine du royaume.

On n'eſt pas d'accord ſur le temps de l'inſtitution de ce Parlement : quelques-uns penſent
qu'il eſt auſſi ancien que la monarchie, & qu'il
tire ſon origine des aſſemblées de la nation ; d'autres en attribuent l'inſtitution à Charles Martel ;
d'autres à Pepin le Bref ; d'autres à ſaint Louis,
& d'autres à Philippe le Bel.

Les aſſemblées de la nation, auxquelles on a
dans la ſuite donné le nom de *Parlemens généraux*, ſe tenoient ſous la première race au mois
de mars ; ce qui les fit appeler *champ de mars*.

Pepin transféra enſuite ces aſſemblées au mois
de mai, d'où on les appela *champ de mai*.

Tous les francs ou les perſonnes libres furent
d'abord admis dans ces aſſemblées. Mais lorſque
la nation fut devenue plus nombreuſe, chaque
canton tint ſes aſſemblées en particulier, & l'on
n'admit plus aux aſſemblées générales que les
gens qui tenoient un rang dans l'état. On voit
même que vers la fin de la ſeconde race elles
n'étoient plus compoſées que des barons ou vaſſaux immédiats de la couronne, des principaux
prélats, & de certaines perſonnes choiſies.

Ces aſſemblées générales formoient le conſeil
public du roi. On y traitoit de la police du
royaume, de la paix & de la guerre, de la
réformation des loix, des procès criminels des
grands, & d'autres affaires majeures.

Mais, indépendamment de ce conſeil public,
les rois de la première & de la ſeconde race avoient
une cour ou conſeil particulier, qui étoit auſſi
compoſé de pluſieurs grands du royaume. On y
traitoit les affaires les plus urgentes, ou qui demandoient du ſecret, & les matières qu'il fal-

loit préparer avant de les porter à l'assemblée générale.

Dans la suite, ces deux assemblées se confondirent insensiblement, en sorte qu'elles n'en firent plus qu'une qu'on appeloit *la cour du roi* ou *le conseil*. On y porta toutes les affaires qu'on portoit précédemment, tant aux assemblées générales de la nation, qu'à la cour ou conseil particulier du roi.

Cette cour ou conseil du roi fut ensuite appelée *Parlement*, terme qu'on croit avoir été usité dès le temps de Louis le Gros, pour exprimer toute assemblée où l'on parloit d'affaires (*).

On voit que ce Parlement fut qualifié de *Parlement de Paris*, aussi-tôt qu'il tint le plus ordinairement ses séances dans cette ville. Au surplus, il paroît qu'il ne commença à se former en cour de justice, comme il est présentement, que du temps de saint Louis, vers l'an 1254.

Quelques auteurs, tels que la Rocheflavin, ont pensé que le Parlement avoit été ambulatoire jusqu'au temps de Philippe le Bel; que ce prince voulant aller en Flandre & prévoyant qu'il y seroit long-temps, résolut d'y mener son conseil; mais que, ne voulant pas que ses sujets fussent sans justice, & sur-tout à Paris, où les affaires se présentoient en grand nombre, il ordonna, le 23 mars 1302, que pour la commodité de ses sujets

---

(*) L'auteur des gestes de ce prince dit que l'empereur & le roi de France, *collegerunt iterum .Parlamentum ut magni barones cum minoribus, sicut anteà fecerant, convenerunt.*

& l'expédition des caufes, on tiendroit deux Parlemens à Paris chaque année.

C'eſt mal à propos que quelques-uns ont cru que cette ordonnance étoit l'époque de l'inſtitution du Parlement, ou du moins que celui dont elle parle étoit un nouveau Parlement qui fut alors établi : il eſt certain que le Parlement exiſtoit déjà ſous ce titre long-temps avant cette ordonnance, & que celui dont elle règle les ſéances & qui a toujours ſubſiſté depuis ce temps, eſt le même qui étoit ambulatoire à la ſuite de nos rois, ainſi que l'obſerva le garde des ſceaux de Marillac, dans un diſcours qu'il fit au Parlement.

En effet, l'ordonnance de 1302 parle par-tout du Parlement comme d'un tribunal qui étoit déjà établi d'ancienneté : elle parle des caufes qui s'y diſcutent, des audiences, de ſes rôles pour chaque bailliage, de ſes enquêtes, de ſes arrêts, de ſes membres. Il y eſt auſſi parlé de ſes conſeillers qui étoient déjà reçus, & des fonctions qu'ils continueroient ; & il eſt dit que ſi quelque bailli a été reçu membre du Parlement, il n'en fera aucune fonction tant qu'il ſera bailli.

D'autres prétendent que le Parlement étoit déjà ſédentaire à Paris long-temps avant 1302. En effet, dès le temps de Louis le Jeune les grands du royaume s'aſſembloient ordinairement dans le palais à Paris, pour juger, tellement que le roi d'Angleterre offrit de s'en rapporter à leur jugement.

Quelques-uns tiennent que dès le temps de ſaint Louis le Parlement ne ſe tenoit plus ordinairement qu'à Paris, & que ce fut ce prince qui donna ſon palais à perpétuité pour la ſéance du Parlement. En effet, la chambre où ſe tient la

tournelle criminelle conferve encore le nom
la falle de faint Louis, comme étant le der
prince qui l'a occupée.

Mais quoique le Parlement ait été rendu
dentaire à Paris dès le treizième fiècle, i
néanmoins arrivé en différentes occafions qu
été transféré ailleurs.

C'eft ainfi que Charles VII, alors régent d
royaume, le transfera à Poitiers en 1418,
caufe de l'invafion des Anglois; il y demeura ju
qu'en 1437, qu'il revint à Paris.

Charles VII le convoqua auffi à Montargis
puis à Vendôme, pour faire le procès à Jea
duc d'Alençon, en 1456; l'arrêt fut donné con
lui en 1458.

Henri III le transféra à Tours par déclarati
du mois de février 1589, à caufe des troub
de la ligue; la déclaration de Henri IV du
mars 1594, le rétablit à Paris.

Il fut auffi établi par édit du mois d'octo
1590, une chambre du Parlement de Par
dans la ville de Châlons-fur-Marne, & elle
demeura tant que le Parlement fut à Tours.

Les troubles de la minorité de Louis XI
donnèrent lieu à une déclaration du 6 janv
1649, portant tranflation du Parlement à Mo
targis; mais cela n'eut pas d'exécution.

Le roi étant à Pontoife, donna, le 31 juill
1652, un édit par lequel il transféra le Par
ment dans cette ville; le Parlement s'y rend
mais en petit nombre, le furplus demeura
Paris: l'édit fut vérifié à Pontoife le 7 a
fuivant; &, par une déclaration du 28 octob
de la même année, le parlement fut rétab
Paris, & y reprit fes fonctions.

Le Parlement fut encore transféré à Pontoise dans la minorité du roi, par déclaration du 21 juillet 1720, & il fut rappelé à Paris par une autre déclaration du 28 décembre suivant.

Les présidens & conseillers des enquêtes & requêtes ayant été exilés en différentes villes le 9 mai 1753, la grand'chambre fut transférée le 11 du même mois à Pontoise, & le 4 septembre 1754, tout le Parlement fut rétabli dans ses fonctions à Paris.

Avant que le Parlement eût été rendu sédentaire à Paris, il n'étoit pas ordinaire, c'est-à-dire, qu'il ne tenoit ses séances qu'à certains temps de l'année. M. de la Rocheflavin, en parlant de l'état du Parlement sous Pepin le Bref, dit qu'il tenoit alors vers le temps des grandes fêtes.

Une chartre du roi Robert, dont les lettres historiques sur le Parlement font mention, suppose pareillement que le Parlement tenoit quatre fois par an ; savoir, à la toussaint, à noël ou à l'épiphanie, à pâques & à la pentecôte.

Cependant les *olim* ne font mention que de deux Parlemens par an, savoir, celui d'hiver, qui se tenoit vers les fêtes de la toussaint ou à noël, & celui d'été qui se tenoit à la pentecôte.

Dans les premiers temps où le Parlement fut rendu sédentaire, ses séances furent d'abord de peu de durée ; mais dans la suite les affaires s'étant multipliées par la réunion de plusieurs baronnies à la couronne, par la réserve des cas royaux, par l'utilité que l'on trouva dans l'administration ordinaire de la justice, les séances du Parlement devinrent plus longues.

Cependant le Parlement, quoique sédentaire, ne laissa pas d'être quelquefois long-temps sans s'assembler; il n'y en eut point en 1303; il ne se tint qu'une fois en 1304; il n'y en eut point en 1315; il y a des intervalles de six ou sept mois, *propter guerram*, sur-tout sous Philippe de Valois.

La police féodale qui s'établit vers la fin de la seconde race, changea la forme du Parlement; on y admettoit bien toujours les barons, mais on ne donnoit plus ce titre qu'aux vassaux immédiats de la couronne, soit laïques ou ecclésiastiques, qui, depuis ce temps, furent considérés comme les seuls grands du royaume.

Mais au lieu que l'on donnoit anciennement le titre de pair à tous les barons indifféremment, la pairie étant devenue réelle, on ne donna plus le titre de pair qu'à six des plus grands seigneurs laïques & à six évêques.

Les simples nobles n'entroient pas au Parlement, à moins que ce ne fût comme ecclésiastiques, ou qu'ils n'eussent la qualité de maîtres du Parlement, titre que l'on donna à certaines personnes choisies pour tenir le Parlement avec les barons & prélats.

Les évêques & abbés, qu'on appeloit tous d'un nom commun *les prélats*, avoient presque tous entrée au Parlement, les uns comme pairs, d'autres comme barons.

Les hauts barons laïques, y compris les six pairs, ne montoient pas au nombre de trente.

A l'égard des évêques barons, ils se multiplièrent beaucoup à mesure que le royaume s'accrut par la réunion des différentes provinces à la couronne.

Les barons ou pairs, tant ecclésiastiques que laïques, étoient alors obligés de se trouver assidûment au Parlement, pour y juger les affaires qui étoient de leur compétence.

On trouve en effet qu'en 1235 les barons laïques se plaignoient de ce que l'archevêque de Rheims & l'évêque de Beauvais, malgré le devoir de leurs baronnies & la loi de leur féauté, ne vouloient pas se rendre au Parlement. *Cùm regis sint ligii & fideles, & ab ipso per homagium teneant sua temporalia in paritate & baroniâ, in hanc contra ipsum insurrexerunt audaciam, quòd in suâ curiâ jam nolunt de temporibus respondere, nec in suâ curiâ jus facere.*

Les barons, indépendamment des causes des pairs, jugeoient les affaires de grand criminel : il y en a un exemple dès l'an 1202, pour l'affaire du roi d'Angleterre.

Les affaires dont le Parlement prenoit connoissance, se multiplièrent principalement par la voie de l'appel, qui devint plus fréquente sous S. Louis, & la décision en devint plus difficile par les ordonnances qu'il fit & par les formes qui furent établies ; ce qui obligea saint Louis d'introduire dans le Parlement des gens lettrés, pour aider de leurs lumières les barons qui ne savoient la plupart ni lire ni écrire : ces gens de loi n'avoient d'abord que voix consultative, mais on leur donna bientôt voix délibérative.

On n'entrera point ici dans le détail de toutes les différentes créations & suppressions qui ont été faites des présidens, conseillers & autres officiers du Par-

lement ; ce détail feroit trop long (*) : il fuffira de
dire que cette cour eft compofée, en premier lieu
du roi, qui y vient lorfqu'il le juge à propos
foit·pour y tenir fon lit de ·juftice, foit ave
.moins d'appareil pour y rendre lui-même la ju
tice à fes peuples, ou pour entendre les av
de fon Parlement fur les affaires qui y fo
propofées. En fecond lieu, les autres perfonne
qui compofent le Parlement font le chancelier
qui peut y venir préfider quand bon lui femble
un premier préfident ; plufieurs préfidens à mo
tier ; les princes du fang, qui font tous pairs nés
fix pairs eccléfiaftiques, dont trois ducs & tro
comtes ; les pairs laïques, les confeillers d'ho
neur, les maîtres des requêtes, qui y ont féan
au nombre de quatre ; les confeillers tant cle
que laïques, trois avocats généraux, un proc
.reur général, plufieurs fubftituts, les greffiers
commis des greffes, un premier huiffier, le
huiffiers ordinaires, ·& divers autres offici
inférieurs.

Autorité & compétence du Parlement de Paris.

Ce Parlement a toujours été le tribunal deftin
à connoître des affaires majeures & des cauf

(*) Tout le monde fait la difgrâce fameufe que le
membres de cet augufte corps éprouvèrent fous le règn
du feu roi. Deux édits du mois d'avril 1771, publiés a
lit de juftice tenu à Verfailles le 13 de ce mois, fupp
mèrent tous les offices créés précédemment pour le Parl
ment de Paris, & fubftituèrent aux anciens magiftrats
cette cour, les gens du grand confeil, qui fut pareillem
fupprimé. Les chofes font reftées fur ce pied jufqu'au m

qui concernent l'état des grands du royaume.

Dans le temps qu'il étoit encore ambulatoire à la suite de nos rois, & qu'il formoit leur grand conseil, on y délibéroit de la paix & de la guerre, de la réformation des loix, du mariage des enfans de nos rois, du partage de leur succession entre leurs enfans, comme cela se pratiqua en 768 entre les deux fils de Pepin; en 806, sous Charlemagne, entre ses trois fils; en 813, lorsque le Parlement fut assemblé à Aix pour faire passer la couronne à Louis le Débonnaire, & en 836, quand se fit le partage des états de Louis le Débonnaire; enfin, pour celui qui fut fait entre Louis le Begue & Louis son cousin.

Philippe-Auguste tint en 1190 un Parlement, pour statuer sur le gouvernement du royaume pendant le voyage qu'il se proposoit de faire à la terre Sainte; & ce fut dans ce même Parlement que ce prince, avec le congé & l'agrément de tous ses barons, *acceptâ licentiâ ab omnibus baronibus*, donna la tutelle de son fils & la garde du royaume à la reine sa mère.

Ce fut ce même Parlement qui jugea les contestations qu'il y eut entre Philippe le Hardi & Charles, roi des deux Siciles, pour la succession d'Alphonse, comte de Poitiers.

Ce fut lui pareillement qui jugea, en 1316 & 1328, la question de la succession à la couronne

---

de novembre 1774, que, par un édit enregistré au lit de justice du 12 de ce mois, le roi a rétabli dans l'exercice de leurs charges tous ceux qui en possédoient au Parlement de Paris avant les édits du mois d'avril 1771.

en faveur de Philippe le Long & Philippe Valois, & le différend qu'il y eut entre Char le Bel & Eudes, duc de Bourgogne, à cau de l'apanage de Philippe le Long, dont Euc prétendoit que sa femme, fille du roi, dev hériter.

Du temps du roi Jean, les princes, les pl lats & la noblesse furent convoqués au Parlemer pour y délibérer sur les affaires les plus importam de l'état.

Charles V lui fit aussi l'honneur de le consul quand il entreprit contre les Anglois la guer dont le succès lui fut si glorieux.

Ce fut encore le Parlement qui rassembla réunit les maisons d'Orléans & de Bourgogne que les désordres du temps avoient divisées.

Cet illustre corps, par la sagesse & l'équi de ses jugemens, a mérité d'être l'arbitre de plus grands princes de la terre. Les Innocent les Frédéric, les rois de Castille & ceux d Portugal, les Ferdinand, les Maximilien, le Philippes, les Richard, ont soumis leur pourpr à la sienne, & l'on a vu lui demander la justi par ceux qui la rendoient à plusieurs peuples, & qui ne voyoient au dessus de leurs trônes que le tribunal de dieu.

Les ducs & les comtes d'Italie, sur lesquels nos rois s'étoient réservé toute souveraineté, ont été plusieurs fois mandés au Parlement pour y rendre raison de leur département. Tassillon, duc de Bavière, fut obligé d'y venir pour se purger du crime de rebellion qu'on lui imputoit; on y jugea de même Bernard roi d'Italie, & Carloman, pour rebellion contre son père.

Dans des temps bien postérieurs, en 1536,

ce fut ce Parlement qui décréta d'ajournement personnel l'empereur Charles-Quint.

Edmont rapporte qu'un pape ayant excommunié le comte de Toscanelle Formose, évêque, ce pape fit porter au Parlement son procès-verbal de ce qu'il avoit fait.

Les rois étrangers y ont quelquefois envoyé leurs accords & contrats pour y être homologués, & les rois de France eux-mêmes y ont plusieurs fois perdu leur cause quand elle n'a pas paru bien fondée.

Enfin, le Parlement a toujours connu des affaires les plus importantes.

Il connoît seul des causes qui concernent l'état & la personne des pairs.

Lui seul a pareillement la connoissance des matières de régale dans toute l'étendue du royaume.

Il connoît en première instance de certaines matières dont la connoissance lui a été réservée privativement à tous autres juges.

Il connoît aussi, de temps immémorial, du bien ou du mal jugé des sentences dont l'appel est porté devant lui.

Cette voie étoit usitée dès le temps de la première race; on prenoit quelquefois la voie de la plainte ou prise à partie contre le juge; quelquefois on demandoit à fausser le jugement, c'est-à-dire, à prouver qu'il étoit faux, & que les premiers juges avoient mal jugé; mais on se servoit aussi quelquefois du terme d'appellation, pour exprimer ces procédures, comme il paroît au quatrième registre olim, fol. 107, où il est dit, *à quo judicato tanquàm falso & pravo ad Parlamentum nostrum appellavit*; ce fut ainsi

qu'en 1224, il eſt dit que la comteſſe de Flandres *appellavit ad curiam regis*; les olim ſont
pleins d'exemples de ſemblables appellations ver-
bales & autres.

- Il eſt vrai que ces appels ne furent pas d'abord
portés en ſi grand nombre au Parlement, parce
que la manie des hauts ſeigneurs étoit de s'op-
poſer par des violences à ce que l'on appelât de
leurs juges au Parlement.

On défendit en 1228 au comte d'Angoulême,
de mettre empêchement à ceux qui voudroient
venir au Parlement pour ſe plaindre de lui.

Le roi d'Angleterre, comme duc d'Aquitaine,
faiſoit pendre les notaires qui en avoient dreſſé
les actes; il exerçoit des cruautés inouies contre
ceux qui les avoient interjetés; un manifeſte de
Philippe le Bel, qui eſt à la fin des olim, dit
qu'on ne ſe contentoit pas de les enfermer dans
d'étroites priſons, & de mettre leurs maiſons
au pillage; on les dépouilloit de leurs biens,
on les banniſſoit du pays, on les pendoit même
pour la plupart; quelques-uns furent déchirés
en quatre parts, & leurs membres jetés à l'eau.

Les ſeigneurs eccléſiaſtiques n'étoient pas plus
doux que les laïques: un évêque de Laon, entre
autres, dépouilloit de leurs biens ſes vaſſaux qui
appeloient au Parlement; un abbé de Tulles les
empriſonnoit & mutiloit; & parce qu'un homme,
condamné par ſes juges à perdre la main gauche,
en avoit appelé au Parlement, il lui fit couper
la main droite. L'abbé fut condamné en quatre
mille livres d'amende; l'évêque eut des défenſes
de récidiver, avec injonction au duc de Bretagne d'y tenir la main.

Le roi d'Angleterre ayant refusé de comparoître, son duché de Guienne fut confisqué.

Il y a d'autres arrêts semblables contre le comte de Bretagne, celui de Flandres, & le duc de Bourgogne.

Discipline du Parlement.

Chaque chambre doit connoître des matières qui lui ont été attribuées par les réglemens. Ainsi la grand'chambre connoît de la police générale dans les matières civiles & ecclésiastiques, soit par appel simple ou comme d'abus, soit en première instance, sans que, sous aucun prétexte, les officiers des enquêtes puissent en prendre connoissance, à moins que l'assemblée des chambres n'ait été jugée nécessaire à cet égard.

Observez toutefois que cette règle ne s'applique pas aux appels comme d'abus incidens aux procès soumis à la décision d'une chambre des enquêtes.

La grand'chambre connoît aussi seule de l'enregistrement des lettres-patentes accordées sur la demande des particuliers, contenant la concession de quelque grâce, don ou privilége.

Lorsqu'il survient quelque différend sur la compétence entre les chambres de la cour, il doit être porté aux chambres assemblées; & s'il ne peut pas y être terminé, les chambres entre lesquelles il s'est élevé doivent chacune envoyer à M. le chancelier ou à M. le garde des sceaux de France, un mémoire contenant sommairement l'objet de la difficulté & les motifs des prétentions respectives, pour, sur le compte que le ministre de la justice est chargé d'en rendre au roi, être par sa majesté ordonné ce qu'il convient.

Il doit en être usé de même quand il s'élève des difficultés entre les officiers de quelques unes des chambres du Parlement & les avocats généraux ou le procureur général, relativement à leurs fonctions, aux droits & aux privilèges de leurs offices.

Nous avons indiqué à l'article *assemblée*, les règles qui doivent être observées relativement aux assemblées des chambres du Parlement : ainsi voyez cet article.

Aucune dénonciation ne peut être faite que par le procureur général : mais si des officiers du Parlement viennent à être instruits de quelques faits qu'ils regardent comme sujets à dénonciation, ils doivent en informer le premier président ou celui qui préside en son absence, pour, sur le compte qu'il en rend à la grand'chambre assemblée, être enjoint, s'il y a lieu, au procureur général de faire la dénonciation ; ce qu'il ne peut refuser.

Le Parlement est tenu de procéder sans retardement & toutes affaires cessantes, à l'enregistrement des ordonnances, édits, déclarations & lettres-patentes qui lui sont adressés ; mais si, en procédant à l'enregistrement de ces loix, la cour trouve qu'il y ait lieu, pour le bien du service & pour l'intérêt public, de faire au roi des représentations ou remontrances sur les dispositions qu'elles contiennent, elle peut faire ces représentations avant d'enregistrer, sans toutefois que pour les rédiger le service ordinaire puisse être interrompu.

Les remontrances ou représentations que le

Parlement de Paris a réfolu de faire, doivent être préfentées dans le mois au plus tard, à compter du jour que la loi nouvelle lui a été remife par les gens du roi (*) : ce délai ne peut être prorogé fans une permiffion fpéciale de fa majefté.

Lorfqu'après avoir répondu à ces remontrances, le roi juge à propos de faire publier & enre-giftrer en fa préfence au Parlement de Paris, un édit, une déclaration, ou quelque autre loi, rien ne peut fufpendre l'exécution de cette loi, & le procureur ·général eft obligé de l'envoyer dans tous les fiéges du reffort, pour y être publiée & exécutée (**).

Cependant fi, après avoir procédé à l'enregif-trement d'une loi par l'exprès commandement du roi, le Parlement croit encore, pour le bien du fervice, devoir préfenter de nouvelles re-montrances, il en a la liberté ; mais cela ne peut aucunement fufpendre l'exécution de cette loi.

Le roi a réglé qu'il ne feroit à l'avenir ac-cordé aucune lettre de difpenfe, fous quelque prétexte que ce pût être, à l'effet de donner voix délibérative aux officiers du Parlement avant l'âge de vingt-cinq ans : mais fa majefté a déclaré que par cette difpofition elle n'avoit point entendu abroger l'ufage de compter la voix du rapporteur dans les affaires dont il fait le

---

(*) Ce délai eft de deux mois pour les autres Parlemens.

(**) La même règle doit être obfervée relativement aux loix que le roi fait publier & enregiftrer dans les Parlemens de province, en préfence des perfonnes chargées des ordres de fa majefté.

rapport, quoiqu'il n'ait pas atteint l'âge de vingt-cinq ans.

Toutes ces règles de discipline, font établies par différentes loix, & particuliérement par l'ordonnance du mois de novembre 1774 , dont les quatre derniers articles font ainfi conçus :

» 29. Conformément à l'ordonnance du mois » de décembre 1320, à l'article 2 de l'ordonnance » du mois d'avril 1453, à l'article 3 de l'or- » donnance du mois de juillet 1493, à l'article » 25 de l'ordonnance du mois de mars 1498, » aux articles 6 & 7 du titre premier de l'ordon- » nance du mois d'octobre 1535 , à l'article » 129 de l'ordonnance de Villers-Cotterets , du » mois d'août 1536 ; à l'article 4 de l'ordonnance » du mois de mars 1549 , à l'article 137 de » l'ordonnance de Blois, du mois de mars 1579, » & autres ordonnances & réglemens donnés par » nos prédéceffeurs , les préfidens & confeillers » feront tenus de réfider dans le lieu de l'éta- » bliffement de nos Parlemens , de remplir affi- » dument les fonctions de leurs offices ; & ne » pourront s'abfenter pendant le cours des féan- » ces , fans congé de leur compagnie , lorfqu'ils » ne fortiront pas du reffort, & fans notre per- » miffion quand ils voudront en fortir.

» 30. En conféquence , faifons très-expreffes » inhibitions & défenfes aux officiers de nos Par- » lemens, de fufpendre, en aucun cas & fous » quelque prétexte que ce puiffe être, l'admi- » niftration de la juftice, ni de donner en corps » leurs démiffions par une délibération combinée, » fans préjudice de la liberté que chacun d'eux » aura en particulier de réfigner fon office entre » nos mains , lorfqu'il croira ne pouvoir plus en

» remplir les fonctions, à raison de son âge, de
» ses infirmités ou d'autres causes légitimes.

» 31. Dans le cas où les officiers de nos Par-
» lemens, ce que nous ne présumons pas, suf-
» pendroient l'administration de la justice, ou
» donneroient leurs démissions par une délibé-
» ration combinée, & refuseroient de reprendre
» leurs fonctions au préjudice de nos ordres,
» nous déclarons qu'alors la forfaiture sera par eux
» encourue.

» 32. En conséquence, pour instruire & juger
» lesdites forfaitures, nous tiendrons notre cour
» plénière, à laquelle nous appellerons les princes
» de notre sang, le chancelier & garde des sceaux
» de France, les pairs de France, les gens de
» notre conseil, & les autres grands & notables
» personnages qui, par leurs charges ou dignités,
» ont entrée & séance aux lits de justice «.

Priviléges du Parlement de Paris.

Les priviléges de ce corps sont très-nombreux :
on ne parlera ici que des principaux.

Chaque membre du Parlement jouit de la
noblesse, qu'il transmet à ses descendans. Dès
les premiers temps, la qualité de conseiller au
Parlement supposoit la noblesse dans celui qui
étoit revêtu de cette place ; car comme le droit
de la nation étoit que chacun fût jugé par ses
pairs, il falloit être noble pour être juge des
nobles, & pour juger l'appel des baillis, pairs &
barons. Pour aider aux pairs & aux prélats à
rendre la justice, & sur-tout depuis les établis-
semens de Saint Louis, qui, étant tirés du droit
romain, rendoient nécessaire la connoissance du

corps de droit, on admit au Parlement des gens
lettrés & non nobles; & dans des temps d'ignorance, où l'on ne faisoit pas attention que la dignité de cette fonction conféroit nécessairement
la noblesse, on donnoit des lettres de noblesse
à ceux qui n'étoient pas nobles d'extraction; on
les faisoit chevaliers ès loix; mais, dans des
temps plus éclairés, on a reconnu l'erreur où l'on
étoit tombé à cet égard; & lorsque les occasions
se sont présentées, on a jugé que ces offices
conféroient la noblesse personnelle : c'est ce qu'at-
testent différens auteurs, & entre autres Chopin
Loiseau, Bacquet & le Bret.

L'édit du mois de juillet 1644, & la déclaration du 6 novembre 1657, ont pareillement
attribué la noblesse aux présidens, aux conseillers, aux avocats généraux, au procureur général
au greffier en chef, & aux quatre notaires secrétaires du Parlement de Paris, pour jouir des
mêmes droits, priviléges, franchises, immunités, rangs, séances & prééminences que les
autres nobles de race, barons & gentilshommes
du royaume, pourvu que ceux de ces officiers
qui ne seroient point issus de race noble eussent
servi pendant vingt ans, ou qu'ils fussent décédés revêtus de leurs offices.

Un édit du mois de juillet 1669, portant réglement sur l'administration de la justice & sur
les offices de judicature, avoit révoqué ces priviléges; en sorte que les officiers du Parlement
de Paris avoient été remis à la noblesse personnelle comme auparavant : mais, par édit du mois
de novembre 1690, il fut dit que le Parlement
de Paris étant le premier tribunal de la justice
royale, & le siége où le roi la rendoit lui même

dans les affaires importantes, & que sa majesté voulant donner à ce corps des marques publiques de sa satisfaction, du zèle qu'il faisoit paroître en toute occasion pour son service, elle attribuoit la noblesse au premier degré aux présidens, aux conseillers, aux avocats généraux, au procureur général, au greffier en chef, aux quatre notaires secrétaires, & au principal commis au greffe civil de la cour, pourvu qu'ils exerçassent vingt ans, ou qu'ils décédassent revêtus de leurs offices.

Les substituts du procureur général au Parlement de Paris obtinrent, le 29 juin 1704, une déclaration du roi, portant qu'ils seroient agrégés aux officiers de cette cour, & compris dans l'édit de 1690; en conséquence, qu'ils seroient réputés nobles, pourvu qu'ils eussent servi vingt ans, ou qu'ils décédassent revêtus de leurs offices.

L'édit du mois d'août 1715, qui a révoqué la noblesse au premier degré, attribuée à différentes cours, a excepté le Parlement de Paris.

Les présidens à mortiers & les conseillers clercs jouissoient autrefois du droit de manteau.

Pour ce qui est des gages du Parlement, ils lui furent attribués lorsqu'il devint sédentaire & ordinaire; ce fut en 1322 qu'on en assigna le payement sur les amendes.

Les présidens, conseillers & autres principaux officiers du Parlement jouissent de l'exemption du ban & arrière-ban, du logement des gens de guerre & de la suite du roi, du droit d'indult, du droit de franc-salé, de l'exemption de prêter l'hommage en personne, & du droit de porter la robe rouge & le chaperon herminé dans les cérémonies.

Les conseillers-clercs en particulier sont dispensés de résider à leurs bénéfices.

Les conseillers au Parlement ont le droit de dresser des procès verbaux des choses qui se passent sous leurs yeux , qui intéressent le service du roi, le public ou la compagnie.

Mais un de leurs plus considérables privilèges, est celui qu'ils ont d'être non seulement jugé par le Parlement assemblé , mais encore d'être exempts de toute instruction devant aucun autre juge; en sorte que la plume doit tomber des mains , suivant l'expression ordinaire , dès qu'un conseiller au Parlement est impliqué dans la procédure ; le juge doit s'interrompre, fût-ce au milieu d'une déposition , interrogatoire , plaidoirie ou autre acte quelconque de la procédure.

Du Parlement de Toulouse.

Le Parlement de Toulouse est le second Parlement du royaume.

Bardin , qui a écrit dans le milieu du quatorzième siècle , dit dans sa chronique , que le roi fit tenir un Parlement à Toulouse en 1031, qui, entre autres choses , statua , 1°. que quand les vicomtes & les viguiers ordonneroient le *gage de duel* , & que la partie condamnée à l'accepter en appelleroit au comte , elle auroit la liberté , après le jugement de ce dernier , d'en appeler au roi ou à son Parlement, à raison de l'hommage.

2°. Que le comte de Toulouse , qui prétendoit

la dîme sur celle que levoit l'évêque de cette ville, fourniroit des preuves de son droit au prochain Parlement.

3°. Que les officiers ecclésiastiques seroient soumis aux ordonnances du Parlement.

4°. Que la guerre qu'avoient fait naître les différends qui étoient entre Bérenger, vicomte, & Guifred, archevêque de Narbonne, seroit suspendue.

5°. Qu'on payeroit les anciens péages, & que les vicaires ou viguiers supprimeroient les nouveaux.

Mais les auteurs de l'histoire générale de Languedoc remarquent qu'on doit seulement inférer du récit de Bardin, qu'à l'époque qui l'indique, le roi, en qualité de souverain, envoya des commissaires à Toulouse pour y tenir en son nom les assises & y rendre la justice : qu'au surplus, ces assises ne peuvent être considérées comme l'origine du Parlement de Toulouse.

En effet, il paroît que la première justice supérieure qu'on ait qualifiée de Parlement à Toulouse, a été les grands jours, établis par les comtes de Toulouse pour juger en dernier ressort dans l'étendue de leurs domaines.

On voit qu'Alphonse, comte de Toulouse, ayant succédé aux domaines que possédoit le comte Raimond VII, jugea à propos d'avoir un Parlement pour tous ses domaines, à l'exemple du roi saint Louis son frère : il tenoit ce Parlement dans le même lieu où il tenoit sa cour, & y jugeoit par appel toutes les principales affaires de ses états, & évoquoit toutes celles qui lui étoient personnelles.

Ce prince étant à Longpont, où il faisoit

alors fa demeure, nomma, en 1633, des commissaires pour tenir fon Parlement à la quinzaine de la fête de tous les faints; ce qui prouve qu'il avoit établi ce Parlement dès fon avénement au comté de Touloufe, & qu'il en tenoit les féances à fa cour.

Mais comme, outre le comté de Touloufe, il tenoit auffi l'Auvergne avec le Poitou, il choifit, par permiffion du roi faint Louis, la ville de Paris pour y tenir fes grands jours, ou un Parlement auquel il faifoit affigner tous fes fujets; autrement il lui eût fallu en avoir dans chaque province dont il étoit feigneur; ce qui lui auroit été incommode & difpendieux.

Ces grands jours étoient nommés *Parlement*, du nom que l'on donnoit alors à toutes les affemblées publiques où l'on parloit d'affaires.

On ne peut pas douter qu'il n'y eût appel de ce Parlement comtal à la cour de France; c'étoit la loi générale pour toutes les cours de baronnies ou de pairies, quelque nom qu'on leur donnât. On voit même que le Parlement de Paris, fous le règne de faint Louis, étendit fa juridiction dans les fénéchauffées de Beaucaire & de Carcaffonne; on en trouve des preuves dans l'hiftoire de Languedoc, en 1258, 1261, 1269 & 1270.

Le comté de Touloufe ayant été réuni à la couronne en 1272, par la mort d'Alphonfe fans enfans, il fut établi avec plus de folennité un Parlement dans le Languedoc fous Philippe le Hardi. Ce premier établiffement fut fait par manière d'accord & de contrat. Pour l'obtenir, les états généraux accordèrent au roi cinq mille moutons d'or; la première féance commença le

mercredi après l'octave de Pâques de l'an
1280.

Philippe le Hardi fit pour Toulouse ce qu'il
faisoit pour l'échiquier de Normandie ; il députa
des membres du Parlement de Paris pour présider en son nom.

Ce Parlement fut supprimé quelques années
après ; mais il fut rétabli à Toulouse en 1287
par Philippe le Bel, & tint ses séances dans cette
ville jusqu'en 1291, qu'il fut encore supprimé &
réuni au Parlement de Languedoc, c'est-à-dire
au Parlement de Paris.

La cour souveraine de Parlement qui subsiste
présentement à Toulouse, fut instituée par Philippe le Bel en 1302. Son ordonnance du 23
mars de cette année, qui porte que le Parlement
se tiendra deux fois l'année à Paris, ordonne
aussi que le Parlement se tiendra à Toulouse :
*At quòd Parlamentum apud Tolosam tenebitur, si
gentes terræ prædictæ consentiant quòd non appelletur à præsidentibus in Parlamento prædicto.*

La Rocheflavin suppose qu'après ces mots *apud
Tolosam tenebitur,* il y a ceux-ci, *sicut teneri
solebat temporibus retroactis ;* mais ils ne se trouvent pas dans cette ordonnance, telle qu'elle est
à la chambre des comptes & au trésor des chartres, & dans le recueil des ordonnances de la
troisième race, imprimées au louvre.

La Rocheflavin remarque, que, suivant l'ordonnance du 23 mars 1302, le Parlement ne devoit tenir à Paris que deux fois l'année, qui
étoient à noël & à la chandeleur ; au lieu qu'en
parlant du Parlement de Toulouse, Philippe le
Bel ordonne qu'il tiendra, sans en limiter le temps :
d'où la Rocheflavin conclut qu'il devoit tenir

ordinairement & continuellement. La raison de
cette différence peut être, selon lui, qu'alors le
Parlement de Toulouse s'étendoit non seulement
en Languedoc, mais par toute la Guienne, le
Dauphiné & la Provence, avant l'érection des Parlemens de Bordeaux, Grenoble & Aix, comme
on le lit dans les registres de celui de Toulouse.
De sorte que pour l'expédition du grand nombre des affaires & des procès, auxquels les habitans de ce climat font, dit-il, naturellement
plus adonnés, il étoit nécessaire que le Parlement y fût ordinairement séant, au lieu que le
Parlement de Paris étoit soulagé par le proche
voisinage de l'échiquier de Rouen & des grands
jours de Troie en Champagne, dont il est parlé
dans cette même ordonnance de 1302, & qui
étoient en effet d'autres Parlemens pour la Normandie, la Champagne & la Brie.

Sur ces mots, *si gentes terræ consentiant*, la
Rocheflavin remarque que les gens des trois états
du pays de Languedoc, ne voulurent consentir à
l'érection de ce Parlement, qu'avec pacte & convention expresse qu'ils seroient régis & gouver-
nés, & leurs procès & différends jugés suivant
le droit romain, dont ils avoient coutume d'user.

L'ordonnance du 23 mars 1302 n'avoit fait
proprement qu'annoncer le dessein d'établir un
Parlement à Toulouse; ce n'étoit même qu'une
députation de présidens du Parlement de Paris,
que le roi se proposoit d'y envoyer pour y tenir
le Parlement & y juger souverainement, comme
on l'a fait depuis en Normandie. Ce devoit être
le Parlement de France qui auroit tenu successivement ses séances à Paris, à Toulouse, & ensuite en Normandie : il est vrai que les barons
de

de Touloufe y auroient fiégé , mais la fouveraineté de juridiction ne devoit être vraiment
attachée qu'aux députés de la cour de France qui
y auroient préfidé : c'eft pourquoi l'ordonnance
de 1302 dit : *Si gentes terræ confentiant quòd non*
appelletur à præfidentibus ; preuve certaine que
les précédens Parlemens n'étoient pas fouverains
du temps des comtes. Les auteurs de l'hiftoire
de Languedoc ont cru que cette ordonnance
étoit demeurée fans exécution.

Mais il y eut dans la même année un édit
exprès pour l'établiffement d'une cour fouveraine
de Parlement à Touloufe.

On voit dans le préambule de l'édit, que cet
établiffement fut fait à la prière des trois états
de Languedoc, & dans la vûe d'illuftrer la ville
de Touloufe : le roi, de fa certaine fcience , puiffance & autorité royale, inftitue une cour de
Parlement à Touloufe pour tout le Languedoc
& duché d'Aquitaine , & pour les pays qui font
au delà de la Dordogne.

Cette inftitution eft faite avec la claufe, *quan-*
diù tamen placuerit noftræ voluntati.

Le roi ordonne qu'à cette cour de Parlement
toutes les cours de fénéchauffées, bailliages, rec-
tories, vigueries , judicatures , & autres juridictions quelconques des pays de Languedoc &
d'Aquitaine, & des autres pays qui font au delà
de la Dordogne , auront leur reffort & dernier
recours, *ultimum refugium.*

Que les gens de ce Parlement pourront juger
au nombre de neuf ou dix, & que dans les affaires criminelles un préfident & cinq confeillers
pourront juger, en appelant avec eux tel nombre de confeillers laïques qu'ils jugeront à pro-

pos. Mais le nombre des juges néceffaires a varié car anciennement on jugeoit à fept, & depuis long-temps & préfentement on ne peut plus juger au Parlement de Touloufe qu'au nombre de dix, foit au civil ou au criminel.

Qu'il n'y aura aucun appel de leurs jugemens.

Enfin il leur donne le même pouvoir qu'au Parlement de Paris.

Les fubfides extraordinaires que le roi faifoit lever en Languedoc fans que les états de la province y euffent confenti, ayant occafionné une révolte prefque générale, le Parlement foutint tant qu'il lui fut poffible l'autorité du roi; mais enfin il fut contraint de fe retirer à Montauban.

Le roi, irrité contre les Languedociens, & finguliérement contre les Touloufains, fupprima, par un édit de l'an 1312, le parlement de Touloufe, l'unit & en incorpora les officiers à celui de Paris.

Par cette fuppreffion, le Parlement de Touloufe fouffrit une éclipfe qui dura plus d'un fiècle, car il ne fut rétabli dans cette ville que par des lettres du dauphin régent du royaume, donnée le 20 mars 1419.

Un édit du 23 feptembre 1425 transféra le Parlement de Touloufe à Béziers, à caufe de la pefte qui étoit à Touloufe, & pour repeupler la ville de Béziers qui avoit foutenu un long fiége contre le comté de Clermont, & la dédommager de tout ce qu'elle avoit fouffert lorfqu'elle fut prife.

Mais ce Parlement ne dura pas long-temps à Béziers: des lettres-patentes de Charles VII du 7 octobre 1428, le réunirent une feconde fois au Parlement de Paris, féant alors à Poitiers.

& en exécution de ces lettres-patentes, le Parlement de Toulouse ordonna lui-même le 4 avril 1429, le renvoi à Poitiers de toutes les causes dont il connoissoit.

Ce changement fut occasionné par les guerres civiles que causèrent les factions des ducs de Bourgogne & d'Orléans, à la faveur desquelles les Anglois occupèrent toute la Guienne & la plus grande partie du ressort du Parlement de Toulouse.

Pendant ces différentes réunions du Parlement de Toulouse à celui de Paris, les officiers du Parlement de Toulouse continuèrent l'exercice de leurs offices au Parlement de Paris.

Lorsque les Anglois furent chassés de Guienne, & que le Parlement, qui avoit été transféré à Poitiers, eut été remis dans la capitale du royaume par édit du mois d'août 1436, Charles VII érigea un nouveau Parlement pour le Languedoc, par édit du 18 avril 1437 : il envoya d'abord dans ces pays des commissaires généraux sur le fait de la justice, avec pouvoir de juger souverainement sur certaines matières. Quelque temps après, il donna cette commission aux généraux de Montpellier ; enfin, par édit donné à Saumur le 11 octobre 1443, il rétablit un Parlement à Toulouse, pour être stable dans cette ville.

Cette cour ayant rendu un arrêt contre un habitant de Montpellier, & Geoffroi de Chabannes, qui étoit lieutenant du duc de Bourbon, gouverneur du Languedoc, en ayant empêché l'exécution, le Parlement décréta de prise de corps cet officier & trois autres personnes qui lui étoient attachées.

Cette conduite déplut tellement au roi, qu'il interdit le Parlement & le transféra à Montpellier au mois d'octobre 1466.

Les trois états avoient déjà demandé que ce Parlement fût tenu alternativement dans les trois fénéchauffées de la province ; & le fyndic de la fénéchauffée de Beaucaire lut, en 1529, dans l'affemblée des états, des lettres du 21 feptembre 1467, fuivant lefquelles le Parlement de Touloufe devoit être ambulatoire, & réfider pour un temps dans cette fénéchauffée. Les états convinrent même de demander l'exécution de ces lettres ; mais le capitoul de Touloufe s'y oppofa, prétendant qu'il y avoit des lettres contraires ; fur quoi on lui ordonna d'en rapporter la preuve aux états fuivans, & les chofes en demeutèrent là.

Mais, pour revenir à la tranflation qui fut faite du Parlement de Touloufe à Montpellier en 1466, les généraux des aides, qui étoient en ce temps-là du corps du Parlement, eurent le même fort, & furent transférés avec lui à Montpellier. Deux ans après, il fut rétabli à Touloufe, où il revint avec les généraux des aides ; mais ces dernier retournèrent peu de temps après à Montpellier où ils furent depuis érigés fous le titre de cour *des aides.*

Le 4 août 1533, François premier tint fon lit de juftice à Touloufe, accompagné des princes & des feigneurs de fa cour.

Charles IX tint auffi fon lit de juftice dans ce même Parlement, le 5 février 1565, étant accompagné de même de plufieurs princes & feigneurs.

Le 2 novembre 1610, Louis XIII confirma les officiers de ce Parlement dans leurs fonctions droits & priviléges. Il y avoit alors six préfidens & environ cent confeillers.

Tous les offices de cette cour furent fupprimés par un édit du mois d'août 1771 ; &, par un autre édit du même mois, le feu roi y créa de nouveaux offices qui devoient être donnés gratuitement au mérite & aux talens. Mais, par un dernier édit du mois de février 1775, les deux édits de 1771 ont été révoqués, & le roi a rétabli dans l'exercice de leurs charges ceux qui en poffédoient au Parlement de Toulouse avant ces édits.

La nouvelle loi a ordonné qu'à l'avenir le Parlement de Toulouse feroit compofé de la grand'chambre & de la tournelle, de deux chambres des enquêtes, & d'une chambre des requêtes du palais.

La grand'chambre doit être compofée d'un premier préfident, de neuf préfidens à mortier, de deux confeillers clercs, & de trente confeillers laïques.

La tournelle doit être compofée de cinq de ces préfidens & de treize confeillers de grand'-chambre. On ne peut y juger que les affaires criminelles, fauf aux officiers qui y font de fervice & qui font chargés de rapport d'affaires civiles, à les rapporter à la grand'chambre hors le temps du fervice de la tournelle, qui ne doit point être interrompu.

Chaque chambre des enquêtes doit être compofée de deux préfidens & de vingt confeillers, dont deux clercs.

La chambre des requêtes du palais doit être compofée de deux préfidens & de douze confeillers.

X iij

Le gouverneur de Languedoc & celui de Guienne ont entrée & séance au Parlement de Toulouse, après que leurs lettres ou provisions y ont été enregistrées.

L'archevêque de Toulouse est conseiller né du Parlement, en vertu de lettres-patentes accordées par Charles IX en 1563 au cardinal d'Armagnac, archevêque de cette ville, pour lui & pour ses successeurs à l'archevêché.

L'abbé de saint Sernin a aussi obtenu le titre de conseiller né de ce Parlement, en vertu de lettres-patentes.

Il y a d'ailleurs dans cette cour un procureur général, trois avocats généraux, un greffier en chef civil, un greffier en chef criminel, & plusieurs autres officiers moins considérables.

L'édit du mois de février 1775, dont nous venons de parler, a été porté au Parlement de Toulouse par M. de Périgord, commandant en chef en Languedoc, assisté de M de Guignard de Saint-Priest, conseiller d'état ordinaire, intendant de la province, & a été enregistré dans cette cour du très-exprès commandement du roi, le 14 mars de la même année.

Il a en même temps été enregistré une ordonnance de discipline, pareille à celle qui a été donnée pour le Parlement de Paris au mois de novembre 1774, & dont nous avons rapporté les dispositions, tant en parlant de cette cour, qu'à l'article ASSEMBLEE DES CHAMBRES.

Le ressort du Parlement de Toulouse s'étoit étendu peu à peu par diverses ordonnances, sur les provinces de Languedoc, de Guienne, de Dauphiné & de Provence. Les états de ces différens pays y avoient consenti, à condition qu'ils seroient

régis par le droit écrit, & qu'ils ne pourroient
être tirés de leur reffort pour aller plaider ailleurs. Mais les Parlemens de Bordeaux & de Provence ayant été établis dans la fuite, on démembra
de celui de Touloufe les fénéchauffées de Gafcogne,
de Guienne, Landes, Agénois, Bazadois, Périgord, Saintonge, &c. en forte que le Parlement
de Touloufe ne comprend plus en fon reffort que
les fénéchauffées & préfidiaux de Touloufe, Beaucaire ou Nîmes, Carcaffonne, le Puy en Velay,
Montpellier, Béziers, Limoux, Villefranche de
Rouergue, Rhodez, Cahors, Caftelnaudary,
Montauban, Aufch, Lectoure, Pamiers, Figeac,
Lauferte, Uzès, fénéchal ducal, le fiége royal
d'Appeaux du comté de Caftres, & le bailliage de
Mende.

Du Parlement de Grenoble.

Le dauphin Humbert II inftitua ce Parlement
fous le titre de *confeil delphinal*, par une ordonnance du 22 février 1337.

Lorfque Louis XI étoit dauphin de Viennois,
il érigea, en 1451, ce confeil, fous le titre de
Parlement de Dauphiné, féant à Grenoble, avec
les mêmes honneurs & droits dont jouiffoient les
deux autres Parlemens de France. Le roi Charles
VII approuva & confirma cet établiffement par
édit du 4 août 1453 ; en forte que le Parlement
de Grenoble fe trouve le troifième Parlement
de France.

M. le préfident Hainault remarque dans fon
abrégé chronologique de l'hiftoire de France, que
le Parlement de Bordeaux n'a été établi qu'en
l'année 1462.

La queſtion de la préféance du Parlement de Grenoble ſur celui de Bordeaux, ayant été élevée dans l'aſſemblée tenue à Rouen en 1617, elle fut décidée par proviſion en faveur du Parlement de Grenoble, par un arrêt du conſeil d'état, rapporté tout au long par M. Expilly dans ſes arrêts, page 161, où cet auteur fait le détail des raiſons ſur leſquelles cette préféance eſt fondée, & il cite le témoignage des auteurs Bordelois qui l'ont reconnue : il rapporte auſſi une précédente déciſion de 1566, en faveur du Parlement de Grenoble, prononcée par le chancelier de l'Hôpital. Cambolas, *liv.* 5, *ch.* 18 de ſes arrêts, rapporte qu'à la chambre de juſtice, érigée en 1624, la ſéance du député du Parlement de Grenoble fut réglée par ordre exprès du roi avant le député du Parlement de Bordeaux.

Dans une aſſemblée tenue depuis, les députés du Parlement de Bordeaux agitèrent de nouveau la queſtion de la préféance ; les députés du Parlement de Grenoble, qui ne s'y étoient pas attendus, dans la confiance des précédentes déciſions, n'ayant pas apporté les titres pour-établir leur droit, l'aſſemblée, qui ne pouvoit décider la choſe au fond, faute de ces titres, ordonna que les députés- des deux Parlemens ſe pourvoiroient au roi ; & néanmoins pour que cette querelle particulière ne retardât pas les ſéances de l'aſſemblée, elle décida par proviſion, que ces députés prendroient alternativement le pas, en obſervant que celui de Grenoble commenceroit.

Le roi Henri II, en 1556, a maintenu le Parlement de Grenoble dans la jouiſſance des mêmes priviléges & exemptions dont jouiſſoit le

Parlement de Paris ; & par fon ordonnance du
2 juillet 1556, le roi voulut que fes arrêts puffent être rendus par fix confeillers & un préfident, ou par fept confeillers, à défaut de préfident.

Dans les premiers temps de fon inftitution,
il ne portoit en tête de fes arrêts que le nom du
gouverneur de la province : cet ufage a été abrogé
par nos rois.

Cette compagnie a cela de particulier, que le
gouverneur & le lieutenant général de la province font du corps ; ils marchent à la tête de
la compagnie, & précèdent le premier préfident.

Les archevêques & les évêques de la province
ont entrée & féance au Parlement, & fiégent
après les préfidens & avant le doyen des confeillers ; mais il n'y a que l'évêque de Grenoble
qui ait voix délibérative, les autres n'ont que voix
confultative.

Deux édits du mois d'octobre 1771 avoient
fupprimé les anciens offices du Parlement de
Grenoble, & en avoient créé de nouveaux ;
mais par un autre édit du mois d'avril 1775,
enregiftré le 2 mai fuivant du très-exprès commandement du roi, porté par le comte de Clermont Tonnerre, commandant en chef en Dauphiné, affifté de M. Pajot de Marcheval, intendant de la province, les édits de 1771 ont
été révoqués, & les anciens officiers réunis &
rétablis dans l'exercice de leurs charges.

Avant la fuppreffion de 1771, il n'y avoit au
Parlement de Grenoble ni tournelle ni chambre
des enquêtes : les officiers de cette cour étoient
divifés en quatre bureaux, qui rouloient alternativement entre eux. Le premier bureau deve-

noit, l'année fuivante, le quatrième ; le fecor devenoit le premier, & les autres avançoie: dans le même ordre. Mais l'édit d'avril 1775: abrogé ces bureaux, & a ordonné que le Parle ment de Grenoble feroit à l'avenir compofé d'ur grand'chambre, d'une chambre de tournelle, c d'une chambre des enquêtes.

La grand'chambre doit être compofée du pre mier préfident, de huit préfidens à mortier, d deux chevaliers d'honneur, & des trente plus an ciens confeillers, dont deux clercs.

La chambre des enquêtes doit être préfidée p les deux derniers préfidens en réception, & con pofée des vingt-deux derniers confeillers en r ception, dont deux clercs.

La tournelle doit être compofée du quatrièm: du cinquième & du fixième des préfidens à mo tier, de dix confeillers de grand'chambre & fix des enquêtes : ces confeillers doivent y fer un an, & être remplacés par un pareil nombr fuivant l'ordre du tableau, à l'exception du doy & du fous-doyen de la grand'chambre, du doy des enquêtes, & des confeillers clercs, qui ne fo tenus d'aucun fervice à la tournelle.

Il y a en outre dans cette cour trois avoc: généraux, un procureur général, des greffier des procureurs, des huiffiers, &c.

Il a auffi été enregiftré, le 2 mai 1775, u ordonnance du mois d'avril précédent, porta réglement pour la difcipline du Parlement Grenoble. Cette loi eft conforme aux ordonnanc qui ont été rendues, relativement au même obje pour les Parlemens de Paris & de Touloufe dc on a parlé précédemment.

Le Parlement de Grenoble exerce la juridic

tion relative aux aides : un édit de 1638 avoit
créé une cour des aides féparée; mais, fur les re-
préfentations de tous les corps de la province &
des fyndics des trois ordres, cette cour fut fup-
primée en 1658 , & fa juridiction réunie au Parlement.

En l'abfence du gouverneur & du lieutenant
général , qui font membres & chefs du Parlement, c'eſt le premier préfident , & à fon défaut
celui qui préfide la compagnie , qui commande
dans la province , à moins qu'il ne plaife au roi
d'y établir un commandant par brevet particulier;
& même fi ce commandant par brevet s'abfente
de la province , celui qui préfide la compagnie
reprend le commandement.

Ce privilége eſt des plus anciens & des
mieux confirmés par les fouverains du Dauphiné.

Le confeil delphinal avoit ce droit; le Parlement l'a confervé , & nos rois le lui ont
maintenu en toute occafion , & particuliérement
Louis XV par fes lettres-patentes du 12 juillet
1716. Il eſt dit entre autres chofes dans ces
lettres , que le premier préfident du Parlement
de Grenoble , ou en fon abfence celui qui y
préfidera , commandera dans toute la province
du Dauphiné , tant aux habitans qu'aux gens de
guerre , à moins que le roi n'ait donné des
lettres de commiffion particulière , pour y com-
mander les troupes , auquel cas fa majefté veut
& entend qu'une telle commiffion ne prive pas
le premier préfident , & en fon abfence celui
qui préfide , des honneurs qui lui font attribués
comme commandant naturel en l'abfence du gouverneur & du lieutenant général , comme d'a-

voir une fentinelle à fa porte, &c, même lorf
que le commandant particulier eft à Grenoble.

Les tribunaux qui font dans l'étendue du Par
·lement de Grenoble, font le préfidial de Valence,
deux grands bailliages , celui du Viennois & celui
des Montagnes, qui en comprennent chacun plufieurs autres ; la fénéchauffée du Valentinois
qui fe divife en deux vice-fénéchauffées , cell
de Crit & celle de Montelimart : il y a auf
plufieurs autres juftices qui y reffortiffent imm
diatement , comme la juftice de la principaut
d'Orange.

Du Parlement de Bordeaux.

On n'eft pas d'accord fur le temps où ce Par
lement a été inftitué.

Fontanon en attribue l'établiffement aux roi
Philippe le Bel en 1306 , & Charles VII en
1444.

Le Caron , Freror , Duhaillan , Guenois
Joly & Nicolas Gilles en rapportent l'inftitu
tion au même roi Charles VII ; mais ils ne l
font remonter qu'à l'année 1451.

Ducange fuppofe qu'il fut érigé au mois d
mai 1460.

D'autres, tels que Chopin, le chancelier d
l'Hôpital & la Rocheflavin , tiennent que c
Parlement ne fut inftitué que par Louis XI en
1462.

D'autres enfin, tels que le préfident Boyer
prétendent que ce fut Louis XII feulement qui
en fut le véritable inftituteur.

On fait que la ville de Bordeaux fut, comme

le refte de la Guienne, pendant long-temps fous la domination des Anglois : le duché de Guienne fut laiffé par faint Louis à Henri III, roi d'Angleterre, à condition que lui & fes fucceffeurs feroient, pour ce duché, vaffaux de la couronne de France ; au moyen de quoi, les rois d'Angleterre, ducs de Guienne, n'avoient point, dans cette province, le droit de faire rendre la juftice en dernier reffort ; l'appel des fénéchauffées de Guienne reffortiffoit alors au Parlement de Touloufe, comme il paroît par des lettres de Philippe le Bel de l'an 1306, & de Charles VII, de l'an 1444, concernant le Parlement de Touloufe, qui font mention que ce Parlement étoit établi pour le Languedoc, ainfi que pour le duché d'Aquitaine & pour tous les pays qui font au delà de la Dordogne.

Mais Edouard, roi d'Angleterre, qui tenoit prifonnier le roi Jean, le contraignit, par l'article 12 du traité de Bretigni, conclu le 8 mai 1360, de renoncer à tout droit de fouveraineté fur la Guienne, dont il fut dit que la propriété refteroit à Edouard.

Il paroît que ce prince étant ainfi devenu maître abfolu de toute la Guienne, & fingulièrement de Bordeaux, établit dans cette ville une juftice fouveraine, qui y étoit encore fubfiftante en 1451 : c'eft apparemment ce qui a fait dire à l'abbé des Thuilleries, dans fon introduction au dictionnaire de la France, que le Parlement tient la place de la juridiction du juge de Gafcogne ; c'eft ainfi que l'on appeloit anciennement le fénéchal de Guienne, qui jugeoit en dernier reffort pendant la domination des Anglois.

C'eft ce que dénotent auffi les lettres-patentes

de Charles VII du 20 juin de la même année, confirmatives du traité qui fut fait alors entre le roi, d'une part, & les états de Guienne d'autre.

Le préambule de ces lettres annonce que le comte de Dunois ayant repris sur les Anglois plusieurs villes & places de la Guienne, il avoit été fait plusieurs sommations aux gens des trois états du pays de Guienne & du Bordelois, & aux habitans de Bordeaux, de se remettre sous l'obéissance du roi, & de remettre entre ses mains la ville de Bordeaux & toutes les autres villes que les Anglois tenoient dans ces pays.

Qu'il fut fait à ce sujet un traité entre les commissaires nommés pour le roi, par le comte de Dunois & les gens des trois états des villes & cité de Bordeaux & pays Bordelois, en leurs noms & pour les autres pays de la Guienne qui étoient sous l'obéissance des Anglois.

Par le vingtième article de ce traité, il étoit dit, *que le roi sera content qu'en ladite cité de Bordeaux il y ait justice souveraine, pour connoître, discuter & terminer définitivement toutes les causes d'appel qui se feront en ce pays, sans que ces appels, par simple querelle ou autrement, soient traduits hors de ladite cité.* Cet article est celui que Joly & plusieurs autres auteurs regardent comme l'institution du Parlement de Bordeaux.

Les commissaires du roi promirent de tenir cet article & les autres qui y sont joints; & le roi aimant mieux réduire le pays de Guienne sous son obéissance par un traité amiable, que d'y procéder par la voie des armes, ratifia ce traité par les lettres du 20 juin 1451.

Le mandement qu'il donne à la fin de ces lettres pour leur exécution, est adressé : *A nos amés & féaux conseillers les gens tenans & qui tiendront notre Parlement & cour souveraine, aux sénéchaux de Guienne, &c.*; ce qui suppose qu'il y avoit déjà un Parlement établi à Bordeaux, & qu'il n'y avoit été établi que par les Anglois, puisque les habitans de Bordeaux mettoient dans leurs articles, que le roi approuveroit qu'il y eût une justice souveraine dans cette ville.

Cependant on ne voit point que ces lettres aient été publiées & enregistrées dans ce Parlement; on trouve seulement qu'elles le furent en la sénéchaussée de Guienne, à la requête du procureur & syndic de la cité de Bordeaux, le 11 février 1451; & dans cette publication il n'est point parlé du Parlement.

Le traité de 1451 n'eut point d'exécution, attendu la rebellion que firent les Bordelois l'année suivante 1452, au moyen de quoi le Parlement que l'on avoit accordé à la ville de Bordeaux n'eut pas lieu alors, ou, s'il y fut établi, il ne subsista pas long-temps.

Le Parlement de Paris reprit la connoissance des appellations interjetées des sénéchaussées du pays de Guienne; il y tint même de temps en temps ses grands jours depuis le 2 septembre 1456 jusqu'au mois de septembre 1459, ainsi qu'on le voit au dépôt du greffe en chef civil du Parlement de Paris, dans lequel il se trouve deux registres contenant ces grands jours.

Ducange, en son glossaire, au mot *Parlamentum Burdigalense*, après avoir dit que ce Parlement fut d'abord institué par Charles VII en 1451, ajoute, qu'ensuite il fut érigé, *erectum*

fuit, au mois de mai 1460. La Rocheflavin
la même chofe, & l'un & l'autre remarque
qu'on lui affigna alors pour le lieu de fes féa
ces le château de l'Ombriere, ainfi appelé
caufe de l'ombrage des arbres qui l'environnoie
& qui étoit la demeure des anciens ducs d'a
quitaine ; mais Ducange fuppofe que les Be
delois s'étant révoltés, & la ville ayant été n
prife, tout ce pays demeura compris dans
reffort du Parlement de Paris, jufqu'à ce qu
Louis XI, à la prière des trois états de Guienne
rétablit le Parlement de Bordeaux par des lettre
du 10 juin 1462.

Il eft certain que le Parlement de Bordea
fut alors rétabli, comme le prouvent les lettre
rapportées par Chopin en fon traité du domain
livre 2, titre 15, n°. 7. Par ces lettres, qui fo
en latin, & qui ont été extraites des regifre
de ce Parlement, le roi l'inftitue, établit e
ordonne ; il le qualifie, *curia noftra Parlamen*
in civitate Burdigalenfi ; il fpécifie que ce n'e
pas feulement pour cette ville, mais auffi po
les pays & fénéchauffées de Gafcogne, d'Aqu
taine, des Landes, d'Agenois, Bazadois, Péri
gord, Limofin ; il met cette claufe, *pour tu*
qu'il nous plaira ; quamdiù noftra placuerit v
luntati ; il ordonne que les fénéchauffées, bai
liages & autre juridictions de ces pays auro
leur reffort & dernier recours, *ultimum refugium*
en ce Parlement.

Il donne à ce Parlement le même pouvo
& la même autorité qu'avoit celui de Paris da
ces pays.

En 1549, ce Parlement fut interdit de fes fon
tions, à l'occafion d'une émotion populaire qu

étoit arrivée à Bordeaux pour la gabelle du sel ; & à la place des officiers de ce Parlement, le roi envoya, le 22 mai, des conseillers des Parlemens de Paris, de Toulouse & de Rouen, pour tenir le Parlement à Bordeaux, qu'il composa de deux chambres ; l'une pour le civil, l'autre pour le criminel. Mais, le 22. mai de la même année, le roi ayant égard aux remontrances de la ville, rétablit le Parlement de Bordeaux dans ses fonctions, & les commissaires des autres Parlemens furent rappelés.

La peste étant survenue à Bordeaux en 1653, le Parlement fut transféré à Agen, & ensuite à la Réole, où il demeura jusqu'au mois de mai 1654, qu'il fut rétabli à Bordeaux par une déclaration expresse du roi : l'ouverture du Parlement se fit le premier décembre de la même année.

Les émotions populaires qu'il y eut à Bordeaux depuis le 26 mars 1675, à l'occasion de l'établissement du papier timbré & de quelques nouvelles impositions, donnèrent lieu de transférer le Parlement à Condom : la déclaration fut publiée le 22 novembre de la même année.

Il fut depuis transféré à Marmande ; il y étoit le 18 juillet 1676, & encore le 2 août 1677, comme il paroît par deux députations que les jurats firent alors vers ce Parlement séant à Marmande.

Il fut ensuite transféré à la Réole ; il y étoit au mois de mai 1678 : on en trouve la preuve dans un recueil d'anciens édits, où celui qui porte défense de saisir les bestiaux, du mois de janvier 1678, fut enregistré à la Réole le 29 mai de cette année.

Tome XLIV. Y

Le Parlement resta à la Réole jusqu'en 1690, qu'il fut rétabli à Bordeaux, sur la demande qu'en avoient faite les jurats, moyennant un don de 400000 livres. Il reprit sa séance à Bordeaux le 13 novembre, & depuis ce temps il a toujours été sédentaire en cette ville.

Tous les offices de cette cour furent supprimés par un édit du mois d'août 1771 ; & par un autre édit du même mois, le roi y créa de nouveaux offices qui devoient être donnés gratuitement au mérite & aux talens : mais ces deux édits furent révoqués par un autre du mois de février 1775, enregistré le 2 mars suivant du très-exprès commandement du roi, porté par le duc de Mouchy, commandant en chef dans la province de Guienne, accompagné de M. de Fourqueux, conseiller d'état, & tous ceux qui étoient pourvus d'offices au Parlement de Bordeaux avant la suppression, furent rétablis dans l'exercice de leurs charges.

Ce Parlement est composé de cinq chambres, savoir, la grand'chambre, la tournelle, deux chambres des enquêtes, & une chambre de requêtes.

La grand'chambre est composée du premier président & de cinq autres présidens à mortier, de conseillers d'honneur, dont deux sont conseillers nés ; savoir, l'archevêque de Bordeaux & le gouverneur de la province de Guienne, qui siégent à la droite des présidens au dessus des conseillers ; de deux chevaliers d'honneur, & de vingt-deux conseillers.

La tournelle est composée de quatre présidens à mortier & de seize conseillers qui sont de putés pour ce service pendant toute une année, tant de la grand'chambre que des enquêtes.

Chaque chambre des enquêtes est composée de deux présidens des enquêtes & de vingt conseillers.

La chambre des requêtes est composée de deux présidens & de sept conseillers.

Il y a deux avocats généraux, l'un pour le civil, l'autre pour le criminel à la tournelle, & un procureur général qui a trois substituts.

Il y a deux greffiers en chef & trois secrétaires de la cour, un greffier en chef des requêtes du palais, un greffier des présentations, un pour les affirmations, & un greffier commis ; un autre greffier pour la grand'chambre, deux greffiers des audiences, un pour la tournelle, & un pour chaque chambre des enquêtes.

La chancellerie établie près ce Parlement est composée d'un garde des sceaux, quatre secrétaires du roi audienciers, quatre secrétaires du roi contrôleurs, douze autres secrétaires du roi, un scelleur, onze conseillers référendaires, deux receveurs de l'émolument du sceau, deux payeurs des gages.

Les procureurs du Parlement sont au nombre de soixante & quinze, & il y a seize huissiers, non compris le premier.

Le Parlement de Bordeaux est soumis aux régles de discipline établies par une ordonnance du mois de février 1775, laquelle a été enregistrée en même temps que l'édit qui a rétabli cette cour telle qu'elle étoit avant 1771. Ces règles sont conformes à celles qui ont été données aux Parlemens dont nous avons parlé précédemment.

Du Parlement de Dijon.

Philippe le Hardi, l'un des fils du roi Jean & premier duc de Bourgogne de la seconde race avoit dressé les premiers projets d'un Parlement Bellay, & depuis à Dijon.

Ses successeurs ducs de Bourgogne formèrent deux conseils, qu'ils appeloient grands jours l'un à Beaune, & l'autre à saint Laurent.

Le Parlement qui subsiste aujourd'hui à Dijon a pris la place de ces jours généraux ou grands jours de Beaune & de Saint-Laurent ; les premiers furent institués, vers l'an 1354, par Philippe duc de Bourgogne, dans la ville de Beaune, où plusieurs ducs de Bourgogne tinrent leur cour.

Ces jours généraux de Beaune étoient quelquefois nommés Parlement ; mais l'appel de ces grands jours ressortissoit au Parlement de Paris.

La Bourgogne étant retournée à la couronne 1361, par le décès de Philippe de Rouvre, le roi Jean donna au Parlement la permission de juger souverainement ; Arnaud de Corbie, premier président du Parlement de Paris, y présida en 1376.

La Bourgogne ayant été de nouveau donnée en apanage par le roi Jean au plus jeune de ses fils, appelé Philippe le Hardi, ce prince & ses successeurs, à l'imitation des anciens ducs de Bourgogne, tinrent leurs jours généraux à Beaune, & depuis ce temps l'appel de ces jours généraux sortit au Parlement de Paris, comme il faisoit avant la réunion de la Bourgogne à la couronne.

Il y avoit auſſi des grands jours à Saint-Laurent-lès-Châlons, que l'on qualifioit de Parlement, & qui étoient pour le comté d'Auxerre & la Breſſe chalonnoiſe : ils avoient pareillement été inſtitués par les anciens ducs de Bourgogne, & eurent le même ſort que ceux de Beaune ; de ſorte que l'appel de ces grands jours reſſortiſſoit auſſi au Parlement de Paris.

Le dernier duc de Bourgogne, Charles le Téméraire, ayant été tué devant Nanci le 5 janvier 1477, nouveau ſtyle, le duché de Bourgogne fut alors réuni à la couronne, & n'en a plus été ſéparé. Les principaux des trois états de cette province ſe retirèrent pardevers le roi, & le ſupplièrent, pour le bien de la juſtice, d'établir dans ſon duché de Bourgogne & comté de Charollois, une cour ſouveraine qui fût appelée *cour de Parlement, fondée & garnie de préſident & douze conſeillers & autres officiers en tel nombre de conſeillers qu'il y avoit au Parlement de Beaune, que l'on ſouloit nommer les grands jours du duché de Bourgogne, & qu'elle fût de telle prééminence & autorité, touchant le fait de judicature & juridiction ſouveraine, comme le Parlement de Paris, auquel, eſt-il dit, leſdits grands jours ſouloient reſſortir ;* ils demandèrent auſſi au roi qu'il lui plût entretenir les Parlemens de Dole & de Saint-Laurent pour les comtés de Bourgogne, d'Auxonne, & autres terres d'outre Saone, *eſquelles, diſent-ils, d'ancienneté il y avoit toujours eu cour ſouveraine, pour l'exercer comme on avoit toujours fait par le paſſé.* Le roi, par un édit du 18 mars 1476, vieux ſtyle, ou mai 1477, nouveau ſtyle, créa & établit une cour & juridiction ſouveraine, pour être tenue dorénavant ſous le titre de Parle-

ment, ayant tout droit de reffort & de fouveraineté, au lieu des grands jours: il ordonna auſſi
que les Parlemens de Dole & de Saint-Lauren
feroient entretenus fouverains, comme ils l'étoient
de toute ancienneté; & pour tenir chacun de ce
Parlemens, il ordonna qu'il y auroit avec le préfident deux chevaliers, douze conſeillers en la
manière accoutumée, deux avocats, un procureur fiſcal, un greffier, cinq huiſſiers ordinaires

.Ce nouveau Parlement tint d'abord fes féances
à Beaune; mais quelque temps après cette vill
s'étant révoltée, le Parlement fut transféré à
Dijon par édit du 10 août 1480, & fa féance
dans cette ville fut confirmée par un édit du mois
de février fuivant.

On voit par cet édit qu'il y avoit déjà deux préfidens au Parlement du duché de Bourgogne
deux chevaliers & douze conſeillers clercs & laïques; il ordonna que ce Parlement fe tiendroit,
comme il faiſoit déjà ordinairement, en la ville
de Dijon, & qu'il commenceroit le lendemain
de la faint Martin d'hiver; il transféra celui du
comté de Bourgogne, de Dole à Salins, & ordonna que fi, par faute de cauſes, le Parlement
du comté de Bourgogne finiſſoit plutôt, les confeillers qui le tiendroient retourneroient à Dijon
pour y vaquer aux cauſes & affaires du Parlement
du duché de Bourgogne, juſqu'à la mi-août,
que commenceroient leurs vacations, comme celles
des autres Parlemens; il permit auſſi aux parties
de comparoître au Parlement de Bourgogne par
procureur, au lieu que, felon les ordonnances du
Parlement précédent, il falloit comparoître en
perfonne.

Ce même édit de 1480 contient un ample

réglement pour l'administration de la justice au
Parlement de Dijon ; Charles VIII cassa ce Parlement par édit du mois d'avril 1485, & le réunit
au Parlement de Paris ; mais il fut rétabli l'année
suivante, & ensuite augmenté par Louis XII, &
fixé à Dijon par une déclaration du 29 août
1494.

Les fonctions des officiers de ce Parlement
furent suspendues par une déclaration du 14
mars 1637 ; quelques-uns furent rétablis le premier mai suivant, & le surplus par un édit du
mois de juillet de la même année.

Ce Parlement fut encore quelque temps sans
fonctions au moyen d'une déclaration du 28 décembre 1658, qui attribua au grand conseil tous
les procès du ressort de ce Parlement ; cette déclaration fut registrée au grand conseil le 3 février 1659 : mais, par une déclaration du 7 juin
suivant, le Parlement de Dijon fut rétabli dans
ses fonctions.

Tous les offices de cette cour ont ensuite été
supprimés par un édit du mois d'octobre 1771 ;
&, par un autre édit du même mois, il en a été
créé de nouveaux qui devoient être donnés gratuitement au mérite & aux talens : mais ces deux
édits ont été révoqués par un autre du mois de
mars 1775, enregistré le 3 avril suivant du
très-exprès commandement du roi, porté par le
marquis de la Tour du Pin, commandant en
chef dans la province, assisté de M. Feydeau de
Marville, conseiller d'état ; & tous ceux qui
étoient pourvus d'offices au Parlement de Dijon
avant la suppression, ont été rétablis dans l'exercice
de leurs charges.

Cette cour est aujourd'hui composée d'un premier préſident , de neuf préſidens à mortier , de trois conſeillers d'honneur nés , qui ſont les évêques de Dijon , d'Autun & de Bellay ; deux chevaliers d'honneur, ſoixante-huit conſeillers , dont dix clercs & ſoixante-deux laïques , non compris le chancelier garde des ſceaux de la chancellerie, deux greffiers en chef , & pluſieurs commis greffiers , onze huiſſiers du Parlement , y compris le premier huiſſier , & quatre huiſſiers aux enquêtes.

Le parquet eſt compoſé de deux avocats généraux , un procureur général & huit ſubſtituts.

Le Parlement eſt diſtribué en quatre chambres; ſavoir , la grand'chambre , la tournelle criminelle, la chambre des enquêtes , & celle des requêtes du palais.

La grand'chambre eſt compoſée du premier préſident , de trois préſidens à mortier , des conſeillers & chevaliers d'honneur , & de dix - neuf autres conſeillers.

La tournelle eſt compoſée de quatre préſidens & de dix-neuf conſeillers ; la chambre des enquêtes de deux préſidens & de vingt & un conſeillers , & la chambre des requêtes de deux préſidens & de dix conſeillers.

Il y a pour le Parlement de Dijon une ordonnance de diſcipline du mois de mars 1775, pareille à celles qui ont été données aux Parlemens dont on a parlé.

Les ſiéges royaux qui reſſortiſſent à ce Parlement , ſont les bailliage & chancellerie de Beaune , les ſiéges de Nuys , d'Auxonne & de Saint-Jean de Lone , le bailliage & chancellerie d'Autun , les ſiéges de Moncenis , de Semur en Brionnois , le bailliage & chancellerie de Châ-

lons-fur-Saone, le bailliage & chancellerie d'Auxois,
les fiéges d'Avalon, d'Arnay-le-duc, de Saulieu;
le bailliage & chancellerie de Châtillon, les bailliages de Charolles, Bourbon-Lancy, Bourgera,
Breffe, les fiéges de Bellay & de Gex; il y a auffi
plufieurs juftices feigneuriales qui y reffortiffent directement.

Du Parlement de Rouen.

Ce Parlement, le fixième du royaume, tire
fon origine de la cour de l'échiquier de Normandie, inftituée par Rollo ou Raoul, premier
duc de cette province. Cette cour fut érigée en
cour fouveraine, & rendue fédentaire à Rouen
par Louis XII en 1499. Chopin & Duhaillan prétendent que ce fut feulement en 1501 que cette
cour fut rendue fédentaire.

Quoi qu'il en foit, ce ne fut qu'en 1515 que
François I ordonna que le nom d'échiquier feroit
changé en celui de Parlement.

Cette cour tint fes féances au château de Rouen
jufqu'au premier octobre 1506, qu'elle commença
à les tenir dans le palais dont la conftruction
avoit été commencée dès 1499; il ne fut pourtant achevé que long-temps après : c'eft en ce
lieu que le Parlement fiége encore préfentement.

L'archevêque de Rouen & l'abbé de Saint-
Ouen font confeillers d'honneur nés au Parlement, fuivant des lettres de l'an 1507.

Plufieurs de nos rois ont tenu leur lit de juftice dans ce Parlement.

Charles VIII y tint le fien le 27 avril 1485,
& y confirma les priviléges de la province &
celui de faint Romain.

Louis XII y vint le 24 octobre 1508, étant accompagné des principaux officiers de sa cour.

Le 2 août 1517, François I tint son lit de justice à Rouen ; il étoit accompagné du chancelier Duprat, & de plusieurs officiers de la cour.

Quelques jours après, le dauphin vint au Parlement, où on lui rendit les mêmes honneurs qu'au roi même, ainsi que ce prince l'avoit ordonné.

Au mois de janvier 1518, il accorda à ce Parlement les mêmes priviléges que ceux dont jouissoit celui de Paris, &, par un autre édit du mois de février suivant, il l'exempta de l'arrière-ban.

Henri II tint son lit de justice à Rouen le octobre 1550, accompagné de cardinaux, du roi de Navarre, de plusieurs ducs, du connétable de Montmorency, de l'amiral, du duc de Longueville, du chancelier Olivier, & de plusieurs autres seigneurs.

Charles IX s'y fit déclarer majeur, étant accompagné du chancelier de l'hôpital.

En 1523, François I accorda au Parlement l'exemption de la gabelle, & ordonna qu'il seroit délivré à chacun de ses officiers & à sa veuve autant de sel qu'il en faudroit pour sa maison, sans en fixer la quantité, en payant seulement le prix marchand, à condition de ne point abuser de ce privilége.

Le chancelier Poyet ayant indisposé le roi contre le Parlement de Rouen, cette cour fut interdite en 1540 ; il y eut en conséquence des commissaires nommés pour la tournelle, & un président & douze conseillers envoyés à Bayeux pour rendre la justice aux sujets de la basse-Normandie ; mais le roi étant revenu des impreffions défavorables qu'on lui avoit données contre le Parlement de Rouen , leva l'interdiction ; & voulant donner aux officiers de cette cour une marque de la fatisfaction qu'il avoit de leur conduite , par un édit du mois de juin 1542 , il leur accorda une exemption générale & perpétuelle de l'arrière ban ; au lieu que celle qu'il leur avoit accordée en 1518 n'étoit que pour une occafion paffagère.

Par un édit du mois de février 1589 , ce Parlement fut transféré dans la ville de Caen; mais il fut rétabli à Rouen par un autre édit du 8 avril 1594.

Le Parlement de Rouen fut encore interdit de fes fonctions en 1639, pour ne s'être pas oppofé affez fortement à la fédition excitée par les va-nu-pieds ; on commit en fa place des commiffaires du Parlement de Paris ; ce qui demeura fur ce pied jufqu'en 1641 , que le Parlement de Rouen fut rétabli par un édit du mois de janvier de cette année ; il fut alors rendu femeftre : mais en 1649 il fut rétabli fur le pied d'ordinaire.

Le Parlement de Rouen fut encore fupprimé par un édit du mois de feptembre 1771 ; mais par un autre édit du mois d'octobre 1774 , enregistré du très exprès - commandement du roi , porté par le duc d'Harcourt , accompagné de M. le Pellerier de Beaupré , confeiller d'état , le 12 novembre fuivant , ce Parlement a été rétabli tel qu'il étoit avant la dernière fuppreffion.

Il eft aujourd'hui compofé de cinq chambres; favoir , la grand'chambre , la tournelle , deux chambres des enquêtes, & la chambre des requêtes du palais.

La grand'chambre est composée du premier président & deux autres présidens à mortier, trois conseillers d'honneur nés, qui sont, l'archevêque de Rouen, l'abbé de Saint-Ouen, & le marquis de Pont-saint-Pierre. Il y a aussi quelquefois d'autres conseillers d'honneur, tel qu'est présentement l'évêque de Séez ; outre ces conseillers d'honneur, il y a vingt-huit autres conseillers, dont huit clercs & vingt laïques.

C'est dans cette chambre que se font depuis 1728 les assemblées générales des députés des différentes cours & autres notables pour les affaires publiques, comme pour les besoins des hôpitaux & autres nécessités.

La tournelle est composée de trois présidens à mortier, de six conseillers de la grand'chambre, de six de la première des enquêtes, & autant de la seconde, lesquels changent à tous les appeaux des bailliages.

Chaque chambre des enquêtes est composée de deux présidens à mortier & de vingt-huit conseillers, entre lesquels il y en a neuf clercs distribués dans les deux chambres.

La chambre des requêtes du palais est composée de deux présidens & de onze conseillers.

Il y a un greffier en chef du Parlement, & quatre notaires secrétaires du roi près ce Parlement, un greffier des affirmations, un greffier de la tournelle, un greffier pour chaque chambre des enquêtes, & aux requêtes du palais un greffier en chef & un commis greffier.

Le parquet est composé de deux avocats généraux, un procureur général, & neuf substituts, qui font la fonction d'avocats du roi aux requêtes du palais.

Il y a pour cette cour une ordonnance de discipline du mois d'octobre 1774, qui est conforme à celles qui ont été données sur le même objet aux autres Parlemens.

Le Parlement de Rouen comprend dans son ressort les sept grands bailliages de Normandie, & ceux qui en ont été démembrés ; ces sept bailliages sont, Rouen, Caudebec, Evreux, Andely, Caen, Coutances, & Alençon.

Du Parlement d'Aix.

Cette cour avoit été établie par Louis II, comte de Provence, le 14 août 1415, sous le titre de *Parlement*, qui lui est attribué par les lettres-patentes.

Le même tribunal fut érigé sous le titre de conseil éminent par Louis III, comte de Provence, au mois de septembre de l'année 1424.

Après l'union de la Provence à la couronne, Charles VIII conçut le dessein de réformer l'administration de la justice dans le comté de Provence. Il avoit envoyé pour cet effet des commissaires qui avoient rédigé par écrit plusieur articles ; mais les voyages de ce prince pour la conquête du royaume de Naples, & les grandes affaires qu'il eut à son retour, empêchèrent la conclusion de ce projet.

Louis XII étant parvenu à la couronne, fit assembler plusieurs grands & notables personnages, tant de son grand conseil que de ses Parlemens & du pays de Provence, par l'avis defquels il donna un édit au mois de juille 1501, portant érection de la justice & juridictio de la grande fénéchauffée & conseil du comt de Provence, Forcalquier & terres adjacentes, en cour souveraine & Parlement.

Il ordonna que cette cour de Parlement feroit tenue par le fénéchal de Provence ou son lieute- nant en son abfence, un préfident & onze con- feillers, dont il y en auroit quatre eccléfiafti- ques, & les autres laïques, tous gens notables, clercs gradués & expérimentés au fait de judica- ture, qui jugeroient en souverain & dernie ressort toutes les caufes & procès, avec le mêmes autorités, priviléges, piérogatives & prée- minences que les autres cours de Parlement du royaume ; qu'il y auroit un avocat & deux pro- cureurs généraux & fifcaux pour pourfuivre & défendre les droits du roi, un avocat & un pro- cureur des pauvres, quatre greffiers, & troi huiffiers, qui tous enfemble feroient & repré- fenteroient un corps & collége, appelé *cour d Parlement de Provence.*

Suivant cet édit, le grand fénéchal du pays devoit être dans tous les temps le chef de c Parlement, & les arrêts devoient être expédié fous son nom ; mais l'édit de François premier, connu fous le nom d'ordonnance de Provence, du mois de feptembre 1535, ôta la préfidence au grand fénéchal, & ordonna que les arrêt de cette cour feroient expédiés au nom du roi.

Tous les officiers du Parlement d'Aix furent fupprimés par un édit du mois de feptembre 1771 ; & un autre édit du même mois y cré de nouveaux offices, pour être donnés gratuitement au mérite & aux talens : mais ces deux édits furent révoqués par un autre du mois de décembre 1774, enregiftré le 12 janvier fuivant du très exprès commandement du roi, porté par le marquis de Rochechouart, commandant en chef en Provence, & M. Feydeau de Marville, confeiller d'état ; & tous ceux qui étoient pourvus d'offices en cette cour, avant la fuppreffion, furent rétablis dans l'exercice de leurs charges.

Il fut en même temps enregiftré une ordonnance de difcipline du même mois de décembre 1774, qui contient les mêmes règles que les autres ordonnances de ce genre données pour les Parlemens dont on a fait mention.

Le Parlement d'Aix eft aujourd'hui compofé de dix préfidens à mortier, 56 confeillers laïques, & un confeiller clerc, qui font diftribués en trois chambres ; favoir, la grand'chambre, la tournelle, & la chambre des enquêtes.

Il y a d'ailleurs trois avocats généraux, un procureur général, quatre fubftituts, quatre greffiers en chef, quatre notaires & fecrétaires de la cour, un premier huiffier, &c.

Ce Parlement commence fes féances tous les ans le premier octobre, auquel jour il prête ferment & procède au département des chambres ; il finit fes féances le 30 juin. La chambre des vacations commence les fiennes le premier juillet, & les finit le 30 feptembre ; fon reffort s'étend fur toute la Provence, les terres adjacentes, & la vallée de Barcelonette, depuis fon union à la couronne. Il connoît de l'appel des jugemens des confuls de la nation, établis aux échelles du Levant & aux côtes de Barbarie ; il a dans fon reffort douze fénéchauffées ; favoir, celles

d'Aix, Arles, Marseille, Toulon, Hyeres, D[r]
guignan, Grasse, Castellanne, Digne, Sistero[n]
Forcalquier, Brignole, outre la préfecture de B[a]
celonette & les siéges d'appeaux.

Les judicatures royales de ce Parlement son[t]
Gardanne, Pertuis, Tarascon, Saint-Remy, A[n]
tibes, Cuers, les Mées, saint Paul de Venc[e]
Moustiers, Apt, Saignon, Saint-Maximin, Co[r]
rens, le Val, Barjolx, Guillaume, Entrevau[x]
Colmar, Seyne, Aups & le Martigues.

Ce Parlement jouit du droit d'annexe, [en]
vertu duquel aucune bulle ne peut être exécu[tée]
dans son ressort, sans sa permission, *paréati[s]*
entérinement, attache ou annexe. Ce droit s'exe[rce]
non seulement à l'égard des bulles qui ont b[e]
soin de lettres-patentes enregistrées, suivant [le]
droit public du royaume, mais généraleme[nt]
envers tous brefs, rescrits, expéditions pour a[f]
faires publiques, ou pour celles des particulie[rs]
& qui sont émanées de la cour de Rome ou d[e]
la légation d'Avignon, jubilés, indulgence[s]
dispenses de vœux ou de mariage, dispen[ses]
d'âge, collation des bénéfices; usage fondé [en]
ce que les ordres des souverains étrangers [ne]
peuvent être exécutés sans un paréatis; & la pui[s]
sance spirituelle ne doit pas être exceptée de ce[tte]
règle.

Ce droit est établi sur les monumens les pl[us]
authentiques, tant avant qu'après l'union de [la]
Provence à la couronne. Le conseil émine[nt]
avoit ordonné, en 1432, qu'aucunes lettres ém[a]
nées d'une puissance étrangère, même spirituell[e]
ne pourroient être exécutées en Provence sa[ns]
l'annexe de ce tribunal, à péine de saisie d[u]
temporel. L'arrêt fut signifié au syndic des év[ê]
[qu]

ques & aux agens du clergé féculier & ré-
gulier.

Il eſt dit dans l'ordonnance de Provence, que
la conceſſion des annexes concerne grandement
l'autorité, puiſſance & prééminence du roi, &
le foulagement de fes fujets ; & , comme l'obfervoit le procureur général du Parlement dans
une requête préfentée au roi en 1653, les appels
d'abus peuvent bien remédier aux entreprifes
de la cour de Rome, mais l'annexe peut feule
les prévenir, en les arrêtant dès leur naiſſance.

On trouve dans les regiſtres du Parlement
des lettres que Louis XII & François premier
lui écrivoient pour demander l'annexe en faveur
des eccléſiaſtiques par eux nommés à des bénéfices.

On y trouve auſſi divers brefs des papes,
qui follicitent l'annexe en faveur des pourvus par la
cour de Rome.

Il y a un ancien concordat paſſé entre le vice-
légat d'Avignon & le député du Parlement, qui
reconnoît le droit d'annexe. Léon X voulut y
donner atteinte à l'occaſion des difficultés que
faifoit le Parlement d'accorder l'annexe des facultés du cardinal de Clermont, légat d'Avignon; ce pape employa même l'autorité du concile de Latran, pour excommunier & citer les
officiers du Parlement. François premier écrivit
différentes lettres au Parlement, contenant approbation de fa conduite, & promeſſe de l'appuyer
de fon pouvoir. Mais ce prince voulant ménager
la cour de Rome après la conquête du Mila-
nois, marqua au Parlement de terminer ce différend avec la cour de Rome, par un accommo-
dement dont les conditions furent, que le pape

accorda, à la demande du député du Parlement
l'absolution des censures prononcées dans le con
cile ; mais ce pape signa en même temps de
articles qui conservent le droit d'annexe. Le Par
lement en a toujours usé depuis, & a puni le
contrevenans qui avoient publié dans son resson
quelques bulles non annexées. Divers arrêts &
réglemens obligent à faire mention de l'annex
dans les imprimés des bulles, brefs ou ret
crits de la cour de Rome, ou de la légation
d'Avignon.

M. de la Rocheflavin, en son traité des Par
lemens de France, livre 13, remarque que l
Parlement de Provence, à cause de l'éloignemen
du roi, a de tout temps accoutumé en l'absem
des gouverneurs & lieutenans-généraux, en cas d
besoin & nécessité & pour le bien public & confu
vation des villes frontières, de se mêler des fi
nances, permettre les impositions ; de quoi s
trouvent infinité d'arrêts & délibérations dans leu
registres ; ce que ne font les Parlemens de Paris
Normandie, Bourgogne & Bretagne, à cause d
la présence & voisinage du roi ou des gouverneun
des provinces, qui pourvoyent suivant les occurrence

Ce Parlement avoit eu de toute ancienneté l
commandement de la province, en l'absence d
gouverneur, qui venoit le remettre entre le
mains de la grand'chambre lorsqu'il sortoit de l
province. Ce droit est établi par plusieurs lettres
patentes, arrêts du conseil ; par le réglement fait
de l'autorité du roi entre le Parlement & l
maréchal de Vitry, gouverneur, le 20 décembre
1633, & par un arrêt du conseil de 1635. Il y
est déclaré que l'assemblée des communautés d
Provence ne peut être permise que par le gou

verneur ou par le Parlement, ayant en fon abfence le gouvernement. La grand'chambre a exercé ce droit jufqu'en l'année 1667, en laquelle M. d'Op‑pède, premier préfident, obtint des lettres de commandant.

L'ufage que cette cour fit de fon autorité dans le temps de la ligue, lui attira de la part de Henri IV un témoignage honorable des fervices rendus à la couronne dans cette conjonēture importante. Les lettres ‑ patentes de l'an 1594 s'expliquent en ces termes : *Déclarons notre cour de Parlement de Provence avoir été le principal inſtrument de la réduēlion de toutes les villes de notre royaume en notre obéiſſance, ayant véritablement témoigné en cette rencontre une entière reconnoiſſance de notre autorité, & montré une conſtance & fidélité exem‑plaires à toute la France.*

Du Parlement de Rennes.

Cette cour tire fon origine des grands jours ou Parlement que les comtes de Bretagne, & enfuite les ducs, faifoient tenir dans cette pro‑vince ; on les appeloit à Paris grands jours, & dans la province Parlement ; mais c'étoit abufi‑vement, car les pairs n'avoient chez eux que des grands jours, comme en Champagne, les grands jours de Troie.

On appeloit des juges de feigneurs, devant les juges du comte ou duc de Bretagne, féans à Rennes ou à Nantes, lefquels connoiſſoient des appellations de toute la province aux plaids gé‑néraux. On pouvoit enfuite appeler de ces juge‑mens, ne fût-ce que des interlocutoires, au conseil du duc, & de ce conseil aux grands jours ou Parlement.

· D'Argentré, dans son histoire de Bretagne, livre 5, chapitre 17, dit qu'avant le comte Alain III, dit Fergent, qui mourut le 13 octobre 1120, il y avoit déjà dans ce pays un Parlement; que c'étoit une assemblée d'hommes de sens de tous états & conditions, qui étoit convoquée par lettres du comte ou duc chaque année, & souvent plus rarement; que du temps de S. Louis il y avoit appel de ce Parlement à celui de France, en deux cas; le premier pour faux & mauvais jugement ou sentence inique; le second par faute ou dénégation de droit. Le traité fait à Angers en 1231 y est exprès.

· Il y a aussi des lettres de Philippe le Bel, du mois de février 1296, par lesquelles ce prince accorde au duc de Bretagne & à ses hoirs, qu'*ils ne pourront être ajournés, tant pardevant lui que pardevant ses gens, c'étoit son conseil, par simples ajournemens, qu'en cas d'appel de défaut de droit ou de faux jugemens, ou autres cas dépendans de la souveraineté.*

Louis Hutin fit au mois de mars 1315 une ordonnance à la réquisition du duc de Bretagne, portant entre autres choses, que le roi enverroit des commissaires pour informer comment les appellations interjetées des jugemens rendus au duché de Bretagne, devoient ressortir au Parlement de Paris. La juridiction du duc n'y est point qualifiée de Parlement, ni même de grands jours: mais dans des lettres de Philippe de Valois, du mois de juin 1328, la juridiction du duc est qualifiée de grands jours, *magnos dies*; & il est dit qu'en Bretagne ces grands jours étoient qualifiés de *Parlement*. L'expofé de ces lettres porte, que le duc de Bretagne avoit repréfenté, que *par coutume ancienne, les appellations des fénéchaux de Bretagne étoient portées au duc ou à fes grands jours, lefquels en Bretagne font qualifiés de Parlement ; qu'ils avoient eté introduits d'ancienneté pour cela, fuivant qu'ils avoient coutume d'être affignés ;* & par ces lettres le roi confirme l'ordre qui s'obfervoit anciennement, & ordonne que l'appel des grands jours, ou Parlement de Bretagne, reffortira au Parlement de Paris, fans que l'on puiffe y porter directement les appellations interjetées des fénéchaux de Bretagne.

François I ayant cédé à Henri II fon fils, alors dauphin de France, la jouiffance du duché de Bretagne, il ordonna, à là prière de ce prince, par des lettres en forme d'édit, que dans les matières où il feroit queftion de 1000 livres de rente & au deffous, ou de 10000 livres une fois payées, il n'y auroit aucun reffort par appel des grands jours ou Parlement de Bretagne, au Parlement de Paris, comme cela avoit lieu auparavant ; mais que les jugemens donnés fur ces matières fortiroient nature d'arrêt.

Ces lettres ayant été préfentées au Parlement de Paris pour y être enregiftrées, le procureur général y forma oppofition.

Mais cette difficulté fut levée par un édit que donna Henri II en 1551, qui ordonna l'exécution de celui de François premier, décédé en 1547. Et par un autre édit du mois de mars 1553, les grands jours, ou Parlement de Bretagne, furent érigés en cour abfolument fouveraine, fous le titre de Parlement. Le principal motif de cette dernière loi fut que les grands jours n'étant pas fouverains, c'étoit un degré de juridiction qui ne fervoit qu'à fatiguer les parties en inftruifant les procès.

Il fut ordonné que cette cour connoîtroit & jugeroit en dernier reffort de toutes fortes de matières civiles, criminelles ou mixtes, entre quelques perfonnes & pour quelque caufe ou valeur que ce fût; qu'elle connoîtroit pareillement des matières de régale & juridiction temporelle des évêques du pays, des prééminences d'églife, des conteftations qui pourroient furvenir au fujet du reffort des préfidiaux; des malverfations des juges inférieurs; des appellations des jugemens donnés par le grand maître des eaux & forêts ou fes lieutenans, fans qu'elles puffent reffortir ailleurs par appel ni autrement, pour quelque fomme & confidération que ce fût; enfin il fut dit que le nouveau Parlement jouiroit des pouvoirs, prééminences, honneurs, droits, profits, revenus & émolumens qui avoient été attribués aux autres cours fouveraines & à l'ancien Parlement ou confeil du pays.

Et, pour prévenir toute difficulté fur l'exécution de la loi dont il s'agit, il fut ordonné qu'il feroit fait un extrait au Parlement de Paris, des réglemens, ufances, ftyles & formes qui devoient être obfervés, tant à l'égard des mercuriales que relativement aux autres chofes concernant le fait du Parlement de Paris, fes officiers & fa chancellerie, pour fe régler de même au Parlement de Bretagne & en fa chancellerie.

Cette loi fut enregiftrée au Parlement de Paris, le 4 mai 1554, avec la claufe *de mandato regis*.

Par des lettres-patentes du 26 décembre 1558,

Henri II autorifa les préfidens & confeillers du
Parlement de Bretagne, à vifiter toutes les pri-
fons, & à interroger les prifonniers; à vifiter
pareillement les préfidiaux, & à y préfider, féoir
& juger, tant ès jours de plaidoirie que de
confeil, fans y prétendre aucun profit ni émolument; à vifiter les hôpitaux & lieux piteux,
pour voir & entendre s'ils font bien dûment entretenus & réparés, pour fur leur rapport être
pourvu par la cour.

Les habitans de la ville de Nantes demandèrent à François II que le Parlement fût tranf-
féré à Nantes, & que les deux féances fuffent
unies en une, & tenues dans cette ville.

La ville de Rennes y mit empêchement; ce
qui donna lieu à un arrêt du confeil du 19 mars
1554, par lequel les parties furent renvoyées devant le gouverneur & lieutenant général de Bretagne, pour, à la première convocation & affemblée
ordinaire, enquérir & informer par les voies des
gens des trois états, fi l'obfervation de l'érection
& féance du Parlement dans les deux villes de
Nantes & de Rennes, feroit plus commode &
profitable, tant au roi qu'à fes fujets, ou s'il y
auroit lieu d'attribuer la féance perpétuelle du
Parlement en l'une de ces deux villes.

Cependant, fans attendre cette information, les
habitans de Nantes obtinrent au mois de juin
1557, des lettres-patentes portant tranflation du
Parlement & réunion des deux féances en la
ville de Nantes.

La ville de Rennes forma oppofition à l'en-
regiftrement de ces lettres, & préfenta requête
au roi François II, le 4 décembre 1559, pour

demander que l'information qui avoit été ordonnée fût faite.

La requête renvoyée au duc d'Estampes, gouverneur de Bretagne, le procès-verbal & information, *de commodo & incommodo*, fut fait en
l'assemblée des trois états tenus en la ville de
Vannes au mois de septembre 1560; le gouverneur donna aussi son avis; & sur ce qui ré-
sultoit du tout, par arrêt & lettres-patentes du
4 mars 1561, le roi Charles IX, *pour nourrir
paix & amitié entre les habitans des deux villes,
& accomoder ses sujets de Bretagne en ce qui
concerne l'administration de la justice*, révoqua
les lettres du mois de juin 1557, contenant la
translation du Parlement à Nantes, & ordonna
que la séance ordinaire de ce Parlement seroit
& demeureroit toujours en la ville de Rennes,
sans que, pour quelque cause que ce fût, elle
pût être à l'avenir transférée à Nantes ni ailleurs.
Il institua & établit ce Parlement ordinaire en la
ville de Rennes, pour y être tenu & exercé à l'a-
venir à perpétuité, comme les autres cours de
Parlement du royaume, à la charge seulement que
les habitans de Rennes seroient tenus d'indemniser & rembourser ceux de Nantes, des deniers
qu'ils avoient donnés au feu roi Henri II pour
avoir chez eux le Parlement.

Cependant comme le Parlement tenoit déjà sa
séance à Nantes, l'exécution de l'arrêt du 4 mars
1561 souffrit quelque retardement, tant par
l'opposition des Nantois, qui empêchèrent d'abord
les commis des greffes d'emporter les sacs & papiers, que par divers autres incidens; enfin, le
24 juillet 1561, il y eut des lettres de jussion

pour enregistrer l'arrêt du 4 mars, & il fut enjoint au Parlement de commencer à siéger à Rennes le premier août suivant ; ce qui fut exécuté.

Il paroît néanmoins que ce Parlement de Rennes fut encore interrompu : en effet, il fut rétabli & confirmé par une déclaration du premier juillet 1568.

Il ne laissa pas d'être depuis transféré à Vannes par une déclaration du mois de septembre 1675 ; mais il fut rétabli à Rennes par édit du mois d'octobre 1689.

Par une déclaration du 23 février 1584, les séances, qui n'étoient que de trois mois, furent fixées à quatre chacune.

Henri IV, par édit du mois de juillet 1600, ordonna que chaque séance seroit de six mois.

Par un autre édit du mois de mars 1724, ce Parlement fut rendu ordinaire, au lieu de sémestre qu'il étoit auparavant.

Par un édit du mois de février 1704, il avoit été créée une chambre des eaux & forêts près le Parlement de Rennes, pour juger en dernier ressort toutes les instances & procès concernant les eaux & forêts, pêches & chasses ; mais, par un autre édit du mois d'octobre suivant, cette chambre fut réunie au Parlement.

Tous les officiers de cette cour furent supprimés par un édit du mois de septembre 1771 ; & un autre édit du même mois y créa de nouveaux offices qui devoient être donnés gratuitement au mérite & aux talens : mais, par un autre édit du mois de décembre 1774, enregistré le 16 de ce mois du très-exprès commandement du roi, porté par M. Pontcarré de Viarmes, confeiller d'état, les deux édits de 1771 furet révoqués, & tous ceux qui étoient pourvus d'offic au parlement de Rennes avant la suppression furent rétablis dans l'exercice de leurs charges.

Il fut en même temps enregistré une ordon nance de difcipline conforme à celles dont no avons parlé précédemment.

Les officiers dont le Parlement de Rennes (compofé, font, un premier préfident, neuf pré fidens du Parlement, fix préfidens aux requêtes quatre-vingt-feize confeillers, deux avocats g néraux, un procureur général, huit fubftituts (un greffier en chef.

Il n'y a point de confeillers clercs, fi ce n'd les évêques de Rennes & de Nantes, qui for confeillers d'honneur nés.

Il y a dans ce Parlement cinq chambres; f voir, la grand'chambre, la tournelle, deux chan bres des enquêtes, & une chambre des requêt du palais.

La grand'chambre eft compofée du premie préfident, de neuf préfidens, & de trente-quatr confeillers.

Chaque chambre des enquêtes eft compofé de trois préfidens & de vingt-cinq confeillers.

La chambre des requêtes du palais eft compo fée de deux préfidens & de douze confeiller

La tournelle eft compofée de cinq préfiden du Parlement, les derniers en réception, de di confeillers de grand'chambre, de cinq confeil lers de chaque chambre des enquêtes, & de deu confeillers de la chambre des requêtes. Ces cor feillers fervent depuis l'ouverture du Parlemer jufqu'à pâques, & font remplacés par un pare nombre de confeillers de chaque chambre, de puis pâques jufqu'aux vacations.

Une partie des charges de conſeillers eſt affectée à des perſonnes originaires de la province,
l'autre eſt pour des perſonnes non originaires ;
& ſuivant un réglement fait par le Parlement au
ſujet de ſes diverſes charges, le 11 juillet 1683,
ſur lequel eſt intervenu un arrêt conforme au
conſeil du roi le 15 janvier 1684, regiſtré à
Rennes le 3 juin ſuivant, il eſt dit :

1°. Que ceux qui, des autres provinces du
royaume, ſont venus ou viendront s'établir dans
celle de Bretagne, autrement que pour exercer
dans le Parlement des charges de préſidens ou
de conſeillers, & y ont, eux ou les deſcendans
d'eux, leur principal domicile pendant l'eſpace
de quarante ans, ſeront réputés originaires de
Bretagne, & ne pourront, eux & les deſcendans
d'eux, poſſéder des offices non originaires.

2°. Que ceux qui ſont ſortis ou ſortiront hors
de la province de Bretagne, & qui ont ou auront dans les autres provinces du royaume, eux
ou les deſcendans d'eux, leur principal domicile pendant l'eſpace de quarante ans, ſeront réputés
non originaires, & ne pourront, eux & les
deſcendans d'eux, poſſéder des offices originaires.

3°. Ceux qui poſsèdent actuellement, ceux
qui poſſéderont à l'avenir, & ceux qui ont poſſédé depuis quarante ans des charges non originaires, ſeront réputés *in æternum*, eux & les deſcendans d'eux par mâles, non originaires, excepté néanmoins ceux qui ont été pourvus & enſuite reçus
dans les charges non originaires, autrement que
comme originaires, dont les enfans & petits-enfans par mâles pourront poſſéder les charges de

leurs pères & grands-pères feulement, immé[...]
tement & fans interruption.

Suivant l'édit du mois de feptembre 1580,
la declaration du 30 juin 1705, les charges
préfidens aux requêtes du palais, & celles [...]
confeillers, doivent être remplies, moitié par [...]
François, l'autre moitié par des originaires.

Il en étoit de même anciennement des d[...]
charges d'avocats généraux, fuivant l'édit de c[...]
tion ; mais, par une déclaration du 15 octo[...]
1714, il a été réglé que ces charges feron[...]
poffédées indifféremment par des Bretons & [...]
d'autres.

Par une déclaration de Henri III, du 2 [...]
1575, les préfidens & confeillers de ce Par[...]
ment ont entrée & féance dans toutes les c[...]
fouveraines du royaume.

Du Parlement de Pau.

Les anciens princes du pays avoit une c[...]
principale de juftice, qui s'appeloit *cour majeu[...]*
où fe terminoient en dernier reffort les con[...]
rations qui y étoient portées par appel des au[...]
juftices; elle étoit compofée de deux évêques [...]
de douze barons du pays.

En 1328, Philippe III, comte d'Evreux & [...]
de Navarre, après la bataille de Caffel, où [...]
accompagnoit le roi Philippe de Valois, retou[...]
dans fon royaume de Navarre; & pour rem[...]
dier aux défordres qui s'étoient gliffés pend[...]
l'abfence des quatre rois fes prédéceffeurs, ay[...]
affemblé les états à Pampelune, il fit plufieu[...]
belles ordonnances, & en outre établit un c[...]

il ou Parlement pour le fait de la juftice, ap-
lé le *nouveau for de Navarre*.

Les chofes demeurèrent fur ce pied jufqu'en
519, que Henri II, de la maifon d'Albret, &
u de Navarre, commença à Pau un palais, &
établit un confeil fouverain pour réfider en cette
ille.

Il y avoit en outre une chancellerie de Navarre,
qi étoit auffi une cour fupérieure.

De ces deux compagnies, Louis XIII forma,
n 1620, le Parlement de Navarre & Béarn, ré-
dent à Pau.

Au mois de janvier 1537, Henri II, roi de
Navarre, établit une chambre des comptes à
Pau, & lui donna pour reffort la baffe Navarre, le Béarn, les comtés de Foix & de Bigorre, les vicomtés de Marfan, Turfon, Ga-
vardon, & la baronnie de Captieux; les vicomtés
de Laurrec, de Nebouzan; la baronnie d'After-
Villemure, & les quatre vallées d'Aure.

Le roi Louis XIII unit à cette chambre des
comptes celle de Nerac, pour ne former qu'un
même corps, fous le titre de chambre des
comptes de Navarre. Cette chambre de Nerac
comprenoit, outre le duché d'Albret, le comté
d'Armagnac & toutes fes dependances; le pays
d'Eauffan, la feigneurie de Rivière-baffe, le comté
de Fezenfagner & fes dépendances, le comté de
Rodèze, & les quatre châtellenies de Rouergue, le comté de Périgord & la vicomté de
Limoges.

Par un édit de l'an 1691, le roi fit un nouveau changement dans ces compagnies, en unif-
fant la chambre des comptes au Parlement, &
lui attribuant en cet état la connoiffance de tout

ce qui appartient aux chambres des comptes d
autres provinces, même celle des monnoies (*)
dont la chambre des comptes avoit l'attributio
dès son premier établiffement.

- Ce Parlement eft tout à la fois chambre d
comptes, cour des aides & des finances.

Mais comme on avoit été obligé de diftra
plufieurs terres & feigneuries du reffort de ce
chambre des comptes, pour former la juridicti
des cours fouveraines établies à Bordeaux &
Montauban, on a uni au Parlement de Pau to
le pays de Soulle, qui dépendoit auparavant d
Parlement de Bordeaux.

Par un édit du mois de juin 1765, le feu
fupprima une partie des offices du Parlement d
Pau, &, par un autre édit du mois d'octob
1771, il abolit la vénalité des offices dans ce
cour; mais par un autre édit du mois d'octob
1775, enregiftré le 13 novembre fuivant d
très-exprès commandement du roi, porté par M
le Noir, confeiller d'état, & M. Journet, i
tendant de la généralité d'Aufch, les deux éd
de 1765 & 1771 ont été révoqués, &
Parlement de Pau rétabli tel qu'il étoit aupar
vant.

Il a en même temps été enregiftré une ordo:
nance concernant la difcipline de ce Parlement
conforme à celles qui ont été données pour l
difcipline des Parlemens dont nous avons parlé

. Cette cour eft aujourd'hui compofée d'un pr

mier préfident, de fept autres préfidens, deux chevaliers d'honneur, quarante-fix confeillers, deux avocats généraux, un procureur général, quatre fubftituts, un greffier en chef, &c.

Le diftrict du Parlement de Pau comprend les évêchés de Lefcar & d'Oleron ; ce qui embraffe cinq fénéchauffées.

Le roi eft feul feigneur haut-jufticier dans toute la province ; les feigneurs particuliers n'ont que la moyenne & baffe juftice ; les jurats ou juges ne peuvent, en matière criminelle, ordonner aucune peine afflictive ; ils ont feulement le pouvoir de former leurs avis, & de les envoyer au Parlement.

L'appel de leur jugement en matière civile peut être porté, au choix des parties, ou devant les fénéchaux, ou au Parlement.

Ce qui eft encore de particulier à ce Parlement, c'eft que toute partie a droit, en quelque caufe que ce foit, de fe pourvoir directement au Parlement, fans effuyer la juridiction inférieure des jurats ni celle des fénéchaux royaux.

Du Parlement de Metz.

Le pays des trois évêchés, Metz, Toul & Verdun, qui compofe l'étendue de ce Parlement, faifoit anciennement partie du royaume d'Auftrafie.

Après la mort du roi Raoul, du temps de Louis d'Outremer, les trois évêchés furent affujettis à l'empereur Othon I, & reconnurent fes fucceffeurs pour fouverains.

Les villes de Metz, Toul & Verdun, étoient gouvernées par des comtes.

Les caufes des habitans des évêchés reffortif foient alors par appel à la chambre impériale d Spire ; mais ces appels étoient très-rares, à cauf des frais immenfes que les parties étoient obli gées d'effuyer, & des longueurs des procédure de la chambre impériale, qui éternifoient le procès.

Il y avoit d'ailleurs dans ce pays plufieurs fei gneurs qui prétendoient être franc-aleu, & avoi le droit de juger en dernier reffort.

Les chofes demeurèrent en cet état jufqu'au temps de Henri II, qui, en 1552 ; ayant repris Metz, Toul & Verdun, s'en déclara le protec teur. Ces trois évêchés lui furent affurés par le traité de Cateau Cambrefis en 1559 ; l'empereu Ferdinand les fit redemander à François II en 1560 ; mais celui-ci répondit que l'on n'avoit fait aucun tort à l'empire, & que ces pays étoient du patrimoine de la France.

Henri IV s'étoit fait affurer ces mêmes pays par le traité de Vervins en 1598 ; mais les mou vemens qu'il y eut à Metz en 1603, l'obligèren d'y aller en perfonne, & de s'emparer de la ci tadelle, dont il chaffa le commandant.

Ce prince s'étant ainfi rendu maître de la ville de Metz, y établit un préfident, pour connoître des différends qui pourroient arriver entre les bourgeois & les foldats de la garnifon ; cet offic fubfifta jufqu'à la création du Parlement en 1633.

Il y avoit déjà quelque temps que l'on avoit deffein d'établir un Parlement à Metz. Henri IV, vifitant les trois évêchés, fut informé des abus qui régnoient dans l'adminiftration de la juftice, tant par le peu d'expérience de ceux qui y étoient employés, que par les usurpations de quelques personnes qui, sous prétexte de prétendus priviléges & de titres de franc-aleu, ou de quelques usages & coutumes injustes & erronées, avoient mis la justice en désordre, & avoient même osé entreprendre de juger souverainement, non seulement des biens & fortunes des habitans de cette province, mais aussi de leur vie & de leur honneur, avec confiscation de biens à leur profit particulier.

Ces juges s'étoient même ingérés de donner des grâces par faveur aux criminels les plus coupables ; ce qui avoit encore enhardi ceux-ci, & leur impunité donnoit occasion à d'autres de les suivre, d'où il étoit arrivé de grands inconvéniens, à la désolation de plusieurs familles.

Henri IV voulant remédier à ces désordres, & faire jouir les habitans de cette province d'une justice & police mieux ordonnées & autorisées, leur promit d'établir dans ce pays une cour souveraine, avec plein pouvoir de connoître, décider & terminer en dernier ressort toutes matières civiles & criminelles ; mais la mort funeste & prématurée de ce grand prince l'empêcha d'exécuter ce qu'il avoit projeté.

Sur les nouvelles prières qui furent faites à Louis XIII par tous les ordres de ces trois villes & provinces, ce prince, étant à Saint-Germain-en-Laye au mois de janvier 1633, donna un édit par lequel, pour remplir le vûes de son prédécesseur & donner un meilleure forme à l'administration de la justice dans ce pays, il établit à Metz une cour souveraine de Parlement, avec les mêmes autorité, pouvoir & juridiction que ceux qui sont attribués aux autres Parlemens : il fut ordonné nommément que cette cour connoîtroit de toutes les appellations qui seroient interjetées des sentences ou jugemens rendus en toute matière, tant civile que criminelle, mixte, réelle & personnelle, par tous les juges ordinaires du pays, & il fut fait défense à ces juges d'entreprendre de juger à l'avenir souverainement & en dernier ressort.

Le même édit régla que toutes les causes qui se présenteroient entre les bourgeois de Metz & les soldats de la garnison, seroient traitées en première instance au Parlement, & que pour cet effet il y auroit une audience par semaine, à laquelle assisteroient un président & au moins six conseillers, qui seroient tenus de juger ces causes sur le champ.

Il fut en outre ordonné que les appellations comme d'abus qui seroient interjetées des officiaux des églises de Metz, Toul & Verdun, seroient relevées & jugées au nouveau Parlement, selon les maximes qui s'observoient en pareil cas dans les autres Parlemens, & particuliérement dans celui de Paris.

Enfin l'édit dont il s'agit attribua aux officiers du Parlement de Metz les mêmes honneurs, prééminences, prérogatives, priviléges, franchises, immunités, exemptions, droits, fruits, revenus & émolumens, que ceux dont jouissoient les officiers de même qualité au Parlement de Paris.

Cet édit fut enregistré au Parlement de Metz le 26 août 1633, & au Parlement de Paris 20 décembre 1635.

Un édit du mois d'octobre 1771 avoit supprimé le Parlement de Metz, & en avoir réuni la juridiction à la cour souveraine & à la chambre des comptes de Lorraine ; mais par un autre édit du mois de septembre 1775, enregistré le 30 octobre suivant du très-exprès commandement du roi, porté par le duc maréchal de Broglie, assisté de M. de Calonne, intendant de la généralité, le Parlement a été rétabli sous la dénomination de cour de Parlement, chambre des comptes, & cour des aides de Metz.

Il étoit aussi autrefois *cour des Monnoies* ; mais l'article premier de l'édit dont nous parlons, a réservé la connoissance des matières relatives aux monnoies, à la cour des monnoies de Paris.

Le Parlement de Metz est aujourd'hui composé d'un premier président, de sept présidens à mortier, de sept conseillers d'honneur nés, de deux conseillers d'honneur, de deux chevaliers d'honneur, de quarante-cinq conseillers, dont quatre clercs, de deux conseillers correcteurs des comptes, de quatre conseillers auditeurs, de deux avocats généraux, d'un procureur général, de six substituts, d'un greffier en chef civil, d'un greffier en chef criminel, &c.

Les présidens & conseillers sont distribués en trois chambres ; savoir, la grand'chambre, la chambre de tournelle & des enquêtes, & la chambre des requêtes du palais.

La grand'chambre est composée du premier président, des sept présidens à mortier, & des vingt-trois plus anciens conseillers, dont trois clercs.

La chambre de tournelle & des enquêtes est présidée par trois présidens à mortier, les derniers en réception, & composée de dix-sept conseillers, dont un clerc.

La chambre des requêtes du palais est présidée par deux conseillers présidens, que le roi choisit, l'un parmi les conseillers de grand'chambre, & l'autre parmi ceux des enquêtes; & elle est composée des cinq conseillers les moins anciens en réception, qui passent successivement aux enquêtes, & ensuite montent à la grand'chambre à leur tour, concurremment avec les autres conseillers des enquêtes, & suivant l'ancienneté.

Il y a pour le Parlement de Metz une ordonnance de discipline du mois de septembre 1775, qui ne diffère en rien des ordonnances de ce genre données pour les Parlemens dont nous avons fait mention.

Le Parlement de Metz comprend dans son ressort les bailliages & présidiaux de Metz, Toul, Verdun & Sarrelouis; les bailliages de Sedan, Thionville, Longwy, Mouzon, & Mohon; les prévôtés bailliagères de Mouzon, Montmedy, Chavaney, Marville; les prévôtés royales de Dampvilliers, Château-Regnaud, Sierk, Philisbourg; & les bailliages seigneuriaux de Vic & de Carignan, dont les appels se portent directement au Parlement.

Cette cour a toute l'attribution des cours des aides, depuis la réunion de celle qui avoit été créée pour les trois évêchés, & en qualité de chambre des comptes; cour des aides, sa juridiction s'étend en Alsace pour les matières de sa compétence.

Du Parlement de Besançon.

Il tire son origine de l'ancienne cour ou Parlement des comtes de Bourgogne, qui fut substitué aux baillis généraux de la province.

Cet ancien Parlement fut d'abord ambulatoire, comme celui de Paris, à la suite du prince, lequel y siégeoit toujours.

On trouve quantité d'arrêts rendus par ce Parlement, pendant les onzième & douzième siécles, sur des contestations particulières, & principalement pour les droits féodaux & seigneuriaux.

Dans le treizième siécle, il ne marcha plus réguliérement à la suite du prince; celui-ci assembloit son parlement pendant un certain temps limité dans différentes villes de la province, telles que Dole, Salins, Gray, Arbois, Chariez, & quelquefois à Besançon.

Le prince y siégeoit encore lorsqu'il se trouvoit dans la ville où il assembloit son Parlement; il y a plusieurs édits & réglemens des années 1340, 1386, 1399 & 1400, qui furent faits dans ce Parlement, touchant les procédures & l'ordre judiciaire, les baillis, les prévôts de la province, les avocats, les greffiers, les procureurs, les sergens, & autres matières.

Philippe le Bon, duc & comte de Bourgogne, rendit ce Parlement sédentaire à Dole en 1422, &, sans changer la forme, les fonctions, ni l'autorité de cette compagnie, il le composa de sa personne, de celle de son chancelier, d'un président, deux chevaliers, onze conseillers, deux avocats, un procureur général, un substitut, un greffier , quatre huissiers : les deux maîtres des requêtes du prince avoient aussi droit d'y entrer.

En 1476 , après la mort de Charles, duc & comte de Bourgogne, qui fut le dernier des comtes de Bourgogne de la seconde race, Louis XI conquit la Franche-Comté : les états de Bourgogne le supplièrent d'entretenir les Parlemens de Dole & de Saint-Laurent, pour les comtés de Bourgogne, d'Auzonne & autres terres d'outre Saône, où d'ancienneté il y avoit toujours en cour souveraine, pour l'exercer en la même forme & manière que l'on avoit accoutumé de faire par le passé. Le roi, en établissant le parlement de Dijon pour le duché de Bourgogne, au lieu des grands jours de Beaune, ordonna qu'en outre *les Parlemens de Dole & de Saint-Laurent seroient dorénavant entretenus souverains , selon que par ci-devant ils avoient été de toute ancienneté , & que ces Parlemens se tiendroient en la manière déclarée par les autres lettres qu'il avoit accordées sur ce aux états.*

La ville de Dole ayant été presque entièrement ruinée par le siége qu'elle avoit souffert, Louis XII en retournant de Saint-Claude, & étant à Salins, y transféra le Parlement de Franche Comté, & le rendit sémestre pour les deux Bourgognes, n'y ayant point alors de Parlement dans le duché de Bourgogne.

Charles VIII ayant été marié le 2 juin 1483, à l'âge de dix ans, avec l'archiduchesse Marguerite, âgée de trois ans, fille de l'empereur Maximilien, laquelle eut en dot la Franche-Comté, confirma le Parlement de Salins aux états généraux tenus à Besançon au mois de décembre 1483.

Ce mariage ne fut point accompli, au moyen de quoi Charles VIII ne tint la Franche-Comté que jusqu'en 1491, qu'il époufa Anne de Bretagne & renvoya l'archiduchesse Marguerite de Bourgogne.

Le Parlement étant encore à Salins en 1499, fit un réglement pour les dépens préparatoires & non réservés en définitive.

La Franche-Comté ayant été rendue à l'empereur Maximilien, qui avoit épousé Marie de Bourgogne, héritière & fille unique du duc Charles, l'archiduc dit le Bel, son fils, roi de Castille & comte de Bourgogne, transféra le Parlement, de Salins à Dole, fur la demande des états généraux de la province, par lettres du dernier décembre 1500.

Après la mort du roi de Castille, arrivée le 25 septembre 1506, l'empereur Maximilien son père, & Charles prince d'Espagne son fils, qui fut depuis empereur sous le nom de Charles-Quint, confirmèrent de nouveau le Parlement de Franche-Comté dans la ville de Dole, par des lettres du 12 février 1508, qui ordonnèrent que des onze conseillers, il y en auroit deux d'église.

Philippe IV, roi d'Espagne, confirma comme ses prédécesseurs ce parlement à Dole, par des lettres du 20 mars 1656.

Louis XIV ayant conquis la Franche-Comté le 14 février 1668, confirma le Parlement; mais cette province ayant été rendue au mois de mai de la même année, par le traité d'Aix-la-Chapelle, la confirmation qui avoit été faite du Parlement par le roi Louis XIV, donna de l'ombrage au roi d'Espagne; & fur les impressions

A a iv

que lui donna le marquis de Castel Rodrigue, gouverneur du comté, qui étoit fâché d'avoir été obligé de partager le gouvernement avec cette compagnie, Philippe IV defendit au Parlement de faire aucune fonction jusqu'à nouvel ordre.

Mais Louis XIV ayant, le 15 mai 1674, conquis de nouveau la Franche-Comté, qui a été réunie pour toujours à la Couronne par le traité de Nimegue, il confirma le Parlement à Dole, par des lettres du 17 juin 1674, portant que le Parlement resteroit à Dole jusqu'à la fin de l'année, pendant lequel temps le roi se réservoit *d'aviser en quel lieu de la province il estimeroit le plus à propos d'établir pour toujours le siége de cette cour & d'augmenter le nombre de ses officiers.*

Ce même prince, par des lettres du 22 août 1676, transféra le Parlement, de la ville de Dole dans celle de Besançon, où il est toujours demeuré depuis ces lettres jusqu'à présent.

Il y a peu de parlemens qui aient eu un pouvoir aussi étendu que celui de Besançon, puisqu'à l'exception du droit de donner des lettres de grâce, que le souverain se réservoit, le Parlement étoit presque maître absolu en tout.

Il partageoit le gouvernement de la province avec le gouverneur, qui ne pouvoit rien faire d'important sans l'avis de cette cour. Les ordonnances mêmes des gouverneurs étoient sujettes aux lettres d'attache du Parlement.

Il avoit même souvent seul tout le gouvernement ; & en cas de mort, maladie, absence ou autre empêchement du gouverneur, cette cour avoit droit de commettre un commandant à la place du gouverneur.

Outre les affaires contentieuses, ce Parlement

connoissoit, pendant la paix, de toutes les affaires concernant les fortifications, les finances, les monnoies, la police, les chemins, les domaines, les fiefs & la conservation des limites de la province.

Pendant la guerre, il régloit la levée des troupes, leurs quartiers, leurs passages, les étapes, subsistances, payemens & recrues.

Enfin, presque toute l'autorité souveraine lui étoit confiée par les lettres particulières des souverains, comme il paroît par celles de 1508, 1518, 1530, 1533, 1534, 1542, 1543, 1556, 1557, 1579, 1603, 1613, 1616, 1656 & 1665, qui justifient que cette autorité n'étoit point usurpée, qu'elle étoit approuvée du prince même, qui n'ordonnoit rien sans avoir consulté le Parlement.

Les membres de cette compagnie ont toujours joui de la noblesse transmissible au premier degré. Louis XIV s'étant fait représenter les titres justificatifs de cette prérogative, ordonna par sa déclaration du 11 mars 1694, que les officiers de ce Parlement continueroient de jouir du privilége de la noblesse au premier degré, tant en vertu des déclarations des anciens souverains du comté de Bourgogne, que par la possession dans laquelle ils étoient, sans que les édits des mois de mars 1669 & août 1692, pussent leur préjudicier. Cela a été confirmé de nouveau par édit du mois de mars 1706, & par la déclaration du 13 octobre 1741.

Tous les offices du Parlement de Besançon furent supprimés par un édit du mois de juillet 1771; & par un autre édit du même mois, il y fut créé de nouveaux offices. Mais ces édits furent évoqués par un autre édit du mois de mars 1775, enregistré le 7 avril suivant du très-exprès commandement du roi, porté par le marquis de Sain-

Simon, commandant de la province, affifté d
M. de Marville, confeiller d'état, & le Parle
ment de Befançon rétabli en l'état où il étoit avan
d'avoir été fupprimé.

Il a en même temps été enregiftré une ordon
nance de difcipline, pareille à celles qui ont é
données pour les Parlemens dont nous avons fa
mention.

Le Parlement de Befançon eft actuellement com
pofé de quatre chambres ; favoir, la grand
chambre, celle de la tournelle, celle de enquête
& celle des eaux & forêts & requêtes du palai
dans lefquelles MM. du Parlement fervent to
à tour.

La grand'chambre eft compofée du premi
préfident & de trois autres préfidens à mortie
trois chevaliers d'honneur, feize confeillers, &
quinze honoraires.

La tournelle eft compofée de deux préfide
à mortier & quatorze confeillers honoraires.

La chambre des enquêtes eft compofée de de
préfidens à mortier, de feize confeillers, & d
cinq honoraires.

Enfin, la chambre fouveraine des eaux & forê
& requêtes du palais, eft compofée de de
préfidens à mortier & de douze confeillers.

Les autres officiers de ce Parlement font l
trois avocats généraux, le procureur général, quat
fubftituts, un greffier en chef, quatre greffie
au plumitif, qui font diftribués dans les quat
chambtes du Parlement, & quatre greffiers à
peau, qui font diftribués de même ; un greff
des affirmations & préfentations, un greff
garde facs, un premier huiffier, & fix autres hu
fiers ; un receveur des confignations, un recevei
des épices, un contrôleur, un receveur & co

rôleur des amendes, deux payeurs des gages.

La rentrée du Parlement se fait le lendemain de la saint Martin. Le surlendemain on fait les mercuriales ; & à la séance de relevée, les députés des bailliages de la province font leurs remontrances à la cour sur ce qui s'est passé d'important dans leur ressort pendant le cours de l'année.

Le Parlement de Besançon comprend dans son ressort cinq présidiaux ; savoir, Besançon, Vesoul, Gray, Salins & Lons-le-Saulnier, réunis aux bailliages de ces mêmes villes, & à chacun desquels ressortissent plusieurs autres bailliages pour les matières qui sont de leur compétence.

Sous ces présidiaux sont treize bailliages royaux, dont les appels ressortissent immédiatement au Parlement. Ces treize bailliages sont distribués sous les quatre grands bailliages de Besançon, de Dole, d'Amont & d'Aval, outre trois autres judicatures.

Le bailliage de Besançon est seul ; celui de Dole comprend le bailliage particulier de Dole & ceux de Quingey & d'Ornans ; celui d'Amont comprend ceux de Vesoul, de Gray & de Baume ; & celui d'Aval, ceux de Poligny, de Salins, d'Arbois, de Pontarlier & d'Orgelet, & la grande judicature de Saint-Claude, qui est à l'instar des bailliages royaux.

. Il y a encore d'autres bailliages dont les appels ressortissent nûment au Parlement ; savoir, Moyrans, Lure, Luxeuil, Faucogney, Amblans, Fougerolle, Saint-Loup, Vauvillers & Hollaincourt, Blamont & Clermont, Granges, Héricourt & Châtelot.

Il y a aussi sept maîtrises des eaux & forêts, qui ressortissent nûment à la chambre souveraine

des eaux & forêts, qui eft unie au Parlement
Ces maîtrifes font Befançon, Vefoul, Gray,
Baume, Poligny, Salins & Dole.

Du Parlement de Douai.

Voyez l'article DOUAI, où il eft parlé de cette
cour, & ajoutez, que lors de fon rétabliffement il
fut enregiftré une ordonnance de difcipline du
mois de novembre 1775, conforme à celles qui
ont été données pour les Parlemens dont on a
fait mention précédemment.

Du Parlement de Nanci.

Il étoit connu, avant 1775, fous le nom de
cour fouveraine de Lorraine en Barrois.

Cette compagnie, dans les premiers temps de
fon inftitution, tenoit fes féances à Saint-Mihiel,
dans le duché de Bar; fon reffort étoit limité à
la partie de ce duché qui ne relevoit point du
royaume.

Quand le Barrois ceffa de former un état particulier, quand il fut uni à la Lorraine par le
mariage de l'héritière de la branche aînée de cette
maifon, avec René d'Anjou, héritier des ducs
de Bar, la conftitution des deux provinces ne fut
pas confondue.

La Lorraine étoit encore de tous les territoires
conquis par les Francs & les Germains, celui
où leur adminiftration primitive s'étoit confervée
avec le plus de pureté.

Les états généraux, compofés des trois ordres,
avoient un pouvoir qui embraffoit toutes les parties de la légiflation & de l'adminiftration économique de l'état.

La puiffance vraiment monarchique du duc

étoit sur-tout tempérée par l'autorité de sa cour, féodale, dans laquelle l'ancienne noblesse ou chevalerie du pays rendoit la justice souverainement, à toute la nation.

Les assemblées de ce sénat étoient appelées *assises*. Les chevaliers y prononçoient en première instance & en dernier ressort, sur les contestations de leurs membres, soit qu'elles fussent élevées entre eux, soit que le duc fût leur partie. Ce prince, obligé de se soumettre à cette juridiction, de se conformer à ses décisions, & d'employer, pour en assurer l'exécution, la force publique dont il étoit dépositaire, n'avoit dans le duché de Lorraine proprement dit, qu'une autorité très-limitée.

Les assises recevoient aussi les appels des tribunaux inférieurs de la province ; elles pouvoient, réformer ou confirmer les sentences des officiers du duc, comme celles des justices patrimoniales des vassaux ordinaires ; & il n'étoit permis, dans aucun cas, de porter l'examen des jugemens de ce tribunal, ou d'en demander la révision pardevant aucune autre cour du duché : autrefois l'on pouvoit en interjeter appel à la chambre impériale de Spire ; mais depuis que Charles-Quint & Ferdinand eurent reconnu à Nuremberg que les états de Lorraine avoient le privilège de *non appellando*, c'est-à-dire, de ne point ressortir aux tribunaux souverains de l'Empire, la souveraineté des sentences rendues par les assises ne souffrit plus de difficulté.

Les historiens se sont épuisés en recherches pour fixer l'époque de l'établissement de ces tribunaux ; ils ne se sont point apperçus qu'elle tenoit à l'ancienne constitution des Francs :

c'étoit dans de pareilles assemblées que les comtes & les ducs administroient la justice en France, sous les deux premières races. Telles furent ensuite, sous les premiers rois de la troisième race, les cours féodales de la plupart des grands vassaux; tels sont encore, dans quelques cercles de l'Allemagne & dans la basse-Alsace, les directoires de la noblesse immédiate.

Les ducs de Lorraine avoient si peu d'influence dans les assises, que les baillis qui les représentoient y faisoient seulement l'instruction de la procédure, y veilloient à l'observation des formes & à l'exécution des jugemens : ils n'étoient pas juges ; mais, après avoir assisté à l'examen des procès, ils étoient obligés de se retirer avant qu'on ouvrît les opinions, & pouvoient seulement commettre un maître échevin pour recueillir les suffrages. C'est ainsi que nos rois, les ducs & les comtes, ne faisoient dans nos anciens tribunaux que les fonctions confiées aujourd'hui en partie au ministère public ; c'est ainsi qu'en Angleterre encore les Sherifs ne jugent pas dans les assemblées des jurés & des pairs, auxquelles ils président.

Il ne faut pas s'étonner si les ducs de Lorraine ne cherchoient point à étendre la juridiction des assises, & ne s'empressoient pas d'augmenter une autorité rivale de la leur ; lorsque ces princes, par des successions ou des échanges qui leur furent toujours très-avantageux, réunirent à leur état des terres démembrées, des domaines, des églises & des territoires voisins, ce n'étoit pas aux assises, mais à leur conseil privé, à la chambre des comptes de Lorraine, ou à d'autres tribunaux particuliers, que se portoient les appels des juridictions établies dans ces terres.

Le conseil aidoit non seulement le prince dans les affaires d'administration qui le concernoient, mais il formoit, sous ses ordres, dans l'état, un tribunal souverain qui avoit un ressort particulier sur les territoires de Chaté, de Vaudemont, d'Haton Châtel & de quelques autres annexes de la Lorraine. Conformément à un réglement du 22 décembre 1633, le conseil recevoit l'appel des jugemens rendus dans tout le duché de Lorraine par le procureur général, ses substituts ou autres officiers du duc, dans les matières de garde noble & de tutelle. Peut-être pourroit-on expliquer cette attribution particulière par les principes des anciens usages féodaux, qui déféroient aux suzerains seuls la garde des fiefs & des pupilles, lorsque l'âge de ceux-ci ne leur permettoit point d'acquitter les charges de l'ancien service militaire.

La chambre des comptes de Lorraine avoit l'administration économique des domaines particuliers des ducs, l'audition des comptes de ses receveurs & contrôleurs, l'inspection sur les officiers de ses bois, de ses salines, de ses mines & de sa monnoie : elle jugeoit en dernier ressort, en vertu de différentes lettres-patentes, les appels des sentences des juges de Blamont, Deneuvres, Dieuze, Saint-Nicolas, Varangéville, Nommeny, la Bresse, &c.

La compétence de cette chambre sur les domaines du duc dans la Lorraine, étoit au surplus très-limitée ; elle formoit à cet égard plutôt un bureau de direction & d'administration des revenus du prince, qu'un tribunal proprement dit : on le voit par ses propres titres, par les réclamations des états contre quelques actes de juridiction contentieuse, faits par cette compagnie, par les dispositions des anciennes loix & de la coutume, qui attribuoient à ceux de l'ancienne chevalerie, soit par ·appel, soit en première instance, la connoissance des procès élevés entre le duc & les vassaux. ·

· La chambre des comptes n'avoit pas non plus la juridiction contentieuse des aides & la répartition des impositions ; ces fonctions importantes appartenoient aux représentans des états généraux ; elle étoient exercées par une chambre particulière des aides, ou commission intermédiaire des états, composée de quatre commissaires, dont un étoit nommé par le duc, un par le clergé, & les deux autres par la noblesse. ·

. Parmi les seigneurs & les prélats de la province quelques-uns avoient le droit de juger en dernier ressort, dans des tribunaux désignés sous le nom de . *buffet*, les appels de leurs juges subalternes. ·

.: Les appels des terres qui étoient communes à l'abbaye de Remiremont & aux ducs de Lorraine, qui dans l'origine avoient été les avoués plutôt que les souverains de cette église, se portoient à un tribunal commun, composé des officiers du duc & de ceux de l'abbaye. .

Quelques, villes, comme Epinal, Sarrebourg, &c. avoient eu pour tribunaux, de ressort, des conseils particuliers, composés de magistrats qu'elles choisissoient parmi leurs concitoyens.

· . Enfin, par une · prérogative que les justices des villes, celles des seigneurs & du duc avoient conservée de l'ancienne administration germanique, elles jugeoient toutes en dernier· ressort dans les ·matières criminelles ; elles étoient seulement obligées

gées de prendre l'avis des échevins de Nanci,
pour les affaires qui ne se portoient pas en première
instance aux assises. Si l'on consulte la loi de
Belmont, sur laquelle on a formé les chartres
de commune de la ville de Nanci & de la plupart des autres villes de la province, ces échevins n'étoient dès-lors que des officiers municipaux ou jurés, qui, choisis par leurs pairs ou
comme bourgeois, exerçoient en matière criminelle, ce que l'on appeloit anciennement la justice par pairs.

Tous ces tribunaux n'étoient que pour la
Lorraine.

Le Barrois avoit à Saint-Mihiel sa cour souveraine ou des hauts jours.

Il est difficile de fixer l'époque de l'établissement de cette compagnie.

Le Barrois ne consistoit d'abord que dans quelques terres éparses autour de la forteresse de Bar,
élevée par Frédéric, duc bénéficiaire de Lorraine;
il étoit ensuite passé, comme terre allodiale, à
la postérité féminine de ce prince, & s'étoit insensiblement accru de l'avouerie de l'abbaye de
Saint-Mihiel, des démembremens de quelques
autres églises, & de la réunion de plusieurs seigneuries situées sur les terres de France & de
l'Empire, pour lesquels les ducs de Bar portoient leurs hommages aux grands feudataires de
ces deux puissances, tels que les ducs de Lorraine
& les comtes de Champagne.

. Un état qui avoit aussi peu de consistance
ne pouvoit avoir, dès l'instant de sa formation,
un tribunal établi pour y rendre la justice souverainement & en dernier ressort; cependant un
acte du premier avril 1397, passé entre le roi

& Edouard, duc de Bar, & une convocation faite de cette cour le 29 janvier 1374, prouvent que dès-lors on assembloit quelquefois à Saint-Mihiel, sous le nom de *hauts jours*, des magistrats qui recevoient les appels des juridictions subalternes du Barrois.

Mais quelle étoit l'étendue du pouvoir de ces officiers ? Jugeoient-ils en dernier ressort & sans appel les affaires de la partie du Barrois qui est située au delà de la Meuse ? Il paroît que c'est seulement en vertu du traité de Nuremberg qu'ils ont acquis ce privilége. Leur juridiction s'étendoit-elle sur la partie du Barrois qui est en deça de cette rivière, & qui étoit mouvante de nos rois ? Les ducs de Lorraine ont quelquefois prétendu que les habitans de cette partie du Barrois avoient le choix de porter leurs appels au Parlement de Paris ou à la cour de Saint-Mihiel.

Nous ne connoissons que deux monumens qui soient relatifs à cette prétention ; le premier est un dénombrement de la terre de Gondrecourt, donné au roi le premier avril 1397, par Edouard duc de Bar. Il y déclare, » que Gondrecourt & » tous les lieux qui y sont rappelés, ressortissent » en tous cas pardevant son prévôt de Gondre- » court & pardevant son bailli en cause d'appel; » & en ce qui touche souveraineté & ressort du- » dit lieu de Gondrecourt, sont d'ancienneté res- » sortissant audit Saint-Mihiel, & dudit Saint- » Mihiel audit Andelot (simple prévôté). Com- » bien, ajoute le duc, que tout ce que je tiens » de monseigneur le roi, pour raison de son » comté de Champagne, je le tiens nûment de » lui, à cause de sa comté de Champagne, &

„non au regard d'Andelot ; mais par ufage ma-
» dite châtellenie reffortit audit Andelot de la
» manière deffus dite (*) «.

Le fecond monument eft une fuite d'arrêts
du Parlement de Paris fur le poffeffoire du prieuré
de Selmont dans le Barrois mouvant. Un pourvu
de ce prieuré ayant invoqué un jugement rendu
en fa faveur par les grands jours ; & l'avocat du
duc de Lorraine ayant allégué qu'il étoit libre
aux fujets du Barrois de fe pourvoir par appel ;
foit aux grands jours de Saint-Mihiel , foit au
bailliage de Sens (& non de plein faut au Parlement) , plufieurs arrêts ordonnèrent que l'avocat
du duc fe feroit avouer ou défavouer ; & l'on ne
voit pas que ce prince ait porté plus loin fa
prétention.

La cour des grands jours de Saint-Mihiel n'avoit
point d'abord de magiftrats permanens ni de
temps fixe pour fes féances ; fouvent il y avoit entre
elles des intervalles de plufieurs années. Il eft
vrai qu'alors les appels n'étoient pas à beaucoup
près auffi fréquens qu'ils le font aujourd'hui. Le
fouverain fixoit la durée de ces féances ; il donnoit pour les tenir , des commiffions particulières
à des membres tirés de fon confeil , ainfi que
nos rois le pratiquoient , dans les treizième &
quatorzième fiècles , pour les confeillers jugeurs
& rapporteurs du Parlement de Paris , qui n'étoient
alors que de fimples affeffeurs des pairs & des
grands du royaume , membres perpétuels de la
cour de France.

Les ducs de Lorraine ayant obtenu à Nu-

(*) Manufcrits de S. Germain , n. 1667.

remberg le privilége de *non appellando*, le duc
Charles· II voulut fixer la légiflation & l'adminiftration de la juftice.dans toutes les parties de
fes états, & donner une nouvelle fplendeur aux
grands jours de faint Mihiel. Il déclara dans
fon ordonnance du 8 octobre 1571, que fes
prédéceffeurs avoient établi d'ancienneté en la ville
·de Saint-Mihiel, ,, un jugement appelé commu-
,, nément les grands jours, où ils fouloient af·
,, fifter en leurs perfonnes & accompagnés de plu·
,, fieurs perfonnages leurs confeillers, oyr & vuider
,, toutes caufes·qui y étoient appelées..... Mais
,, comme, par la malignité des temps, la fplendeur
,, & autorité de cette cour a été obfcurcie &
,, quafi réduite à néant ..... il veut, en fe réfer-
,, vant & à fes fucceffeurs le droit de tenir lef-
,, dits grands jours, & de les préfider quand bon
,, lui femblera, qu'il y ait à l'avenir, par forme
,, de fiége permanent & perpétuel, un jugement
,, fouverain ftable & récéant en la ville de Saint-
,, Mihiel, pour connoître, décider & mettre
,, à exécution tous les procès & caufes defquels
,, le cours & connoiffance pourront venir aux-
,, dits grands jours, & en dernier reffort,
,, fans aucun remède d'appel .des arrêts y don-
,, nés (*) «.

(*) Cette ordonnance eft du duc Charles II, que l'on
appelle mal-à-propos en Lorraine Charles III, en comptant
parmi les ducs de cette province Charles de France, fils de
Charles le Simple; mais ce prince n'étoit duc que de la
Baffe-Lorraine; il n'étoit pas d'ailleurs de la maifon d'Al·
face. Il n'y a donc aucune raifon pour le compter entre les
ducs de la Haute-Lorraine, quoi qu'en difent la plupart
des hiftoriens.

La nouvelle composition de cette cour fut fixée à un président, quatre conseillers, un greffier & deux huissiers ; le nombre des conseillers fut porté à huit avant 1613. Un réglement fait cette année par le duc Henry, pour la réception de ces magistrats, ne rappelle leur compagnie que sous la dénomination *de cour souveraine* ; il paroît qu'elle prit & reçut bientôt celle de Parlement.

Louis XIII s'étant emparé, en 1634, des duchés de Lorraine & de Bar, établit par des lettres-patentes du 16 juillet de cette année, un intendant à Saint-Mihiel pour tout le ressort *du Parlement* de cette ville, lui donna le droit d'y présider & d'y juger en dernier ressort tous les procès civils & criminels, assisté des conseillers de ce *Parlement*.

Cette loi fut confirmée par un édit du même roi, donné à Monceaux au mois de septembre suivant. Un conseil souverain fut en même temps établi à Nanci pour tous les lieux qui obéissoient ci-devant au duc de Lorraine, excepté l'étendue du ressort du Parlement de Saint-Mihiel.

« Ce conseil eut, en vertu de cet édit, l'attribution de toutes les affaires civiles, criminelles, de police, de domaine, impositions, aides, tailles, finances, & tous autres généralement quelconques, dont le conseil d'état, Parlement de Saint-Mihiel, chambre des comptes, cour des aides, & autres juges souverains ci-devant établis en Lorraine, devoient connoître ».

Sa juridiction devoit être générale pour la Lorraine : à l'égard du duché de Bar & des lieux qui ressortissoient au Parlement de Saint-Mihiel, elle fut limitée « aux affaires des domaines, impositions, aides, tailles & finances ».

B b iij

Mais les officiers du Parlement de Saint-Mihiel refusèrent de reconnoître une autorité qu'ils regardoient comme étrangère : fideles à leurs premiers sermens, dont ils n'avoient point été légitimement dégagés, ils se retirèrent avec leur président dans la ville de Siert. Charles III, à cause de la difficulté d'assembler les tribunaux ordinaires de la Lorraine, étendit leur juridiction sur ce duché. Cependant la ville de Saint-Mihiel s'étant soulevée & ayant été obligée de se rendre de nouveau à Louis XIII, ce prince supprima entiérement le Parlement de Saint-Mihiel, &, par sa déclaration du mois d'octobre mil six cent trente-cinq, en réunit d'abord toute la juridiction au conseil souverain de Nanci ; bientôt après, par des lettres-patentes du 16 juillet 1637, il supprima ce conseil, & ajouta les états de la Lorraine & du Barrois au ressort du Parlement de Metz.

Cependant le Parlement de Saint-Mihiel transféré à Siert, n'y exerçoit pas un vain pouvoir. La Mothe, Bitche & quelques contrées avantageusement situées, tenoient encore pour le duc Charles. D'ailleurs, tels étoient les effets de cet amour & de cette reconnoissance que six siécles d'un gouvernement juste & bon avoient mérités à la postérité de Gerard d'Alsace ; les liens qui lui soumettoient les Lorrains, ne furent pas brisés avec sa puissance. Dans le temps même où ces princes, entiérement dépouillés, fuyoient loin de leurs états, leur autorité y étoit encore reconnue, & leur Parlement obéi ; singularité étonnante, mais bien consolante pour les princes, qui, contens d'assurer la félicité de leurs peuples, ne cherchent point à étendre l'autorité modérée que la nation leur a déférée, ni à détruire ſes priviléges. Les ſujets de Charles continuèrent à reconnoître ſon autorité dans le temps qu'ils étoient ſous le joug d'une puiſſance qui lui avoit enlevé toutes ſes places. Le Parlement, réduit à chercher un aſile chez les Eſpagnols, à emprunter leur territoire, continua d'y rendre aux Lorrains la juſtice civile & criminelle. Il exiſte dans ſes greffes, des regiſtres remplis d'arrêts rendus à Luxembourg ſur toutes ſortes de matières.

Dans ces momens de criſe, cette cour n'a-bandonna point la patrie; elle déféra la régence à la ducheſſe Nicole pendant la détention de ſon mari. Ce n'étoit point de foibles magiſtrats qui bravoient, dans le calme d'un port, la mer agitée au loin; ils étoient à Luxembourg quand Char-les III fut arrêté par l'Eſpagne, alors maîtreſſe de cette place; ils oſèrent y affronter toute la puiſſance & la cruauté Eſpagnole; on les vit dé-noncer à l'univers, par un arrêt célèbre, l'attentat commis ſur leur ſouverain, démaſquer la trahiſon des Eſpagnols, & réfuter avec énergie le manifeſte de leurs miniſtres.

Pendant le cours de ces révolutions, cette compagnie ſe concilia tellement la confiance des deux provinces, que Charles, étant rentré une-première fois dans ſes états, crut pouvoir lui conſerver à jamais une autorité dont elle avoit ſi bien uſé pendant la guerre, &, à l'exemple de ce qui s'étoit pratiqué par d'autres grands vaſ-ſaux du royaume & de l'empire, s'arroger par-là, pour lui-même, la juridiction des anciennes aſſiſes de la nobleſſe.

Par une ordonnance du 7 mai 1641, ce prince avoit « érigé ſon Parlement en cour ſouveraine,

» pour connoître, juger & décider souveraine-
» ment toutes les appellations & plaintes qui
» ressortissoient ci-devant en dernier ressort en
» la cour dudit Parlement, & pardevant *tous*
» *autres juges, tant en matière civile que cri-*
» *minelle, dans les duchés de Lorraine & de*
» *Bar*, & autres terres de son obéissance «.

Mais Charles ne voulant pas remplir les en-
gagemens qu'il avoit pris avec Louis XIII, &
la cour souveraine les ayant déclarés nuls par
arrêt du 30 août 1641, le roi rentra en Lorraine, & y rétablit l'autorité du Parlement de
Metz.... La cour souveraine, obligée de se réfugier
encore dans les pays voisins, continua d'y exercer sa juridiction.

Elle revint de nouveau en Lorraine avec le
duc Charles, au mois de septembre 1664 : ce
prince la partagea alors en deux classes, l'une
pour le duché de Lorraine & ses dépendances,
composée du premier président, de douze conseillers, & du procureur général ; l'autre pour le
Barrois, composée d'un président, de six conseillers,
& du substitut du procureur général.

L'ancienne chevalerie réclama en vain contre
cette loi qui détruisoit entièrement l'espérance
qu'elle avoit conçue du rétablissement des assises ;
ses protestations authentiques furent aussi inu-
tiles que l'avoient été les remontrances qu'elle avoit
faites en 1635 à Louis XIII. » Le duc, dit un
» historien, trouva moyen, en contentant la
» France, de mécontenter sans risque les plus puis-
» sans de ses sujets «.

Mais, d'un côté, le caractère turbulent de ce
prince ; de l'autre, l'ambition des ministres de
Louis XIV ne pouvoient laisser subsister longtemps

une paix si nécessaire à la Lorraine. Charles fut obligé de l'abandonner une troisième fois ; son neveu, son successeur, n'en prit jamais possession.

Enfin, les semences de guerre entre nos rois & les princes de la maison de Lorraine, ayant été entièrement étouffées en 1697, par le traité de Risvick, un des premiers soins du conseil de régence du duc Léopold, fut de convoquer à Nanci les membres dispersés de la cour souveraine, « pour rendre la justice souverainement aux sujets » de son altesse, & prendre soin de la conserva- » tion de ses droits & de son autorité, en la » même forme & manière qu'ils faisoient au » commencement de 1670 «. Les classes de cette cour restèrent dès-lors réunies & sédentaires à Nanci.

Cependant, en 1735, de nouveaux événemens firent perdre pour jamais à la Lorraine ses an- ciens souverains, elle fut réunie à la couronne. La réunion, qui n'étoit qu'éventuelle pendant la vie du roi Stanislas, fut consommée au mois de février 1766.

Le Parlement de Metz, auquel le ressort de la Lorraine avoit été attribué pendant qu'elle étoit occupée par les armes de Louis XIII & de Louis XIV, crut que le traité de Risvick, qui avoit anéanti les prétentions de nos rois, avoit laissé subsister ses droits, qui n'en étoient que la suite.

Il les réclama à la mort du roi Stanislas. Il de- manda formellement la réunion à son ressort de la juridiction de la cour souveraine & des cham- bres des comptes de Lorraine & Barrois ; il in- sista par un nouveau mémoire donné au mois de mars 1770.

La cour souveraine se tint toujours sur la défensive.

Mais le Parlement de Metz avoit prétendu que les trois évêchés n'étoient pas assez étendus pour la dignité & le ressort d'un Parlement; que les différentes parties en étant séparées entre elles, & presque entiérement enclavées dans le ressort de la cour souveraine, il étoit indispensable de les réunir, pour n'en former qu'un seul tribunal souverain.

Dans ces circonstances, & sur l'exposé des mémoires de tous les corps intéressés dans cette affaire, le conseil du roi Louis XV crut qu'il étoit plus convenable de faire cette réunion à Nanci, situé au centre des deux provinces, qu'à Metz, ville entiérement militaire, & placée à cet égard moins avantageusement.

Les contestations indécises furent terminées par un édit du mois d'octobre 1771, & le ressort du Parlement de Metz fut uni à la cour souveraine, excepté pour la comptabilité & la juridiction des aides, qui furent attribuées à la chambre des comptes de Nanci; la connoissance des monoies fut renvoyée à la cour des monnoies de Paris.

De nouveaux offices créés dans les deux compagnies, à proportion de leur nouvelle juridiction, furent remplis aussi-tôt par des membres du Parlement de Metz. Non seulement aucun des magistrats de cette cour ne réclama contre l'édit du mois d'octobre 1771, mais le plus grand nombre s'empressa de solliciter les nouvelles places créées à Nanci. Une de président fut donnée au procureur général, & plusieurs de celles de conseillers furent accordées à des magistrats qui s'étoient diftingués par leur fermeté dans les dé-libérations publiques.

Cependant cette réunion, que la cour fouve-raine de Lorraine n'avoit point follicitée, & qu'elle ne cherchoit point à maintenir, ne dura pas. Le Parlement de Metz fut rétabli au mois de fep-tembre 1775 ; mais les prétentions qu'il avoit élevées fur l'ancien reffort de la cour fouveraine, furent en même temps profcrites, & cette cour fut confirmée dans fon ancienne juridiction.

Le roi, felon les termes du préambule de fon édit, » par les mêmes motifs qui l'avoient porté »à rétablir le Parlement de Metz, crut devoir »affurer le fort de la cour fouveraine, en ren-»dant définitive la confirmation provifionnelle »qui jufque-là avoit feulement été prononcée en »fa faveur ; à cette première preuve d'affection, »fa majefté, porte l'édit, crut en même temps »devoir ajouter une marque éclatante de la fa-»tisfaction des fervices des magiftrats de fa cour »fouveraine, en lui donnant le titre de Par-»lement «.

En conféquence, cette cour a repris fon an-cienne qualification.

Compofition du Parlement de Nanci.

Cette cour eft aujourd'hui compofée d'un pre-mier préfident, de cinq préfidens à mortier, de vingt-neuf confeillers laïques, deux confeillers clercs, un procureur général, deux avocats généraux, fix fubftituts, deux greffiers en chef civils & criminels, un fecrétaire & plufieurs greffiers commis. Il y a un avocat du roi , un substitut, greffier & un huissier audiencier, particuliers po la chambre des requêtes du palais.

De toutes ces charges , celle de l'avocat roi aux requêtes , & celle de greffier en ch font les seules à finance. Les autres sont donn gratuitement par le roi, ainsi que celles des cha bres des comptes de Lorraine & de Bar (*).

Ces charges n'en sont pas moins inamovibl Cette inamovibilité a été reconnue en 1758 p le conseil du feu roi Louis XV ; en conséquen MM. *Protin*, *Ariflay de Châteaufort*, & *M* duit de Beaucharmois*, qui avoient été destin & exilés à l'occasion de la résistance faite p la cour souveraine à l'enregistrement de l'é blissement du vingtième , ont été maint

---

(*) Les gages des officiers du Parlement sont fixés les lettres-patentes du 5 octobre 1771 , savoir :

Pour le premier président	1200
Chacun des présidens	600
Chacun des conseillers de grand'chambre	240
Chacun des conseillers des enquêtes	1000
Le procureur général	600
Chacun des avocats généraux	240
Chacun des substituts	1000

En vertu de l'article 2 des mêmes lettres-patentes, doyen des conseillers laïques jouit d'une pension de 1 livres , & le plus ancien des conseillers clercs d'une pen de 1000 livres.

L'édit du mois de novembre 1771 , qui créa deux off de greffiers en chef en la cour souveraine , en fixe la fina à 60000 livres chacun , & leurs gages à un denier p cent du capital de cette finance.

dans leurs offices, fur la réclamation de tous les ordres de l'état.

Le parlement de Nanci, en conféquence de l'édit d'octobre 1771, jouit de la plus belle de toutes les prérogatives, celle d'élire & de préfenter au roi trois fujets pour remplir les offices vacans des confeillers. Ces élections étoient, fuivant les ordonnances, en ufage dans toutes les cours du royaume, avant que le chancelier Dufat eût introduit la vénalité des offices.

Rien de plus avantageux qu'une pareille inftitution, lors qu'étouffant les intérêts particuliers, une compagnie ne préfère les enfans, les neveux, les coufins de ceux qui la compofent, qu'autant qu'ils montrent des connoiffances, des vertus & des talens égaux à ceux des autres concurrens; lorfque l'élection ne porte que fur les plus dignes; lorfque le roturier qui a montré, au barreau & dans les tribunaux fubalternes, une expérience confommée, une probité incorruptible, ne peut fe voir préférer l'adolefcent qui n'auroit en fa faveur que l'éclat frivole d'un anobliffement plus ou moins récent, dans un pays ou l'ancienne nobleffe femble avoir renoncé à la magiftrature.

Point de doute que de pareils choix ne répandent dans toutes les compagnies de judicature une émulation de talens & de vertus capable d'élever véritablement les miniftres des loix au-deffus de toutes les profeffions de la fociété; qu'ils ne fuffifent pour faire tomber ce préjugé qui a féduit Montefquieu lui-même, que la vénalité des charges eft un mal néceffaire dans nos monarchies modernes.

Indépendamment de fes membres ordinaires,

le Parlement de Nanci a fept confeillers d'honneur, dont trois chevaliers d'honneur étoient autrefois les trois premiers grands officiers de la couronne de Lorraine ; les quatre autres font confeillers prélats.

Ce font le primat de Lorraine, aujourd'hui évêque de Nanci; l'évêque de Toul , le grand doyen de l'églife de Nanci, & le grand prévôt, aujourd'hui évêque de Saint - Diez. Des conteftations fur la préféance entre ce prélat & le grand doyen de la primatiale , ont empêché jufqu'à l'exécution de la loi qui exige en faveur du premier une place de confeiller prélat.

Ces officiers font diftribués dans quatre chambres ; la grand'chambre, la tournelle, les enquêtes ; les requêtes du palais.

La chambre des enquêtes a été établie par édit du duc Léopold, du mois de novembre 171? Cette loi ordonnoit, que le premier jour de chaque année, après les vacations, la cour s'affembleroit pour dreffer la lifte des officiers qui compoferoient les deux chambres , en forte que le fervice fût alternatif, & que ceux qui auroient fervi pendant une année dans une chambre, ferviroient l'année fuivante dans l'autre, & que ceux dont les voix feroient incompatibles, feroient féparés & ne pourroient fe trouver dans la même chambre.

Mais, en vertu de l'édit d'octobre 1771, les confeillers montent par ancienneté, des enquêtes à la grand'chambre. Avant cet édit qui a créé la chambre de la tournelle , les affaires criminelles étoient portées aux enquêtes. Cette dernière chambre eft préfidée par deux préfidens à mortier. Les ommissions de conseillers présidens, créées en 1771, ont été supprimées en 1775.

La chambre des requêtes du palais a été formée, en 1710, d'officiers à finance, qui ont été supprimés en 1711. Depuis cette loi, la juridiction en est exercée par les quatre conseillers de la cour, derniers en réception : ils sont présidés par un des anciens conseillers de grand'chambre, nommé tous les ans par la compagnie. Le président & les conseillers chargés du service des requêtes, ne sont pas dispensés de faire celui des autres chambres.

La grand'chambre connoît seule, sans pouvoir renvoyer aux autres chambres, de toutes les matières concernant le possessoire des bénéfices, & de toutes celles qui sont attribuées en première instance à la cour, soit qu'elles soient appointées ou non.

La tournelle, outre les matières de grand & de petit criminel, peut, au civil, juger tous les procès par écrit qui lui sont renvoyés par le premier président. Ce magistrat a même le pouvoir de distribuer à la tournelle & aux enquêtes les procès appointés en la grand'chambre.

La loi qui a permis à la grand'chambre, en 1771, de renvoyer les affaires d'audience aux enquêtes, n'est point révoquée ; par-là, les audiences de chaque chambre n'étant point trop surchargées, il n'a pas fallu introduire dans ce Parlement les renvois aux anciens avocats, ni les appointemens sommaires, qui font dépendre irrévocablement d'une seule personne, le sort & la fortune des citoyens & des familles.

Les préſidens des chambres ont le droit de former des bureaux particuliers pour le jugement des affaires. Les loix antérieures à 1771 leur accordoient même la faculté d'appeler dans ces bureaux les officiers des autres chambres, lorſqu'il ne s'en trouvoit pas un nombre ſuffiſant dans la leur. Ces bureaux préſentent ſans doute le grand avantage de l'expédition : mais ſi malheureuſement ils étoient par la ſuite formés avec moins de précaution & de ſageſſe, ſi la compoſition en pouvoit devenir arbitraire, ils auroient l'inconvénient des commiſſions, puiſque l'on pourroit facilement priver les parties, des juges que leur donne la loi, & dans l'intégrité deſquels elles mettent leur confiance.

Les procès diſtribués à un rapporteur dans une chambre, le ſuivent quand il paſſe dans une autre à la charge à la partie ſuivante de le notifier à l'autre trois jours avant le jugement ; mais cela ne doit pas s'étendre aux cas où la chambre dans laquelle un rapporteur paſſe, eſt incompétente pour connoître d'une affaire dont il ſeroit chargé ou à celui dans lequel elle eſt ſuſpecte, comme un de ſes membres étoit partie dans l'inſtance.

Au ſurplus, l'ordonnance de diſcipline donnée en 1775 pour toutes les cours ſouveraines, a été enregiſtrée librement par le parlement de Nanci. Ainſi ſes chambres obſervent à cet égard l'ordre & la police qui y ſont preſcrits. Ses membres jouiſſent de tous les droits, honneurs, rangs & prérogatives dont jouiſſent les officiers des autres parlemens du royaume ; nous nous bornons à indiquer ici ce qui eſt particulier à cette cour.

De la juridiction du Parlement de Nanci, & de la procédure qu'on y suit.

Le reſſort de cette cour s'étend ſur la Lorraine & le Barrois, tels qu'ils étoient lors de la paix de Riſvick en 1697, & du traité de Vienne en 1737. La clauſe de ce dernier traité, qui veut que les duchés de Lorraine & de Bar forment toujours un gouvernement ſéparé, s'oppoſe à ce qu'on en démembre aucune partie pour augmenter le reſſort des tribunaux étrangers à la province.

Il faut cependant excepter la partie du Barrois, dit *de la mouvance*, parce qu'avant le traité de Vienne elle relevoit de la couronne de France. Les deux bailliages de Bar & de la Marche, qui le compoſent, continuent de reſſortir au Parlement de Paris.

La juridiction de celui de Nanci, dans ſon territoire, eſt à peu près la même que celle des autres Parlemens.

Elle en diffère ſur les objets ſuivans.

1°. Le domaine de la couronne n'eſt point ſous ſa garde; il n'y a pas ſous ſon reſſort de tréſoriers de France qui en aient l'adminiſtration; les bailliages ſont juges domaniaux, ſous l'autorité de la chambre des comptes de Lorraine.

Cependant lorſque que les domaines ſont aliénés & que le procureur général n'eſt pas ſeul partie, les appels des bailliages ſe portent au Parlement.

Il en eſt de même de la connoiſſance des actions intentées pour droit de main-morte, déshé-

Tome XLIV. C c

rence, aubaine & bâtardise, même dans les terres du roi, tant que les biens ne lui ont pas été adjugés.

2°. On ne connoît pas non plus de table de marbre dans ces provinces. Les appels des officiers des eaux & forêts se portent au Parlement, lorsqu'il ne s'agit pas des eaux & forêts du roi, ou de ceux des communautés du domaine. Ils s'y portent également, lorsqu'il est question des eaux & forêts qui dépendent des domaines aliénés, à moins que le procureur général ne soit seul partie, ou que les maîtrises n'aient connu par prévention, des délits & dégradations commis dans les eaux & forêts des domaines aliénés, avec la juridiction gruriale.

La juridiction du Parlement a pareillement lieu en cas d'appel des justices seigneuriales, lors même qu'il s'agit de la propriété du roi, & que les questions en sont proposées incidemment aux rapports & reprises des forestiers seigneuriaux.

Les bois accensés ou défrichés rentrent dans la classe des autres domaines aliénés. Un arrêt du conseil du 28 septembre 1769, a maintenu le bailliage de Darnay & la cour souveraine dans l'exercice de leur juridiction sur des terreins accensés & défrichés dans les forêts du roi à Darnay. Il a ordonné le rapport de deux arrêts précédens, qui avoient attribué à la maîtrise particulière de Darnay, & par appel à la chambre des comptes de Lorraine, toute juridiction sur ces terreins.

3°. Les présidiaux de Lorraine ne jugent en dernier ressort que jusqu'à 1200 livres.

L'édit de 1774, qui augmente la compétence de ceux du royaume, n'a pas été envoyé au Parlement de Nanci.

Ils ont été établis en Lorraine en 1772, au nombre de quatre ; Nanci, Dieuze, Mircourt, Saint-Diez ; mais tous les bailliages de la province ne font point compris fous leurs arrondissemens.

A l'époque de la création de ces préfidiaux, une partie des bailliages du Barrois & de la Lorraine allemande avoit été attachée aux préfidiaux de Metz, Toul & Verdun. Ils en font maintenant diftraits, en conféquence du rétabliffement du Parlement de Metz ; & les appels des bailliages, qui fe portoient dans ces préfidiaux, reffortiffent immédiarement à la cour.

Tous les bailliages, foit qu'ils foient affujettis à la juridiction des préfidiaux ou non, jugent en dernier reffort, excepté dans le cas de police, jufqu'à concurrence de cent francs Barrois pour les grands bailliages, & de cinquante pour les autres bailliages ; celui de Baffigny, féant à Bourmont, peut même juger en dernier reffort jufqu'à la fomme de cent cinquante francs.

Ce pouvoir, reftreint d'abord aux caufes fommaires & d'audience, a été étendu aux procès par écrit de la même qualité. Les officiers des grands bailliages doivent être au nombre de cinq, & ceux des petits bailliages au nombre de trois, pour rendre leur fentence en dernier reffort.

Quant à la juridiction criminelle des préfidiaux & des juges prévôtaux, elle eft la même en Lorraine que dans le furplus du royaume, & les ordonnances de nos rois fur cet objet y ont été publiées depuis la mort du roi Staniflas.

4⁶. C'est pardevant les bailliages que les gentilshommes doivent être poursuivis & jugés criminellement, ainsi que les anoblis, les officiers des prévôtés, & ceux des seigneurs, pour malversations commises en leurs charges.

Il en est de même des officiers des maîtrises, lorsqu'ils ne sont pas attaqués à raison de leurs fonctions.

Les magistrats du Parlement & ceux de la chambre des comptes ne peuvent être jugés, en matière criminelle, qu'au Parlement, toutes les chambres assemblées. Les officiers de la couronne & de la maison des ducs de Lorraine, & les membres de leurs conseils, avoient le même privilège : les officiers des bailliages ne peuvent être traduits qu'en la cour pour malversations.

5°. Les évocations au grand conseil, accordées à quelques ordres religieux, n'ont pas lieu sur le ressort du Parlement de Lorraine ; non plus que dans le Barrois mouvant. Ces provinces ne reconnoissent dans aucun cas l'autorité de ce tribunal d'attribution.

Les évocations pour cause de parenté avec des membres du Parlement, doivent être portées au conseil souverain de Colmar, & réciproquement de celui-ci au Parlement de Lorraine.

6°. La juridiction contentieuse du commissaire départi en Lorraine est limitée aux droits de francs-fiefs & aux taxes établies en 1771 sur les papiers, cartons, amidons & autres objets de cette nature.

Cet officier n'a aucune connoissance de ce qui concerne la taille, connue dans le pays sous le nom de subvention ; le vingtième ni les autres impositions : les chambres des comptes, chargées de tout ce qui concerne la répartition, font à cet égard les fonctions de l'ancienne commiſſion intermédiaire des états généraux.... On ne peut trop louer la juſtice & l'impartialité avec leſquelles ces compagnies rempliſſent ces fonctions.

Quant aux procès des communautés d'habitans, elles font seulement obligées avant d'en commencer aucun, ſoit en demandant, ſoit en défendant, d'obtenir à cet effet la permiſſion du commiſſaire départi.

L'édit du mois d'octobre 1771 lui attribue la connoiſſance des conteſtations qui interviennent entre le corps de ville de Nanci ſeulement, & les ouvriers qu'il emploie. Cette loi a été faite à l'occaſion des procès ſuſcités aux officiers municipaux de cette ville par les officiers qu'elle employoit, ſous les ordres de l'intendant, ſur la fin du dernier règne ; on a en même temps ôté à la chambre des comptes l'examen des comptes de cette ville.

A l'égard des droits patrimoniaux & d'octroi, les officiers municipaux de cette ville & de toutes celles de la Lorraine & du Barrois, en connoiſſent en première inſtance, & le Parlement par appel.

Tous les hôtels-de-ville, excepté celui de Nanci, ont également l'attribution de la police. Autrefois les appels de leurs ſentences, en matière de police, ſe portoient directement aux bailliages, & enſuite à la cour. Aujourd'hui on doit les relever directement au Parlement, en vertu de l'édit du mois de février 1776.

Quant à la procédure, les ordonnances de Louis XIV ſur l'adminiſtration de la juſtice ne ſont

pas fuivies au Parlement de Lorraine, non plus
que dans les autres tribunaux de cette province;
le duc Léopold leur a donné, en 1707, un code
qui a corrigé plufieurs inconvéniens de notre forme
de procéder ; ce code eft encore obfervé.

Voici ce que la forme d'inftruction prefcrite
pour le Parlement a de particulier.

Toutes les affignations font données pour com·
paroître à la barre, tenue par deux confeillers,
commiffaires de la grand chambre.

Ces commiffaires déterminent à la première
comparution des procureurs, le genre d'inftruction, en prononçant ou l'appointement ou le ren·
voi à l'audience.

Les baux judiciaires, les enchères & adjudications fe font pardevant eux.

Dans les inftances appointées, les productions
fe font au greffe. On n'y connoît pas d'inventure
de production de pièces, féparé des requêtes
d'emploi. Toute l'inftruction eft dans la première
pièce d'écritures, qui renferme en même temps
les moyens de demande ou d'appel, les griefs
ou défenfes, contredits & réponfes. Ces écritures,
en forme de requête, font fignées de l'avocat &
du procureur, & il n'eft pas permis enfuite de les
délayer dans les volumes de rôles, auffi ruineux
pour les parties, qu'embarraffans pour les juges.
Les avocats fe font interdit, fous peine de radiation, la licence de foufcrire les écritures que
quelques-uns faifoient travailler par des confrères
plus jeunes ou moins connus, auxquels ils pro-
mettoient de partager l'honoraire : infame abus
de confiance, qui auroit fait dégénérer en un vil

trafic d'entreprifes, une profeffion effentiellement
vouée à la délicateffe la plus fcrpuleufe.

Les procès ne font diftribués dans les chambres & à des rapporteurs, que lorfqu'ils font en
état d'être jugés.

Les réglemens & prorogations de délais fe
donnent à la barre, & les décrets d'inftruction,
à la grand'chambre, à moins qu'une autre chambre ne foit faifie par la nature ou les circonftances de l'affaire. Si, avant que l'affaire foit en
état, il y a quelque conteftation fur le provifoire,
foit dans les caufes d'audience, foit dans les procès par écrit, la conteftation eft portée à l'audience. Les légiflateurs & les magiftrats Lorrains
ont évité la forme des appointemens à mettre,
qui donnent trop à l'arbitraire d'un feul.

Ils ont auffi la plus grande attention de n'accorder d'arrêts fur requête, que fur le vû des
pièces, rapportées en pleine chambre, & dans
le cas de la plus urgente néceffité.

L'inftruction à l'audience eft auffi fimple. Les
féances des lundis de relevée font deftinées aux
caufes du rôle, fur lequel chaque procureur place,
felon l'ordre de fa réception, une caufe qui ne
peut être dérangée.

Les autres affaires font mifes fur des liftes.
arrêtées de bonne heure par les préfidens de chaque
chambre ; ces magiftrats ont le foin de n'ufer
que très-rarement du droit d'en intervertir l'ordre, en faifant appeler les caufes fur de fimples placets. Cette précaution fait que les parties,
prefque affurées du moment de la plaidoierie de
leurs caufes, peuvent inftruire leurs défenfeurs,

& n'ont pas à craindre d'être arrêtées par des remises & prolongations de délais.

On n'admet pas à l'audience ces longues instructions qui se font à grands frais dans les tribunaux du royaume, par des requêtes signées des procureurs, ni ces arrêts par défaut, multipliés, ni ces oppositions concentrées, qui ruinent les parties & retardent le cours de la justice. Le demandeur doit libeller sa requête introductive, & il lui est seulement libre de requérir des défenses, en donnant en même temps la copie ou l'extrait de ses pièces justificatives. Si une partie refuse ou retarde ses défenses, ou la communication de ses titres, elle doit être condamnée aux frais préjudiciaux. On ne peut trop veiller, dans les sièges inférieurs, à l'exécution de la disposition de cette loi; c'est empêcher que le droit de vingt sous par placets n'accumule à l'infini les audiences, les remises, les frais & les retards. C'est au bien du peuple, & non à l'émolument de l'officier, qu'il faut s'attacher.

Ces requêtes & défenses ne présentent jamais une complication inutile de procédure.

La taxe des dépens est réglée sur le pied le plus modéré & le plus sage; ce ne sont point des procureurs de communauté, des procureurs tiers, qui sont chargés de régler la rétribution & de taxer les frais de leurs confrères; ce sont des commissaires tirés du Parlement, & , *suivant l'ordonnance , ces commissaires , doivent être toujours au nombre de deux. On ne sait si c'est à peine de nullité.* Il ne peut y avoir d'arbitraire que sur la somme qu'ils peuvent passer en faux frais; mais il peut y avoir appel de la taxe, & alors la cour en connoît par elle-même.

Les arrêts peuvent être rendus, au civil comme au criminel, au nombre de sept.

Les voix doivent être prises en commençant par le dernier reçu, après le rapporteur cependant, dans les affaires par écrit.

En cas de partage dans les affaires d'audience, les pièces doivent être mises sur le bureau, pour en être délibéré à l'issue de l'audience, ou le lendemain au plus tard.

Si le partage continue, l'affaire est appointée.

Dans les affaires qui viennent des tribunaux ecclésiastiques, on ne suit point la voie observée dans le royaume.

Le recours au Parlement est qualifié d'opposition à fins de nullité, qui, sous un autre nom, est cependant la même chose que l'appel comme d'abus; mais les parties n'ont pas besoin d'obtenir des lettres de chancellerie, de consigner une amende, ni de se munir d'une consultation d'avocats.

Les jugemens de la chambre des requêtes doivent être rendus par trois des magistrats qui la composent; & lorsqu'ils sont au nombre de cinq, ils peuvent juger en dernier ressort jusqu'à la somme de deux cent cinquante francs Batrois définitivement, & de cinq cents francs par provision, en donnant caution.

Ceux qui ont droit de *commitimus* ne peuvent l'y exercer que pour la somme de deux cents francs & au dessus.

Dans toutes les chambres, les conclusions des gens du roi ne sont pas délibérées entre eux.

Le procureur général les arrête seul dans les actes & procédures où elles ne se donnent pas

de vive voix, & réciproquement chacun d
avocats généraux & des fubftituts, dans les affe
res d'audience, où il porte la parole.

Les gens du roi du Parlement & de la chamb
des comptes exercent chacun en droit foi u
efpèce de cenfure fur les confultations, factum
mémoires de tout genre, qui fe font au b
reau pour l'inftruction des affaires indécifes,
qui ne peuvent être imprimés fans leur *vifa*.

Ils peuvent être en droit de retarder & mêm
de refufer le *vifa*, s'ils croient que la publicité
l'impreffion ne font point néceffaires à la défenf
des parties, s'ils n'adoptent point le genre d
moyens, leur expofition, le ftyle, & jufqu'a
expreffions : ils penfent être à cet égard juges fo
verains, & qu'on ne peut revenir, ni contre le
refus, ni contre leur radiation, ni contre le
retard. Souvent on les a vu mander, inutileme
à la vérité, les avocats qui refufoient de fe fo
mettre à de pareilles corrections : plufieurs pr
fèrent de laiffer l'honneur, l'état & les proprié
de leurs cliens, fans défenfe, au danger de
compromettre en la tronquant, & de dégrader l
liberté de leur miniftère, le dernier refuge d
citoyens. Nous avons vu le fieur J . . . . qui avo
été outragé juridiquement par des libelles publics
ne pouvoir obtenir le *vifa* d'un mémoire da
lequel il s'étoit contenté de repouffer la fatire
plus fanglante.

La juftice s'adminiftre gratuitement par tou
les magiftrats du Parlement de Nanci. La difpo
fition de l'édit du mois d'octobre 1771, q
fupprime l'ufage des épices, a été confirmée p
celui de feptembre 1775 : on ne paye que l

roits du greffe & ceux des secrétaires de la
cour, qui n'ont point de gages. Comme toutes
les requêtes & même les actes d'instructions
doivent être répondus en pleine chambre, les
loix n'établissent aucune rétribution pour les clercs
des rapporteurs, qui d'ailleurs font ordinairement
eux-mêmes leurs extraits.

Cependant, à la tournelle & aux enquêtes,
l'usage s'est introduit, depuis les dernières révolutions, de taxer, en jugeant, la rétribution des
clercs des rapporteurs : mais le désintéressement,
la délicatesse des conseillers de la grand'chambre
& de plusieurs de ceux des autres chambres, ne
leur ont pas permis d'adopter cet usage.

*Voyez l'exposition des loix, actes & monu-
mens authentiques, concernant l'origine & la
constitution de la cour souveraine séante à
Nanci ; les recherches de la France par Paf-
quier ; le recueil des ordonnances du Louvre ; la
Rocheflavin, traité des Parlemens ; les recueils
de Fontanon & de Neron ; les traités des offices
par Joli, Loifeau & Chenu ; la bibliothèque de
Bouchel ; le dictionnaire des fciences ; l'histoire de
France par Mézeray ; le glossaire de Ducange ;
le recueil des ordonnances, édits & déclarations
des ducs de Lorraine.* Voyez aussi les articles LIT DE
JUSTICE, AVOCAT GÉNÉRAL, PROCUREUR GÉ-
NÉRAL, PRÉSIDENT, CHAMBRE, ASSEMBLÉE,
REQUÊTES DU PALAIS, *COMMITTIMUS,* INDULT,
JUSTICE, JURIDICTION, PAIR, NOBLESSE,
MISERICORDE, &c.

*(Ce qui concerne le Parlement de Nanci dans
cet article, est de M.* HENRY, *avocat au parlement).*

PAROISSE. C'eſt un certain territoire de les habitans ſont ſoumis, pour le ſpirituel, à conduite d'un curé.

On appelle auſſi *Paroiſſe*, l'égliſe paroiſſiale & ce mot ſe prend encore quelquefois pour t les habitans d'une Paroiſſe.

Les marques qui diſtinguent les Paroiſſes, autres égliſes, ſont les fonts baptiſmaux, le metière, la deſſerte de l'égliſe faite par un cur & la perception des dîmes. Il y a néanmoi quelques-unes de ces marques qui ſont a communes à d'autres égliſes ; mais il n'y a q les Paroiſſes qui ſoient régies par un curé.

Il y a peu d'égliſes dont on puiſſe rapporter titres d'érection en Paroiſſe, parce que la plup étoient anciennement des chapelles, qui ne ſo devenues Paroiſſes que par le conſentement l'évêque & des fidèles : mais la poſſeſſion i mémoriale tient lieu de titre à cet égard.

Un concile d'Orléans, tenu dans le cinquiè ſiècle, & le ſeizième concile de Tolede, ont cidé que dix maiſons ſuffiſoient pour former t Paroiſſe.

Quoique les Paroiſſes aient en général territoire circonſcrit, il y en a pluſieurs où il trouve des fermes, terres ou métairies qui ſ pendant un an d'une Paroiſſe, & l'année ſuivan d'une autre Paroiſſe. C'eſt ſur-tout ce qu'on marque pour différentes terres & fermes de Beauce & de la Sologne.

Il y a auſſi des Paroiſſes qui ſont ſans terr toire, & dont le reſſort s'étend ſeulement ſ certaines perſonnes. Telle eſt à Amboiſe la Pi roiſſe de la Chapelle, qui ne s'étend que ſur bailli, le lieutenant général, l'avocat & le pr

nreur du roi, le lieutenant de police, les officiers des eaux & forêts, les verdiers des bois,
la noblesse, les possesseurs de fiefs, les gardes
du gouverneur, les nouveaux habitans de la ville
pendant la première année de leur établissement,
les voyageurs, les officiers du roi, & ceux de la
reine.

Le gouvernement spirituel des Paroisses consiste dans tout ce qui concerne la célébration du
service divin, l'administration des sacremens, les
instructions, les catéchismes, les cérémonies de
la sépulture, &c.

Le gouvernement temporel comprend l'entretien de l'église paroissiale & des chapelles qui
en dépendent, la réparation ou la nouvelle cons-
truction du clocher, des cloches, des murs du
cimetière, du presbytère ; la fourniture des choses
nécessaires pour célébrer le service divin ; l'administration des biens & revenus de la fabrique ;
l'élection & la nomination des marguilliers &
des fabriciens ; les fonctions des uns & des
autres, &c.

Le curé est seul en droit de régler ce qui regarde le spirituel de la Paroisse ; mais il est
obligé de se conformer aux statuts du diocèse &
à l'usage des lieux.

Quant au temporel, c'est au corps dés pa-
roissiens à faire les réglemens qui y sont relatifs ; mais il faut que ces réglemens soient conformes aux loix de l'état & aux statuts & usages
du diocèse.

Dans les grandes Paroisses, il y a deux sortes
d'assemblées pour régler les affaires de la fabrique ; savoir, les assemblées générales de la Paroisse, & les assemblées du bureau ordinaire :

mais dans la plupart des autres Paroisses il n'y
point de Bureau ordinaire, & tout ce qui e
d'administration journalière se fait par les m
guilliers seuls ; les choses importantes se règle
dans des assemblées générales de la Paroisse.

Dans les Paroisses où il y a un bureau ord
naire, il doit être composé du curé, des m
guilliers en charge, & de quelques anciens ma
guilliers, en sorte qu'il y ait toujours ci
personnes, ou trois au moins, pour dé
bérer. C'est ce qui résulte de divers arr
de réglement, & particuliérement d'un du
avril 1737, rendu pour la Paroisse de saint Je
en Grève ; d'un autre du 20 juillet 1747, ren
pour la Paroisse de saint Louis de Versailles,
d'un autre du 25 février 1763, rendu pour
Paroisse de Nogent-sur-Marne.

Les assemblées du bureau ordinaire doive
se tenir, selon les mêmes réglemens, tous
huit ou quinze jours, ou tous les mois,
certains jour & heure marqués.

A l'égard des assemblées générales, elles do
vent se tenir au moins deux fois l'an. On
doit y appeler que les personnes de considératio
telles que les nobles, les officiers de judicature
les avocats, les anciens marguilliers, les com
missaires des pauvres & les notables. Cela e
ainsi réglé par les arrêts qu'on vient de cite
On ne doit regarder comme notables que le
particuliers qui payent au moins douze ou quinz
livres de taille ou de capitation. C'est ce qu
résulte de divers arrêts, & particuliérement d'u
du 7 août 1762, rendu pour la Paroisse de
Notre-Dame de Recouvrance d'Orléans, & de
celui du 25 février 1763, rendu pour Nogent
sur-Marne.

Dans toutes les assemblées de Paroisse, soit générales, soit du bureau ordinaire, le curé doit voir la première place; mais le premier marguillier y préside & recueille les suffrages, & le curé doit donner sa voix immédiatement avant lui. S'il y a partage d'opinions, la voix du premier marguillier doit prévaloir. Plusieurs arrêts sont ainsi jugé.

Les assemblées générales de la Paroisse ne peuvent se tenir qu'au banc de l'œuvre ou autre lieu destiné à cet effet, & jamais chez un des marguilliers ni dans aucune maison particulière. Le parlement l'a ainsi réglé par arrêt du 21 août 1762, rendu pour Saumur.

Par un autre arrêt du 13 décembre 1752, rendu pour la Paroisse de saint Pierre le Marché de Bourges, le parlement a réglé qu'aucun autre ecclésiastique que le curé ne pouvoit assister à ces assemblées, même en cas d'empêchement du curé.

Les cas où il est nécessaire de convoquer des assemblées générales de Paroisse, sont, lorsqu'il s'agit d'élire des marguilliers, des commissaires des pauvres, ou un sacristain; d'arrêter les comptes des marguilliers comptables; d'intenter ou de soutenir quelque procès, autre que pour le recouvrement des revenus ordinaires; de faire quelques emprunts ou quelque dépense extraordinaire; d'employer des deniers appartenans à la fabrique, aux pauvres ou aux écoles de charité de la Paroisse; de taxer le prix des chaises; de réformer, supprimer ou reconstruire, en tout ou en partie, les bancs de la Paroisse; de faire des aliénations ou acquisitions nouvelles; d'accepter une fondation; d'entreprendre un bâtiment considérable, ou de faire quelque réglement nouveau dans la Paroiſſe ſoit de diſcipline, ſoit pour changer la taxe de droits apparrenans à la fabrique , ſoit pour augmenter les gages des officiers & ſerviteurs de l'égliſe, ſoit relativement aux pauvres & aux écoles de charité de la Paroiſſe.

Les autres objets, tels que les conceſſions de bancs, tombes & épitaphes; les réſolutions concernant les pourſuites à faire pour le recouvrement des revenus ordinaires de la fabrique, pour l'exécution des baux, ou pour faire paſſer des titres nouvels, & les adjudications des baux des maiſons, des chaiſes, &c. peuvent ſe régler au bureau ordinaire, ou par les marguilliers ſeuls dans les Paroiſſes où il n'y a point de bureau.

La même déciſion doit s'appliquer aux réparations & dépenſes d'entretien, à la nomination punition & deſtitution des organiſtes, bedeaux ſuiſſes & autres ſerviteurs de l'égliſe, & à la nomination des prédicateurs du carême, de l'avent & des fêtes de l'année.

Pluſieurs arrêts & réglemens veulent que les délibérations des aſſemblées, tant ordinaires que générales d'une Paroiſſe, ſoient inſcrites de ſuite & ſans aucun blanc ſur un regiſtre, ainſi que les noms de chacun de ceux qui y ont aſſiſté.

Lorſqu'une délibération a pour objet d'impoſer quelque nouveau droit ou quelque nouvelle charge aux habitans, comme quand on veut augmenter, au profit de la fabrique ou du curé, les droits des enterremens, ou établir quelque autre impoſition ſemblable, l'oppoſition d'un ſeul paroiſſien ſuffit pour empêcher l'effet de la délibération, juſqu'à ce qu'elle ait été confirmée par la juſtice. Cette déciſion eſt fondée ſur ce

qu'il

qu'il est de principe, que quand il s'agit d'une chose qui regarde personnellement chacun des membres d'un corps, il faut le consentement de tous. Tel est l'avis de Ferriere, de Dupleffis, de Brodeau & de Godefroi (*). C'est auffi ce qu'a jugé le parlement de Dijon par un arrêt que rapporte Bouvot au mot *communauté*, tome 2, question 37.

A l'exception de ce cas, l'oppofition d'un particulier ne doit pas empêcher l'effet d'une déliberation, à moins que cette délibération ne soit contraire au bon ordre ou à l'intérêt de la Paroiffe.

Trois chofes peuvent donner lieu à l'érection des nouvelles Paroiffes.

1°. La néceffité & l'utilité qu'il y a de le faire par rapport à la diftance des lieux, & l'incommodité que le public souffre pour aller à l'ancienne Paroiffe, & la commodité qu'il trouvera à aller à la nouvelle.

2°. La réquifition des perfonnes de confidération, à la charge par ces perfonnes de doter la nouvelle églife.

3°. La réquifition des peuples, auxquels on doit procurer tous les fecours fpirituels, autant qu'il eft poffible.

Avant de procéder à une nouvelle érection, il eft d'ufage de faire une information *de commodo & incommodo*.

(*) In his, *dit ce dernier auteur*, quæ fiunt à pluribus & ab omnibus, majoris partis confenfus fufficit; in his autem quæ fiunt à pluribus ut à fingulis, non fufficit majoris partis confenfus.

Lorſque le territoire d'une Paroiſſe eſt une fois aſſigné, un curé étranger ni perſonne, à l'exception de l'évêque, ne peut y faire des fonctions paſtorales, ni exercer aucun droit paroiſſial au préjudice du propre curé.

Une maiſon bâtie ſur les confins de deux Paroiſſes, eſt de celle ſur le territoire de laquelle ſe trouve la principale porte d'entrée, ainſi qu'il a été décidé par arrêt du 5 mars 1650.

De ce qu'une égliſe eſt paroiſſiale, il s'enſuit néceſſairement qu'elle eſt à charge d'ames, au lieu que tout bénéfice à charge d'ames n'eſt pas une Paroiſſe. Le patronage eſt dû à celui qui a doté l'égliſe paroiſſiale, ou qui a fourni à ſon entretien.

L'union de pluſieurs Paroiſſes enſemble ne peut être faite que par l'évêque ; il faut qu'il y ait néceſſité ou utilité, & ouïr les paroiſſiens.

On fait au prône des Paroiſſes la publication de certains actes, tels que les mandemens & lettres paſtorales des évêques.

Les criées de biens ſaiſis ſe font à la porte de l'égliſe paroiſſiale.

Voyez les définitions canoniques ; les loix eccléſiaſtiques de France ; le traité du gouvernement des Paroiſſes ; la bibliothèque canonique ; les mémoires du clergé, &c. Voyez auſſi les articles CURÉ, MARGUILLIER, FABRIQUE, &c.

PARQUET. C'eſt l'eſpace qui eſt renfermé par les ſiéges des juges & par le barreau où ſont les avocats.

Le Parquet de la grand'chambre du parlement de Paris eſt l'enceinte qui eſt renfermée entre les ſiéges couverts de fleurs de lis. Il n'eſt permis qu'aux

princes du fang de croifer le Parquet , c'eft-à-dire
de le traverfer debout , pour aller prendre leurs
places fur les hauts fiéges ; les autres juges paffent
par des cabinets.

On appelle auffi Parquet le lieu où les gens du
roi de quelque compagnie fupérieure ou fubalterne,
tiennent leur féance pour recevoir les communi-
cations , & entendre plaider les caufes dont ils font
juges , ou qui leur font renvoyées.

PARQUET fe dit encore pour fignifier les gens
du roi lorfqu'ils tiennent le Parquet.

PARRAIN. C'eft celui qui tient un enfant
fur les fonts de baptême.

Il eft défendu par l'article 9 du réglement
des réguliers, aux religieux & aux religieufes de
fervir de Parrains & de marraines.

On lit dans les mémoires du clergé , que le
concile de Rheims ne juge point convenable que
l'évêque dans fon diocèfe , le curé dans fa
paroiffe , & le bénéficier dans fon bénéfice , faffent
les fonctions de Parrain.

Le père & la mère du fujet baptifé ne peuvent pas non plus lui fervir de Parrain ni de
marraine.

Par arrêt du 21 août 1736, le Parlement de
Provence a reçu le procureur général du roi appelant comme d'abus des ordonnances fynodales
de l'archevêque d'Aix , en ce qu'on pouvoit en
induire que les curés étoient autorifés à refufer
ceux qui fe préfentoient pour être Parrains ou
marraines , fur le fondement de crimes prétendus
notoires , d'une notoriété de fait ; & la cour a fait
défenfe au curé de Perillard , ainfi qu'à tous les

autres du diocèſe, de refuſer ou différer le ba
tême, ſous prétexte qu'ils réputeroient les Parrai
& marraines pour pécheurs publics ou pour i
fracteurs du précepte de la confeſſion & comm
nion paſchale.

PARRICIDE. C'eſt celui qui tue ſon pèr
Il ſe dit auſſi par extenſion de quelqu'un q
tue ſa mère, ou ſon frère, ou ſa ſœur, ou l
enfans.

On appelle encore *Parricide*, le crime qi
commet le Parricide, & il ſe dit également d
crime que commet celui qui attente ſur la vie d
ſouverain.

Solon, interrogé pourquoi il n'avoit point pro
noncé de peine contre les Parricides, dit qu'
n'avoit pas cru qu'il pût ſe trouver quelqu'u
capable de commettre un crime ſi énorme.

Cependant les autres légiſlateurs de Grèce &
de Rome ont reconnu qu'il n'y a que trop d
gens dénaturés, capables des plus grands forfaits
Caracalla ayant tué ſon frère Geta entre les bra
de Julie ſa mère, voulut faire autoriſer ſo
crime par Papinien ; mais ce grand juriſconſulte
lui répondit, qu'il étoit encore plus aiſé de commettre un Parricide que de l'excuſer.

Suivant la loi Pompeïa, rapportée en la loi
9, *ff. ad leg. Pompeiam*, & en la loi unique, au
code *de his qui parentes vel liberos occiderunt*,
celui qui étoit convaincu du crime de Parricide
étoit d'abord fouetté juſqu'à effuſion de ſang,
puis enfermé dans un ſac de cuir avec un chien,
un ſinge, un coq & une vipère, & en cet état,
jeté dans la mer ou dans la plus prochaine rivière. La loi, rendant la raiſon de ce genre de

supplice, dit que c'est afin que le Parricide qui a offensé la nature par son crime, soit privé de l'usage de tous les élémens, savoir, de la respiration de l'air, étant au milieu de la mer ou d'une rivière, & de la terre qu'il ne peut avoir pour sa sépulture.

Les Egyptiens enfonçoient des roseaux pointus dans toutes les parties du corps d'un Parricide, & le jetoient en cet état sur un monceau d'épines, auxquelles on mettoit le feu.

Parmi nous ce crime est puni du dernier supplice, & la rigueur de la peine est augmentée selon les circonstances & la qualité des personnes sur lesquelles ce crime a été commis.

Par exemple : le fils qui tue ou qui empoisonne son père ou sa mère, est ordinairement condamné à faire amende honorable, à avoir le poing coupé, & à être ensuite rompu vif & jeté au feu : si c'est une femme ou une fille, on la pend & on la brûle. Ces peines se prononcent pareillement contre le fils qui est complice de l'assassinat de son père (*).

––––––––––––––––––––

(*) *Un arrêt rendu au parlement de Paris le 12 décembre* 1774, *a confirmé une sentence du bailliage du palais, qui étoit ainsi conçue :*

Nous avons déclaré Charles-Mathias Cellier, dûment atteint & convaincu d'avoir, le 2 décembre présent mois, sur les huit heures & demie du soir, assassiné de guet-à-pens & de dessein prémédité, Antoine Chabert père, de deux coups de couteau, dont il est mort dans la nuit ; & Louis-Antoine Chabert fils, dûment atteint & convaincu de complicité avec ledit Cellier ; de l'avoir engagé, pressé & sollicité à différentes fois d'assassiner sondit père ; d'avoir en dernier lieu concerté avec lui le jour & l'heure de l'assassinat, & la manière dont il seroit fait ; d'avoir lui-même

C'eſt ainſi que par arrêt du 16 décembre 1767, le parlement de Paris a condamné Antoine Du-

---

eſſayé la veille, en préſence de Cellier, le couteau deſtiné à cet effet, & conſeillé audit Cellier de l'aiguiſer & affiler pour plus de ſûreté, afin de ne point manquer ſon coup; & d'avoir, immédiatement après l'aſſaſſinat commis, débarraſſé l'aſſaſſin des mains de ſon père, & procuré ſon évaſion : en conſéquence, avons déclaré parricide ledit Chabert fils; pour réparation de quoi avons condamné, ſavoir, ledit Chabert fils à faire amende honorable, nud en chemiſe, la corde au cou, tenant en ſes mains une torche de cire ardente du poids de deux livres, au devant de la principale porte & entrée de l'égliſe métropolitaine de notre-dame de cette ville, où il ſera mené & conduit par l'exécuteur de la haute-juſtice, dans un tombereau, ayant écriteau devant & derrière, portant ces mots (*Parricide & coupable de l'aſſaſſinat de ſon père*); & là, étant nue tête & à genoux, en préſence dudit Cellier, dire & déclarer à haute & intelligible voix, qu'il a méchamment & indignement fait aſſaſſiner ſon père par ledit Cellier, dont il ſe repent & demande pardon à dieu, au roi & à juſtice; ce fait, à avoir le poing coupé ſur un poteau qui ſera planté au devant de ladite égliſe, & à être enſuite mené, avec ledit Cellier, dans le même tombereau, en la place Dauphine de cette ville, pour y être rompu vif & mis enſuite ſur une roue, la face tournée vers le ciel, pour y demeurer tant & ſi long-temps qu'il plaira à dieu lui conſerver la vie, après quoi ſera ſon corps mort brûlé à un bûcher préparé à cet effet dans ladite place, & ſes cendres jetées au vent; & en ce qui concerne ledit Cellier, l'avons condamné à avoir les bras, jambes, cuiſſes & reins rompus vif, ſur un échafaud qui pour cet effet ſera dreſſé en ladite place, & à être mis enſuite ſur une roue, la face tournée vers le ciel, pour y demeurer tant & ſi longuement qu'il plaira à dieu lui conſerver la vie; avons déclaré les biens deſdits Chabert & Cellier, ſitués en pays de confiſcation, acquis & confiſqués au roi ou à qui il appartiendra, ſur iceux ou autres non ſujets à confiſcation, préalablement pris la ſomme de deux cents livres d'amende envers le roi, au cas que confiſcation n'ait lieu; avons ordonné en outre

pont, laboureur, à faire amende honorable, ayant un écriteau devant & derrière, portant ces mots (*Parricide de deffein prémédité*); à avoir le poing coupé, & à être enfuite rompu vif & jeté au feu, pour avoir affaffiné fon père.

Par un autre arrêt du 18 février 1775, la même cour a condamné Paul Quentin, Thomas Quentin, & Marguerite Quentin, à faire amende honorable nuds en chemife, la corde au cou, au-devant de la principale porte & entrée de l'églife cathédrale de la ville d'Auxerre, ayant chacun écriteau devant & derrière, portant ce mot (*Parricide*), & à avoir chacun le poing coupé, en-fuite lefdits Paul & Thomas Quentin conduits fur un échafaud par l'exécuteur de la haute juf-tice, pour y être rompus vifs & mis fur une roue; & leurs corps morts jetés dans un bûcher pour y être brûlés, & leurs cendres jetées au vent; & ladite Marguerite Quentin à être pen-due & étranglée, fon corps mort auffi brûlé, & fes cendres jetées au vent, pour avoir frappé & meurtri Edmé Quentin leur père, dont la mort eft arrivée le même jour.

Par un autre arrêt du 17 décembre 1777, François Liegé, vigneron à Montigny, a été con-damné à être conduit dans un tombereau par l'exécuteur de la haute juftice au-devant de la

---

que la fomme de deux cent vingt livres, dont ledit Cha-bert fils a été trouvé faifi lors de fa capture, & qui a été depuis dépofée au greffe dudit bailliage, fera remife au curé de la baffe fainte-chapelle, pour être employée à faire prier dieu pour le repos de l'ame dudit Chabert père; à remettre ladite fomme le greffier dudit bailliage contraint, quoi faifant déchargé. Ordonne que la préfente fentence fera imprimée, publiée & affichée par-tout où befoin fera.

principale porte de l'églife de Châtillon-fur-Marne, pour y faire amende honorable, nu-pieds, nu-tête & en chemife, ayant la corde au cou, tenant en fes mains une torche de cire ardente du poids de deux livres, ayant écriteau devant & derrière, portant ces mots (*doublement parricide*) ; enfuite à avoir le poing coupé fur un poteau planté au devant de ladite églife ; ce fait, mené dans le même tombereau, en la place publique de ladite ville, pour y être rompu vif par ledit exécuteur, & fon corps mort jeté dans un bûcher ardent, pour y être réduit en cendres, & les cendres jetées au vent, pour avoir égorgé fes père & mère.

On punit pareillement comme Parricide, le gendre ou la bru qui tuent leur beau-père ou leur belle-mère.

Par arrêt du 16 juin 1778, le parlement de Paris a condamné Jean Poitier, laboureur, à être conduit par l'exécuteur de la haute juftice au-devant de la porte de la principale églife de la ville d'Angoulême, pour y faire amende honorable, nu-pieds, nu-tête & en chemife, tenant en fes mains une torche de cire ardente du poids de deux livres, ayant la corde au cou & écriteau devant & derrière, portant ces mots (*Empoifonneur de fes beau-père & belle-mère*) ; à être enfuite mené en la place publique de ladite ville d'Angoulême, pour, fur un échafaud, y être rompu vif, & jeté au feu, pour y être réduit en cendres, & fes cendres jetées au vent.

Le frère qui tue fon frère ou fa fœur, eft auffi puni comme Parricide ; mais le genre de mort eft plus ou moins févère, fuivant les circonftances & l'atrocité du crime.

Par arrêt du 26 juin 1779, le parlement de Paris a condamné Pierre Bellefaye à être rompu vif & brûlé dans la place publique de la ville d'Angoulême, pour avoir assassiné son beau-frère & avoir brûlé son cadavre.

Le crime du mari qui tue sa femme, ou de la femme qui tue son mari, est encore considéré comme une espèce de Parricide que l'on punit sévèrement.

Par arrêt du 10 juillet 1766, Jean Moulin, convaincu d'avoir assassiné Marie Catherine Maty sa femme, a été condamné à faire amende honorable, à avoir le poing coupé ; & à être ensuite rompu vif & jeté au feu.

Le parlement de Paris a prononcé les mêmes peines par deux arrêts des 26 septembre 1767 & 16 mai 1778, contre Laurent Burgeron, & Edme Bougé, qui avoient assassiné leurs femmes.

Par un autre arrêt du 3 octobre 1775, Marguerite Vial a été condamnée à faire amende honorable, à avoir le poing coupé, & à être ensuite pendue & étranglée à saint Etienne en Forez, pour avoir assassiné François Thomachon, son mari, en lui donnant un coup de couteau dans le ventre.

Par un autre arrêt du premier septembre 1778, Pierrette Desmoulins a été condamnée à être conduite dans un tombereau par l'exécuteur de la haute justice, au-devant de la principale porte de l'église de Paris, pour y faire amende honorable, nu-tête, nu-pieds & en chemise, ayant la corde au cou, & tenant en sa main une torche de cire ardente du poids de deux livres, avec

écriteau devant & derrière , portant ces mots
(*Affaſſin de ſon mari*) ; à être enſuite menée dans
le même tombereau en la place Maubert, pour
y être pendue & étranglée à une potence dreſſée
à cet effet , & ſon corps mort jeté dans un bûcher ardent pour y être brûlé , pour aſſaſſinat par
elle commis de deſſein prémédité , à coups de
bûche , la nuit du 29 au 30 août dernier , envers le nommé François Vanderguins ſon mari.

Indépendamment des peines corporelles , les
loix civiles & divers arrêts ont déclaré les Parricides indignes de ſuccéder à ceux dont ils avoient
cauſé la mort. Il avoit même été jugé différentes fois que les enfans du Parricide étoient
incapables de ſuccéder aux biens de celui qui
avoit été tué ; & tel étoit l'avis de Lebrun : mais
par arrêt du 4 mai 1723 , cité par Ferrière , il
a été décidé que l'incapacité des enfans d'un fils
Parricide de ſuccéder à leur aïeul , ne devoit pas
avoir lieu à l'égard des enfans nés avant le crime
de leur père.

Le ſimple attentat dans le crime de Parricide,
quoique non ſuivi de mort , ſe punit du dernier
ſupplice , lorſque cet attentat eſt joint à un acte
qui caractériſe l'intention de commettre ce crime.
C'eſt pourquoi ſi un fils tiroit ſur ſon père un
coup de fuſil ſans le tuer , il n'en ſeroit pas moins
condamné à mort.

Un arrêt du 17 juin 1699 condamna la
dame Tiquet à avoir la tête tranchée , pour avoir
été complice de l'aſſaſſinat de ſon mari , quoique
la mort n'eût point ſuivi cet aſſaſſinat.

La fureur qui procède d'un dérangement d'eſprit , peut faire excuſer le Parricide ; mais , dans

ce cas, on doit ordonner que l'auteur du Parricide sera renfermé & gardé par les soins de ses parens.

L'action qui dérive du crime de Parricide, ne se prescrivoit point en droit, & l'accusation en étoit perpétuelle, suivant la loi dernière, *ff. ad leg. Pompeiam de Parricid.* mais parmi nous cette action se prescrit, comme pour tous les autres crimes, par l'espace de vingt ans.

PART. Voyez Exposition de part, Suppression de part, et Grossesse.

PART. Portion de quelque chose qui se divise entre plusieurs personnes.

On appelle *Part héréditaire*, ce que quelqu'un prend à titre d'héritier dans une succession, & *Part avantageuse*, la portion que l'aîné a dans les fiefs, outre son préciput. On lui donne l'épithète *d'avantageuse*, parce que l'aîné prend plus que les puînés.

On appelle *Part d'enfant le moins prenant*, la portion de la succession du père ou de la mère qui revient à l'enfant qu'ils ont le moins avantagé. Les pères ou mères qui se marient ne peuvent donner à leur second conjoint qu'une Part d'enfant le moins prenant.

On appelle *Part offerte*, la consignation judiciaire & dûment signifiée du principal d'un cens rachetable. Cette consignation fait cesser la rente du cens, du jour de la présentation.

On appelle *Part personnelle*, celle dont un cohéritier, colégataire, ou codonataire, ou autre propriétaire, est tenu dans quelque chose, comme

dans les dettes ; celui qui eſt héritier pour u
tiers, doit un tiers des dettes : cela s'appell
ſa *part perſonnelle*. On la qualifie ainſi, pour l
diſtinguer de ce qu'il peut devoir autrement
comme à cauſe de l'hypothèque en vertu d
laquelle il eſt tenu pour le tout.

Voyez les articles, Aîné, Succession, Héri
tier, Obligation, Partage, &c.

PART-METTANT. Lorſque pluſieurs per
ſonnes acquièrent un fief conjointement, il dé
pend d'elles, pour en empêcher le depié, de conve
nir que l'une d'entre elles fera ſeule la foi &
hommage au ſeigneur pour toutes les autres, qu
ſont néanmoins chargées de contribuer, au pro
rata de leurs portions, aux frais de la preſtatio
de la foi & hommage, & au payement de tou
les devoirs du fief. C'eſt cette eſpèce de parag
conventionnel, qu'on appelle dans les coutume
de Poitou, d'Angoumois, de Saint-Jean-d'Ar
gely & dans l'uſance de Saintes, tenure en *Part
mettant*, ou, comme on le voit dans pluſieur
titres des fiefs régis par ces mêmes coutumes, te
nure *en aide de devoir*.

La tenure en Part-mettant peut avoir lieu, ſoi
que le fief ſoit poſſédé indiviſément, ſoit qu'il
ſoit partagé entre les coacquéreurs & leurs
deſcendans. Mais, dans ce dernier cas, il faut
que celui qui eſt chargé de rendre les homma
ges pour les autres, conſerve l'hôtel principal ou
le chef d'hommage du fief, lorſqu'il y en a un,
& le tiers du fief qui en tient lieu, lorſqu'il n'y
en a pas. Autrement il y auroit depié de fief
au profit du ſeigneur dominant, ſuivant l'eſprit
des articles 30 & 130 de la coutume de Poitou.

Tout ce qui concerne cette matière doit se régler par les principes qu'on a exposés aux mots GARIMENT, PARAGE CONVENTIONNEL, & PART-PRENANT.

Voyez les autorités citées à la fin de ce dernier article.

(*Article de M.* GARRAN DE COULON, *avocat au parlement*).

PART - PRENANT.. Suivant Ragueau dans son indice des droits royaux, » tenir comme » *Part-prenant* , c'est quand l'on acquiert portion » d'un fief, avec la charge de contribuer aux frais & » devoirs ; quand l'on tient partie d'un fief, du » commencement, non par droit successif, mais » par transport, par aliénation, ou à la charge » d'en payer aucun devoir «.

Cette définition conviendroit mieux à la tenure en *Part-mettant*, comme on peut le voir sous ce dernier mot. La tenure en *Part-prenant* est proprement cette espèce de parage conventionnel, suivant laquelle l'un de plusieurs coacquéreurs d'un fief, ou de leurs représentans, qu'on appelle par cette raison *le chemier* , est chargé seul de faire la foi & hommage, & de rendre au seigneur tous les autres devoirs de fief à ses frais, quoique les autres coacquéreurs du fief, ou leurs représentans, partagent avec lui les émolumens du fief.

Comme il faut nécessairement que le chemier, dans les parages conventionnels ainsi que dans le parage légal, ait seul le chef d'hommage, c'est-à-dire, l'hôtel principal du fief, ou le tiers, qui en tient lieu lorsqu'il n'y en a pas, il n'est pas étonnant qu'on le charge quelquefois seul de la prestation de ces devoirs à ses frais. On peut néanmoins aussi convenir que ceux qui participent aux émolumens du fief, en supporteront les charges proportionnellement. Alors les copropriétaires du chemier sont tout à la fois Part-prenans & Part-mettans. Cette convention est la plus fréquente, & voilà pourquoi les tenures en Part-prenant & Part-mettant sont très-souvent confondues dans les titres & dans les commentateurs des coutumes.

Suivant l'article 107 de la coutume de Poitou, les tenures en Part-prenant & en Part-mettant, à la différence du parage légal, s'établissent par convention ou longue usance, qui tient lieu d'une convention tacite. Il suit de là, que ces sortes de parages conventionnels ne doivent pas finir de la même manière que le parage légal, quelque mutation qui puisse arriver dans les portions de chemier ou de ses coteneurs, même à titre de vente. Il faut nécessairement, pour les faire cesser, une convention contraire, ou un long usage, qui la fasse présumer.

Cela n'a pas lieu néanmoins pour cette espèce de tenure en Part-prenant qu'établit l'article 245 de la coutume de Poitou. Suivant l'usage local dont parle cet article, le survivant des conjoints, lorsqu'il n'y a pas d'enfans de leur mariage, a l'usufruit de tous les conquêts de la communauté, s'il ne se remarie pas, *& le mari, s'il survit, ou les héritiers du mari, s'il meurt le premier, fera les hommages desdits acquêts, & non pas la femme, ni les héritiers de la femme.*

La coutume a cru qu'il n'étoit pas nécessaire de rien changer à l'hommage, puisque, par l'événement du partage, le mari ou ses héritiers

pouvoient conferver la totalité du fief dont il
avoit eu feul l'adminiftration durant la communauté. Il n'y a donc dans ce cas qu'une extenfion au droit commun, fuivant lequel le mari a
toujours le droit de, rendre feul l'hommage, non
feulement pour les fiefs de la communauté, mais
même pour tous ceux de fa femme; & ce n'eft-
là une tenure en Part-prenant & Part-mettant,
que très-improprement.

Au refte, les tenures en Part-prenant & en
Part-mettant ne font connues que dans les cou-
umes de Poitou, d'Angoumois, de Saint-Jean-
d'Angely, & dans l'ufance Saintes. On trouvera
les principes généraux de cette matière, aux mots
Gariment & Parage conventionnel.

*Voyez ces deux articles; le chapitre 11 de la
digreffion de Befchet fur les parages; les articles 91, 94, 95, 99, 106, 107, 118, 122,
133, 136, 139, 140, 143, 281 & 282 de
la coutume de Poitou; l'article 22 de la coutume
de Saint-Jean-d'Angely, l'article 20 de celle
d'Angoumois; & les commentateurs de ces cou-
umes.*

(*Article de M. GARRAN DE COULON, avocat au parlement*).

PARTAGE. C'eft la divifion qui fe fait entre
plufieurs perfonnes, de biens ou effets qui leur
appartenoient en commun, ou en qualité de cohéritiers, ou comme copropriétaires, à quelque titre
que ce foit.

On fait le Partage d'une fucceffion d'une
communauté, &c.

Du Partage d'une succession.

Lorsqu'un défunt a laissé à plusieurs héritié
sa succession, ils deviennent propriétaires chacu
pour sa portion indivise; d'où il suit, que ch:
cun d'eux a contre ses cohéritiers une action po
les obliger au Partage des biens qui leur appa
tiennent en commun.

Cette action est imprescriptible, parce qu'i
ne jouissent en commun qu'à la charge du Partage
& en attendant le Partage.

Il y auroit lieu à cette action, quand mêm
les cohéritiers seroient convenus entre eux qu'i
ne pourroient jamais exiger le Partage. La raiso
en est, que cette convention étant contraire à la n:
ture de la communauté des biens, elle ne peu
être valable. En effet; la communauté de bien
est un état dont la durée ne peut pas être per
pétuelle. *Nulla societatis in æternum actio est*,
dit la loi 70, au dig. *pro socio.*

Pareillement, si un défunt défendoit par so
testament à ses héritiers de Partager ses biens,
cette défense ne produiroit aucun effet, & n'empêcheroit pas que l'action de Partage ne pû
être exercée.

Des cohéritiers peuvent néanmoins convenir
valablement, & le testateur ordonner de différe
le Partage jusqu'à un certain temps.

La raison en est, que cette convention des par
ties & cette volonté du testateur n'ont rien de
contraire à la nature de la communauté des biens,
&, qu'il est même souvent de l'intérêt commun
que le Partage se fasse dans un temps plutôt
que dans un autre.   Quand

Quand une telle convention ou une telle ordonnance de volonté dernière ont lieu, l'action de Partage ne peut pas être exercée avant le temps déterminé.

Non seulement il y a lieu à l'action de Partage quand des cohéritiers se trouvent jouir en commun des biens d'une succession, mais encore lorsque chacun d'eux se trouve jouir séparément de divers héritages de la succession, parce qu'ils sont censés posséder ainsi les uns pour les autres, & à la charge de se rendre compte respectivement.

Cependant si cette jouissance séparée duroit entre majeurs depuis trente ans passés, & que cela pût se prouver, soit par témoins, soit par des titres, tels que des baux que les possesseurs auroient faits des héritages dont ils jouissoient séparément, ces possesseurs pourroient se faire maintenir dans leur jouissance séparée contre l'action de Partage, attendu qu'en cas pareil cette action est sujette à la prescription de trente ans, comme les autres actions. Cette décision est fondée sur ce que le laps de temps fait présumer qu'il y a eu un partage dont l'acte a pu se perdre.

On croyoit autrefois qu'il n'y avoit que les héritiers majeurs qui pussent obliger leurs cohéritiers à partager une succession dans laquelle il y avoit des immeubles : on disoit que les mineurs ni leurs tuteurs ne pouvoient être autorisés à provoquer un tel Partage, sur le fondement que cet acte contient aliénation : mais un arrêt rendu au parlement de Paris le 8 janvier 1768, a jugé au contraire. On a pensé qu'un tuteur pouvoit faire tout ce que le père de famille avoit le droit de faire, & que par consé-

quent il pouvoit faire procéder à un Partage
D'ailleurs, il y a des cas où il est plus avanta
geux aux mineurs de vendre leurs immeuble
que de les garder, & alors la justice ne fai
nulle difficulté d'autoriser de pareilles ventes : pa
la même raison, lorsqu'un mineur ne peut, san
inconvénient, rester possesseur par indivis ave
ses cohéritiers majeurs, pourquoi ne pourroit-i
pas provoquer le Partage?

Un mari peut, sans la participation de sa fem
me, obliger les cohéritiers de celle-ci au Partage des meubles de la succession, parce qu'i
a le droit d'exercer les actions mobilières de s
femme : mais il faut qu'il agisse conjointemen
avec elle, lorsqu'il s'agit du partage des immeubles, parce qu'il n'a pas le droit d'exercer
les actions immobilières de sa femme sans elle.

Cependant si, par une clause du contrat de
mariage, les successions à écheoir à la femme devoient entrer en communauté, le Partage en
pourroit être provoqué par le mari sans le concours de la femme, par la raison que, durant
le mariage, il est seul maître de tous les droits de
la communauté.

Le Partage d'une succession se fait à l'amiable
par acte pardevant notaire (*), & même souven

(*) *Formule de Partage de succession.*

Pardevant les notaires, &c. furent présens Claude, tant
en son nom que comme tuteur de Jacques, son frère
mineur ; Marie, femme autorisée par Nicolas, &c. son
mari, a l'effet des présentes ; & Anne, &c. fille majeure,
demeurans, savoir, &c. tous enfans & héritiers chacun
pour un quart, par bénéfice d'inventaire, de Paul & Nicole,
leurs père & mère ; disant que par le décès de leursdits père

par acte sous seing privé; ou il se fait par le juge, ce qui se pratique fréquemment quand quelqu'un des copartageans est mineur.

& mère, il leur appartient plusieurs héritages & rentes, sur lesquels, pour égaler lesdits Jacques & Anne, il convient prendre, avant le Partage, la somme de douze mille livres, pour chacun desdits Jacques & Anne, qui est pareille somme que lesdits Claude & Marie ont reçue desdits défunts, leurs père & mère, en mariage & avancement d'hoirie, & du surplus en faire Partage entre eux tous. Pour à quoi parvenir, & suivant l'avis des parens dudit mineur, homologné par sentence du . . . . . jour, &c. lesdites parties ont accordé à l'amiable & de bonne foi les égalemens & Partages qui suivent; savoir, que lesdits Jacques & Anne prendront pour leur également chacun moitié de douze cents livres de rentes, constituées audit défunt leur père, par Pierre, &c. par contrat passé pardevant, &c. ladite rente rachetable au denier vingt de la somme de quatre-vingt-quatre mille livres; au moyen de quoi lesdits Jacques & Anne demeureront égalés auxdits Claude & Marie, à commencer à en percevoir les arrérages, &c. à toujours. Et quant aux intérêts desdites sommes de douze mille livres, que chacun desdits Jacques & Anne ont reçues en mariage & avancement d'hoirie desdits défunts leurs père & mère, & qu'ils doivent rapporter depuis les jours de leurs décès, compensation en a été faite avec la somme de . . . . prise par lesdits Jacques & Anne, & avec les nourritures & entretenemens à eux fournis depuis lesdits décès. Les parties ont pareillement reconnu avoir fait partage des meubles & des sommes contenus en l'inventaire fait après le décès desdits défunts léurs père & mère, & de celles provenues de la vente qui en a été faite, montant le tout à la somme de huit mille livres; ledit Claude en a pris celle de quatre mille livres, tant pour lui que comme tuteur dudit Jacques; & lesdites Marie & Anne en ont pris chacune celle de deux mille livres, dont les parties sont contentes : de sorte qu'il ne reste plus à partager entre elles que les héritages substitués à leur profit par leurs aïeuls, dont lesdits père & mère n'ont eu que la jouissance leur vie durant, qui sont la maison sise, &c. &

Quand les chofes font indivifibles de leur n
ture, comme un droit de fervitude, un dr

---

deux maifons, fermes & héritages, fis à, &c. & quelqu
rentes : & défirant faire ledit Partage, ils ont fait voi
vifiter, prifer & eftimer lefdites maifons & héritages, p
experts & gens à ce connoiffan, qui en ont fait leu
rapports, fignés & certifiés, datés des ..... jours, &
En conféquence defquels & des fentences fur ce rendue
lefdites parties ont fait & accordé ledit Partage, & fa
quatre lots les plus juftes & égaux qu'il leur a été poffible
felon qu'il fuit :

Le premier lot aura & lui appartiendra la moitié de
maifon fife à Paris, rue, &c. confiftant en deux corps
logis, cour, puits en icelle, tenant d'une part, &c. eftin
le total par lefdits experts, à la fomme de feize mill
livres, ci   .   .   .   .   16000 li

Le fecond lot aura & lui appartiendra l'autre moitié
ladite maifon, pour pareille fomme de feize mille livres
ci   .   .   .   .   16000 li

Le troifième lot aura & lui appartiendra la maifon fife
&c. tenant d'une part, &c. confiftant en plufieurs bâtimens
cour & jardin, &c. eftimé le tout enfemble par lefdi
experts à la fomme de quinze mille livres, ci   .   15000 li

Le quatrième lot aura & lui appartiendra la maifon
fife, &c. tenant d'une part, &c. confiftant en un corps d
logis, grange, étable, preffoir, &c. contenant enfemb
quatre arpens ou environ, huit arpens de vignes en plufieurs pièces, vingt arpens de terres labourables, & cinq
arpens de prés ; le tout affis au, &c. & eftimé par lefdi
experts la fomme de douze mille livres, ci   .   12000 liv.

Item, aura ledit quatrième lot cinquante livres de rente
de bail d'héritages dus par Pierre, &c. vigneron audit lieu,
rachetable de la fomme de mille livres, ci .   .   1000 liv

Item, aura cinquante livres de rente, &c.

Item, &c.

Somme, total dudit quatrième lot, montant à la fomme
de quinze mille huit cents livres, ci   .   .   15800 liv.

Somme totale defdits quatre lots montant à celle de
foixante-deux mille huit cents livres, en forte que, pour
égaler lefdits quatre lots, il doit être payé de foute & de

honorifique , &c. , ou qu'elles ne peuvent com-
modément ſe partager , ſi les copropriétaires ne
veulent plus en jouir en commun , il faut qu'ils
s'accordent pour en jouir tour à tour , ou qu'ils en
viennent à la licitation.

La manière de procéder au Partage à l'amiable,
eſt de convenir du nombre des lots qu'il s'agit
de faire , de ce qui doit entrer dans chaque
lot , & de la deſtination de chacun des lots.

Quand les parties ne s'accordent pas ſur la
néceſſité ou poſſibilité du Partage , la partie qui

---

retour au troiſième lot , ſept cents livres ; ſavoir , par les
premier & ſecond lots la ſomme de ſix cents livres , &
par le quatrième cent livres.

Enſuite ont été faits quatre billets de papier égaux , &
mis dans un chapeau pour être jetés au ſort ; & leſdits
lots ayant été long-temps remués par . . . . jeune enfant,
il en a tiré un qu'il a donné à . . . . deſquels lots les parties
ſe ſont contentées , comme juſtes & égaux : au moyen de
quoi ledit Claude a préſentement payé à ladite Anne la ſomme
de . . . . de ſoute & retour dudit Partage , &c. , pour deſdits
lots échus jouir par les parties , & en faire & diſpoſer par
elles , leurs hoirs & ayans-cauſes , à leur volonté , comme
de choſe à eux appartenant ; à commencer ladite jouiſſance,
&c. aux charges des cens, droits ſeigneuriaux & rentes
foncières que les héritages peuvent devoir envers les
ſeigneurs d'où ils relèvent , que les parties n'ont pu à préſent déclarer au vrai , de ce requiſes ſuivant l'ordonnance.
Et quant aux loyers deſdits héritages & arrérages deſdites
rentes échus auparavant , ſeront partagés entre eux également à meſure qu'ils ſe recevront , & ont donné pouvoir
audit Claude de les recevoir , en donnant quittance valable
& contraindre les débiteurs , ſi beſoin eſt.

Comme auſſi demeureront en commun les rentes &
ſommes dues par , &c. & en ſera pourſuivi le recouvrement
& payement à frais communs. Et moyennant le préſent
Partage , leſdites parties ont cédé & transféré reſpectivement
l'une à l'autre tous droits de propriété , &c.

veut qu'il ait lieu, doit faire assigner ses cohéritiers devant le juge du lieu où la succession
est ouverte, pour faire ordonner qu'elle sera
partagée.

S'il y avoit des dettes ou autres charges de la
succession, pour l'acquittement desquelles la vente
des meubles fût nécessaire, aucun des héritiers
ne pourroit empêcher cette vente, à moins qu'il
n'offrît des deniers comptans pour payer sa part
de ces dettes ou charges.

S'il n'étoit pas nécessaire de vendre tout pour
l'acquittement des charges, un héritier seroit bien
fondé à demander qu'on ne vendît que jusqu'à
la concurrence de ces charges, & que l'on com-
mençât par la vente des effets périssables & de ceux
qui sont les moins précieux.

Dans l'opération du Partage doit entrer le
compte mobilier des sommes dont chaque héritier
est obligé de faire raison à ses cohéritiers, & de
celles dont il doit lui être fait raison.

Après ce compte, on dresse un état des héritages ou immeubles dont la succession est composée, & l'on exprime la somme à laquelle on les
a estimés.

Cette estimation peut se faire à l'amiable quand
tous les cohéritiers sont majeurs : mais s'ils ne
s'accordent pas sur la valeur des choses à partager, l'estimation en doit être faite par des experts dont ils conviennent ou qu'ils font nommer
par le juge.

Si quelqu'un des copartageans est mineur,
il faut que l'expert soit nommé par le juge.

S'il se trouve des immeubles sujets à rapport,
ils doivent être joints aux autres & estimés de la
même manière.

Il faut diftinguer dans l'état des immeubles, les biens nobles, & les eftimer féparément lorf-qu'il s'agit d'une fucceffion directe dans laquelle l'aîné a une portion avantageufe, ou qu'il s'agit d'une fucceffion collatérale, dans laquelle les biens de cette efpèce appartiennent aux mâles, à l'exclufion des filles.

Comme on ne doit inférer dans l'état que ce qui eft à partager, on ne doit pas y comprendre le manoir & le vol du chapon que l'aîné a choifis.

S'il fe trouve différentes fortes de biens auxquels différens héritiers fuccèdent, il faut faire autant de fortes de Partages.

Il arrive fouvent que les effets du lot affigné à chacun des copartageans, ne forment pas pré-cifément la fomme qui lui revient dans la maffe : fi un tel lot monte à une fomme plus forte, on le charge d'un retour envers un autre des copar-tageans dont le lot fe trouve plus foible.

Il y a des coutumes où les lots fe tirent au fort : dans d'autres coutumes c'eft l'aîné qui fait les lots, & le plus jeune qui choifit

Celui qui a fait des frais pour parvenir au Partage, peut obliger fes cohéritiers d'y contri-buer chacun pour leur part & portion; il a même un privilége pour répéter ces frais fur les biens qui font l'objet du Partage.

Le principal effet du Partage eft de déterminer la portion de chacun des cohéritiers, & de la reftreindre aux feuls effets qui lui font affignés pour fon lot; en forte que chaque cohéritier foit cenfé avoir fuccédé feul au défunt pour tous les effets compris dans fon lot : ainfi le Partage ne doit pas être confidéré comme un titre d'acquifition par lequel un cohéritier acquiert de fes cohéritiers les portions indivifes qu'ils avoient dans les effets qui lui font affignés, avant qu'ils fuffent partagés; c'eft feulement un acte déclaratif de la propriété des chofes auxquelles chaque cohéritier a fuccédé : jufqu'au Partage, chaque cohéritier avoit un droit indivis dans le tout, en forte que tout lui appartenoit, fans néanmoins qu'aucune partie lui appartînt fpécialement; mais le Partage, en déterminant ce qui doit appartenir à chaque cohéritier, fixe fa propriété diftincte, & le rend propriétaire abfolu de ce qui lui eft échu.

Il fuit de ce qu'on vient de dire, 1°. que les Partages ne donnent aucune ouverture aux profits féodaux ni cenfuels : 2°. que les hypothèques des créanciers de chaque cohéritier, fe reftreignent aux effets qui compofent le lot de leur débiteur : c'eft pourquoi, fi ce lot n'étoit compofé que de meubles, l'hypothèque des créanciers ne leur produiroit aucun effet, parce qu'ils ne pourroient pas l'étendre aux lots des autres cohéritiers qui feroient compofés d'immeubles.

Obfervez néanmoins que des créanciers qui auroient intérêt à faire valoir leur hypothèque fur une fucceffion échue à leur débiteur, pourroient intervenir au Partage de cette fucceffion, afin d'empêcher que le lot de leur débiteur ne fût compofé que de chofes mobilières ou qui ne fuffent point fufceptibles d'hypothèque.

Les cohéritiers contractent l'un envers l'autre l'obligation de fe garantir réciproquement la poffeffion des chofes qui compofent le lot de chaque copartageant. C'eft pourquoi, fi l'un des cohé-

ritiers venoit à être évincé de quelques-unes des
chofes comprifes dans fon lot, fes cohéritiers feroient tenus de l'indemnifer, pour maintenir
l'égalité qui doit régner dans le Partage.

Mais, pour que l'éviction donne lieu à la garantie, il faut, 1°. qu'elle procède d'une caufe
antérieure au temps du Partage. Par exemple :
fi l'un des copartageans' a eu dans fon lot une
métairie hypothéquée à un créancier de celui
qui l'a vendue au défunt, & que ce copartageant
ait fouffert l'éviction de cette métairie en vertu
de cette hypothèque, les autres copartageans
font tenus de dédommager celui qui eft évincé.
Mais il en feroit différemment fi l'éviction pro-
cédoit d'une caufe poftérieure au Partage : fup-
pofez, par exemple, que le fouverain ait fait
tracer une grande route au travers d'une prairie
échue dans le lot de Titius, & que celui-ci n'ait
pu obtenir aucune indemnité à cet égard, il ne
fera pas pour cela fondé à intenter l'action de
garantie contre fes cohéritiers. C'eft le cas d'appliquer la maxime *res perit domino*.

2°. il faut auffi, pour donner lieu à l'action
de garantie, que l'éviction ne procède pas de la
faute de celui qui a fouffert cette éviction. Par
exemple, fi l'héritier dans le lot duquel une
rente eft tombée, a négligé de s'oppofer à un
décret, ou de faire les diligences qui auroient
pu lui procurer fon payement, il n'eft pas fondé
à exercer l'action de garantie contre fes copartageans : mais il en feroit différemment fi cet
héritier ayant fait les diligences convenables, elles
n'avoient rien opéré d'utile.

3°. Il faut encore, pour donner lieu à l'action
de garantie, que l'éviction qu'a foufferte l'un

des copartageans, n'ait pas été exceptée de cette action par une clause particulière du Partage. Par exemple, si l'on avoit mis dans un lot un héritage, avec stipulation que la propriété en est contestée par le voisin, & que celui à qui le lot écherra fera valoir ses droits à cet égard, comme il jugera à propos, sans pouvoir exercer aucun recours contre ses cohéritiers, dans le cas où il viendroit à être évincé ; cette condition empêcheroit que le copartageant évincé ne pût intenter l'action de garantie contre ses cohéritiers.

L'effet de la garantie consiste en ce que chaque cohéritier est tenu, proportionnément à la part dont il est héritier, d'indemniser celui qui a souffert l'éviction. On répare par ce moyen l'inégalité que l'éviction avoit causée dans les lots. Supposez, par exemple, que vous soyez quatre héritiers d'une succession qui montoit à vingt mille livres, & qu'après l'avoir partagée, un de vous ait souffert une éviction par laquelle son quart de cinq mille livres ait été réduit à trois mille livres ; il est clair que les trois autres héritiers doivent, pour réparer l'inégalité des lots, donner chacun cinq cents livres à celui qui a souffert l'éviction.

Les biens qui composent le lot de chaque copartageant, sont hypothéqués par hypothèque privilégiée, à toutes les obligations qui dérivent du Partage, telles que sont le retour en deniers ou rentes dont ce lot est chargé ; l'obligation de garantie envers les cohéritiers auxquels sont échus les autres lots ; les rapports des sommes données ou prêtées à quelqu'un des cohéritiers ; & enfin toutes les prestations personnelles dont un héritier peut être tenu envers ses cohéritiers.

Cette hypothèque privilégiée doit produire son effet dans le cas même où le Partage a été fait sous seing privé. La raison en est, qu'elle résulte de la nature même de l'acte de Partage, attendu que chaque héritier ne succède aux biens compris dans son lot, qu'à la charge de ces obligations : d'où il suit, qu'il ne peut transférer la propriété de ces mêmes biens à quelque personne que ce soit, que sous la charge qu'il en est lui-même devenu propriétaire.

Observez que les tiers acquéreurs des biens échus dans le lot d'un héritier, peuvent prescrire contre cette charge par une possession de dix ans entre présens, & de vingt ans entre absens, si ces biens sont situés dans une province où cette prescription a lieu, ou par une possession de trente ans dans les provinces qui n'admettent que la prescription trentenaire.

Les causes, telles que la violence, la surprise, l'erreur de fait, peuvent faire rescinder un Partage, comme elles font rescinder d'autres actes.

On restitue aussi les mineurs lésés dans un Partage, comme on les restitue contre tout autre acte où ils souffrent quelque lésion.

Mais il en est autrement dès majeurs, la seule cause de lésion ne suffit pas pour les faire restituer contre un Partage, à moins qu'elle ne soit du tiers au quart ; c'est-à-dire, qu'elle ne soit de plus du quart.

Dans le cas de cette lésion, il faut que les majeurs obtiennent dans les dix ans, des lettres de restitution contre le Partage comme contre tous les autres actes.

On a agité la question de savoir si un Partage

fait entre des majeurs & des mineurs, pouvoir être rescindé dans l'espèce suivante :

Pierre Berson étant décédé, laissa pour héritiers Louis Berson son frère pour un tiers, la veuve Philippon sa sœur pour un autre tiers, & deux enfans mineurs représentans la femme Michelot leur mère, pour l'autre tiers.

En procédant au Partage des biens de la succession du défunt, il se trouva, entre autres effets mobiliers, six billets de 500 livres chacun de la première & de la seconde loterie royale, & l'on en mit deux dans chaque lot.

Le lot des mineurs ayant ensuite été subdivisé, Pierre Michelot eut dans sa portion un des billets dont il s'agit, numéroté 5586, & sa sœur, femme du sieur Pecquet, en eut un autre numéroté 22007. Il fut stipulé par le Partage, que *les parties jouiroient de ce qui venoit de leur être abandonné ; & qu'elles demeureroient respectivement quittes & déchargées les unes envers les autres.*

En 1759, un des deux billets de loterie mis dans le lot de Louis Berson, gagna une prime que ce particulier garda pour lui seul, sur le fondement, que le sort des parties avoit été fixé par le Partage.

Pierre Michelot fut encore plus heureux ; son billet sortit de la roue de fortune avec un lot de 70 mille livres.

La femme du sieur Pecquet prétendit qu'elle devoit participer au bénéfice de ce billet, par la raison que les deux mineurs n'avoient eu originairement qu'un lot commun, & qu'une parfaite égalité doit régner dans la subdivion d'un pareil

lot, en sorte que la condition d'un des mineurs
ne soit pas meilleure que celle de l'autre. La demande de la femme Pecquet fut d'abord contestée ; mais plusieurs avocats consultés l'ayant
trouvée juste, le mineur *Michelot* déféra à cet
avis, & les parties firent un accord en conséquence.

Cet accord fit imaginer à Louis Berson & à
la veuve Philippot de prendre des lettres de rescision & de demander de nouveaux Partages, où
l'on feroit entrer le lot de 70 mille livres.

Pour appuyer cette demande, ils dirent, que
si la qualité de *provisionnel* n'avoit pas été
donnée au *Partage*, on n'avoit pas stipulé non
plus qu'il fût définitif ; qu'on devoit présumer
qu'il avoit été dans l'intention des parties de n'en
faire qu'un provisionnel ; que l'on n'avoit compris dans ce Partage que la valeur réelle, & non
la valeur accidentelle, & que par conséquent il
falloit, pour établir l'égalité qui doit régner dans
des lots de Partage, que les 70 mille livres de
valeur accidentelle dont il s'agit, se partageassent
entre tous les héritiers, &c.

Les mineurs, pour repousser la prétention de
leurs adversaires, répondirent, qu'en général, des
Partages faits avec égalité étoient immuables à
l'égard des majeurs : ils convinrent qu'un Partage quelconque n'étoit ordinairement considéré
que comme provisionnel à l'égard des mineurs,
mais qu'on ne pouvoit douter qu'il ne fût définitif contre des majeurs, quand ils n'y avoient
pas fait inférer qu'il ne seroit que provisionnel
pour toutes les parties, &c.

Sur cette contestation est intervenue une sentence du châtelet qui a débouté les majeurs de

leur demande en entérinement des lettres de reſciſion qu'ils avoient obtenues, & ordonné l'exécution des Partages, dépens néanmoins compenſés. Cette ſentence à été confirmée par arrêt du 22 août 1768.

Du Partage d'une communauté.

Ce Partage ne doit avoir lieu qu'après la diſſolution de la communauté, arrivée par la mort d'un conjoint.

Pour donner lieu à ce Partage, il ne ſuffit pas qu'il y ait eu une communauté ſtipulée par contrat de mariage, ou établie de plein droit par la coutume, il faut encore que la femme ou ſes héritiers n'aient pas renoncé à la communauté; car en ce cas il n'y a plus de Partage à faire; tous les biens de la communauté appartiennent au mari ou à ſes héritiers.

Il y a encore deux cas où le Partage n'a pas lieu; l'un eſt lorſque la femme a été privée par un jugement du droit qu'elle avoit dans la communauté, pour cauſe d'indignité, comme pour crime d'adultère; l'autre cas eſt lorſqu'il eſt dit par le contrat de mariage, qu'en cas de prédécès de la femme, ſes héritiers ſeront exclus de la communauté.

Lorſqu'il n'y a point d'obſtacle au Partage de la communauté, elle ſe partage en l'état qu'elle ſe trouve lors de la diſſolution, c'eſt-à-dire, que l'on prend les biens en l'état qu'ils ſont, & avec les dettes qui ſont à la charge de la communauté.

On commence ordinairement le Partage des biens de la communauté par celui du mobilier,

& enfuite on partage les immeubles (*); il arrive

(*) *Formule d'un Partage de communauté fait entre la veuve & les enfans d'un défunt.*

Pardevant les notaires, &c. furent préfens Marie , &c. veuve & commune en biens de Guillaume le Blanc, demeurant, &c. d'une part; & Jacques Marchand, bourgeois de Paris, & Marguerite le Blanc, fa femme, qu'il autorife à l'effet des préfentes, demeurant, &c. Nicolas le Blanc, demeurant, &c. & Claude le Blanc, émancipé d'âge, demeurant, &c. affifté & procédant fous l'autorité de . . . . fon curateur, aux caufes & actions, & encore tuteur à l'effet qui fuit, élu èfdites qualités de l'avis des parens & amis dudit mineur, homologué par fentence du . . . . . defquelles charges il a acceptées par acte étant enfuite de ladite fentence, lefdits Marguerite, Nicolas & Claude le Blanc, enfans & héritiers chacun pour un tiers dudit Guillaume le Blanc, leur père, d'autre part; lefquels ont dit que ledit défunt Guillaume le Blanc auroit laiffé , entre autres biens de la communauté d'entre lui & ladite Marie, les meubles, marchandifes , or & argent contenus en inventaire fait après le décès dudit Guillaume le Blanc à la requête defdites parties, le , &c. & la fomme de fix mille livres, ameublie audit défunt des biens propres de ladite Marie, par leur contrat de mariage , inventorié audit inventaire fous la cotte première. *Plus*, en maifons, terres, héritages, rentes & dettes actives, dont les titres & papiers font inventoriés audit inventaire; lefquels meubles & marchandifes ont été vendus par procès-verbal de . . . . huiffier, du . . . . n'ayant eu ladite Marie le deffein de continuer le trafic & négoce dudit défunt fon mari, montant ladite vente à la fomme de trente-trois mille fix cents livres, y compris le contenu en *tels & tels* articles du procès-verbal, que ladite veuve a pris & retenu fur fon préciput. Et pour procéder avec ordre & fans confufion audit Partage qui lui a été demandé par fes enfans, les biens de ladite communauté d'entre elle & ledit défunt leur père , ladite veuve y rapporte, '

Premiérement, ladite fomme de fix mille livres, ameublie, ci . . . . - 6000 liv.

auſſi quelquefois qu'on ne fait qu'un même Partage

Item, la ſomme entière de trente-trois mille ſix cens livres, ci . . . . 33600 liv.

Plus, la ſomme de onze mille deux cents livres, que ladite veuve a déclaré avoir reçue depuis le décès dudit défunt juſqu'au . . . . . des locataires des maiſons appartenantes à ladite communauté, dont elle leur a fourni un mémoire des noms & ſurnoms, & des ſommes payées par chacun deſdits locataires en particulier, ci . . 11200 liv.

De plus, rapporte ladite veuve en ladite communauté la ſomme de quatre mille livres, qui s'eſt trouvée en argent comptant dans le cabinet dudit défunt, qu'elle a priſ en la préſence & du conſentement deſdits enfans après décès dudit défunt leur père, appartenant à ladite communauté, ci . . . . 4000 liv.

Revenant toutes leſdites ſommes enſemble à celle de cinquante-quatre mille huit cents livres, ci . . 54800 liv.

Sur laquelle ſomme de cinquante-quatre mille huit cent livres, leſdits enfans doivent préalablement tenir compte ladite veuve leur mère, des ſommes qu'elle a dépenſée & payées pour la décharge de la communauté, en procédant à la confection dudit inventaire, & depuis la clôture d'icelui ; ſavoir,

Premiérement, la ſomme de treize cents livres pour la nourriture d'elle & de ſeſdits enfans depuis le jour du décès, &c. ci . . . . 1300 liv.

Item, payé à B . . . . la ſomme de cinq cents livres lui due par obligation dudit défunt, paſſée, &c. . 500 liv.

Item, à N . . . . . la ſomme de quatre cents livres ci . . . . 400 liv.

Item, pour les frais dudit inventaire & procès-verbal de la vente, la ſomme de ſeize cents livres, ci . . 1600 liv.

Item, la ſomme de quinze mille livres que ladite veuve doit reprendre pour une maiſon à elle appartenante, & aliénée pendant le mariage par contrat, &c. ci . 15000 liv.

Plus, la ſomme de douze cents livres pour ſon préciput ci . . . . 1200 liv.

Quand il y a quelques ſommes de deniers ſtipulés propre à la veuve par le contrat de mariage, il faut en fai

d

---

*mention en ce lieu, pour les déduire avec le préciput sur
la somme dont elle est chargée, & dont elle fait le rapport
à la communauté.*

Tous lesquels payemens & reprises se montent ensemble
à la somme de vingt mille livres, ci . . . 20000 liv.

De laquelle somme lesdits . . . . . consentent qu'il soit
fait déduction sur celle de cinquante-quatre mille huit cens
livres, à laquelle se sont trouvé monter les effets mobiliers de ladite communauté. Au moyen de quoi il ne reste
plus entre les mains de ladite veuve que celle de trente-
quatre mille huit cents livres, à partager entre elle &
lesdits enfans, de laquelle il lui appartient pour sa part en
ladite communauté, moitié, montant à dix-sept mille quatre
cents livres, & l'autre moitié de pareille somme auxdits
enfans.

Sur laquelle somme de dix-sept mille quatre cents livres,
revenante auxdits enfans, ladite veuve leur mère a droit
de prendre celle de deux mille deux cents livres pour les
frais funéraires & enterrement dudit défunt leur père,
qu'elle a payée, ci . . . . 2200 liv.

Item, pour son douaire préfix une fois payé, la somme
de quatre mille livres, ci . . . . . 4000 liv.

La déduction faite desdites deux sommes de deux mille
deux cents livres, d'une part, & de quatre mille livres,
d'autre, il ne reste plus à payer auxdits enfans, de la part
& portion à eux afférente en ladite somme de cinquante-
quatre mille huit cents livres ci-dessus mentionnée, que
la somme de onze mille deux cents livres, dont il a été
présentement payé par ladite veuve audit . . . . celle de . . . .
pour son tiers en ladite somme, à .... pareille somme aussi
pour son tiers, dont ils sont contens & l'en quittent & déchar-
gent. Et quant au surplus, montant à pareille somme de ....
revenant audit Claude le Blanc mineur, ladite.... sa mère, pro-
met & s'oblige lui en faire raison lorsqu'elle lui rendra compte
de la tutelle qu'elle a eue de sa personne & biens, & la lui
payer avec l'intérêt à raison du denier vingt, à peine, &c.
ladite veuve, au moyen desdites déductions, a pareillement
quitté & déchargé lesdits enfans desdits frais funéraires &

mettre tout le mobilier dans un lot & les in

---

entierement, ensemble de son préciput & de son douai
préfix, & de toutes les sommes de deniers qu'elle a payé
à la décharge de ladite communauté.

Quant aux immeubles de ladite communauté, lesdit
parties désirant en jouir séparément, pour parvenir au Pa
tage d'iceux, ont fait priser & estimer par gens exper
à ce connoissant, les maisons, terres & héritages éta
de ladite communauté, par . . . . qu'ils ont nommés,
dont ils sont convenus à cet effet, lesquels ont dressé
rédigé leurs rapports, prisées & estimations, qu'ils o
communiqués auxdites parties, & ayant été trouvés just
& raisonnables, elles ont fait deux lots desdites maison
terres & héritages, autant justes & égaux que faire
peut.

Premier lot.

Le premier lot aura & lui appartiendra dès à présent
à toujours, une maison sise à Paris, &c. estimée par lesdi
experts à la somme de, &c. aux charges des cens & droi
seigneuriaux accoutumés, envers . . . . seigneur censier
ladite maison, dont les titres sont inventoriés audit inve
taire sous la cotte trois.

Item, la ferme & héritage de, &c. située, &c. pi
sée, &c.

Item, huit mille livres de rente rachetable de, &c.
prendre sur . . . . & sa femme, par contrat passé, &c. in
ventorié sous la cotte neuf.

Item, &c.

La somme totale de ce premier lot se montant à quatre
vingt-sept mille livres, partant plus fort de dix mille livre
que le second lot; en conséquence de quoi, il sera sou
au second lot de la somme de cinq mille livres.

Second lot.

Le second lot aura, &c. aussi dès à présent & à toujour
une maison, &c. pour la somme de, &c. prisée & est
mée, &c.

Item. &c.

meubles dans l'autre, lorſque cela convient aux par-

Item, la ſomme de cinq mille livres, dont le premier
lot fait ſoute au préſent lot, ci . . . . 5000 liv.

Somme totale de ce ſecond lot, quatre-vingt-deux mille
livres.

Deſquels lots leſdites parties ſe contentent, étant juſtes
& égaux, ainſi conſentent qu'ils ſoient jetés au ſort; &
pour cet effet, elles ont appelé Pierre, jeune garçon à
elles inconnu, paſſant dans la rue, &c. dans le chapeau
duquel leſdites parties ayant mis deux billets de papier
d'égale grandeur, & roulés l'un comme l'autre, dans l'un
deſquels étoit écrit *premier lot*, & dans l'autre *ſecond lot*;
ledit Pierre, après les avoir long-temps remues dans ſon
chapeau, du conſentement des parties & en leur préſence,
en a tiré un qu'il a donné à ladite veuve, & l'autre auxdits enfans; par l'ouverture deſdits billets, s'eſt trouvé
que le premier d'iceux eſt échu auxdits enfans, & le ſecond
à ladite veuve, leur mère.

Deſquels lots leſdites parties comparantes ſe tiennent
contentes & ſatisfaites, pour deſdits biens jouir reſpectivement par eux, leurs hoirs & ayans-cauſe à toujours, à
commencer la jouiſſance du . . . . . &c. aux charges des
cens & rentes foncières que leſdits héritages peuvent devoir
aux ſeigneurs à qui ils ſont dus, ainſi qu'ils ſont détaillés
dans les titres & contrats d'acquiſition inventoriés audit
inventaire; ce faiſant, ladite veuve a confeſſé avoir reçu
de Marguerite & Nicolas le Blanc, la ſomme de deux mille
trois cent trente-trois livres ſix ſous huit deniers, pour les
deux tiers dont ils ſont tenus en ladite ſomme de cinq mille
livres de ſoute, de laquelle le premier lot appartenant
auxdits enfans eſt chargé envers ledit lot échu à ladite veuve
leur mère, dont elle eſt contente & les en quitte; & quant à
l'autre tiers, ladite veuve le portera en dépenſe au compte
qu'elle rendra audit mineur, dont elle a eu la tutelle.

Se ſont leſdites parties tranſportées réciproquement tous
droits de propriété, fonds, noms, raiſons & actions qu'elles
pourroient prétendre ſur leſdits biens partagés, dont elles
ſe ſont réciproquement deſſaiſies & dévêtues l'une au profit

F f ij

ties intéreſſées; comme quand il s'agit du Pa

---

de l'autre, & conſentent à ce qu'ils demeurent garans l
uns des autres entre tous les copartageans, ſuivant la co
tume, comme il eſt d'uſage en fait de Partage; reconnoi
ſant leſdites parties, chacune à leur égard, avoir ent
leurs mains les titres & pièces juſtificatives de la proprié
des choſes qui leur ſont échues par le préſent Partage
dont elles ſe quittent reſpectivement, & promettent s'
aider les uns les autres en cas de recours de ladi
garantie.

Il faut ajouter la clauſe ſuivante, lorſque le douaire
la veuve conſiſte en une rente ou penſion viagère.

Sans préjudicier à ladite veuve pour les ſix cents livr
de rente & penſion viagère que ledit défunt ſon mari l
a accordée pour ſon douaire préfix par ſondit contrat
mariage, à prendre ſur tous ſes biens, lequel douaire le
dits enfans ont promis & s'obligent par ces préſentes ſol
dairement, ſans diviſion, diſcuſſion, ni fidéjuſſion, à qu
ils renoncent, de payer par chacun an à ladite veuv
leur mère, en ſa maiſon à Paris, ou au porteur, ſa vi
durant, aux quatre quartiers accoutumés également, do
le premier écherra au . . . . &c., & ainſi continuer de qua
tier en quartier par chacun an, durant la vie de ladi
veuve leur mère, à prendre ſpécialement ſur ladite mai
ſon & ſur ladite rente à eux échue par ledit premier lo
& généralement ſur tous les autres biens meubles & im
meubles, préſens & à venir, deſdits, &c. qui en ſont dé
à préſent'chargés, affectés, obligés & hypothéqués, un
obligation ne dérogeant à l'autre, & ſans par ladite veuv
déroger à ſon hypothèque & privilége du jour de ſo
contrat de mariage. Car ainſi, &c.

Sous-diviſion du lot échu aux enfans.

En conſéquence du préſent Partage, leſdits Jacque
marchand, & Marguerite le Blanc ſa femme, de lui au
toriſée, en leurs noms; Nicolas le Blanc, & Claude l
Blanc, mineur, procédant ſous l'autorité de . . . . . de lu
aſſiſté comme ſon curateur & tuteur *ad hoc*, déſirant pa

tager entre eux ledit premier lot à eux échu, pour jouïr
chacun de sa portion, & avant de procéder audit Partage,
s'égaler l'un & l'autre, comme il est requis, aux biens
délaissés par ledit défunt leur père, ont fait les rapports &
Partages qui suivent.

C'est à savoir, que lesdits marchand & sa femme ont
reconnu avoir reçu dudit défunt Guillaume le Blanc & de
ladite Marie, en faveur de mariage & avancement
d'hoirie, la somme de vingt mille livres, comme il paroît
par leur contrat de mariage & quittance, en date, &c. de laquelle somme de vingt mille livres ils doivent rapporter la
moitié à la masse de ladite succession dudit Guillaume le
Blanc, ou moins prendre, montant la moitié à la somme
de dix mille livres. Ledit Nicolas le Blanc a pareillement
reconnu avoir reçu dudit défunt Guillaume le Blanc son père,
& de ladite veuve sa femme, en avancement d'hoirie,
pour faire trafic & se mettre en boutique, la somme de
huit mille livres, par acte passé, &c. de laquelle somme
il doit rapporter à la masse de ladite succession la moitié,
montant à quatre mille livres. A l'égard des intérêts dus
desdites sommes rapportées depuis le jour du décès dudit
sieur le Blanc, jusqu'au jour de . . . . . les parties reconnoissent s'être fait à cette occasion toute raison. Et quant
audit Claude le Blanc mineur, il n'a encore rien touché
ni reçu en avancement de ladite succession, dudit défunt
son père ; de sorte, que pour être lesdites parties égales l'une
& l'autre en la succession dudit défunt leur père, lesdits
Nicolas & Claude le Blanc doivent prendre sur icelle, avant
que lesdits Marchand & sa femme y puissent rien prendre,
savoir, ledit Nicolas la somme de six mille livres, &
ledit Claude le Blanc celle de dix mille livres. C'est pourquoi a été entre les parties procédé au Partage & subdivision dudit second lot, ainsi qu'il suit ; savoir, qu'auxdits
Jacques Marchand & Marguerite le Blanc, sera, demeurera & appartiendra à toujours la maison sise rue, &c. estimée par lesdits experts à la somme de vingt mille livres,
faisant, avec celle de dix mille livres qu'ils doivent rapporter, la somme de trente mille livres ; audit Nicolas le
Blanc appartiendra à toujours la maison sise, &c. prisée

dont le fils veut continuer le commerce, & la veuve vivre du revenu de son bien.

la somme de vingt-cinq mille livres, faisant, avec celle de quatre mille livres qu'il est tenu de rapporter, celle de vingt-neuf mille livres; & audit Claude le Blanc la mai son sise, &c. estimée vingt-deux mille livres, avec cinq cents livres de rente rachetable au denier vingt, la somme de dix mille livres à prendre sur, &c. le tout revenant à celle de trente-deux mille livres. Lesdites sommes ci-dessus, tant de prisées desdites maisons & héritages, que lesdites rentes & rapports, montent ensemble à celle de quatre-vingt-onze mille livres, qui est pour chacun des copartageans trente mille trois cents livres six sous huit deniers. Par conséquent, le lot dudit Claude le Blanc étant plus fort que les deux autres, de la somme de seize cent soixante-six livres douze sous quatre deniers, il doit soute auxdit Marchand & sa femme de la somme de trois cent trente-trois livres six sous huit deniers; & audit Nicolas le Blanc, de celle de treize cent trente-trois livres cinq sous huit deniers, lesquelles seront payables dans, &c. & cependant en payera l'intérêt au denier vingt, du .... &c. Les parties ainsi égalées ont trouvé agréable le présent Partage; & lesdits Jacques Marchand & sa femme, & ledit Nicolas le Blanc, demeurent quittes & déchargés desdits rapports & intérêts d'iceux. Desdites maisons, héritages & rentes ci-dessus, jouiront ceux à qui elles sont échues, & en pourront, eux, leurs hoirs & ayans-cause, respectivement à toujours, faire & disposer comme de chose à eux appartenante, à commencer ladite jouissance dudit ...... jour, &c. aux charges des cens & rentes foncières; & demeureront lesdits lots ci-dessus obligés & hypothéqués à la garantie les uns des autres, transportant tous droits, &c. reconnoissant lesdits Marchand & sa femme, Nicolas & Claude le Blanc, avoir chacun en leur possession les titres & papiers concernant les héritages & choses à eux ci-dessus délaissées; dont, &c. promettant, &c.

Quand les enfans sont chargés envers leur mère d'une rente viagère pour son douaire, ils s'en doivent charger

Souvent on procéde à la vente des meubles de la communauté, au lieu de les partager : mais si l'une des parties veut avoir sa part en nature dans les meubles, on doit les partager, à moins qu'il ne soit nécessaire de les vendre pour acquitter les dettes exigibles de la communauté (*). Dans ce cas, on doit vendre jusqu'à concurrence de la somme qu'il faut pour payer les dettes.

Pour procéder au Partage des immeubles de

---

chacun pour telle part & portion dont ils sont héritiers ; & il doit en être fait mention dans leur Partage ou sousdivision, en ces termes :

Pour desdites choses ainsi partagées jouir séparément, leurs hoirs & ayans-cause, ainsi que bon leur semblera, au moyen des présentes, de cejourd'hui à toujours, à la charge de la susdite garantie, & même de payer à ladite veuve leur mère le susdit douaire, chacun pour un tiers, qui est par chacun au, &c.

Quand il y a des propres appartenans au défunt père des copartageans, & que le douaire de la mère est douaire coutumier, ordinairement dans le Partage on n'y comprend pas les maisons & héritages dont la veuve jouit pour son douaire, & on les laisse non partagés, pour appartenir en commun & par indivis, à cause de la jouissance, & il en faut faire mention dans le Partage.

Auquel Partage les parties n'ont compris la maison délaissée à ladite Marie leur mère pour son douaire coutumier à elle constitué par ledit défunt Guillaume le Blanc, père commun des parties, par sondit contrat, &c.

(*) Il faut observer que si l'héritier du défunt est un mineur, son tuteur doit consentir à la vente des meubles si le survivant l'exige. Il est même du devoir d'un tuteur de faire procéder à une telle vente le plutôt qu'il le peut, pour en employer le prix en acquisition d'héritages ou de rentes qui produisent un revenu au mineur.

la communauté, on en dresse un état où chaque immeuble est estimé. La femme ou ses héritiers prélèvent sur les meilleurs effets à leur choix, la somme à laquelle se trouvent liquidées les reprises & autres créances de la femme, lorsqu'elles n'ont pas été payées sur le prix des immeubles.

Après ce prélèvement, le mari ou ses héritiers prélèvent aussi à leur choix sur les effets restans, la somme à laquelle se portent les reprises & créances du mari.

Ensuite on fait deux lots des conquêts qui restent à partager, dont l'un est pour le conjoint survivant, & l'autre pour les héritiers du prédécédé. Ces lots se tirent au sort.

Le Partage des biens de la communauté a, comme le Partage des biens d'une succession, l'effet de déterminer la part que chaque partie a dans les biens communs, aux choses qui par le Partage composent son lot.

Ainsi le mari est censé, d'un côté, avoir acquis pour son compte particulier tous les conquêts qui composent son lot; & d'un autre côté, il est censé n'avoir jamais été propriétaire en son propre nom, des conquêts qui forment le lot de la femme, ou de ceux qui la représentent.

Ce que nous avons dit de l'obligation de garantie, que produit le Partage en matière de succession, doit aussi s'appliquer au Partage des biens d'une communauté.

Du Partage d'une société.

Lorsqu'une société vient à se dissoudre, chaque associé peut seul former une demande en

Partage contre tous les autres; & les obliger à partager les effets qui font restés indivis depuis la dissolution de la société.

Il faut qu'une telle demande soit formée contre tous les associés; car si elle n'étoit formée que contre un seul, celui-ci seroit fondé à demander que le demandeur fût tenu de mettre en cause les autres associés.

Avant de procéder au Partage, on doit dresser le compte de ce que chaque associé doit à la société, & de ce que la société lui doit : après cela, on forme un état ou masse des différentes choses dont la société est composée , & ensuite on procéde au Partage de la même manière que nous avons dit que cela se pratiquoit pour partager les biens d'une communauté entre conjoints.

Des droits de contrôle & autres concernant les différentes sortes de Partage.

Deux arrêts du conseil des 12 août 1694 & 11 janvier 1695 , ont ordonné que les Partages de meubles ou d'immeubles qui seroient faits par les notaires royaux ou par les greffiers des juridictions , seroient contrôlés dans la quinzaine du jour qu'ils auroient été clos; & il a été fait défense aux mêmes notaires & greffiers , de délivrer aucune expédition de ces Partages, aux juges d'ordonner aucun acte en exécution des mêmes Partages, & aux huissiers d'exploiter en conséquence , avant que ces Partages aient été contrôlés, à peine de nullité & de 300 livres d'amende contre chaque contrevenant.

Les dispositions de ces arrêts ont été réitérés par l'article 2 de la déclaration du 19 mars 1696 ,

& par l'article 8 de celle du 14 juillet 1699, sous peine de 200 livres d'amende pour chaque contravention.

A l'égard des Partages faits sous signature privée, ils sont dans le cas de tous les autres actes faits dans cette forme libre, c'est-à-dire, qu'ils ne sont assujettis au contrôle que quand on veut s'en servir, soit en justice, soit pour passer des actes publics en conséquence pardevant notaire ou autrement.

Cependant si des Partages sous signatures privées contenoient des retours de lots ou autres dispositions sujettes au centième denier, le fermier seroit fondé à demander, tant ce droit que les parties sont tenues d'acquitter dans les trois mois de la date de l'acte, à peine du triple droit, que le droit de contrôle, comme étant le salaire d'une formalité qui doit nécessairement précéder l'insinuation. *Voyez d'ailleurs l'article* CONTRÔLE, *tom.* 15, *pag.* 520.

Nous avons observé précédemment, qu'un Partage n'étoit point un titre d'acquisition, mais seulement un acte déclaratif de la propriété des choses échues dans le lot de chaque partageant, d'où il suit, qu'un acte de Partage n'est pas sujet par lui-même au droit de centième denier, qui n'est dû que pour les mutations de propriété ou d'usufruit d'immeubles.

Mais s'il est échu à l'un des copartageans quelque immeuble au delà de ce qui doit composer sa part, & qu'il soit obligé de payer pour cela une soute ou retour de lot aux autres copartageans, le droit de centième denier est dû pour cet objet, quand même il s'agiroit du Partage d'une succession directe. La raison en est, que la somme payée par l'un des copartageans, aux autres, est le prix d'une acquisition qu'il fait jusqu'à cette concurrence. Il y a même des coutumes, telles que celles de Tours, de Nivernois & de Lorris, qui veulent que dans ce cas on puisse exiger des lods & ventes : cependant en général on favorise les premiers actes que font des cohéritiers ou copropriétaires, pour faire cesser l'indivis des biens qu'ils possédoient en commun : mais cette faveur, relative aux droits seigneuriaux, n'empêche pas que dans toutes les coutumes indistinctement, le droit de centième denier ne soit dû pour la soute (*), parce que ce droit a ses principes généraux qui dépendent de certaines loix particulières du souverain, & non des dispositions des coutumes.

- Il y a néanmoins deux cas où le droit de centième denier n'est pas dû pour la soute. Le premier a lieu quand le payement de la soute se fait avec des deniers provenans de la succession commune : la raison en est, que celui qui reçoit une soute de cette nature, n'est pas censé la recevoir de son copartageant à titre de payement, & que l'on considère qu'il la prend dans la succession même jusqu'à concurrence de ce qui lui revient pour son Partage.

' Le second cas a lieu, quand celui qui paye

(*) C'est en conformité de cette jurisprudence, que l'arrêt du conseil du 18 juillet 1724, qui assujettit les notaires & les greffiers de Paris à fournir au fermier des domaines des extraits de tous les actes sujets à l'insinuation ou au centième denier, comprend nommément les Partages des successions collatérales, & ceux des biens échus en ligne directe, qui contiennent des soutes & retours de lot.

la foute fe trouve avoir dans fon lot des immeubles fictifs ou des effets mobiliers qui excèdent
la valeur de cette foute. La raifon en eft, qu'on
ne peut pas dire qu'une telle foute foit plutôt le
prix de l'acquifition d'un excédent d'immeubles,
que celui des immeubles fictifs ou des effets
mobiliers qui ne font pas fujets au centième
denier.

.. C'eft conformément à ces règles que, par arrêt
du 28 mars 1721, le confeil, fans avoir égard
à une ordonnance de l'intendant de Bordeaux,
qui avoit déchargé le fieur Braffier du droit de
centième denier d'une fomme de 6580 livres de
foute ou retour de lot ftipulée par le Partage fait
avec fon frère de la fucceffion d'un oncle commun, fous prétexte que le droit avoit été payé
en entier pour cette fucceffion, a ordonné que
le centième denier feroit payé pour cette foute ou
retour de lot.

Dans une autre efpèce, le fieur du Rochy &
fon frère avoient partagé les biens de leur père;
l'un avoit eu tous les immeubles dans fon lot,
& l'autre tous les effets mobiliers dans le fien.
Le fermier des domaines de la généralité de
Moulins demanda le centième denier de la moitié
des immeubles, fous prétexte que chacun des
deux frères y ayant une portion égale, celui qui
en demeuroit propriétaire étoit acquéreur de la
part de fon frère : mais, par arrêt du 18 décembre
1726, le confeil jugea cette demande mal fondée, attendu que l'autre frère fe trouvoit entièrement partagé des effets de la fucceffion, &
que le centième denier ne peut être exigé que
de la foute qui eft payée en d'autres effets que
ceux de la fucceffion.

Lorfqu'en partageant une fucceffion entre des héritiers de différentes lignes, on donne à quelqu'un d'entre eux des biens auxquels il n'étoit appelé ni par la loi ni par le teftament, comme quand on donne des propres paternels à l'héritier des propres maternels, ou des propres au légataire des meubles & acquêts, cet arrangement donne lieu non feulement au droit de centième denier, mais encore aux lods & ventes, conformément à l'article 282 de la coutume d'Anjou, & à l'avis de Livonnière dans fon traité des fiefs.

Il en feroit toutefois autrement fi l'héritier des propres & celui des acquêts avoient, par exemple, à partager deux métairies, dont chacune fût en partie propre & en partie acquêt, & que chaque héritier prît une métairie, fans donner aucune foute au copartageant. Cet arrangement ne pourroit être confidéré que comme un Partage, & il ne feroit dû cet égard aucun droit de centième denier.

Lorfque, par l'événement du Partage, l'un des copartageans a plus d'immeubles que l'autre, fous la condition de payer les dettes de la fucceffion, il fait une forte d'acquifition ; mais il ne faut pas confondre les rentes foncières dont il eft tenu, avec les autres dettes : le copartageant, chargé d'une rente foncière affectée fur fon lot, n'eft par cenfé acquérir, & par conféquent il ne doit pas être affujetti au centième denier ; au lieu que fi les charges dont il eft tenu font telles, qu'il puiffe s'en libérer en deniers, c'eft une créance qu'il fe charge d'acquitter, c'eft le prix d'une acquifition qu'il fait fur la maffe. Il eft vrai que, fuivant le droit

commun, il ne doit pas les lods; mais il eſt
aſſujetti au centième denier, à la déduction de
ſon contingent. L'exemple ſuivant va donner la
règle de cette déduction. Deux héritiers ont à
partager des héritages qui valent douze mille
livres, & ſur leſquels il eſt dû mille écus à un
créancier. Il revient par conſéquent à chaque cohéritier ſix mille livres, ſous la condition de
payer la moitié des mille écus de dettes : mais,
au lieu de faire le Partage ſur ce pied, l'un
prend pour 7500 livres d'immeubles, & l'autre
pour 4500 livres, & par ce moyen, le premier
ſe charge d'acquitter la dette de mille écus ; il
eſt évident qu'il ne ſeroit pas juſte d'exiger le
droit de centième denier ſur le pied des mille
écus que ce cohéritier s'eſt obligé de payer à la
décharge de la ſucceſſion ; il ne confond la moitié en ſa perſonne, & il n'eſt aſſujetti au droit
que ſur le pied de quinze cents livres, qui ſont
la juſte concurrence de ce qu'il a d'immeubles
au delà de ce qui devoit lui revenir par un Partage égal.

Lorſqu'une fois le Partage eſt fait, tous les
actes qui ſe paſſent entre les copartageans rentrent dans les règles générales & ordinaires ; en
ſorte que ſi l'un cède ſa part à l'autre, ou s'ils
font un échange entre eux, ce n'eſt plus un
Partage ; chacun avoit ſa part diſtincte, & n'a-
voit plus aucun droit ſur celle des autres : ainſi
toutes les conventions poſtérieures, par leſquelles
ils échangent ou ſe tranſportent le tout ou partie
de ce qui leur étoit échu, opèrent de véritables
mutations ſujettes aux lods, au centième denier,
& aux autres droits, quels que ſoient les termes
qui s'y trouvent employés. Les loix féodales ont

favorisé les premiers actes faits entre les cohéritiers & copropriétaires, pour faire sortir de communauté les biens qu'ils possédoient par indivis ; mais cette faveur ne peut s'étendre au delà.

Lorsqu'il a une fois été fait un Partage canonique entre un abbé & ses religieux, pour diviser les biens qui étoient communs à l'une & à l'autre mense, les actes qu'ils passent ensuite pour changer le tout ou partie des biens dont ils jouissent, soit à titre de cession, moyennant une rente, soit par échange, sont sujets aux droits ordinaires de contrôle, de centième denier, & d'amortissement. Cependant s'il n'y a de changement qu'à l'égard du lot affecté aux réparations & autres charges claustrales, qu'on fait passer d'une mense à une autre, il n'est dû que les droits de contrôle & de centième denier, & non ceux d'amortissement. La raison en est, que l'on ne considère pas comme une mutation le simple changement d'administration d'un lot commun uniquement affecté aux charges des deux menses. C'est ce qui résulte d'une décision du conseil du 5 février 1730, rendue en faveur des religieux de l'abbaye de Valhonnette en Auvergne.

Partage provisionnel.

Un Partage provisionnel est celui qu'on fait provisoirement, soit de certaines choses, en attendant que l'on puisse partager le surplus, ou même de tout ce qui est à partager, lorsque l'on n'est pas en état d'en faire un Partage irrévocable, comme il arrive lorsqu'il y a des absens ou des mineurs ; car quand ceux qui étoient absens reparoiſſent, ils peuvent demander un nouveau Partrage. Il en eſt de même des mineurs deve‑ nus majeurs ; cependant ſi le mineur n'eſt point léſé, le Partage proviſionnel demeure définitif.

Partage d'opinions.

Le Partage d'opinions a lieu, lorſque dans une compagnie de juges il y a autant de voix d'un côté que de l'autre pour le jugement d'une affaire, ou du moins qu'il n'y en a pas aſſez eu d'un côté, pour l'emporter ſur l'autre. Voyez ce que nous avons dit à l'article OPINION.

Voyez le Brun, traité des ſucceſſions ; les arrêts de Papon ; Renuſſon, traité de la com‑ munauté ; les œuvres de Pothier ; les loix civiles de Domat ; les centuries de le Prêtre, &c. Voyez auſſi les articles VENTE, SUCCESSION, COMMUNAUTÉ, HYPOTHÈQUE, GARANTIE, ABSENT, MINEUR, LÉSION, &c.

ADDITION à l'article PARTAGE D'OPINIONS.

Le droit romain renferme ſur cette matière des diſpoſitions qu'il eſt bon de connoître.

Suivant la loi 38, §. 1, D. *de re judicatâ*, lorſ‑ que le Partage ne tombe que ſur la quantité des choſes compriſes dans le jugement, la ba‑ lance doit toujours pencher en faveur du parti de la moindre. Ainſi, dans le cas d'un Partage entre trois juges qui opinent pour condamner l'une des parties à payer à l'autre, le premier cent écus, le ſecond cinquante, & le troiſième vingt‑cinq, c'eſt l'avis de ce dernier qui forme le jugement, parce que le plus, renfermant né‑ ceſſairement ceffairement le moins, on peut regarder toutes les voix comme réunies pour adjuger vingt-cinq écus. Cette décifion fe trouve encore dans la loi 27, §. 3, D. *de receptis qui arbitrium receperunt.*

Lorfque le Partage ne tombe pas fur une quantité, il eft régulièrement vidé à l'avantage de la partie défendereffe ; fi cependant il s'agiffoit d'une dot, d'un teftament attaqué par la querelle d'inofficiofité, d'un débiteur qui fe prétendroit déchargé, d'un efclave qui réclameroit la liberté, on ne confidéreroit pas qui feroit demandeur ou défendeur, & ce feroit le parti de la dot, du teftament, de la décharge & de la liberté, qui l'emporteroit. Tout cela réfulte de la loi 38, D. *de re judicatâ ;* de la loi 70, D. *de jure dotium ;* de la loi 85, D. *de regulis juris,* & de la loi 10, D. *de inofficiofo teftamento.*

. Ces difpofitions font encore en vigueur dans plufieurs tribunaux des Pays-Bas. On remarque même dans les regiftres du parlement de Flandres, un arrêt du 19 avril 1679, par lequel cette cour déclare qu'elle s'y conformera exactement.

De là eft venu l'ufage long-temps obfervé en ce parlement, de confirmer les fentences des premiers juges lorfqu'il y avoit égalité de voix pour & contre, ufage que le grand confeil de Malines a pareillement adopté par un arrêté folennel du 30 août 1702, mais qui a été réformé au parlement de Flandres, ainfi que le principe qui en étoit le fondement, par l'article 20 d'un édit du mois de décembre 1701. Cette loi ordonne généralement & fans diftinction, que „ fi le procès fe trouve partagé, le rapporteur &

» le compartiteur le porteront dans une autr
» chambre pour être départagé ; favoir, ceux d
» la première à la feconde , ceux de la fecond
» à la troifième , & ceux de la troifième à l
» première «.

Cette forme de départager étant impraticabl
dans les révifions, parce qu'elles fe jugent les troi
chambres aſſemblées, on a demandé quel effe
devoient produire les Partages qui furvenoien
dans ces fortes d'inſtances. On étoit naturellemen
porté à croire que l'opinion conforme à l'arrê
attaqué devoit fubfifter ; c'étoit l'efprit de l'ancienne jurifprudence, & l'on ne pouvoit pas dire
que l'édit du mois de décembre 1701 y eût apporté le moindre changement. Auffi le cas s'en
étant préfenté le 17 novembre 1735, dans une
révifion dont M. Merlin d'Eſtreux étoit rapporteur, il fut déclaré qu'erreur n'étoit intervenue.
Mais le fieur de Framecourt, contre qui étoit portée cette décifion, l'attaqua par une requête au
confeil, & la fit caſſer, fur le fondement que
la cour étant partagée en opinions, n'avoit rien
jugé, & conféquemment n'avoit pas pu confirmer l'arrêt revifé. La queſtion fe repréfenta le
2 décembre 1776, dans la révifion intentée par
le fieur Mignon contre un jugement du confeil
fupérieur de Douai du 22 juillet 1774, & il fut
arrêté qu'il feroit dreſſé procès-verbal du Partage,
pour y être pourvu par fa majeſté ainfi qu'il
appartiendroit ; en conféquence, il intervint un
arrêt du confeil, qui ordonna aux parties de fe
retirer pardevers le roi, pour faire vider en fon
confeil le Partage furvenu au parlement de Flandres ; & pour éviter à l'avenir de femblables difficultés, il a été rendu une déclaration du 30 avril

1777, qui, étendant à cette cour les difpofitions d'une déclaration donnée le 15 février 1679 pour le parlement de Franche-Comté, veut » qu'à » compter du jour & date des préfentes, en cas » de Partage d'opinions en matière de révifion, » l'opinion conforme à l'arrêt contre lequel il y » aura propofition d'erreur, prévaudra «.

Il faut remarquer qu'au parlement de Flandres il n'y a point de Partage, même dans les procès par écrit, lorfqu'il fe trouve une voix de plus d'un côté que de l'autre. C'eft ce qu'établit l'article 19 de l'édit du mois de décembre 1701.

(*Cette addition eft de M. MERLIN, avocat au parlement de Flandres*).

PARTAGE ENTRE ENFANS. En traitant les articles HAINAUT, CLAUSE PRIVATIVE, DESHÉRITANCE, nous avons renvoyé ici le détail des principes & des queftions relatives à ce qu'on appelle en Hainaut *avis de père & de mère* ; mais il paroît que ces objets feront mieux placés à l'article TESTAMENT ; c'eft pourquoi voyez ce mot

(*Article de M. MERLIN, avocat au parlement de Flandres.*)

PARTAGEURS. C'eft le nom que portent dans la Flandre flamande certains officiers prépofés pour les partages des fucceffions.

La coutume de Berghes-Saint-Winock porte à ce fujet, rubrique 19, article 8, que » toutes » les maifons mortuaires des bourgeois doivent » être partagées par des bourgeois domiciliés,

» choisis par les parties à cet effet, & reçus au
» serment par la loi à chacun Partage, à peine
» de l'amende de dix livres parisis & de nullité
» du partage, si ce n'étoit que, par quelques
» loix de vassaux, quelqu'un n'étant point bour-
» geois ou résident, y fût reçu au serment &
» pour cause, afin d'y exercer l'office d'homme de
» partage «.

L'article 14 déclare l'office de Partageur in-
compatible avec celui d'échevin. » Dans le temps
» que quelqu'un est du nombre de la loi, il ne
» peut exercer l'office d'homme de partage «.

La coutume de Bourbourg, rubrique 11, article 26, n'exige d'autre qualité dans les Partageurs', que celle de *demeurants dans la ville &*
châtellenie.

Celle de Cassel porte, article 271, » qu'on ne
» prendra personne dorénavant pour homme de
» partage, qui ne soit de la châtellenie «.

La même coutume veut, article 272, qu'entre les Partageurs choisis pour chaque partage,
il y en ait au moins un *qui sache lire &*
écrire.

La coutume de Bailleul, rubrique 8, article
30, dit que » dans les maisons mortuaires de
» bourgeois & d'habitans de ladite ville, l'un du
» moins des hommes de partage doit être bour-
» geois de Bailleul, si tant est que l'on puisse
» trouver au lieu du décès un bourgeois qui en
» soit capable «.

Le nombre de Partageurs nécessaire pour chaque partage, fait la matière de quelques dispositions des coutumes citées. Celle de Bourbourg
déclare qu'ils doivent être *au nombre de cinq*
ou de trois au moins. Suivant celle d'Honschote,

rubrique 17, article 2, » nuls gens de partage
» n'ont la faculté de partager en une maison
» mortuaire où il y a des fonds d'héritages, qu'ils
» ne soient au moins trois ensemble, à peine de
» l'amende de dix livres *parisis* ».

L'article 29 de la rubrique 8 de la coutume
de Bailleul, se contente de deux Partageurs pour
chaque succession.

L'article 270 de la coutume de Cassel en demande quatre, & veut qu'en cas de mort de
l'un d'eux pendant les opérations qui concernent
leur office, il en soit nommé un autre par les
héritiers. La coutume de Berghes-Saint-Winock,
rubrique 19, article 9, porte, que » les gens de
» partage sont choisis en tel nombre que les
» facultés de la maison mortuaire le requièrent,
» & ainsi que le survivant ou la survivante & les
» héritiers en conviennent ».

L'article suivant de la même coutume ajoute,
que » tous gens de partage doivent, à peine de
» dix livres parisis, achever & clore leurs par-
» tages, sans en pouvoir accepter d'autres, les
» commencer ou les entreprendre, si ce n'étoit
» à cause de quelques procès survenus entre le
» survivant ou la survivante & les héritiers,
» ou pour d'autres raisons qui portassent la loi
» à le permettre auxdits gens de partage ».

L'article 34 renferme une disposition remarquable : » Les gens de partage, aussi bien *ex*
» *officio*, qu'à la réquisition des héritiers, ont la
» faculté, après qu'ils ont enregistré tous les biens
» qui leur ont été déclarés, ou qu'ils ont trouvés,
» par les titres & enseignemens, appartenir à la
» maison mortuaire, de demander au survivant
» ou à la survivante s'il ne sait nuls autres biens,

» foit catteux ou héritages , qui appartiennent à
» ladite maifon mortuaire, que ceux qui font
» écrits fur le livre, & encore fi les dettes paffives
» par lui rapportées entre les mains des gens
» de partage, font bonnes & juftes & de bonne
» foi. Le furvivant ou la furvivante eft obligé
» à cet égard de s'expurger par ferment folen-
» nellement, comme le font auffi tous les héri-
» tiers, à la réquifition du furvivant ou de la fur-
» vivante, entre les mains des gens de partage;
» & le greffier du partage eft obligé d'en tenir
» note dans le livre de partage.

» Et fi dans la fuite (continue l'article 35)
» l'on trouvoit que le furvivant ou la furvivante
» eût recelé quelque partie de bien, ou qu'il eût
» rapporté les dettes paffives plus groffes & en
» plus grande quantité qu'elles ne montent en
» vérité, & qu'en après, dans l'an & jour, ou du
» moins au temps du compte de l'entremife, il
» ne rapportât point les biens recelés, ou ne
» déclarât point aux gens de partage la faute dans
» les dettes paffives; les biens recelés appartien-
» dront aux héritiers feuls, & les dettes paffives,
» pour autant qu'elles feroient rapportées de plus
» qu'elles ne font, le furvivant ou la furvi-
» vante fera fait débiteur ou débitrice de ce
» furplus «.

On trouve à peu près les mêmes difpofitions dans les coutumes de Bourbourg & de
Bailleul.

Les Partageurs ne font point juges des conteftations qui s'élèvent entre les héritiers dans les
partages auxquels ils interviennent. L'article 15
de la rubrique 19 de la coutume de Berghes-
Saint-Winock, veut que, » quand il échet quel-

» que difficulté entre les parties pardevant les
» gens de partage, foit de vive voix ou par
» écrit, ils font tenus¹, fans en prendre plus longue
» connoiffance, de renvoyer les parties pardevant
» la loi dont la maifon mortuaire reffortit, en
» mettant la conteftation par écrit, avec leur avis ««.
C'eft auffi ce que portent les coutumes de
Caffel, de Bailleul & de Bourbourg : celle-ci
permet cependant aux Partageurs de » connoître
» des différends que l'on peut décider fans figure
» de procès & fans enquête par témoins «« ;
& elle ajoute, que fi quelques-unes des parties
croient avoir à fe plaindre du partage, elles
» pourront le faire pardevant les feigneurs de la
» loi, comme gens de partage en chef, où l'affaire
» fera décidée auffi-tôt qu'il fera poffible, aux
» dépens du tort, fans que pour cela les gens de
» partage foient tenus d'entrer en procès ou dans
» les dépens ««.

Les Partageurs ne peuvent, fuivant l'article
273 de la coutume de Caffel, » mettre dans les
» lots, des héritages contre des meubles, ni des
» meubles contre des héritages, fi ce n'eft du
» confentement exprès des héritiers ««. C'eft auffi
ce que fait entendre la coutume de Bourbourg,
en difant que » les gens de partage prendront
» foin de mettre en tous partages, héritages contre
» héritages, maifons contre maifons, rentes contre
» rentes, catteux contre catteux ««.

On a prétendu inférer de ces difpofitions, que
les partageurs ne pouvoient pas échanger les propres entre les héritiers, c'eft-à-dire, affigner à
un parent paternel un propre maternel, & à un
parent maternel un propre paternel, de manière
qu'il en réfultât une fubrogation légale : mais

cette prétention a été condamnée par un arrêt
du parlement de Flandres du 12 janvier 1695,
rapporté dans le recueil de M. Desjaunaux. On
sent en effet que la défense de subroger des
meubles à des biens fonds ne peut pas être
censée renfermer celle de subroger un immeuble
à un autre immeuble ; & cela est si vrai, que
la coutume de Bourbourg défend aux Partageurs
de » changer par partage, division ou autrement,
» les biens des mineurs, soit héritages, rentes....
» si ce n'est du consentement des tuteurs en chef
» des mineurs « ; preuve assez claire que ces sortes
d'échanges sont autorisés de plein droit à l'égard
des majeurs.

Les Partageurs sont considérés, tant que leurs
fonctions durent, comme les dépositaires & les
transmetteurs légitimes des droits réels de la
succession. De là vient que, suivant la coutume
de Bailleul & la plupart de celles de la Flandre
flamande, » toutes les répartitions faites à l'inter-
» vention des gens de partage .... ensaisinent cha-
» cun dans le bien à lui échu en partage, où il
» soit assis & situé, sans devoir user d'aucunes
» autres solennités «.

De là vient encore, aux termes de la coutume
de Berghes-Saint-Winock, rubrique 19, article
40, que » toutes saisines & déssaisines faites par-
» devant les gens de partage, durant le partage
» d'entre le survivant ou la survivante & les hé-
» ritiers, ou les héritiers entre eux, doivent sortir
» leur effet, mais non pas celles qui sont faites
» après la clôture du même partage «.

L'article 38 de la même rubrique porte, que
» nuls gens de partage ne peuvent acheter aucuns
» biens à partager avec les héritiers de la maison

» mortuaire où ils font ou ont été hommes de
» partage, en dedans un demi-an après la clôture
» du partage, à peine de l'amende de dix livres
» parifis, & de nullité de la vente «.

L'article 10 pourvoit au réglement des falaires
des Partageurs; voici comme il eft conçu : » Le
» falaire de chaque homme de partage, lorfqu'ils
» travaillent dans la châtellenie ou dans les vaf-
» felages, fera de quarante fous parifis, & au
» greffier trois livres parifis par jour, & la dé-
» penfe de bouche; ou à chaque homme de par-
» tage trois livres parifis, & au greffier quatre
» livres parifis par jour, à leurs dépens, à l'option
» des héritiers, ou pour tel falaire que le bailli
» & la loi ordonneront, felon les circonftances
» du temps, fans pouvoir rien exiger de plus à
» chaque fois, à peine de l'amende de trois livres
» parifis ; mais, travaillant hors de la châtellenie
» & des vaffelages, ils prendront un tiers plus,
» au moins felon que la loi en ordonnera «.

Le miniftère des Partageurs n'eft jamais néceffaire, fuivant les coutumes de Bourbourg &
de Caffel, fi ce n'eft lorfqu'il fe trouve des mineurs parmi les héritiers; la coutume de Bailleul
en difpofe de même, & contient une feconde
exception pour le cas *où des non-bourgeois fuccèdent
en tout ou en partie;* exception dont l'objet eft
d'affurer le recouvrement du droit d'écart, mais
qui n'a point lieu dans les autres coutumes.
Voyez l'article ECART, tome 22, page 56.

On a demandé fi un teftateur pouvoit déroger
à la néceffité d'appeler les officiers dont nous parlons au partage d'une fucceffion déférée à des
mineurs. Cette queftion s'eft élevée dans la
coutume de Bruxelles, qui renferme à cet égard

la même difpofition que celles de Bailleul & de Bourbourg, & elle a été jugée pour l'affirmative par arrêt du confeil fouverain de Brabant du mois de février 1651. On s'eft fondé, dit M. Stockmans, fur un exemple très-analogue à cette efpèce. Les Loix obligent le·tuteur à faire inventaire des biens de fon pupille; cependant il eft permis au père de l'en décharger par fon teftament, comme l'établit Guttierez, *de tutelis*, partie 2, chapitre 10.

Un partage figné des feuls partageurs, forme t-il un titre obligatoire pour ou contre les hé ritiers qui ne l'ont pas ratifié par leur fignature? Cette queftion a été plaidée à l'audience du par lement de Flandres du 5 avril 1780. Les héritiers du fieur de la Baffe-Boulogne avoient obtenu, le 21 février précédent, une fentence du bailliage de Bailleul, qui, en confirmant celle du fiége échevinal de la même ville, du 7 janvier, con damnoit la veuve à nantir par provifion une fomme de 31862 livres qu'elle leur devoit pour foute d'un partage qui étoit à la vérité figné d'elle & des partageurs, mais qu'ils n'avoient pas encore figné eux-mêmes. Sur l'appel de ces deux fentences au parlement, la dame de la Baffe-Boulogne difoit : Toute provifion demande un titre exécutoire; les intimés en invoquent un; mais quel titre? Un partage qu'ils n'ont point voulu figner, un acte qui par conféquent eft demeuré en pur projet & ne peut produire au cune action. En vain prétendent-ils que la fignature des Partageurs fuffit pour faire de ce partage un titre parfait & exécutoire; il fuffit d'ouvrir la coutume de Bailleul, pour appercevoir l'illufion de ce fyftême. L'article 34 de la rubrique

8, porte, que » s'il arrivoit quelque différend » *devant* les gens de partage, ils pourroient avoir » recours au conseil de la loi où ressortit la mai- » son mortuaire, aux dépens de celui qui auroit » tort «. Ces termes sont très-précis : la coutume ne suppose pas que les Partageurs sont d'avis différent & suscitent des difficultés, elle ne parle pas de contestations élevées entre eux, mais *devant* eux, & conséquemment par les parties intéressées. L'article 36 n'est pas moins décisif ; il porte, que tous partages ensaisinent de plein droit, soit que les héritiers les aient faits amia-blement *ou à l'intervention des gens de partage.* Ce ne sont donc pas les Partageurs qui traitent, qui contractent, qui donnent à l'acte sa perfec-tion ; leurs fonctions se bornent à éclairer les parties sur leurs véritables droits & intérêts, & ils n'ont d'autre qualité que celle d'experts-jurés.

Ces raisons auroient infailliblement fait in-firmer les sentences, sans une circonstance parti-culière qui a formé la base de la défense des in-timés. Ils ont prouvé par titres, que la dame de la Basse-Boulogne avoit constamment exécuté le partage dont elle demandoit la nullité, & de là est résulté pour eux une fin de non recevoir qui a déterminé la cour à mettre l'appellation au néant, conformément aux conclusions de M. l'avo-cat général Bruneau de Beaumetz.

Voyez les articles ECART, MADELAER, PAR-TAGE, NANTISSEMENT, &c.

(*Article de M. MERLIN, avocat au parlement de Flandres*).

PARTIE. C'est celui qui plaide contre quel-qu'un, soit en demandant, soit en défendant. L'avocat ou lé procureur qui parle de son client, l'appelle sa *Partie*.

En matière criminelle, on appelle *Partie civile*, celui qui poursuit en son nom l'accusé.

On l'appelle *Partie civile*, parce qu'il ne peut demander que des intérêts civils : c'est au ministère public à prendre des conclusions pour la punition du crime.

Il ne suffit pas de rendre une plainte, pour être réputé Partie civile ; car comme en se rendant Partie civile on se charge de tous les frais de la poursuite criminelle, qui sont toujours très-dispendieux, on ne doit point prendre cette qualité inconsidérement ; aussi est-ce par cette raison qu'elle n'est jamais présumée dans un plaignant, à moins qu'il n'y en ait de sa part une déclaration formelle & positive. Cette déclaration peut être faite ou dans la plainte ou même après la plainte, par un acte subséquent.

Mais quand on a une fois fait ce pas, il est difficile de revenir en arrière, à moins que le repentir ne suive de bien près : car si on laisse écouler plus de 24 heures depuis la déclaration faite, soit par la plainte, soit par acte subséquent, on se désisteroit en vain dans la suite. Ce désistement tardif n'empêcheroit point la Partie civile de demeurer responsable de tous les frais qui se feroient de la part de la Partie publique, postérieurement à son désistement : c'est l'espèce d'un arrêt rendu en la tournelle criminelle le 4 mars 1740 ; au lieu que si le désistement se fait avant que les 24 heures ne soient écoulées, la Partie civile n'est tenue que des frais antérieurs, sans qu'on puisse répéter contre elle ceux qui ont été faits postérieurement. C'est ce qui résulte de l'article 5 du titre 3 de l'ordonnance criminelle du mois d'août 1670 (*).

Pour se rendre Partie civile il faut avoir un intérêt personnel à la réparation civile du crime, comme quand on a été volé, ou qu'on est héritier d'une personne qui a été tuée, &c. Ceux qui n'ont à réclamer que pour l'intérêt public, peuvent seulement être dénonciateurs. C'est une disposition de l'article 2 du titre 2 de l'ordonnance criminelle du duc Léopold de Lorraine, du mois de novembre 1707.

C'est aussi ce qui résulte d'un arrêt rendu au parlement de Paris, le 16 décembre 1741, dans l'affaire du chapitre de Tournai, qui accusoit un de ses membres de déréglement dans sa conduite, & d'avoir donné du scandale dans l'église. Cet arrêt a déclaré abusive la procédure faite sur cette accusation devant l'official de Nevers; 1°. parce que le chapitre n'avoit point de qualité pour demander la punition d'un délit dont la poursuite n'appartenoit qu'au ministère public; 2°. parce que ce même chapitre ne pouvoit, relativement à cette accusation, demander aucune réparation ni dommages & intérêts.

On tient pour maxime, que le plaignant qui s'est rendu Partie civile contre plusieurs accusés,

---

(*) Les plaigneurs, porte cet article, ne seront réputés parties civiles, s'ils ne le déclarent formellement, ou par la plainte ou par acte subséquent, qui se pourra faire en tout état de cause, dont ils pourront se départir dans les vingt-quatre heures, & non après; & en cas de désistement, ne seront tenus des frais faits depuis qu'il aura été signifié, sans préjudice néanmoins des dommages & intérêts des Parties.

peut fe défifter à l'égard des uns, & pourfuivr
les autres, pourvu que le défiftement ait eu lie
dans les 24 heures dont parle l'ordonnance.

Au furplus, quoique la Partie civile ne fe foi
pas défiftée dans cet efpace de temps, elle peu
tranfiger avec l'accufé, &, dans ce cas, ils n
peuvent plus obtenir de dommages & intérêt
l'un contre l'autre.

- Lorfqu'on s'eft une fois défifté de la plaint
contre un accufé, on ne peut plus reprendre l
pourfuite & fe déclarer de nouveau Partie con
tre lui.

Mais fi, au lieu de fe défifter purement & fim
plement, le plaignant ne s'étoit défifté qu'ave
ces termes, *quant à préfent & fauf à reprendre*
il pourroit agir de nouveau contre l'accufé. Le
parlement l'a ainfi jugé, en faveur de la veuve
du fieur Denis, par arrêt du 3 avril 1685, rap
porté au journal du palais.

Pareillement, la Partie civile qui s'eft défiftée
en conféquence d'une tranfaction paffée avec
l'accufé, peut reprendre l'accufation, fi celui-ci
ne paye pas les dommages & intérêts promis
par la tranfaction.

Quand une Partie civile néglige d'agir pour
faire entendre les témoins ou pour les faire ré-
coler & confronter, le juge doit ordonner, fur la
réquifition de miniftère public, que, faute par
la Partie civile de produire les témoins dans
un tel délai, ils feront affignés à la diligence
du miniftère public, aux frais de cette Partie
civile. Pour cet effet, le juge condamne la même
Partie civile à configner au greffe une fomme
qu'il fixe proportionnément au nombre & à l
qualité des témoins qui doivent être affignés. La

Partie civile doit être contrainte par saisie &
exécution de ses biens, à consigner cette somme,
à moins qu'elle ne soit pauvre : mais la contrainte par corps ne peut avoir lieu à cet égard.
C'est ce qui résulte des articles 16 & 17 du titre
25 de l'ordonnance criminelle, comparés ensemble.

Si la Partie civile & le ministère public négligeoient l'un & l'autre de poursuivre l'instance
criminelle, l'accusé pourroit présenter requête au
juge, & demander que dans un tel delai le
plaignant fût tenu de mettre le procès en état &
de le faire juger définitivement ; sinon qu'à faute
de ce faire, il fût renvoyé de la plainte, & le
plaignant ou accusateur condamné aux dommages & intérêts envers lui, & aux dépens.

Si le juge refusoit de faire droit sur la requête
de l'accusé, celui-ci pourroit, après les sommations nécessaires, appeler du déni de justice.

On demande si un accusé est fondé à exiger
une caution du mineur ou de la femme mariée
qui se sont rendus Parties civiles.

L'article 467 de l'anciennne coutume de Bretagne, avoit une disposition qui dans ce cas obligeoit de donner caution. Mais d'Argentré observe
sur cet article, qu'on s'est écarté de cette loi, &
que l'usage contraire a prévalu. Aussi voit-on
que cet article a été retranché de la nouvelle
coutume de cette province.

On peut donc établir pour règle, que les
accusateurs, même mineurs, & les femmes mariées qui se rendent Parties civiles dans la poursuite d'un procès criminel, ne sont pas obligés
de donner caution.

Quoiqu'en général l'offensé doive se rendre

Partie civile pour obtenir des dommages & in
térêts contre l'offenseur, cette formalité n'eſt pa
néceſſaire lorſqu'il ne s'agit que de revendique
des effets volés : il ſuffit que le juge voie pa
le procès-criminel, que les choſes volées appai
tiennent à une telle perſonne, pour qu'il puiſſ
ordonner d'office que ces effets lui ſeront rendi
en payant préalablement ce qui a été dépen
pour les garder ou les conſerver.

PARTIES CASUELLES. C'eſt la finance qi
revient au roi, des offices vénaux qui ne ſont pe
héréditaires. Et l'on appelle auſſi *Parties caſuelles*
le bureau où ſe paye cette finance.

Les titulaires des offices de judicature & d
finance non héréditaires, ſont tenus de payer an
nuellement aux Parties caſuelles du roi le centièm
denier du prix de l'évaluation de leurs offices
afin de les conſerver à leurs veuves ou héritiers
& auſſi pour jouir de la diſpenſe des quarant
jours qu'ils étoient obligés de ſurvivre à leur ré
ſignation, ſuivant l'édit de François I, ſans quo
la charge ſeroit vacante au profit du roi ; ce qu'oi
appelle *tomber aux Parties caſuelles.* Ceux qu
veulent racheter un tel office le peuvent fair
moyennant finance; ce qu'on l'on appelle *leve*
un office aux Parties caſuelles. Le prix des office
eſt taxé aux Parties caſuelles.

Le droit qui ſe paye aux Parties caſuelles a
quelque rapport avec celui que l'on appeloit che
les Romains *caſus militiæ,* qui ſe payoit au
héritiers par les milices vénales & héréditaires,
dont il eſt parlé dans la novelle 53, chapitre
5 ; ce n'eſt pourtant pas préciſément la mêm
choſe.   Le

Les princes apanagistes ont leurs Parties casuelles pour les offices de l'apanage auxquels ils ont droit de pourvoir.

M. le chancelier a aussi ses Parties casuelles pour certains offices qui sont à sa nomination.

PARTIE PUBLIQUE. Voyez MINISTÈRE PUBLIC, PROCUREUR DU ROI, &c.

PASSE-PORT. C'est la permission que le souverain accorde pour l'entrée ou la sortie des marchandises prohibées.

Lorsqu'il est accordé des permissions de faire entrer ou sortir des marchandises de contrebande ou prohibées, les droits en sont dus suivant le tarif, à moins que le Passe-port n'en accorde l'exemption.

Lorsqu'un Passe-port accorde cette exemption, celui qui en est porteur doit le représenter avec ses marchandises au premier bureau de la route, & certifier au bas du Passe-port qu'il n'a payé aucun droit. Cela est ainsi ordonné par un arrêt du conseil du 22 juillet 1692. Le même arrêt défend d'appliquer les Passe-ports à d'autres marchandises que celles pour lesquelles il ont été accordés, à peine contre les contrevenans du quadruple des droits & de cinq cents livres d'amende.

Suivant l'article 5 du titre 8 de l'ordonnance des fermes du mois de février 1687, le fermier n'est point obligé d'avoir égard aux permissions ou Passe-ports donnés pour faire entrer ou sortir

des marchandifes de contrebande, fi ces permiffions ou Paffe-ports ne font contrefignés d'un fé-
cretaire d'état, & vifés du directeur général des
finances.

Et l'article 7 du même titre défend aux gouverneurs ou lieutenans généraux des provinces,
& à tous autres, d'accorder aucun Paffe - port
pour faire entrer ou fortir des marchandifes prohibées. De femblables Paffe-ports n'empêche-
roient ni la confifcation ni les autres peines prononcées par les ordonnances.

Un arrêt du confeil du 19 février 1760, a
jugé que les priviléges accordés par les Paffe-
ports ne s'étendoient point à l'exemption des
droits d'aides ni des autres réunis à la ferme
des aides (*).

_____

(*) *Voici cet arrêt :*

Vu au confeil d'état du roi la requête de Pierre Henriet,
adjudicataire général des fermes, contenant que les nommés André Prevoft, Antoine Giroux & Pierre Robineau,
voituriers par eau, demeurans à Orléans, ont paffé &
déclaré au bureau des aides d'Ingrande, les 10, 26 & 30
juillet dernier, des fufils & autres munitions de guerre,
dont les droits de double & triple cloifon, & quatre fous
pour livre dus au paffage, montent pour André Prevoft, à
cent quarante-huit livres feize fous huit deniers ; pour
Antoine Giroux, à trois cents trente-trois livres deux fous
neuf deniers ; & pour Pierre Robineau, à trente-fix livres
huit fous dix deniers, lefquelles fommes ils ont refufé
d'acquitter, fous prétexte qu'étant porteurs de Paffe-ports
ils étoient exempts de tous droits ; que, pour ne point
retarder le fervice, les commis fe font contentés de leur
déclaration & ont laiffé paffer les bateaux ; que le 9 août
fuivant, le directeur des aides d'Angers décerna contrainte
contre lefdits trois particuliers, pour parvenir au recou-

PASSE-PORT se dit aussi des lettres que le
souverain ou ses officiers accordent à quel-

---

vrement des sommes par eux dues ; que cette contrainte
leur ayant été signifiée a Orléans le 21 août, André Prevost
& Antoine Giroux conjointement, & Pierre Robineau séparément, y formèrent opposition le 22, avec assignation
pour comparoître a l'élection d'Orléans ; que l'adjudicataire
auroit pu, sans avoir égard à cette opposition, suivre
l'effet de la contrainte, qui, aux termes de l'article 5 du
titre 3 des contraintes de l'ordonnance de 1680, devoit
être exécutée nonobstant opposition quelconque ; mais que,
voulant éviter les frais, il préféra de comparoître à l'élection. Que sur cette instance sont intervenues deux sentences
le 22 septembre ; la première, entre l'adjudicataire, André
Prevost & Antoine Giroux, débiteurs, Jacques Fleury l'aîné,
marchand à Orléans, & le sieur Biettix, parties intervenantes, laquelle faisant droit sur l'opposition de Prevost &
Giroux, & l'intervention des sieurs Fleury & Biettrix, décharge les premiers de la contrainte, attendu qu'ils ont
fait au bureau d'Ingrande les déclarations dont ils étoient
tenus conformément aux Passe-ports, & condamne l'adjudicataire aux dépens envers les parties, sauf à lui à faire
tel usage qu'il appartiendra des déclarations desdits Prevost
& Giroux ; la seconde, entre l'adjudicataire, Pierre Robineau, débiteur, le sieur Poupaille, marchand à Orléans,
& le sieur Biettrix, faisant également droit sur l'opposition
de Robineau & l'intervention de Poupaille & Biettrix, décharge par les mêmes motifs Pierre Robineau de la contrainte, & condamne l'adjudicataire aux dépens envers les
parties. Que ces deux sentences sont d'autant plus irrégu-
lières, que l'adjudicataire a produit dans l'instance l'arrêt
du conseil du 13 février 1748, par lequel sa majesté déclare formellement, qu'elle n'a entendu comprendre dans
les Passe-ports l'exemption d'aucuns des droits dépendans
de la ferme des aides ; que ceux de double & triple cloi-
son ont de tout temps été réunis, & ont fait partie des
droits de la ferme des aides, & que jamais aucun entrepreneur n'en a été exempt sous prétexte de Passe-ports ;
que les élus d'Orléans n'ont eu aucun égard à cet arrêt,

qu'un pour qu'il puisse , librement & sans être
inquiété , aller & venir d'un lieu dans un
autre.

Une ordonnance du roi du 19 novembre 1765

---

prétendant que , comme il est antérieur aux Passe-ports
produits par Prevost, Giroux & Robineau, il ne pouvoit
en empêcher l'effet. Sur quoi requéroit ledit Henriet, qu'il
plût à sa majesté , en cassant & annullant lesdites sentences,
ordonner que l'arrêt du 13 février 1748 sera exécuté
selon sa forme & teneur , &, conformément à icelui, condamner André Prevost , Antoine Giroux & Pierre Robineau,
voituriers sur la rivière de Loire , à payer les sommes
portées en la contrainte contre eux décernée le 9 août
1759 , chacun pour ce qui les concerne ; les condamner
pareillement , ainsi que les sieurs Fleury , Poupaille &
Bietrix , parties intervenantes dans les deux instances, aux
dépens faits en l'élection d'Orléans , même en la restitution
de ceux que ledit Henriet auroit été obligé de payer en
exécution desdites sentences , & solidairement au coût de
l'arrêt qui sera liquidé. Vu ladite requête, la contrainte
décernée le 9 août dernier par le sieur Quinquet , directeur
des aides à Angers , & les deux sentences des élus d'Orléans,
du 22 septembre suivant : vu aussi l'arrêt du conseil d'état
du roi du 13 février 1748 , & autres réglemens : ouï le
rapport du sieur Bertin , conseiller ordinaire au conseil
royal , contrôleur général des finances ; le roi en son conseil , sans s'arrêter aux sentences des élus d'Orléans , du
22 septembre 1759 , que sa majesté a cassées & annul-
lées , a ordonné & ordonne que l'arrêt du conseil du 13
février 1748 sera exécuté selon sa forme & teneur ; &
en conséquence , les nommés André Prevost , Antoine
Giroux & Pierre Robineau , voituriers sur la rivière de
Loire , tenus de payer les sommes portées en la contrainte
contre eux décernée le 9 août précédent , chacun pour ce
qui les concerne ; les condamne en outre sa majesté , ainsi
que les sieurs Fleury , Poupaille & Bietrix , parties intervenantes dans les deux instances , à restituer à Pierre
Henriet ce qu'il auroit été obligé de payer en exécution
desdites sentences. Fait , &c.

défend à tous les artistes & ouvriers établis dans le royaume, d'en sortir sous quelque prétexte que ce soit, à moins qu'ils ne soient munis de Passe-ports en bonne forme, qui limitent le temps que devra durer leur absence, & en déduisent les motifs, à peine d'être poursuivis extraordinairement & punis suivant la rigueur des ordonnances, qui défendent aux sujets du roi de sortir du royaume sans permission.

PASSE-VOLANT. C'est un homme qui, sans être enrôlé, se présente dans une revue pour faire paroître une compagnie plus nombreuse, & pour tirer la paye au profit du capitaine.

Les ordonnances de Louis XIV des premier juin 1676 & 14 juin 1702, avoient condamné les Passe-volans à avoir le nez coupé ; mais l'article 43 de l'ordonnance du 13 juillet 1717, a changé cette peine ; voici ce qu'il porte :

» Si quelques commandans des corps ou con-
» ducteurs de recrues faisoient passer en revue
» des vagabonds, gens sans aveu, & même des
» valets & autres Passe-volans, sur le pied de
» soldats, pour en tirer l'étape à leur profit ;
» sa majesté veut que lesdits vagabonds, gens
» sans aveu ou valets, soient arrêtés sur le champ
» & mis en prison par les maires, échevins,
» consuls, syndics ou marguilliers, & dénoncés
» aux prévôts généraux ou autres officiers des
» maréchaussées sur les lieux ; lesquels, après
» avoir établi la preuve que les particuliers ar-
» rêtés étoient Passe-volans & non engagés,
» les condamneront aux galères à perpétuité :
» & au cas que lesdits Passe-volans ne fussent

» pas reconnus dans le temps de ladite revue,
» ou avant que la troupe ou recrue fût partie
» du lieu, & qu'ils se trouvassent ensuite dans
» la ville ou aux environs, veut pareillement
» sa majesté qu'ils soient arrêtés par lesdits pré-
» vôts des maréchaux ou autres officiers des ma-
» réchaussées auxquels ils auroient été dénoncés,
» & qu'en conséquence de la présente ordonnance
» ils soient condamnés à la même peine des ga-
» lères à perpétuité «.

Les officiers qui présentent des Passe - volans aux revues doivent être cassés & privés de leurs charges.

Afin de mieux découvrir ce genre de délit, les ordonnances veulent que tout soldat, cavalier ou dragon qui indique un Passe-volant lors de la revue, ait son congé absolu, avec dix louis si c'est un fantassin, & cent écus si c'est un cavalier.

PATERNA PATERNIS, MATERNA MATERNIS. Expressions latines très-usitées au barreau; elles signifient que dans une succession les biens provenans du côté du père du défunt, doivent appartenir à ses parens paternels, & que les biens provenans du côté de sa mère, sont dévolus à ses parens maternels.

Pour donner à cette règle tout le développement dont elle est susceptible, il faut la traiter & par rapport au droit écrit, & par rapport au droit coutumier.

PREMIÈRE PARTIE.

De la règle Paterna Paternis *dans le droit écrit.*

Les Romains ont été long-temps fans diftinguer dans les fuccessions ce qui provenoit du père du défunt, d'avec ce qui provenoit de fa mère. Ils confondoient tout, & n'en faifoient qu'un feul patrimoine, qu'ils déféroient au plus proche héritier.

Les empereurs dérogèrent à cette jurisprudence par la loi 4, *de maternis bonis & materni generis,* au code Théodofien. Ce texte établit que fi l'enfant qui a fuccédé à fa mère ou à fes autres parens maternels, vient à décéder, fon père ne lui fuccède pas dans les biens qu'il a tirés de ces fuccessions, mais qu'ils appartiennent *ad proximos,* aux plus proches parens maternels. De même, ajoute la loi, fi l'enfant avoit fuccédé à fon père ou à d'autres parens du même côté, les biens qu'il auroit recueillis à cette occasion retourneroient, à fa mort, à fes parens paternels; & le légiflateur en donne cette raifon, *ut ex utrâque familiâ manentes facultates, fingulis quibufcumque ceffiffe potiùs, quàm adepta effe videantur.*

Il est à croire que cette loi n'a pas été long-temps en ufage, du moins on ne la retrouve pas dans le code Juftinien, & fans doute elle n'y a été omife, que parce qu'elle étoit abrogée ou tombée en défuétude lors de la publication de ce recueil.

C'étoit autrefois une opinion affez commune, fur-tout dans le reffort du parlement de Tou-

loufe, que Juftinien avoit établi dans la loi 4, C.
de *legitimis hæredibus*, une diftinction par rapport
aux frères confanguins & utérins, entre les biens
provenans du père & ceux provenans de la
mère du défunt. C'eft ce que l'on inféroit de
ces termes du texte cité, *exceptis maternis*
rebus, in quibus fi de eâdem matre fratres vel
forores fint, eos folos vocari aportet.

Mais cette interprétation étoit abfolument vicieufe. Fachinée & le Brun le prouvent par plufieurs raifons. 1°. L'objet de la loi dont il s'agit
n'eft point de régler l'ordre général de fuccéder,
mais feulement d'affimiler les fucceffions des enfans émancipés, aux autres fucceffions, & il n'y
a guère d'apparence qu'au milieu des difpofitions
qui tendent a ce but, l'empereur eût voulu décider une queftion tout-à-fait étrangère à fon fujet,
& donner au frère utérin le privilége d'exclure
le frère confanguin de la fucceffiou des biens maternels.

2°. Le mot de *frère utérin* n'eft point employé dans la loi, & il feroit d'autant plus extraordinaire de l'y fous-entendre, que les frères
utérins n'avoient pas encore, au temps où cette
conftitution a été faite, le droit de fuccéder concurremment avec les frères confanguins, & qu'il
ne leur a été accordé que deux ans après par la
loi 15, §. 2, C. de *legitimis hæredibus.* Si le
frère utérin n'étoit pas admis à la fucceffion
lors de la loi 4 du même titre, comment auroit-il pu donner l'exclufion au frère confanguin dans une partie des biens qui la com-
pofoient ?

3°. Si cette loi eût voulu diftinguer la ligne
des biens, & adjuger au frère utérin ceux que

le défunt auroit hérités de sa mère, elle au-
toit nécessairement fait deux choses ; d'abord elle
eût fait concourir le frère utérin avec le frère
germain dans les biens maternels ; car dès que
l'on a égard à la ligne d'où les biens procèdent,
on ne doit considérer la parenté que du côté de
cette ligne. En second lieu, elle auroit donné
au frère consanguin le droit de succéder aux
biens paternels, privativement au frère utérin ;
car on ne concevra jamais qu'une loi qui eût
voulu, par un droit nouveau, établir la distinction des lignes, se fût contentée de dire que le
frère utérin seroit préféré dans les biens mater-
ternels, sans ajouter que le frère consanguin le
seroit pareillement dans les biens paternels. Or,
non seulement la loi dont nous parlons n'appelle
pas le frère utérin concurremment avec le frère
germain dans les biens maternels, mais elle ne
dit pas que le frère consanguin exclura le frère
utérin des biens paternels. Il est donc impossible
que cette loi ait introduit une distinction de lignes
dans la succession des frères.

4°. Enfin, & c'est le mot de notre question,
les termes de cette loi, sur lesquels on prétend
appuyer le système que nous combattons, ne
signifient qu'une chose ; savoir, que les frères germains ont la préférence sur les frères consanguins,
dans les biens provenans de leur mère ; & tout
ce que présente à cet égard cette constitution,
n'est que le germe des dispositions qui ont été
faites depuis sur le privilége du double lien.

On a prétendu qu'au moins la novelle 84
établissoit indirectement une distinction entre les
biens paternels & les biens maternels ; mais il
suffit de jeter les yeux sur cette loi, pour se con-

vaincre intimément du contraire; & , ce qui tranche toute difficulté, la novelle 118, qui y est postérieure, & dont le préambule abroge toutes les constitutions précédemment faites sur les droits respectifs des agnats & des cognats, fait concourir les frères consanguins & les frères utérins, sans distinguer d'où proviennent les biens auxquels elle les appelle, au défaut des frères germains & de leurs enfans, & tel est le dernier état des loix romaines sur cette matière.

La jurisprudence des pays de droit écrit y est assez généralement conforme. Il est vrai que les anciens auteurs du parlement de Toulouse admettoient la règle *Paterna Paternis*, entre les frères consanguins & les frères utérins succédant à un autre frère; mais leur opinion n'a pas été suivie. Voyez Serres, *institutions au droit françois*, livre 3, titre 1.

Il n'est pas inutile de remarquer que les auteurs même qui croient trouver dans la loi 4, C. *de legitimis hæredibus*, une distinction entre les biens paternels & les biens maternels, en limitent expressément l'effet aux frères, en sorte que, de leur aveu, elle ne peut jamais avoir lieu entre les autres parens; & c'est ce qui a été jugé par plusieurs arrêts, quoique l'on voulût se prévaloir de l'édit des mères, pour exclure les parens maternels de la succession des biens provenus au défunt du côté de son père. » Le » 17 de septembre 1582, dit M. Louet, fut » donné arrêt, par lequel fut jugé qu'au pays de » Mâconnois, qui est pays de droit écrit, le » frère utérin est préféré au cousin paternel, » même ès acquêts faits par le père, réputés propres paternels, au fils *de cujus successione age-*

» *batur* «. M. Bouguier, lettre E, n°. 1 , tap-
porte cinq arrêts semblables des 4 février 1581 ,
22 août 1587, 23 décembre 1593 , 6 août
1594, & 23 décembre 1598. Chopin , sur la
coutume du Paris , livre 2 , titre 5 , n°. 6 ,
nous en fournit un autre du 8 avril 1595 ,
rendu sur un appel de la sénéchauffée de Lyon ;
& M. le Prêtre , en ses arrêtés de la cinquième ,
attefte que la même chose a encore été jugée
les 8 mars 1608 & 18 février 1610.

M. Mainard , livre 5 , chapitre 90 , affure que
l'on juge de même au parlement de Touloufe ;
& l'on trouve dans M. de Cambolas un arrêt
de cette cour , du mois d'août 1627 , qui juftifie combien elle eft éloignée d'étendre la règle
Paterna Paternis. Cet arrêt , en suppofant, conformément à l'ancienne opinion , que les frères
utérins ont un droit exclufif aux biens maternels
qu'ils trouvoient dans la fucceffion de leur frère ,
juge que l'on ne doit pas, à cet égard, réputer
bien maternel ce qui vient d'un parent collatéral du côté de la mère, mais feulement ce qui vient
de la mère même ou des autres afcendans maternels.

Il y a cependant un cas où le parlement de
Touloufe donne un entier effet à la règle *Pa-*
terna Paternis ; c'eft lorfqu'une veuve eft privée
de la fucceffion de fes enfans , pour s'être mal
comportée dans fon veuvage. » Car en ce cas,
» dit le Brun , on adjuge cette fucceffion aux
» parens paternels , en quelque éloignement qu'ils
» puiffent être , au préjudice de la mère & de
» tous les parens maternels ; ce qui eft juftifié
» par la Rocheflavin , livre 2 , arrêt 14 «.

Il paroît que le parlement de Provence va

plus loin & admet indéfiniment la règle *Patern Paternis*; du moins on trouve dans le préfidei Etienne, décifion 48, un arrêt du 10 novembre 1583, par lequel il a préféré un oncle maternel à un oncle paternel, dans les bien qu'une nièce avoit hérités de fa mère.

SECONDE PARTIE.

De la règle Paterna Paternis *dans le droit coutumier.*

Nous examinerons ici, 1°. quelle eft l'origine de cette règle : 2°. quels font les pays coutumiers où elle eft reçue : 3°. quelles font les différentes manières de l'interpréter : 4°. à quelle fortes de bien elle s'applique.

§. I. *Origine de la règle* Paterna Paternis *dans les pays coutumiers.*

Nos auteurs ne s'accordent pas fur la manière dont la règle *Paterna Paternis* s'eft introduite dans les pays coutumiers.

Jacques Godefroi, fur le titre *de maternis bonis*, au code Théodofien, prétend qu'elle doit fon origine à la loi 4 de ce titre, rapportée ci-deffus ; & cela paroîtra affez vraifemblable, fi l'on confidère que le code Théodofien a fait, pendant plufieurs fiècles, le droit commun de la France. Voyez l'article CODE.

Pontanus, fur la coutume de Blois, titre des fucceffions, croit que cette manière de partager les propres, qui les défère aux héritiers collatéraux, à l'exclufion des pères, s'eft introduite parmi

nous à l'exemple des fiefs. En effet, dit-il, toutes
les anciennes investitures portent, que le seigneur
donnoit le fief à son vassal *pour lui & pour ses*
descendans ; le père du vassal étoit nécessairement exclu par les descendans du premier in-
vesti, quoique collatéraux au défunt à qui il s'a-
gissoit de succéder ; & comme dans les pays coutumiers la plupart des biens sont tenus en fief,
cet usage de préférer les collatéraux aux père &
mère de l'enfant décédé sans postérité, a passé
insensiblement en règle générale pour toutes les
espèces de biens. Tel est aussi l'avis de Basnage
sur la coutume de Normandie.

Dumoulin fait remonter plus haut l'origine de
notre règle. Elle vient, dit-il (*), des Francs
& des Bourguignons, & elle a été étendue, par
une ordonnance de Charlemagne, au pays des
Saxons.

Quel parti prendre entre ces différentes opinions ? Le plus sûr est de n'en prendre aucun,
& de convenir, avec Guyné, que la règle dont
il s'agit peut provenir de toutes ces différentes
causes. En effet, dit-il, » comme nos coutumes
» ne se sont établies que par une longue succes-
» sion de temps, & que chaque province a pris
» pour règle ce qu'elle a trouvé plus conforme
» à son inclination, les différentes manières dont
» cette règle s'y trouve établie, font naître une
» juste présomption qu'elle peut procéder de causes
» & de principes différens «.

(*) Conseil 7, n. 48.

§. II. *Quels sont les pays coutumiers où la règle* Paterna Paternis *est reçue ?*

Presque toutes les coutumes des pays que l'on appelle proprement coutumiers, admettent expressément la règle *Paterna Paternis*. Quelques-unes cependant la rejettent, & quelques autres n'en parlent pas.

Celles qui la rejettent sont les coutumes échevinales de Lille, titre 1, articles 6 & 9 ; de Douai, chapitre 1, article 2 ; d'Orchies, chapitre 1, article 3 ; d'Arras, article 1 ; de Bapaume, article 8 ; de Berghes-Saint-Winock, rubrique 19, article 16 ; de Furnes, titre 16, article 4 (*) ; de Nieuport, rubrique 20, article 3 ; d'Ostende, rubrique 9, article 1c. Dans toutes ces coutumes, ce sont toujours les plus proches parens qui succèdent aux biens qu'elles régissent, & l'on n'y distingue jamais une ligne d'avec une autre.

Les coutumes muettes sur la règle *Paterna Paternis*, sont celles de Chaumont en Bassigny, de Mortagne en Tournaisis, &c.

On demande s'il faut sous-entendre dans ces coutumes la règle *Paterna Paternis*, ou si l'on doit y déférer les successions aux plus proches parens sans aucune distinction de lignes. » Tous » les auteurs qui ont traité cette question, dit le » Brun, sont d'avis que l'on doit suppléer à cette

_____

(*) Cette coutume ne dispose de cette manière que pour les maisons ; elle soumet les autres héritages à la règle *Paterna Paternis*.

» omiſſion , & que , pourvu qu'il n'y ait point
» dans une coutume de diſpoſition contraire , la
» règle *Paterna Paternis* y doit avoir lieu , parce
» que les diſpoſitions qui ſont du droit commun
» doivent être ſuppléées dans les coutumes. C'eſt
» l'avis de Bacquet , du droit de déshérence ,
» chapitre 4, nº. 2 ; de Chopin ſur Paris , liv.
» 2 , titre 5 ; & cela s'étant préſenté pour la
» coutume de Chaumont en Baſſigny , il a été
» jugé par arrêt du 21 juillet 1671 , au profit
» des d'Avaugours , ſieurs de Courtelan & Fer-
» vaques , que le comté de Châteauvilain leur
» appartenoit , comme couſins d'Anne , comteſſe de
» la Beaume , & de ſon enfant , & non au ſieur
» d'Annebaut , père du même enfant , quoique
» ce comté ſoit ſitué en cette coutume , qui n'a
» point de diſpoſition ſur ce ſujet. Auſſi Gouſſet ,
» ſur l'article 40 , remarque que la cour ordonna
» que l'arrêt ſeroit publié au bailliage , & que cela
» fut exécuté «.

Nous voyons dans Bouchel , que le ſieur
d'Annebaut a pris contre cet arrêt la voie de ré-
viſion , qui étoit encore uſitée en ce temps-là dans
les tribunaux françois ; mais que , par arrêt du
mois de juin 1578 , il a été déclaré qu'erreur
n'étoit intervenue.

Rien de plus juſte que cette déciſion. Nous
avons remarqué plus haut , §. 1 , que la règle
Paterna Paternis eſt au moins auſſi ancienne que
la monarchie françoiſe ; nous voyons d'ailleurs que
preſque toutes les coutumes lui ont imprimé le ſceau
de la ſanction légale ; il faut donc néceſſairement
la regarder comme un des points fondamentaux
de notre droit coutumier , & par conſéquent la

fuppléer dans le peu de coutumes qui ne l'adoptent pas expreffément.

Il ne.faut cependant pas étendre cette décifion hors des pays proprement appelés coutumiers. Prefque toutes les provinces de droit écrit ont chacune leurs ufages particuliers; quelques-unes même ont des coutumes homologuées par les fouverains; mais comme c'eft toujours le droit écrit qui forme leur code principal, on ne doit réguliérement donner aucune extenfion à ces ufages ou coutumes; & dès que la maxime *Paterna Paternis* ne s'y trouve pas écrite, il n'eft pas permis de l'y fous-entendre. C'eft fans doute fur ce fondement que Brillon dit, après la Peyrere, que » la règle *Paterna Paternis* n'eft point ob- » fervée dans la province de Saintonges, qui eft » entre Mer & Charente, pays de droit écrit, » où tous les biens du défunt appartiennent in- » diftinctement au plus proche, à moins que le » défunt n'en ait autrement difpofé. C'eft, ajoute- » t-il, un point d'ufage & de jurifprudence qui ne » peut être révoqué en doute «.

On ne parle ici que de la Saintonge entre Mer & Charente, dont effectivement la coutume eft muette fur la règle *Paterna Paternis*. Il en eft autrement de la partie de cette province qui ref- fortit au fiége de Saint-Jean-d'Angely; car elle a une coutume dont les articles 97 & 100 adop- tent formellement la loi des propres.

§. III. *Des différentes manières d'interpréter la règle* Paterna Paternis.

Quoique la règle *Paterna Paternis* forme le -droit commun des pays coutumiers, elle ne laiffe

pal

pas d'y éprouver, dans l'usage & dans l'interprétation que l'on en fait, des variations fort
singulières. On peut à cet égard ranger nos coutumes en cinq classes.

Dans la première, sont celles où, pour succéder à un propre, il faut être parent du défunt
du côté de celui qui a mis l'héritage dans la famille, & où par conséquent, lorsque l'on a cette
qualité, on exclut les parens des autres côtés,
quoique plus proches. On les appelle pour cette
raison, *coutumes de côté & ligne*.

Les coutumes de la seconde classe sont celles
où l'on ne peut succéder à un propre considéré
comme tel, qu'autant qu'il a appartenu à un
ascendant commun entre le défunt & son héritier; en sorte qu'à défaut de parens venans de
la même souche que celui à qui il s'agit de succéder, le propre perd sa qualité & appartient à
l'héritier le plus proche, sans distinction de lignes.
Ces coutumes sont appelées *coutumes de tronc
commun*.

Dans la troisième classe, sont celles où, pour
succéder à un propre, il ne suffit pas d'être parent
au défunt du côté dont il provient, ni même de
descendre d'une même souche quelconque, mais
où il faut être descendu comme lui de l'acquéreur qui a mis l'héritage dans la famille. On les
appelle *coutumes souchères*.

La quatrième classe est composée des *coutumes
de représentation à l'infini*, c'est-à-dire de celles
où, dans l'ordre de succéder, on ne regarde
point la proximité du degré du représentant
avec le défunt, mais seulement la proximité
& habileté de succéder de la personne représen-

tée, avec celui qui a mis l'héritage dans la famille.

Enfin, dans la cinquième claſſe ſont les *coutumes de ſimple côté*, ainſi appelées parce qu'elles défèrent l'héritage propre qui ſe trouve dans la ſucceſſion d'une perſonne décédée ſans enfans, à ſon plus prochain héritier du côté du parent par le décès duquel cet héritage lui eſt échu, ſans remonter plus haut, ni chercher plus loin de quelle part ce parent l'avoit eu lui-même.

Pour mettre dans tout leur jour les diſpoſitions de ces diverſes coutumes, il faut les paſſer en revue les unes après les autres.

PREMIÈRE CLASSE.

Coutumes de côté & ligne.

Cette claſſe eſt la plus nombreuſe, &, comme on le prouvera dans la ſuite, c'eſt celle où il faut ranger toutes les coutumes qui ne déterminent pas clairement le ſens & l'uſage de la règle *Paterna Paternis.*

La coutume de Paris, qui eſt à la tête de cette claſſe, s'explique en ces termes:

Article 326. » Quant aux héritages propres, » lui ſuccèdent les parens les plus proches du côté » & ligne dont ſont advenus & échus au dé- » funt leſdits héritages, encore qu'ils ne ſoient » les plus proches parens du défunt, &c. «

Article 329. » Et ſont réputés parens du côté » & ligne, ſuppoſé qu'ils ne ſoient deſcendus de » celui qui a acquis l'héritage «.

Ces diſpoſitions, conformes à celles de toutes les coutumes de la même claſſe, ſont la matière de plufieurs difficultés que nous allons parcourir.

PREMIÈRE QUESTION. *Faut-il ; pour régler la fucceffion d'un propre , confiderer la parenté du chef de l'acquéreur , ou du chef de celui qui a le premier poffédé le bien comme propre ?*

Cette queftion a été jugée dans la coutume de Paris par arrêt du 12 décembre 1674 , rapporté au journal des audiences. On foutenoit que pour déterminer à qui devoient appartenir les propres laiffés par François Bonart, il ne falloit pas remonter à Jean Boucher fon bifaïeul qui les avoit acquis, mais que l'on devoit s'arrêter à Claude Boucher fon aïeul , entre les mains de qui ces biens avoient pris la qualité de propres. Ce fyftême étoit vifiblement contraire à l'efprit & à la lettre de la coutume. Les termes de l'article 326, *du côté dont font advenus & échus au défunt lefdits héritages ,* annoncent bien clairement que l'on doit confidérer le moment où l'héritage entre dans la famille , comme l'époque à laquelle il faut rapporter & apprécier les droits de tous les lignagers. L'article 329 eft encore plus pofitif : en déclarant par ce texte que pour être réputé de la côte & ligne, il n'eft pas néceffaire de defcendre de l'acquéreur, la coutume décide nettement qu'il fuffit de lui être parent collatéral, & par conféquent que c'eft de fon chef qu'il faut être parent au défunt, pour fuccéder à un propre. C'eft auffi ce qu'a jugé l'arrêt cité , en confirmant une fentence des requêtes du palais.

Bafnage fur l'article 247 de la coutume de

Normandie, tient abfolument la même doctrine ; & l'appuye fur un arrêt du parlement de Rouen qu'il ne date point. » Quand un propre, dit-il, » eft prétendu par les parens paternels & par les » parens maternels, quoique ce bien ait été fait » propre en la perfonne du défunt, il ne s'enfuit » pas qu'il foit de fon propre, & qu'il faille lui » faire commencer la ligne en fa perfonne ; mais » on remonte jufqu'à la perfonne de celui qui l'a » acquis, pour lui donner l'eftoc & la ligne. » Cela fut jugé de la forte par l'arrêt de Bé- » thencourt «.

Le même auteur rapporte fur l'article 245 un fecond arrêt du 17 avril 1646, qui a con-firmé de nouveau cette décifion.

Il y a cependant en Flandres quelques coutumes qui paroiffent en difpofer autrement. Telle eft celle de Bailleul, qui porte, rubrique 7, article 11 : » Les fiefs de fouche échéent en fucceffion » à l'aîné des héritiers, parent du défunt, plus » proche en degré du côté dont ils ont pris » fouche «. Telle eft auffi celle de Bruges, cour féodale, rubrique 3, article 9 : » Fief prend fouche » en celui auquel il eft échu, & de là en avant » il eft réglé enfuite comme un ancien fief qui » a fait fouche, tant en difpofition qu'en fuccef-» fion «. Ce que décident ces deux coutumes pour les fiefs, celle de la châtellenie de Lille le décide également pour les rotures. » Héritages » cottiers (dit-elle, titre 2, article 7) ne pren-» nent côte & ligne en l'acquefteur, ains à celui » ou à ceux à qui ils fuccèdent «.

Mais, comme le remarque très-bien Brunel en fes obfervations fur le droit coutumier, page 687, il ne faut pas prendre ces difpofitions à la lettre ; on voit clairement qu'elles ont été mal rédigées , & tout ce qu'elles fignifient , c'est qu'un héritage n'est pas propre dans la perfonne de l'acquéreur , mais feulement dans celle de fon héritier immédiat. Du reste , il est constant , en Flandres comme en France , que l'on doit remonter à la ligne originaire d'où viennent les propres , & c'est ce qui a été jugé *in terminis* par arrêt de la chambre légale & fouveraine de Gand du 4 juin 1717 , confirmé en révifion le 20 juillet 1719. Il s'agiffoit de la fucceffion du comte de Brouay , dans laquelle fe trouvoient les terres de Wervick , la Croix & Oftouen , régies par les coutumes d'Ipres & de Courtrai. Ces terres avoient été acquifes par Cofme-Marie-Magdelaine , comteffe de Moucrun , & elles étoient paffées , lors de fon décès , à Philippe-Charles-Frédéric Spinola , dans la perfonne de qui elles avoient formé des propres naiffans , & qui les avoit laiffées au comte de Brouay. Après la mort de celui-ci , elles firent la matière d'un grand procès entre le comte d'Arberg & Claire-Eugénie de Hornes , princeffe de Montmorency. Le comte d'Arberg fe fondoit fur plufieurs moyens , & entre autres , dit Brunel , fur ce » que, pour » être héritier des propres anciens , il n'étoit pas » néceffaire d'être du côté & ligne des acqué- » reurs, mais qu'il fuffifoit d'être du côté & ligne » de celui par qui les biens avoient été faits » propres dans la famille , c'est-à-dire , qui » premier y avoit fuccédé , ou à lui donnés par » avancement d'hoirie, qui étoit Philippe-Char- » les-Frédéric Spinola «. On voit par la généalogie figurée dans Brunel , que ce moyen auroit fait triompher le comte d'Arberg , s'il avoit été auffi juſte dans le droit, que bien appliqué dans le fait : mais les deux arrêts cités n'y ont eu aucun égard, & ont adjugé les terres dont il étoit queſtion à la princeſſe de Montmorency, comme plus proche parente au défunt du côté de l'acquéreuſe.

C'eſt ce qui a encore été jugé dans la même ſucceſſion, par arrêt du parlement de Paris du 30 juillet 1718. Il étoit queſtion de ſavoir qui du duc de Bouillon, repréſenté par le duc d'Albert ſon fils, ou du comte d'Arberg, devoit ſuccéder au comté de Brouay & aux baronnies d'Embry & d'Andre, ſituées dans les coutumes d'Artois & de Calais. Le défunt les tenoit médiatement de Marie de Renty ſa quatrième aïeule, & celle-ci les avoit eues d'Oudart de Renty ſon père, qui en étoit l'acquéreur. On verra par la généalogie rapportée ci-après, queſtion 5, & par les principes qui ſeront établis à la queſtion 4, que le duc d'Albert auroit eu la préférence ſur le comte d'Arberg, ſi l'on eût pu conſidérer les propres comme procédans de Marie de Renty. Auſſi ne négligea-t-il rien pour établir qu'il en devoit être ainſi. De ſon côté, le comte d'Arberg employa contre lui les mêmes moyens ſur leſquels s'étoit fondée la princeſſe de Montmorency dans l'inſtance jugée en Flandres le 4 juin 1717, & par l'arrêt cité, la cour lui donna gain de cauſe, en lui adjugeant les trois terres litigieuſes, *comme propres provenans d'Oudart de Renty.* Ce ſont les termes de l'arrêt.

DEUXIÈME QUESTION. *Les parens paternels du côté de l'acquéreur sont-ils préférés aux parens maternels du même côté, & y a-t-il en cette matière quelque privilége pour l'agnation, le nom de famille & la masculinité ?*

TOUS nos auteurs se réunissent pour la négative, & leur sentiment a été confirmé par plusieurs arrêts. Guyné en rapporte un du 13 avril 1548, dont il résulte, » que dès le temps de l'an- » cienne coutume de Paris, on jugeoit qu'entre » différens héritiers qui étoient tous parens du » défunt du côté de l'acquéreur, l'héritage étoit » déféré au plus proche, sans distinction des pa- » rens de la ligne paternelle & maternelle de » l'acquéreur, & qu'on ne donnoit nulle préfé- » rence au nom de famille ni à l'agnation, » nonobstant que l'héritage eût fait souche en » collatérale «.

Guyné ajoute que l'on a jugé la même chose dans la nouvelle coutume de Paris, par l'arrêt des Guibert du 2 décembre 1595, par celui des Graffins du 23 du même mois, & par un autre du 30 janvier 1665 ; il faut voir dans l'auteur même les espèces & les généalogies sur lesquelles ces arrêts ont été rendus.

Renusson en rapporte trois semblables des 16 février 1648, 5 février 1656, & 8 mars 1678.

Il en a cependant été rendu quatre contraires ; le premier le 30 octobre 1557, le second le 14 décembre 1641 ; le troisième le 7 septembre 1642, le quatrième le 19 mai 1651. Celui-ci est rapporté au journal des audiences, & les deux précédens font cités à la fuite ; l'autre fe trouve dans le recueil de Duluc , & l'on y remarque qu'il fut prononcé en robes rouges. Mais, comme on vient de le voir , ces arrêts n'ont pas été fuivis , & Renuffon prouve tres-bien qu'ils ne devoient pas l'être : ,, Les parens du côté de la ,, mère de l'acquéreur, dit-il , ne font pas moins ,, parens que ceux du côté du père de l'acquéreur, ,, & le plus proche d'entre eux doit fuccéder. ,, La ligne paternelle n'eft pas plus confidérée ,, que la ligne maternelle. Nos coutumes n'ont ,, jamais fait différence entre l'agnation & la cog- ,, nation ; elle a été autrefois faite par le droit ,, civil , mais cette différence fut ôtée par l'em- ,, pereur Juftinien , novelle 118. En fucceffion ,, de propres , la ligne commence à l'acquéreur ; ,, il fuffit d'être parent à l'acquéreur , foit du ,, côté de fon père , foit du côté de fa mère. Il ,, ne faut point remonter plus haut que l'acqué- ,, reur , pour diftinguer entre la ligne du père de ,, l'acquéreur , & la ligne de la mère de l'acqué- ,, reur , c'eft-à-dire , qu'il n'eft pas néceffaire de ,, diftinguer entre les parens paternels de l'acqué- ,, reur & les parens maternels de l'acquéreur , ,, d'autant que le plus proche du côté de l'acqué- ,, reur indiftinctement , foit qu'il foit parent ,, du côté du père de l'acquéreur , foit qu'il foit ,, parent du côté de la mère de l'acquéreur , doit ,, fuccéder : le plus proche d'entre eux exclut ,, le plus éloigné. Car ; comme il a été dit dans ,, la coutume de Paris , pour voir qui doit fuc- ,, céder à un héritage propre , il faut confidérer ,, l'acquéreur qui a mis l'héritage dans la fa- ,, mille ,,.

Cette doctrine eft expreffément adoptée par

l'article 315 de la coutume de Rheims, conçu
en ces termes : » Il n'eſt néceſſaire à aucun, pour
» être réputé héritier du défunt du côté &
» ligne dont procède ledit héritage, qu'il ſoit
» né ou autrement deſcendu en ligne directe
» de celui qui aura acquis ledit héritage ; mais
» ſuffit, pour ſuccéder audit héritage, qu'il ſoit pa-
» rent du côté *paternel ou maternel* : de l'acqué-
» reur d'icelui héritage «.

Quelque conſtans que ſoient aujourd'hui ces
principes, ils ne ſont cependant pas ſuivis dans
la coutume de Normandie. L'article 248 de cette
loi municipale porte, » qu'en ſucceſſion de propres,
» tant qu'il y ait mâles ou deſcendans des mâles,
» les femelles ou deſcendans des femelles ne
» peuvent ſuccéder, ſoit en ligne directe ou
» collatérale «.

Baſnage nous a conſervé un arrêt du 17 avril
1646, qui trouve naturellement ici ſa place.
Magdelaine Etienne avoit eu d'un premier mariage un fils nommé Adrien Duval, qui laiſſa
deux filles, Magdelaine & Catherine Duval.
Elle s'étoit enſuite remariée, & avoit encore eu
trois enfans, Louis, Adrien, & Catherine Oſmont.
Sa ſucceſſion fut partagée entre Adrien Duval,
Louis & Adrien Oſmont. Ces deux derniers étant
venus à mourir ſans enfans, Catherine Oſmont
leur ſœur prétendit avoir, à l'excluſion de Magdelaine & de Catherine Duval ſes nièces, tous les
biens qu'ils avoient recueillis de la ſucceſſion de
leur mère. Ses nièces, au contraire, ſoutinrent que,
repréſentant Adrien Duval leur père, elles devoient exclure leur tante, puiſqu'elle auroit été
excluſe par lui ; & il fut ainſi jugé par ſentence

des requêtes du palais. » Catherine Ofmont ap-
» pela de cette fentence, & pour moyen d'appel,
» elle difoit qu'elle étoit fœur du défunt Adrien
» Ofmont, & que lefdites Duval n'étoient que
» des nièces ; qu'outre cette proximité de degré,
» l'on ne devoit plus confidérer la fouche & l'ori-
» gine de ce bien maternel, & quoiqu'il fût
» provenu de la ligne des Etienne, qu'on ne devoit
» point remonter jufque-là pour en régler le
» droit fucceffif, parce qu'ayant paffé par le canal
» de Louis & d'Adrien Ofmont fes frères, ils
» avoient changé de nature & de qualité, &
» qu'ils ne devoient plus être confidérés comme
» des biens procédans de la tige des Etienne, mais
» comme des biens qui avoient fait fouche en
» la famille des Ofmont; de forte qu'il falloit
» s'arrêter à l'agnation & au degré feulement. Le
» tuteur des nièces répondoit que ces raifonne-
» mens avoient peu de force en Normandie,
» étant contraires à l'article 245, fuivant lequel
» les héritages retournent toujours à la ligne &
» au côté d'où ils font venus, & à l'article 248
» (que nous venons de rapporter). Il étoit conf-
» tant au fait, que le bien maternel d'Adrien
» Ofmont provenoit du côté des Etienne ; il
» falloit donc qu'il retournât à ceux qui étoient
» defcendus de Magdelaine Etienne, qui l'avoit
» apporté dans la famille des Ofmont. Il eft
» vrai que l'appelante étoit fille de Magdelaine
» Etienne ; mais comme elle n'étoit qu'une fille,
» & que les intimées étoient iffues d'Adrien Du-
» val qui étoit fils de ladite Etienne, elle étoit
» abfolument excluse de la fucceffion maternelle
» defdits Ofmont fes frères, en conféquence de

» l'article 248 , & c'eſt pourquoi l'agnation ni
» la proximité du degré ne ſont point conſidé-
» rables , parce qu'*en ſucceſſion de propres, repré-*
» *ſentation de ſexe a lieu à l'infini.* Par arrêt donné
» en l'audience de la grand'chambre le 17 d'a-
» vril 1646 , la ſentence fut confirmée «.

On va plus loin encore dans la province dont
nous parlons ; non ſeulement les deſcendans des
mâles y ſont préférés , pour les propres , aux deſcendans des femelles , mais on y juge que les
parens maternels de l'acquéreur du propre n'ont,
quoique mâles ou deſcendans de mâles , aucun
droit d'y ſuccéder. » En Normandie , dit Deni-
» ſart , il ne ſuffit pas , comme à Paris , d'être
» parent du défunt du côté & ligne de celui qui
» a mis le propre dans la famille , pour y pouvoir
» ſuccéder ; il faut être parent paternel de l'ac-
» quéreur du propre : les parens paternels, quoi-
» que dans un degré plus éloigné, donnent l'ex-
» cluſion aux parens maternels , quoique plus
» proches ; & ces parens maternels ſont tellement
» exclus, que s'il ne ſe trouve point de parens
» paternels de l'eſtoc & ligne de l'acquéreur du
» propre, il paſſe au ſeigneur dominant ou au
» fiſc, parce qu'en Normandie il n'y a point de
» ſubrogation d'une ligne à une autre.

» . Telle eſt ſur cela, continue Deniſart , la ju-
» riſprudence conſtante du parlement de Rouen :
» elle a été affermie par un arrêt célèbre de ce
» parlement , rendu le 5 mai 1725 , en la ſe-
» conde chambre des enquêtes , au rapport de
» M. Jauvel d'Acqueville , ſur partage d'opi-
» nions en la grand'chambre le 11 juillet 1724 «.

Cette cour a encore jugé la même choſe

par un arrêt en forme de réglement du 30 juillet 1753. En voici l'efpèce.

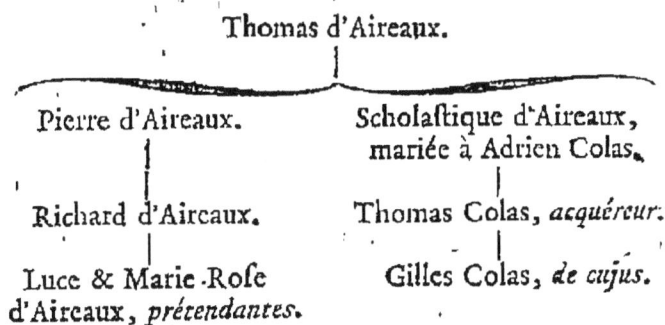

Thomas d'Aireaux.

Pierre d'Aireaux.

Richard d'Aireaux.

Luce & Marie-Rofe d'Aireaux, *prétendantes*.

Scholaftique d'Aireaux, mariée à Adrien Colas.

Thomas Colas, *acquéreur*.

Gilles Colas, *de cujus*.

On voit par cette généalogie, que Luce & Marie-Rofe d'Aireaux étoient de la côte & ligne de Thomas Colas, acquéreur des biens qu'elles réclamoient. Mais comme elles ne lui étoient que parentes maternelles, ces biens ont été adjugés à leur préjudice au fieur de Gercoing, dans la directe duquel ils étoient fitués. L'arrêt a été rendu les chambres affemblées, & il a ordonné que, conformément aux articles 244, 245 & 246 de la coutume de Normandie, » l'acquêt » devenu propre en la perfonne de l'héritier, au » défaut de parens du côté & de la ligne dont il » provient, appartiendroit au roi ou aux feigneurs » féodaux «.

La coutume de Cambrefis contient fur la fucceffion des propres féodaux, une difpofition qui, fans aller auffi loin que la jurifprudence normande, ne-laiffe pas d'y avoir un certain rapport. Voici comme elle eft conçue, titre 1, article 14 : » Tous fiefs patrimoniaux délaiffés » d'un défunt, à faute d'héritier defcendant de » lui, fuccèdent par fon trépas à fon plus prochain aîné hoir mâle du plus aîné mâle de la

» ligne & *agnation* dont lesdits fiefs procèdent ,
» & en faute de mâle en pareil degré , lesdits fiefs
» succèdent à l'aînée femelle «. Cet article décide
clairement , comme l'on voit , que l'aîné mâle
qui se trouve le plus proche parent du défunt
du côté paternel de l'acquéreur , & qui a en outre
l'avantage de descendre *du plus aîné mâle* de ce
côté , doit avoir la préférence dans la succession
du propre féodal , non seulement sur les femelles ,
mais encore sur les mâles qui ne sont parens au
défunt que du côté maternel de l'acquéreur ,
ou qui, l'étant du côté paternel , descendent d'une
femelle ou d'un puîné.

On a élevé sur cette disposition la question de
savoir si de deux parens au même degré du
côté paternel de l'acquéreur, le mâle qui descend
d'une femelle doit être exclu par la femelle qui
descend d'un mâle , ou si au contraire celle-ci
doit être exclue par celui-là. Ce dernier parti
a été adopté par un arrêt rendu au parlement
de Flandres l'année 1688, entre Hubert Carré
& Anne Marguerite Dantart, pour qui écrivoit
M. de Baralle, qui depuis a été conseiller &
ensuite procureur général. Les efforts de ce magistrat n'ont pu faire infirmer la sentence des juges
de Cambrai, qui avoit jugé la même chose. Cet
arrêt & les mémoires sur lesquels il a été rendu ,
ont été produits dans une instance jugée en la
même cour le 11 mai 1733 , entre le baron
d'Hinge & le sieur Bourchault.

TROISIÈME QUESTION. *Lorsqu'il s'agit de partager les propres d'un défunt entre différens ligna-gers au même degré, & que les uns descendent de celui qui a mis les héritages dans la famille, tandis que les autres ne lui sont que parens collatéraux, les premiers doivent-ils être préférés aux seconds ?*

L'affirmative ne souffroit aucune difficulté dans l'ancienne coutume de Paris ; mais l'article 326 de la nouvelle en a fait douter quelque temps, parce qu'il sembloit égaler les descendans de l'acquéreur à ceux qui étoient de son côté & ligne sans en descendre, & c'est sur ce fondement que Brodeau soutient qu'ils doivent tous concourir & partager également : il prétend même que la chose a été ainsi jugée par un ancien arrêt qu'il ne date pas ; mais on voit clairement dans Guyné, qu'il s'est trompé sur l'espèce de cet arrêt ; & l'on en trouve quatre qui ont formellement proscrit son opinion. Le premier est intervenu dans la coutume d'Amiens le 26 janvier 1536, & il a jugé, comme on le verra ci-après, question 5, que le neveu doit exclure l'oncle de la succession aux propres naissans du défunt, parce que l'un descend de l'acquéreur, & que l'autre n'en est parent qu'en ligne collatérale. Le second arrêt est du 14 août 1570 ; le Vest le rapporte en son recueil, comme ayant décidé la même chose & dans les mêmes circonstances que le précédent. Il a été rendu pour la coutume de Senlis. Le troisième est du 27 mars 1646 ; les biens qui en étoient l'objet se trouvoient dans la coutume de Paris même, &

l'efpèce en étoit parfaitement identique à celles
des deux autres. Les mémoires refpectifs des parties font imprimés dans un ouvrage qui a paru
en 1660, fous le titre de *traité d'entre le neveu
& l'oncle*. Le quatrième arrêt eft intervenu dans
la coutume de Boullonnois le 30 août 1664 ;
voici comme le rapporte M. le Camus d'Hou-
louve en fon commentaire fur cette coutume:
» Il s'agiffoit d'une fucceffion de propres anciens
» & naiffans, auxquels une tante & une nièce
» du défunt prétendoient fuccéder à l'exclufion
» l'une de l'autre. La nièce prétendoit que les
» propres ne remontant pas, la tante ne pouvoit
» avoir aucun droit. La tante foutenoit au con-
» traire que ce n'étoit qu'en ligne directe que
» les propres ne pouvoient remonter ; & elle
» ajoutoit, que l'oncle excluant le neveu en Boul-
» lonnois, comme *plus proche parent* (*), elle de-
» voit, en qualité de tante du défunt, recueillir
» tous fes propres, foit anciens, foit naiffans,
» à l'exclufion de la nièce de ce défunt ; mais,
» par l'arrêt cité, la cour adjugea les propres
» anciens à la tante, comme la *plus proche pa-
» rente* du défunt du côté & ligne dont ils étoient
» provenus, & les propres naiffans à la nièce,
» comme defcendante de celui qui les avoit ac-
» quis «.

» Ainfi, dit le Brun, on a préféré ce qui
» étoit felon le vœu de la nature & le vœu parti-
» culier de l'acquéreur, au fens littéral de la cou-

(*) La tante n'étoit pas plus proche que la nièce ; mais
elle avoit fur celle-ci la prérogative de l'âge. Voyez l'article 85 de la coutume de Boullonnois.

» tume, & l'on a jugé que la pensée d'un père
» étant d'acquérir pour ses descendans, qui doi-
» vent être ses véritables parens du côté & ligne,
» ils devoient toujours être préférés «. D'ailleurs,
la lettre même de la coutume de Paris ne renferme rien qui ait pu porter la moindre atteinte
à l'usage constamment observé avant la réformation, de préférer les descendans de l'acquéreur
à tous autres lignagers. Le seul objet de l'article
329 est d'assurer aux parens collatéraux de l'acquéreur la qualité d'héritiers habiles à succéder
aux propres qu'on leur disputoit auparavant,
& tout ce que l'on peut raisonnablement conclure de ce texte, c'est que la coutume de Paris
n'est pas souchère.

·. Enfin, & cette réflexion est de Denisart, » nous
» avons deux articles qui semblent décider la
» question, en nous montrant que l'esprit de la
» coutume est de préférer les descendans de l'ac-
» quéreur. L'article 230 préfère les descendans de
» l'acquéreur aux père, mère & aïeul du défunt,
» à l'égard de l'usufruit des conquêts de commu-
» nauté qui sont devenus propres naissans à leurs
» enfans, & l'article 314 porte la même dispo-
» sition, suivant l'interprétation qui a été donnée
» à ces mots, *descendans d'eux*, qui sont dans
» cet article, lesquels s'entendent des descendans
» des père & mère acquéreurs; en sorte que
» l'esprit de la coutume (qui paroît bien cer-
» tain par la gradation qu'elle établit dans ces
» articles) est que, tant qu'il y a des descendans
» de l'acquéreur, les ascendans même sont exclus:
» quand il n'y a point de descendans, les as-
» cendans ont l'usufruit. L'esprit de la coutume
» est

» eſt donc de préférer toujours les deſcendans de
» l'acquéreur «.

Aux arrêts qui ont confirmé cette doctrine,
on peut ajouter une ſentence des requêtes du
palais de 1716, rendue dans la coutume de
Bourbonnois, qui eſt certainement de côté &
ligne ; elle eſt rapportée par Auroux ſur l'article
315 de cette loi municipale.

Enfin, telle eſt la diſpoſition expreſſe de l'article 4 du titre 12 de la coutume de Cambreſis :
» En la ſucceſſion collatérale d'héritages patri-
» moniaux venans de l'acquêt de pères ou mères
» du défunt, les enfans des frères ou ſœurs dudit
» défunt, *qui ſont de la ligne deſcendante des*
» *acquêteurs,* ſont préférés aux oncles & tantes
» d'icelui, qui ſont ſeulement de la ligne colla-
» térale deſdits acquêteurs «.

· Il faut convenir cependant que le contraire a
été anciennement jugé dans la coutume de Troies ;
c'eſt du moins ce qu'atteſte le Grand, article
93, gloſe 2 : » Antoine ayant laiſſé deux enfans,
» Pierre & Jean, Pierre acquiert un héritage
» qui vient par ſucceſſion à ſes deſcendans : ſi par
» après les deſcendans de Jean ſe trouvent en
» même degré que les deſcendans de Pierre,
» ils ne laiſſeront pas de ſuccéder audit héritage
» avec les autres qui ſont deſcendans en droite
» ligne de Pierre qui a mis l'héritage dans la
» famille ; ce qui a été jugé en cette coutume
» par arrêt du premier ſeptembre 1565, coté
» ès notes de M. Pithou, & encore depuis,
» par arrêt du 23 décembre 1649, par lequel
» Simone Lorrey a été déclarée bien recevable
» à venir à la ſucceſſion de Marguerite Guyon,
» avec les arrière-neveux, tant pour les biens,

» acquis par ladite Guyon, que pour ceux à
» elle échus par le décès de Michelle Camufat
» fa mère, provenans de fes acquêts. Ce font les
» termes de l'arrêt «.

QUATRIÈME QUESTION. *Les defcendans de l'acqué-*
reur font-ils auffi préférés à fes parens colla-
téraux, lorfque ceux-ci font plus proches qu'eux
au défunt ?

Brodeau dit qu'une fentence du châtelet, confirmée par arrêt, a adopté la négative de cette
queftion, & jugé que le collatéral plus proche
exclut le defcendant plus éloigné ; mais il ne
date ni l'un ni l'autre de ces jugemens, & il eft
le feul qui en faffe mention : auffi rejette-t-on
communément fon avis ; &, comme on le voit,
toutes les raifons que nous venons d'employer
pour établir la préference des defcendans de
l'acquéreur, lorfqu'ils font au même degré que
fes collatéraux, militent également pour leur
donner ce privilége lorfqu'ils font plus éloignés.
» On ne regarde pas feulement parmi nous, dit
» Guyné, dans l'ordre de fuccéder en collatérale,
» la perfonne de celui *de cujus* ; mais on regarde
» en même temps, pour déférer la poffeffion d'un
» héritage qui fe trouve dans fa fucceffion, la
» perfonne de celui par l'induftrie duquel cet hé-
» ritage eft venu dans la famille & a paffé en
» la perfonne du défunt ; ainfi ce n'eft pas affez
» d'examiner la proximité du défunt avec celui
» qui fe prétend fon héritier, comme on fai-
» foit dans le droit civil ; mais il faut en même
» temps confidérer l'habilité que ce prétendu
» héritier paroît avoir de fuccéder à cet ancien

» acquéreur qui a mis l'héritage dans la famille : ce
» font deux extrêmes qu'il faut regarder en même
» temps «.

. » Pour avoir cette habilité , continue l'auteur
» que nons citons , il falloit , dans l'ancienne
» coutume, être de la ligne de cet acquéreur ;
» cela fignifie qu'il falloit en être defcendu ; car
» la ligne ne fe peut appliquer qu'aux defcen-
» dans & afcendans ; & dans la nouvelle cou-
» tume, il fuffit d'être réputé de la ligne ; c'eft
» une habilité fubfidiaire , fi ce mot peut fe
» dire ; c'eft la même chofe que fi la coutume
» avoit dit qu'il faut être defcendu de l'acqué-
» reur, ou du moins qu'il faut être parent de
» fon côté. Cette habilité, dans l'un & dans
» l'autre de ces deux cas , l'emporte fur la fimple
» proximité du degré de parenté avec celui de
» la fucceffion duquel il s'agit ; mais entre ceux
» qui ont ces deux différens degrés d'habilité ,
» on ne peut pas raifonnablement dire que celui
» qui vient en ligne directe de cet acquéreur ,
» n'ait pas plus d'habilité que celui qui n'eft
» parent du défunt que de fon côté feulement.
» Il faut faire , dans l'application de cette règle
» *Paterna . Paternis* , ce que la loi générale fait
» pour l'ordre des fucceffions ordinaires ; il faut
.» établir pour règle générale ce que l'acquéreur
» auroit fait s'il avoit établi une loi particulière
» dans fa famille ; il faut répondre ce qu'il au-
» roit répondu s'il avoit été confulté fur la
» queftion de favoir qui lui auroit dû fuccéder :
.» il eft fans doute qu'il auroit répondu en faveur
» de fes defcendans , quoique plus éloignés ,
» plutôt qu'en faveur de fes collatéraux , quoique
» plus proches ».

Lorsque Guyné établissoit ainsi son opinion, elle n'avoit encore été confirmée par aucun arrêt; mais depuis le premier septembre 1724, il en a été rendu un au rapport de M. Pichon, qui l'a adoptée de la manière la plus formelle. » Cet arrêt, dit Denisart, est intervenu entre » les héritiers du nommé Pulleu, qui avoit laissé » des biens dans la coutume de Clermont, dont » l'article 151 paroît encore moins favorable » aux descendans de l'acquéreur, que la coutume » de Paris «.

Il y a cependant un arrêt du 11 juillet 1728 qui a jugé le contraire pour la coutume de Boullonnois. Il a été rendu en la quatrième chambre des enquêtes, au rapport de M. Lambelin, & il a décidé, » d'après les dispositions textuelles » de cette coutume, dit Me le Camus d'Hou- » louve, que le descendant de l'acquéreur ne » devoit pas être préféré au plus proche parent » du défunt pour la succession d'un propre, » pourvu que ce plus proche parent le fût du » côté & ligne dont le propre étoit provenu. » Cet arrêt a fixé la jurisprudence de la séné- » chaussée sur cette question «. On voit que ce commentateur attribue à des dispositions particu- lières de sa coutume, l'arrêt qu'il rapporte : mais il se trompe ; l'article 84 de la coutume de Boul- lonnois est parfaitement conforme à l'article 226 de celle de Paris.

Cɪɴǫᴜɪᴇ̀ᴍᴇ ǫᴜᴇsᴛɪᴏɴ. *Entre les parens du défunt du côté & ligne de l'acquéreur, les defcendans du dernier ou plus prochain propriétaire des propres auxquels il s'agit de fuccéder en collatérale, doivent-ils être préférés aux autres lignagers plus proches ou au même degré qu'eux ?*

Adopter l'affirmative, c'eft ajouter aux coutumes de côté & ligne la qualité de coutumes de *branchage* ; & c'eft précifément ce que fait celle d'Angoumois, article 94 : » En fucceffion, » s'il y a biens de diverfes lignes & branchages, » lefdits biens fuivent les branches dont ils font » iffus «. Celle de Bayonne porte également, titre 12, article 24, que » la fucceffion de biens » avitins ou d'acquêts faits par les père ou mère, » ne monte jamais, foit en droite ligne *ou en* » *tranfverfale,* tant qu'il y a des parens colla- » téraux du décédé *en pareil branchage, ou plus* » *bas branchage tranfverfal,* que le décédé def- » cendant du tronc de l'acquérant «. Le Brun affure que ces difpofitions ont été étendues à la coutume de Paris, par arrêt du 29 mai 1651, &, s'il en faut croire Brunel en fes obfervations fur le droit coutumier, c'eft ainfi que l'on doit en ufer dans toutes les coutumes de côté & ligne. J'ai fous les yeux un manufcrit dans lequel fe trouvent deux arrêts qui confirment nettement cette opinion pour le Hainaut : le premier a été rendu au confeil fouverain de Mons le 18 juin 1679. En voici l'efpèce :

K k iij

Philippe Depret
à Marie Dyve.

Antoine Depret.
Catherine Depret
à Charles de Namur.

Jean Depret.
Pierre Depret.
Charles-Robert
de Namur.

Françoise Depret
à Jean-Baptiste
Dubuquoi.
Philippe Depret.

Marie-Françoise
Dubuquoi à
N. de Tonne.
Charles-Philippe
Depret, de *cujus*.

Jean-Baptiste
de Tonne.

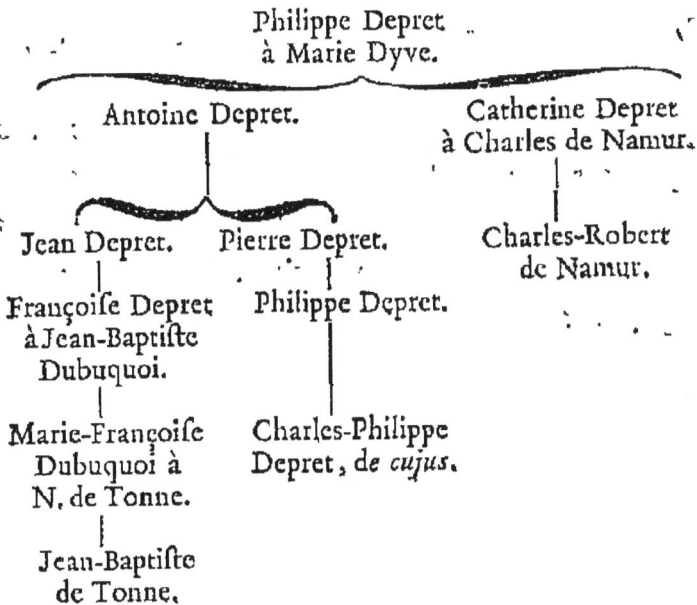

Il s'agissoit d'un fief qui avoit fait souche dans la personne de l'auteur commun des parties ; Charles-Robert de Namur le réclamoit comme plus proche parent au défunt du côté & ligne d'où il lui étoit provenu ; mais il a été exclus par Jean-Baptiste de Tonne, parce que celui-ci, quoique plus éloigné d'un degré, descendoit, comme le défunt, d'Antoine Depret, qui avoit succédé au fief par la mort de Philippe Depret, premier du nom.

Le second arrêt a été rendu de toutes voix au souverain chef-lieu de Mons, le 28 mai 1681 ; en voici l'espèce :

Bertrand Buifferet.

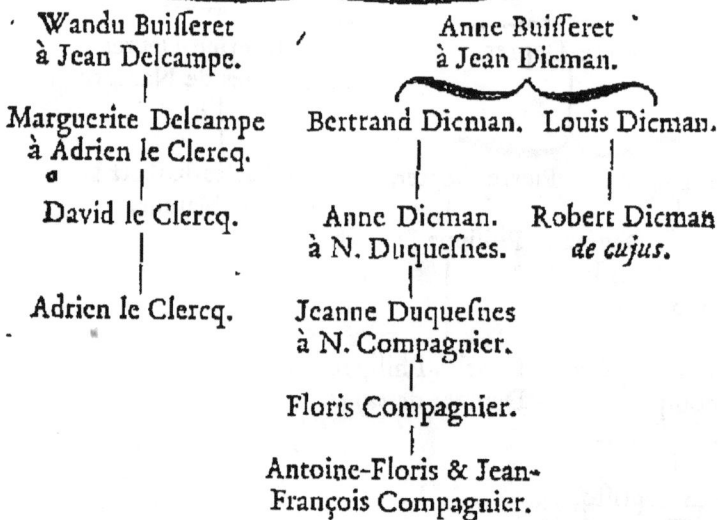

Wandu Buifferet à Jean Delcampe.		Anne Buifferet à Jean Dicman.
Marguerite Delcampe à Adrien le Clercq.	Bertrand Dicman.	Louis Dicman.
David le Clercq.	Anne Dicman. à N. Duquefnes.	Robert Dicman *de cujus.*
Adrien le Clercq.	Jeanne Duquefnes à N. Compagnier.	
	Floris Compagnier.	
	Antoine-Floris & Jean-François Compagnier.	

Il étoit queſtion d'une main-ferme qui, après avoir été poſſédée par Bertrand Buifferet, étoit paſſée à Anne Buifferet ſa fille, & de celle-ci à Louis Dicman, qui l'avoit tranſmiſe à Robert Dicman ſon fils. Adrien le Clercq, ſecond du nom, en prétendoit la moitié, ſur le fondement qu'il étoit au même degré que les nommés Compagnier ; mais ceux-ci ont été préférés, parce que le bien avoit fait ſouche dans une branche qui leur étoit commune avec le défunt.

On ne peut rien de plus formel que ces ar-rêts ; cependant il paſſe aujourd'hui pour certain que l'opinion de Brunel eſt une erreur, & que la diſpoſition des coutumes de Bayonne & d'An-goumois doit être renfermée dans leur territoire.

Ces coutumes ſont même contredites à cet égard par celle de Cambreſis, qui, après avoir établi, comme on l'a vu ci-devant, queſtion 3, que les neveux ſont préférés aux oncles dans la

fucceſſion des propres naiſſans , parce qu'ils deſcendent de l'acquéreur , ajoute auſſi-tôt : » Mais
» ſi leſdits héritages viennent & procèdent des
» aïeuls ou des aïeules du défunt , ou de plus
» haut , leſdits oncles & tantes de la même ligne
» ſuccèdent en iceux avec leſdits enfans des frères
» ou ſœurs également , tête à tête , comme étant
» tous en pareille ligne & égal degré au défunt «.
On voit que cette coutume ne donne point de
privilége aux neveux ſur les oncles , lorſque les
uns & les autres deſcendent également de l'acquéreur , quoique les premiers aient un auteur
commun avec celui à qui il s'agit de ſuccéder ,
& que les ſeconds n'aient pas cet avantage.

Cette diſpoſition a été étendue par pluſieurs
arrêts aux autres coutumes de côté & ligne.

Le plus ancien eſt du 26 janvier 1536 , & il
eſt d'autant plus remarquable , qu'il a confirmé ,
après pluſieurs enquêtes par turbes , une ſentence
arbitrale du célèbre Dumoulin , qui donnoit les
propres naiſſans au neveu , à l'excluſion de l'oncle ,
parce que le premier deſcendoit de l'acquéreur ,
& partageoit entre eux les propres anciens , malgré la prétention du neveu de les avoir en totalité , comme venans d'une ſouche inférieure , qui
lui étoit commune avec le défunt. Cet arrêt eſt
rapporté par Dumoulin lui-même ſur l'article 40
de l'ancienne coutume d'Amiens.

Le ſecond eſt celui du 14 août 1570. On voit
dans Guyné , qu'il juge préciſément la même choſe
que le premier. Le troiſième eſt du 4 août 1571 ;
il a été rendu dans la coutume de Ponthieu ;
voici les termes dans leſquels nous le retrace
Ducheſne ſur l'article 13 de cette loi municipale ; » Qui de l'oncle ou du neveu du défunt

» fera préféré pour recueillir les anciens propres
» de la famille? On dit anciens propres, parce
» qu'il n'y a point de difficulté que les propres
» naiffans appartiennent au neveu préférablement
» à l'oncle. Il y a deux fentences de ce fiége,
» qui ont jugé la queftion en faveur d'un neveu
» & d'une nièce. La première eft de décembre
» 1679..... La feconde, du 2 mars 1685....
» Mais ces deux fentences font contraires à plu-
» fieurs arrêts qui ont adjugé les fucceffions aux
» oncles & tantes, préférablement aux neveux &
» nièces du défunt. Il y a un premier arrêt du
» 4 août 1571, après turbes faites fur les lieux
» par M. de Harlai, lors confeiller, & depuis
» préfident au parlement, qui, en infirmant la
» fentence d'Amiens, adjuge la fucceffion de
» Nicolas de Lury à Antoinette de Lury fa tante,
» au préjudice de Touffaint Gaillontier fon ne-
» veu, à caufe de Marie de Lury fa mère. On
» ordonna même que cet arrêt feroit lu & pu-
» blié en ce fiége (la fénéchauffée de Ponthieu),
» pour y fervir de réglement «.

Les quatrième & cinquième arrêts font des 2
& 23 décembre 1595; on en trouve les efpèces
dans Guyné. Ils font connus au palais fous
la dénomination d'arrêts des Guibert & des
Graffins..

Le fixième arrêt eft intervenu le 28 mars 1600
dans la même coutume que celui de 1571, c'eft-
à-dire en Ponthieu. Il confirme une fentence
des requêtes du palais du 17 juillet 1598, qui
avoit, fuivant Duchefne, » adjugé à dame Ge-
» neviève de Canteleu, femme du fieur du Re-
» fuge, & tante du défunt, la fucceffion (aux
» propres anciens) du fieur de Moras, à l'exclu-

» fion du fieur de Normanville, neveu du dé-
» funt, par la raifon que la tante étoit plus âgée
» & en parité de degré «.

Il y a un feptième arrêt rendu dans la coutume de Paris, le 22 juin 1601, contre M.
Lefcalopier, qui prétendoit fuccéder à un héritage, quoique parent plus éloigné, parce qu'il
avoit fait fouche dans fa branche. On peut en voir
l'efpèce dans M. le Prêtre.

Le huitième arrêt eft du 7 janvier 1619. Il
a encore jugé dans la coutume de Ponthieu,
» que la tante, quoique conjointe au défunt d'un
» côté feulement, excluoit la nièce, bien que
» conjointe des deux côtés. Cet arrêt (nous par-
» lons d'après Duchefne) énonce les deux pré-
» cédens (de 1571 & 1600), & il a été rendu
» en faveur de Françoife Potrel, tante de Jean
» de Courcelles, contre Marie Lardé, nièce du
» défunt, en confirmant la fentence du fénéchal
» de Ponthieu «.

Le neuvième arrêt eft du 30 août 1664; il
eft rapporté ci-devant, queftion 3.

Le journal des audiences nous en fournit
un dixième, fous la date du 12 décembre
1674.

Il y en a un onzième du 23 février 1703. Il
faut en détailler ici l'efpèce, parce qu'elle n'eft
rapportée dans aucun recueil. La voici telle que
nous l'avons extraite des mémoires imprimés de
la part du marquis de Rhodès, en faveur de
qui l'arrêt a été rendu. Il étoit queftion de favoir qui de lui ou du duc de la Ferté recueille-
roit les propres de la ligne de la Chatre, qui
fe trouvoient dans la fucceffion de la marquife
de Torcy, régie par la coutume de Blois. Le

marquis de Rhodès fondoit sa prétention sur trois faits positifs, établis incontestablement par sa généalogie ; le premier, qu'il étoit le plus proche parent de la défunte ; le second, qu'il étoit en même temps de la ligne d'où procédoient les biens ; le troisième, qu'il n'étoit pas seulement le plus proche parent & de la ligne, mais qu'il étoit encore le plus proche dans cette même ligne. Henri Pot, son père, étoit frère de Claude Pot (qui avoit épousé Henriette de la Chatre sa cousine), aïeul de la Marquise de Torcy, & ces deux frères étoient fils de François Pot, qui étoit fils de Guillaume & de Jacqueline de la Chatre, fille de Claude de la Chatre, qui avoit mis les biens dans la famille ; en sorte que le marquis de Rhodès étoit la Chatre par sa bisaïeule, qui étoit mère de François Pot son aïeul, & bisaïeul de la marquise de Torcy ; & par conséquent il étoit parent à celle-ci du deux au troisième degré, selon la supputation canonique, & au cinquième, selon la civile. Le duc de la Ferté convenoit de tous ces faits, mais il s'appuyoit sur ce qu'il avoit un auteur commun avec la dame de Torcy, du nom de la Chatre, plus prochain que celui que le marquis de Rhodès avoit avec elle ; car, pour trouver son auteur commun portant le nom de la Chattre, il n'étoit obligé de remonter qu'à Claude de la Chatre, second du nom, au lieu que le marquis de Rhodès devoit aller jusqu'à Claude de la Chatre, premier du nom, père de clui-ci. Tel étoit l'état de la question. Mais la coutume de Blois n'exigeant point qu'on ait un auteur commun avec le défunt *de cujus*, & se bornant à demander qu'on soit le plus proche parent du côté & ligne d'où les héritages procèdent, la cour, par son arrêt rendu

en la grand'chambre, au rapport de M. le Dou
de Melleville, adjugea les biens au marquis de
Rhodès.

Il y a un douzième arrêt du 30 juillet 1718
qui juge la même chofe pour les coutumes d'Artois & de Calais. En voici l'efpèce :

Oudart de Renty, *acquéreur du comté de Brouay & des baronnies d'Embry & d'André.*		
Marie de Renty *mariée,*		Françoife de Renty
1°. à François Ravenel.	2°. à Gaſton Spinola.	à Charles, comte de Havres.
Françoife Ravenet à Frédéric, comte de Berg-boux-mer.	Bertin Spinola.	Pierre-Erneſt de Havres.
Éléonore-Fébranie de Berg à Frédéric Maurice de la Tour d'Auvergne, duc de Bouillon.	Philippe-Charles Hippolyte Spinola à	
	Françoife Conrardine de Havres.	Olimpe Théréſe de Havres à Nicolas, comte d'Arberg
Goéfroi-Maurice de la Tour d'Auvergne, duc de Bouillon, repréfenté par le duc d'Albret fon fils & *donataire.*	Philippe-Charles-Frédéric Spinola.	Albert-Jofeph, comte d'Arberg.
	Côme-Gabriel-Hiacynthe Spinola, Comte de Brouay, *de cujus*	

On voit, par cette généalogie, que le duc
d'Albret n'étoit parent qu'au feptième degré, &
que le comte d'Arberg l'étoit au cinquiéme, par
le moyen d'un rapprochement de ligne qui s'étoit opéré entre fa branche & celle du défunt,
par le mariage de Françoife-Conrardine de G

vier à Philippe-Charles-Hippolyte Spinola. On voit
en même temps, que le duc d'Albret descendoit,
comme le défunt, de Marie de Renty, qui
avoit possédé les biens après Oudart de Renty,
acquéreur & souche commune des parties. De
là, deux questions ; l'une, si le rapprochement
de ligne, dont se prévaloit le comte d'Arberg,
pouvoit être considéré ; l'autre, si en supposant
que l'on dût y avoir égard, & que par conséquent le comte d'Arberg fût réputé plus proche
parent au défunt que le duc d'Albret, celui-ci
ne devoit pas l'exclure, par la maxime consignée
dans les coutumes d'Angoumois & de Bayonne,
que *tant que la ligne a souche, jamais elle ne
fourche.* Par l'arrêt cité, rendu au rapport de M.
Dreux en la grand'chambre, ces deux points,
& un autre dont on a parlé ci-devant, question I, ont été jugés au désavantage du duc
d'Albret.

Nous ne voyons pas que notre question se soit
renouvelée depuis au Parlement de Paris ; mais
elle s'est présentée au parlement de Flandres, &
y a reçu la même décision par un arrêt du 17 février 1762, dont voici l'espèce :

Marie Durivage, *acquéreuse,*
à Allard Caron.

Antoinette Caron,	Catherine Caron,	
à	*en premières noces,*	*en secondes noces,*
N. Grassis.	à Michel Cuvillon.	à Albert Delerennes.
Jean-Baptiste	Marie-Marguerite	Wallerand
Grassis.	Cuvillon à	Delerennes.
	Alexandre de Barizel.	
	Wallerand-Albert	Charles-François
	de Barizel, *de*	Delerennes.
	cujus.	
		Charles-Séraphin
		Delerennes.

Il s'agissoit de savoir à qui devoient être adjugés les propres que Wallerand-Albert de Batizel avoit laissés dans la coutume de la châtellenie de Lille. La dame Chaxel soutenoit, comme étant aux droits de Jean-Baptiste Grassis son père, qu'ils devoient être partagés entre elle & Charles Séraphin Delerennes : celui-ci, au contraire, prétendoit l'exclure, parce qu'il descendoit de la dernière souche par laquelle avoient passé les biens. Son système fut accueilli à la gouvernance de Lille ; mais par l'arrêt cité, rendu au rapport de M. Jacquerye, en la première chambre, la sentence fut infirmée, & la dame Chaxel admise au partage des propres.

· Long-temps auparavant, le grand conseil de Malines avoit consacré, par un de ses arrêts, la jurisprudence adoptée par celui-ci. M. Cuvelier, page 469, après avoir dit que la ligne descendante du premier acquéreur *doit, avec bonne raison, être évacuée avant de venir à ses parens collatéraux*, ajoute, que » toutefois au conseil » d'Artois on a jugé, touchant la seigneurie de » Boubers, au profit de la dame de Hollain, » qui étoit cousine germaine du seigneur défunt » dudit Boubers, contre la dame de Rochepot, » qui étoit petite nièce, en ligne collatérale, » dudit sieur, & néanmoins en pareil dégré, » ayant ladite dame de Hollain été préférée » comme aînée, & la sentence d'Artois fut con- » firmée par arrêt du 13 mars 1593 «. On voit néanmoins que dans cette espèce la cousine germaine n'avoit pas, comme la petite-nièce, l'avantage d'avoir une souche inférieure, commune avec le défunt.

Le conseil d'Artois, dont cet arrêt a confirmé

une fentence, en a encore rendu une femblable le 5 août 1702. Il étoit queftion de la fucceffion de Robert d'Amiens, dans laquelle il fe trouvoit des propres venus de Marie Truffier fa mère, de Jean Truffier fon aïeul, & de Robert Truffier fon bifaïeul. Ils étoient prétendus d'un côté par aes coufins germains iffus de Robert Truffier, fecond du nom, qui étoit frère de Marie Truffier, mère du défunt, & de l'autre, par fes grands-oncles, frères de Jean Truffier fon aïeul maternel ; les parties étoient du même côté & ligne, elles defcendoient toutes de Robert Truffier, premier du nom, qui avoit mis les biens dans la famille ; mais les coufins germains avoient deux fouches inférieures, communes avec le défunt, & ils fe prétendoient par-là fondés à exclure les grands-oncles. Qu'a jugé le confeil d'Artois ? Que les propres litigieux feroient partagés également entre toutes les parties, comme étant au même degré de parenté à celui qui les avoit laiffés dans fa fucceffion. Cette fentence a été produite au parlement de Paris, dans un procès entre le comte d'Arberg & la princeffe de Montmorency, dont je parle à l'article RAPPROCHEMENT DE LIGNE.

Duchefne nous a confervé deux fentences de la fénéchauffée de Ponthieu, qui confirment de plus en plus cette jurifprudence. Par la première, » rendue au rapport de M. de Heu, lieutenant » général, le 10 juin 1627, on a adjugé la » fucceffion des meubles, acquêts & *anciens hé-*» *ritages* de Marguerite Obry, à Firmin Lardé, » fon grand-oncle, au préjudice de Marguerite » Levaffeur, femme d'Antoine Duvauchel, coufine germaine de la défunte «.

La feconde a été rendue ɔɔ dans une contefta-
ɔɔ tion furvenue au fujet de la fucceffion de Fran-
ɔɔ çois-Paul Lourdel, contre Jean Beauvarlet
ɔɔ héritier de Marie Lourdel fa mère, qui étoit
ɔɔ tante du défunt, & Jean-Baptifte Legris, tu-
ɔɔ teur de fes enfans mineurs, neveux du défunt,
ɔɔ à caufe de Louife-Agnès Lourdel leur mère.
ɔɔ Il étoit queftion des anciens propres de Fran-
ɔɔ çois-Paul Lourdel, dont la fucceffion fut ad-
ɔɔ jugée à Jacques Beauvarlet, en qualité d'hé-
ɔɔ ritier de fa mère, par fentence du 9 avril
ɔɔ 1710, après une plaidoirie de huit audiences,
ɔɔ conformément aux conclufions de M. de Rou-
ɔɔ vroy. Quant aux propres procédans de Phi-
ɔɔ lippe Lourdel, qui étoit le père de François-
ɔɔ Paul & de Louife-Agnès Lourdel, on ne con-
ɔɔ teftoit pas aux mineurs Legris les propres naif-
ɔɔ fans de François-Paul Lourdel, qui avoient été
ɔɔ mis dans la famille par Louife Lourdel, parce
ɔɔ que, ces mineurs étoient les feuls qui defcen-
ɔɔ diffent de l'acquéreur. La même fentence a
ɔɔ adjugé à l'aîné mâle des mineurs Legris, les
ɔɔ fiefs du bailliage d'Amiens, fuivant l'article 24
ɔɔ de la coutume d'Amiens, quoique Marie Lour-
ɔɔ del fût plus âgée; & à l'égard des rotures
ɔɔ fous Amiens, elles ont été adjugées à Beau-
ɔɔ varlet & aux mineurs Legris, pour les partager
ɔɔ entre eux, comme étant en égal degré, par tête,
ɔɔ & non par fouche «

Pour concilier entre elles les différentes difpofitions de cette fentence, & entendre les autres jugemens cités, qui font intervenus dans la
coutume de Ponthieu, il faut fe rappeler que,
fuivant l'article 15 de cette loi municipale,
d'une côte & ligne n'y a qu'un héritier, qui eft
toujours

toujours le plus âgé de tous ceux qui se trouvent au même degré & dans la même classe
d'habilité.

Voilà donc quatorze arrêts & trois sentences
demeurées sans appel, qui proscrivent hautement
dans les coutumes de côté & ligne le privilége
réclamé par les collatéraux descendus d'une souche commune avec le défunt, mais inférieure à
l'acquéreur ; &, si l'on en excepte les jugemens
du conseil de Mons, dont nous avons rapporté
les espèces, il n'en est aucun de notre connoissance qui ait jugé le contraire ; car c'est à tort
que le Brun parle de l'arrêt du 19 mai 1651,
comme ayant assimilé la coutume de Paris à
celle d'Angoumois ; cet arrêt est inféré dans le
journal des audiences ; & l'on voit clairement
qu'il n'a pu prononcer que sur la question de
savoir s'il faut considérer la parenté de l'acquereur,
du côté paternel plutôt que du côté maternel. On
en jugera par cette généalogie.

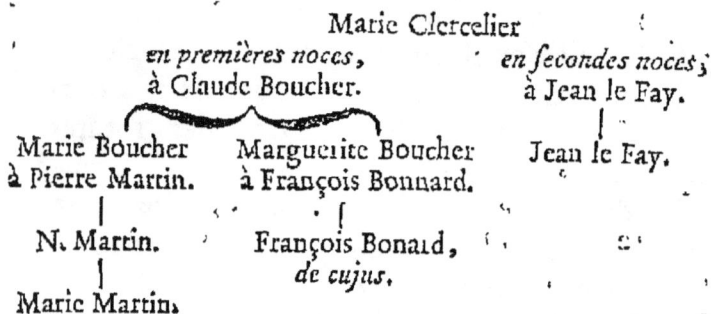

Marie Clercelier

en premières noces,   en secondes noces,
à Claude Boucher.   à Jean le Fay.

Marie Boucher   Marguerite Boucher   Jean le Fay.
à Pierre Martin.   à François Bonnard.

N. Martin.   François Bonald,
                       de cujus.
Marie Martin.

On voit par ce tableau, que le défunt n'avoit
point d'autre souche commune avec l'une ou
l'autre des parties, que Marie Clercelier son aïeule
maternelle, & que par conséquent il n'étoit pas

possible que l'on agitât, dans cette cause, la question dont il s'agit ici.

Mais si l'on ne peut pas nous opposer d'arrêts émanés des cours du royaume; on ne manque pas de raisons pour combattre le système adopté par les jugemens que nous venons de passer en revue.

Elles se réduisent à quatre principales. On se fonde d'abord sur la maxime, que les descendans excluent les ascendans & les collatéraux à l'infini. Mais cette maxime ne peut être entendue que des descendans de celui dont la succession est ouverte, & nos coutumes ne lui donnent pas d'autre sens.

On dit en second lieu, que quand un propre a appartenu à l'auteur d'une branche, il devient affecté à tous ses enfans & descendans; que si la branche se divise en plusieurs rameaux, & que l'un vienne à se dessécher ou à manquer, le propre, qui est le suc de la branche, doit circuler dans les rameaux subsistans, avant de prendre son cours dans une autre branche du même arbre; que c'est le vrai sens de la maxime *propres ne remontent*, qui signifie que tous les rejetons du père ou de la mère qui en a été un fois propriétaire, doivent être éteints avant que d'autres parens puissent aspirer à la succession du propre; qu'en un mot, admettre les collatéraux qui ont un père commun avec le défunt dans une classe plus éloignée, aussi long-temps qu'il y a des collatéraux qui ont un père commun avec lui dans une classe plus prochaine, ce seroit bouleverser l'ordre des choses, & faire remonter les propres vers leur source.

Ces idées & le vernis de physique dont on

a cherché à les embellir, ne peuvent équiva-
loir à des loix ni détruire les principes. Les fucceffions, ne fuivent pas le même cours dans un
arbre généalogique, que la fève dans un arbre
phyfique, fuppofé que la fève monte toujours
en ligne droite du tronc aux branches, & qu'elle
ne circule pas de l'un à l'autre par l'effet d'un
mécanifme femblable à celui qui opère la cir-
culation du fang dans les animaux. En effet, il
eft de droit général & primitif, que les collatéraux d'une ligne inférieure font préférés quand
ils font plus prochains, & partagent avec les
collatéraux d'une ligne inférieure, quand ils font
au même dégré. Les loix romaines n'ont introduit qu'une exception à ce droit; la novelle
118 préfère les neveux du défunt à fes oncles,
parce qu'elle feint que les neveux font au fecond degré. Encore plufieurs coutumes ont-elles
rejeté fa difpofition. Celle de Paris, art. 339, veut
que » l'oncle & le neveu d'un défunt qui n'a
» délaiffé frère ni fœur, fuccèdent également,
» comme étant au même dégré ». D'ailleurs la
novelle borne aux neveux la prérogative qu'elle
établit : du refte, elle ordonne que s'il n'y a pas
de frères ni d'enfans des frères du défunt, fa fucceffion appartiendra au plus prochain collatéral.
*Si verò neque fratres, neque filios fratrum de-
functus reliquerit, omnes deinceps à latere cogna-
tos ad hæreditatem vocamus, fecundùm unius cu-
jufque gradûs prærogativam.* Ainfi, après les neveux
au moins, la prérogative du degré doit être obfervée entre les collatéraux, de quelque ligne
que ce foit.

Or, en quoi & par quel motif les coutumes
de côté & ligne fe font-elles écartées du droit

commun ? Pour les propres feulement, & afin
qu'ils ne fortiffent pas de la famille des acquéreurs. De là, la règle *propres ne remontent*
c'eft feulement à ce qu'ils ne fortent de la ligne,
dit Dumoulin fur l'article, 129 de l'ancienne coutume de Paris. Auffi remarquons - nous que le
coutumes où les afcendans fuccèdent aux bien
acquis pas le défunt, font les feules qui faffen
mention de cette règle. Celle de la châtellenie
de Lille n'en dit mot, parce qu'elle exclut le
afcendans de la fucceffion des fiefs & biens cottiers, foit que le défunt les ait acquis, ou qu'il
lui foient propres.

Sur quel fondement donc les collatéraux de la
fouche inférieure par laquelle les propres ont
paffé, feroient-ils préférés ? Qu'un lignager d'une
ligne fupérieure ou inférieure fuccède au propre,
il ne fort pas de la famille de l'acquéreur ; le
but que la coutume s'eft propofé eft donc rem-
pli ; c'eft donc le point où il faut s'arrêter. Préférer les lignagers aux autres collatéraux, & donner
encore la préférence à certains lignagers, ce feroit
s'écarter doublement du droit commun. La première dérogation eft bonne ; parce que la coutume l'autorife ; la feconde doit être rejetée,
parce qu'elle n'eft point tracée dans la coutume.

Vous concluez mal, nous dit - on (& c'eft
la troifième raifon que l'on nous oppofe) : parmi
les collatéraux lignagers ; vous êtes obligés de reconnoître différentes claffes d'habilité, même dans
les coutumes de côté & ligne. Par exemple,
les collatéraux defcendus de l'acquéreur font
préférés aux lignagers qui n'en font pas defcendus.
Or, point de différence entre les defcendans
de l'acquéreur & ceux qui fortent d'une fouche
inférieure par où le propre a paffé.

Mais il n'eſt pas permis, en fait d'exception, d'argumenter d'un cas à l'autre ; & on peut d'autant moins le faire ici, que le ſyſtême de la préférence des collatéraux deſcendus de l'acquéreur, ſur ceux qui n'en deſcendent pas, a toujours ſouffert de grandes difficultés, même au parlement de Paris ; & encore ſur quoi fonde-t-on cette préférence ? Sur un motif qui ne peut nullement s'appliquer aux collatéraux ſortis d'une ſouche inférieure. Écoutons Guyné, page 280 : » La loi demande deux choſes, l'habilité & la » proximité. Entre ceux qui ſont habiles, la proxi- » mité l'emporte, & hors les cas des deſcendans » de celui qui a mis l'héritage dans la famille, » *dont la prérogative ſe tire de l'ancien uſage des* » *coutumes, qui dans leur origine étoient toutes* » *ſouchères, nous ne voyons point qu'on y ait* » *jamais dérogé* ».

Enfin, nous dit-on, vous ne pouvez au moins vous refuſer à cette raiſon d'équité. Examinons la marche des propres dans une famille : ſans ſortir de la généalogie ſur laquelle a été rendu l'arrêt du parlement de Flandres, du 17 février 1762, voyons ce qui s'y eſt paſſé. A la mort de Marie Durivage, ſes deux filles, Antoinette & Catherine Caron ont partagé ſes propres, & elles ont tranſmis leurs parts reſpectives à leurs enfans. Si chaque part avoit paſſé d'un enfant unique à un enfant unique, Charles-Séraphin Delerennes auroit eu la part entière de Catherine Caron ſa biſaïeule ; mais celle-ci ayant épouſé Michel Cuvillon, & enſuite Albert Delerennés, a eu un enfant de chaque lit, & ſa part s'eſt ſubdiviſée. La ligne du premier lit vient à s'éteindre ; n'eſt-il pas juſte que Charles-Séraphin Deleren-

nes, reprenne ce qu'il auroit eu fi Catherine
Caron n'avoit laiffé qu'un enfant ? Quoi de plus
naturel que la portion détachée du lot de Catherine Caron, fe réuniffe & fe reconfolide à
fon tout ?

L'on en convient, à envifager les chofes fous
un certain afpect. Mais l'on demandera toujours
où eft écrit cet arrangement dont on difpofe ainfi
envers toutes les parties. Il peut être jufte, naturel,
louable ; mais il lui manque le fuffrage de la
coutume, qui n'a pas porté fi loin fa prévoyance.
Si elle avoit voulu fuivre ce plan, elle n'auroit
pas manqué de faire différentes claffes de collatéraux lignagers, & d'appeler par ordre ceux auxquels fon intention auroit été de donner la préférence. Elle ne l'a pas fait, elle ne l'a donc
pas voulu faire ; & s'il falloit déférer à toutes
les raifons d'équité dans les matières régies par
des loix pofitives, il n'y a pas une coutume dont
il ne fût néceffaire de réformer une bonne partie.

D'ailleurs, la raifon d'équité que l'on nous oppofe n'eft pas fans réplique. Si par l'évément les
defcendans d'Antoinette Caron font devenus habiles à fuccéder à une partie des propres de la
mère commune, affignés à Catherine Caron ;
par un événement contraire, les defcendans de
Catherine Caron auroient pu participer à ceux
qui ont formé le lot d'Antoinette Caron. Ce que
l'on regarderoit comme peu équitable, devient
donc jufte dès que l'on envifage le droit de ré-
ciprocité. Les générations fe précipitent plus ou
moins ; l'un a le malheur de perdre fon père ou
fa mère avant l'autre ; le hafard, ou plutôt la
providence, décide de tout par rapport à la fucceffion collatérale des meubles & des acquêts ;

doit-on trouver étrange qu'il en foit de même par rapport aux biens propres entre collatéraux lignagers ?

QUESTION SIXIÈME.

Le privilége du double lien a-t-il lieu dans les fucceffions des propres ?

Il n'y a aucun doute fur ce point relativement aux propres anciens : tous les auteurs conviennent qu'ils ne tombent pas dans le privilége dont il s'agit, & la chofe a été ainfi jugée, 1°. dans la coutume d'Amiens, par arrêt du parlement de Paris du 26 janvier 1536, rapporté par Dumoulin en fon apoftille fur l'article 40 de cette loi ; 2°. dans celle de Ponthieu, par arrêt de la même cour du 7 janvier 1619, cité plus haut, queftion 5 ; 3°. dans celle de Blois, par deux arrêts des 20 février 1593 & 31 mai 1636, rapportés par Bacquet & au journal des audiences ; 4°. dans celle de Cambrefis, par arrêt du grand confeil de Malines de 1621, rapporté par M. de Humayn, page 225.

Il y a cependant quelques coutumes qui en difpofent tout autrement. Celle du chef-lieu de Mons, à laquelle font foumifes les rotures d'une grande partie du Hainaut, porte, chapitre 2, que » s'il advenoit que aucuns frères ou fœurs ger- » mains allaffent de vie à trépas, délaiffant » frère & fœur vivans, ou plufieurs frères ou » fœurs ; en ce cas, lefdits frères & fœurs vivans » fuccéderont en leur frère ou fœur germain tré- » paffé, felon & ainfi que deffus eft dit..., & » auffi bien d'acquêts defdits frère & fœur que » de patrimoine «.

Dumées, en sa jurisprudence du Hainaut, page 198, prétend qu'il en est de même à l'égard des biens de cette province qui sont régis par les chartres générales; mais c'est une des erreurs échappées en foule à cet auteur. Les articles 4 & 5 du chapitre 92 de ces loix le prouvent clairement, en décidant que » fief patrimonial venu à enfant » décédé sans génération, écherra à son aîné, » frère *ou* demi-frère, & en faute de frère *ou* » demi-frère, à la sœur *ou* demi-sœur aînée .... « La particule *ou* fait bien voir que le frère germain ne doit point avoir de préférence sur le demi-frère. Cela résulte d'ailleurs de l'article 6, conçu en ces termes : » Mais pour fiefs acquis .... » le frère ou sœur des deux côtés sera préféré » à celui qui ne touchera que d'un côté «. La particule *mais* annonce certainement une différence, quant à la manière de succéder, entre les fiefs propres & les fiefs acquêts, & cette différence ne peut consister, d'après les dispositions précédentes, qu'en ce que dans les uns on donne effet au double lien, & point dans les autres. Aussi trouvons-nous un arrêt manuscrit du conseil souverain de Mons, qui l'a jugé de la sorte. En voici l'espèce :

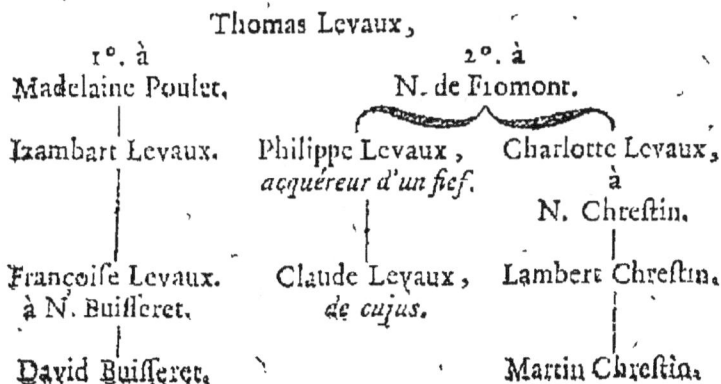

Thomas Levaux,

1°. à — Madelaine Poulet.   2°. à — N. de Fromont.

Izambart Levaux.   Philippe Levaux, *acquéreur d'un fief.*   Charlotte Levaux, à N. Chrestin.

Françoise Levaux. à N. Buisseret.   Claude Leyaux, *de cujus.*   Lambert Chrestin.

David Buisseret.   Martin Chrestin.

Martin Chreftin & David Buifferet étoient, comme l'on voit, parens au même degré; mais le premier avoit fur le fecond l'avantage du double lien, & prétendoit l'exclure. David Buifferet répondoit que le double lien n'a point de privilége en matière de propres, qu'ainfi le fief devoit lui appartenir en entier, parce qu'il étoit le plus âgé de la famille; & il a été ainfi jugé le 30 mai 1684.

Cet arrêt étend aux propres naiffans l'exclufion du double lien, prononcée à l'égard des propres anciens par ceux que nous avons rapportés précédemment. Sur cette queftion particulière & fur les difpofitions des autres coutumes par rapport au double lien confidéré relativement aux propres en général, voyez ce qu'a dit dans cet ouvrage M. Garran de Coulon au mot DOUBLE LIEN, §. 3.

QUESTION SEPTIÈME. *Quels font les effets du rapprochement de ligne en matière de fucceffion de propres?*

Pour ne pas trop allonger cet article déjà affez étendu, nous renvoyons cette queftion à l'article RAPPROCHEMENT DE LIGNE.

QUESTION HUITIÈME. *Quel font le fens, les effets & l'ufage de la maxime* propres ne remontent?

Cette maxime n'eft qu'une conféquence de la règle *Paterna Paternis*, & le vrai fens en eft, fuivant Dumoulin, que les propres d'une ligne ne doivent pas remonter aux afcendans d'une autre ligne. On fait que tel eft le droit commun des pays coutumiers, & l'on fe rappelle qu'un arrêt du 21 juillet 1571, rapporté ci-devant, §. 1, l'a ainfi jugé dans la coutume de Chaumont, qui n'en a pas de difpofition.

On en trouve une nouvelle preuve dans le commentaire de Duchefne fur la coutume de Ponthieu, article 7 : » Un conquêt de com-» munauté, échu dans le partage d'icelle à un » enfant, ne retourne point par fon décès au » furvivant des conjoints; mais les frères & fœurs » y fuccèdent à fon exclufion », comme propre » naiffant ; il y en a un arrêt confirmatif d'une fen-» tence de la fénéchauffée de Ponthieu de 1591 ". C'eft auffi ce qui a été jugé dans la coutume de Philippeville, par arrêt du parlement de Flandres du 31 janvier 1697, rapporté dans le recueil de M. le préfident Desjaunaux.

Il y a cependant des coutumes, que l'on peut appeler extraordinaires, où la régle *Paterna Paternis* eft expreffément reçue & n'entraîne pas l'exclufion des afcendans, des propres venus à leurs enfans, d'une ligne à laquelle ils n'appartiennent point. Écoutons M. Cuvelier en fon recueil d'arrêts du grand confeil de Malines, page 468 : » Par la coutume de Namur, article 76, » en fucceffion venant du tronc, les plus pro-» chains du côté dont lefdits biens viennent, » fuccèdent en iceux biens ; toutefois en ligne » directe, en laquelle *le mort faifit le vif*, l'on » n'a point d'égard de quel côté viennent les » biens ; parce que ladite ligne, même afcen-» dante, doit être évacuée avant que de venir à » la colletérale ; en forte que le père ou grand-» père exclut les collatéraux, même ès biens

» venans de la mère, & ce enfuite du droit
» écrit, reçu en ce cas audit Namur, felon qu'il
» a été jugé par arrêt fort notable de la cour
» du 23 août 1602, confirmatif de la fentence
» du confeil de Namur, entre Martin Mynet &
» Philippe Signoye «.

. On fent qu'il faut être bien attaché au droit
écrit, pour juger de la forte dans une coutume
qui admet fi formellement la règle *Paterna Paternis.* Au refte, cette décifion ne tire point à
conféquence pour les autres coutumes de côté &
ligne ; on les regarde toutes comme exclufives
des afcendans, lorfqu'il s'agit de régler à qui
d'eux ou d'un collatéral lignager doit appartenir la fucceffion des propres d'une ligne qui
leur eft étrangère.

. Mais cette exclufion provient-elle, comme le
prétend Dumoulin, de la règle *propres ne remontent*, & en forme-t-elle tout l'effet ? On voit
où tend cette queftion. Si la règle *propres ne remontent*, n'a été faite que pour empêcher les afcendans paternels de fuccéder aux propres maternels, & *vice verfâ*, il faut dire indiftinctement, avec Dumoulin fur l'article 100 de la
coutume de Montfort, que » les afcendans qui
» font de la ligne d'où font venus lefdits héri-
» tages, font préférés aux collatéraux, voire de
» la ligne, & non feulement au fifc «. Et c'eft auffi
ce qu'ont enfeigné la plupart des auteurs qui
ont écrit après ce grand jurifconfulte : » Les
» propres retournent aux afcendans quand ils
» font de la ligne & eftoc «, dit Chopin fur la
coutume de Paris, livre 2, titre 5, n. 14.

Il eft aifé néanmoins d'appercevoir que cette
interprétation ne s'accorde nullement avec l'ef-

prit de nos coutumes. Pour exclure les afcendans
de la fucceffion aux propres d'une ligne étrangère, il ne falloit pas mettre en principe que
les propres ne peuvent remonter ; la règle *Pa-*
terna Paternis produifoit naturellement cet effet.
Ainfi la maxime dont il s'agit n'a pu être introduite que pour empêcher les afcendans de fuccéder même aux propres de leur ligne. C'eft ce
que font entendre très-clairement les articles 3 1 2
& 3 1 3 de la coutume de Paris : le premier établit que *propres ne remontent*, le fecond ajoute ,
par forme d'exception : « Toutefois fuccèdent les
« afcendans ès chofes par eux données à leurs
« enfans décédans fans enfans & defcendans
« d'eux «. Donc les afcendans ne peuvent réguliérement fuccéder même aux propres de leur
ligne. La chofe eft encore mife dans un plus
grand jour par l'article 1 8 5 des anciennes coutumes notoires du châtelet de Paris ; voici comme
il eft conçu : « Si aucun enfant va de vie à tref-
« paffement fans hoir de fon corps , tenant &
« poffédant aucun fien propre héritage , icelui
« propre héritage vient & defcend de plein droit
« aux frères & fœurs furvivans d'icelui trépaffé,
« ou aux autres plus proches de lignage, fans ce
« que les *père & mère* d'icelui enfant trépaffé y
« aient aucun droit, & n'y puent fuccéder «.
Cet article ne fait aucune différence des propres
paternels d'avec les propres maternels , & il décide en général , que les *père & mère* n'y peuvent
fuccéder : on ne peut affurément rien de plus
clair. On remarque le même efprit dans toutes
nos coutumes : celle de Chauny , entre autres ,
déclare , articles 3 8 & 7 4 , que « propres & fiefs
« venus de père ou mère ou autres parens , iceux

» héritages doivent retourner au plus prochain
» parent dudit défunt en ligne descendante du côté
» dont sont procédés lesdits héritages, *sans re-*
» *tourner aux ascendans*, posé que lesdits parens
» ascendans fussent au plus prochain degré que
» les autres «. Enfin , notre principe est si constant , si universellement reçu , qu'il y a plusieurs coutumes qui n'en exceptent pas même
les propres donnés par les père & mère à leurs
enfans. Telle étoit l'ancienne coutume de Melun,
comme on le voit au procès-verbal de la nouvelle , article 270 ; telle est encore celle de
Tournai , qui porte , chapitre 11, article 37 :
» Le fief advenu du père à l'enfant, par dona-
» tion ou autrement , ne remonte par la mort
» du fils à sondit père , mais y hérite le plus pro-
» chain lignager collatéral dudit fils en faute
» d'héritier descendant ; sauf toutefois que si le
» fils avoit acquis ledit fief , & décédât sans en-
» fans légitimes , audit cas ledit fief écherroit à
» son père , & ne seroit réputé remonter «. On
trouve la même disposition dans les chartres générales de Hainaut, chapitre 93 , article 1.

Ces coutumes ont interprété strictement & à
la lettre la règle *Paterna Paternis* ; aussi n'est-
elle susceptible, dans leurs territoires, d'aucune espèce d'exception.

Il en est de même dans la châtellenie de Lille.
Claire Waresquiel, veuve de Jean Caillet , ayant
renoncé à la succession de Martin Waresquiel
son frère , pour la faire passer à Jacques Caillet
son petit fils , dans la persuasion qu'il lui survi-
vroit, il arriva , contre l'ordre de la nature , que
le petit-fils mourut avant elle. Cet événement
donna lieu à la question de savoir si l'aïeule, qui

étoit une Warefquiel, ou les collatéraux du côté des Warefquiel, devoient fuccéder aux propres de cette ligne, fitués dans la châtellenie de Lille. Par arrêt du parlement de Flandres, du mois d'octobre 1719, ils furent adjugés aux collatéraux, parce que, comme l'avoit établi auparavant M. Pollet, partie 2, n. 13, la coutume de cette province, titre 2, article 2, préfère les collatéraux aux afcendans, fans diftinction fi les immeubles font propres ou acquêts; parce que, dans les articles 26 & 27, elle appelle le plus proche parent collatéral, de quelque côté qu'il foit, à la fucceffion des acquêts, fans faire aucune mention des afcendans; parce qu'enfin, dans l'article 54, elle reftreint le droit des afcendans à la fucceffion mobilière.

On a cherché dans les autres coutumes à reftreindre la règle *propres ne remontent*, & la jurifprudence y a apporté plufieurs exceptions.

La première eft, comme on l'a déjà dit, que les afcendans fuccèdent, à l'exclufion des collatéraux, *aux chofes par eux données à leurs enfans décédans fans enfans & defcendans d'eux*. Ceci fera développé à l'article RÉVERSION.

La feconde eft pour le cas où les afcendans font, indépendamment de la proximité du degré, dans une claffe d'habilité privilégiée; par exemple, lorfqu'ils defcendent de l'acquéreur, & que les biens leur font difputés par des collatéraux qui n'en defcendent pas.

La troifième eft lorfque, fe trouvant dans la même claffe d'habilité que les collatéraux, ils ont fur ceux-ci l'avantage d'être plus proches parens à leurs enfans du côté & ligne de l'acquéreur, abftraction faite de leur qualité de père, de mère, d'aïeul ou d'aïeule.

» Sur ce fondement, dit Renuſſon, fut ajouté
» l'article 315 de la coutume de Paris, lorſqu'elle
» fut réformée en 1580., qui porte, que ſi le fils
» fait acquiſition d'héritages ou autres biens im-
» meubles, & il décède laiſſant à ſon enfant
» leſdits héritages, & ledit enfant décède après
» ſans enfans & ſans deſcendans de lui, & ſans
» frères & ſœurs, l'aïeul ou l'aïeule ſuccède
» auxdits héritages en propriété, & exclut tous
» collatéraux.

» Sur ce même fondement, il y a un arrêt du
» 5 janvier 1630, au rapport de M. Thudes,
» dont voici le fait : Une aïeule maternelle avoit
» donné à ſa petite fille une terre en faveur de
» mariage; l'aïeule donatrice vient à décéder;
» la petite fille donatrice vient auſſi à décéder,
» & ne laiſſe aucun enfant : conteſtation entre
» la mère & les oncles maternels, pour ſavoir
» qui devoit ſuccéder à cette terre. La mère
» diſoit qu'elle étoit parente de ſa fille du côté
» & ligne dont venoit l'héritage, & qu'elle étoit
» plus proche que les oncles. Les oncles, au con-
» traire, diſoient que cette terre qui avoit été
» fait propre à la fille, ne devoit remonter à la
» mère, ſuivant cette règle commune, *propres*
» *ne remontent*; & néanmoins par l'arrêt fut
» jugé que la mère devoit ſuccéder à la terre
» qui avoit été donnée à ſa fille par l'aïeule ma-
» ternelle .... l'arrêt rendu en la première chambre
» des enquêtes, les autres conſultées «.

Hors les cas des trois exceptions que nous venons de remarquer, la règle *propres ne remontent*,
doit être exécutée à la lettre. Ainſi, pour nous
ſervir des termes de Guyné, » lorſque les col-
» latéraux ſont véritablement de la ligne de

» l'acquéreur, c'est-à-dire, qu'ils en sont des-
» cendus, & que les père & mère ne sont pa-
» rens que du côté de l'acquéreur, dans ce cas,
» comme les collatéraux ont le premier degré
» d'habilité, & que les père & mère n'ont
» qu'un degré subsidiaire; qu'ils sont seulement
» *réputés parens du côté & ligne*, j'estime que
» les collatéraux doivent être préférés aux père
» & mère; & cela sur le principe qui résulte de
» la coutume même, que l'habilité de succéder
» l'emporte, pour la succession des propres, sur la
» proximité de parenté «.

Par la même raison, lorsque les ascendans
sont dans la même classe d'habilité que les
collatéraux, mais qu'ils ne sont pas aussi proches que ceux-ci, indépendamment de leur qualité d'ascendans (ce qui arrive dans le cas où
il s'agit de régler la succession d'enfans nés d'un
mariage contracté par un oncle avec sa nièce,
par un cousin avec sa cousine), il n'est point
douteux, quoi qu'en disent Guyné & le Brun,
que les collatéraux n'aient la préférence, & n'excluent les père & mère. Voyez l'article RAPPRO-
CHEMENT DE LIGNE.

Pour tout dire en deux mots, la règle *propres
ne remontent*, indéfinie dans le principe, a été
sagement modifiée dans la suite; mais il ne faut
pas que les modifications se multiplient au point
de la détruire : il est essentiel au contraire
qu'elles soient restreintes & disposées de manière à ne paroître que sortir naturellement de
l'esprit même de cette règle. Ainsi, un père doit
être regardé comme habile à succéder aux propres, lorsque c'est de sa qualité même de père
qu'il tire celle de lignager, ou que la seconde

exifte en lui indépendamment de la première,
parce que dans l'un & l'autre cas, ce n'eſt point
de ſon titre d'aſcendant, conſidéré comme tel,
qu'il tire ſon droit; mais ſi, avec cette habilité,
il ſe trouve en concurrence avec des collatéraux
qui ſont ou plus privilégiés ou plus proches
que lui dans l'ordre de la côte & ligne, ceux-
ci doivent l'emporter ſur lui, parce qu'autrement
ce ſeroit attribuer à la qualité d'aſcendant, des
prérogatives que l'on a voulu lui ôter par la règle
propres ne remontent.

La preuve que c'eſt-là le véritable eſprit de
cette règle, c'eſt que l'on en uſe ainſi dans les
coutumes où elle eſt admiſe, & que l'on ſuit
une juriſprudence toute différente dans le petit
nombre de celles qui la rejettent. La première
partie de cette aſſertion eſt juſtifiée par le célèbre
arrêt de réglement du 3 ſeptembre 1734, &
par pluſieurs autres que nous rapportons à l'article RAPPROCHEMENT DE LIGNE. La ſeconde eſt
établie par deux arrêts des 30 août 1706, &
6 ſeptembre 1738, dont nous rendons compte
au même endroit, & qui ont préféré, dans la
coutume d'Amiens, des aſcendans lignagers à des
collatéraux plus proches dans l'ordre de la côte
& ligne, ſur le fondement que l'article 68 de
cette loi déroge formellement à la règle *pro-*
pres ne remontent. Cet article eſt conçu en ces
termes : » Tant que la ligne aſcendante dure,
» la ligne collatérale n'a lieu, pour le regard
» des meubles & acquêts du défunt, enſemble
» des patrimoniaux procédans de ladite ligne aſ-
» cendante : en manière que le père, mère,
» aïeul ou aïeule, ſuccèdent à leurs enfans en
» tous leurs meubles & conquêts immeubles,

» & aussi aux propres chacun de leur côté, à
» savoir, les ascendans paternels, aux biens venans
» du côté paternel, & les ascendans maternels,
» aux biens venans du côté maternel «.

. On ne peut concevoir de dérogation plus pré-
cise que celle-ci à la règle *propres ne remontent* ;
& assurément si Ricard & Dufresne, qui ont com-
menté cette coutume, s'étoient attachés à ses
termes, au lieu de chercher mal à propos à la
rapprocher de celle de Paris, ils n'auroient pas
avancé l'un & l'autre des paradoxes qui la dé-
truisent. Voici comme s'explique le premier.

» On demande si l'acquêt fait par le père &
» échu par sa succession à son fils, doit appartenir,
» par le décès du fils, à l'aïeul ou au frère du
» fils. Il semble par les termes de cet article,
» que l'aïeul ait droit de les prétendre. Et néan-
» moins le contraire est plus véritable, parce que
» c'est un propre naissant qui ne remonte point
» plus haut que le père qui l'a apporté en sa
» famille, & qui conséquemment doit plutôt
» appartenir au frère du fils de l'acquéreur qu'au
» grand-père «.

·. Dufresne tient la même doctrine, & la fonde
sur les articles 230 & 313 de la coutume de
Paris, & sur un arrêt du 5 mars 1605, rendu
après une enquête par turbes, faite au bailliage &
en la prévôté d'Amiens.

Mais pour écrire ou juger de la sorte, il ne suffit pas d'être jurisconsulte ou magistrat, il faut
être législateur.

QUESTION NEUVIEME. *Quel est le sens & l'usage du chapitre 3 de la coutume du chef-lieu de Mons?*

Ce chapitre porte, que » les patrimoines d'oncle » & tante se doivent partir, s'ils échéent à leurs » neveux ou nièces, par estoc, c'est à entendre » qu'autant y devront avoir un neveu ou nièce » d'un mariage, que quatre ou cinq d'un au- » tre, & seulement les neveux & nièces du » premier mariage, & non ceux de second ma- » riage «.

On reconnoît dans cette disposition l'esprit des coutumes de Hainaut, qui tend toujours à favoriser les premières noces. Voyez DÉVOLUTION COU- TUMIÈRE.

Les neveux & nièces peuvent-ils exercer, même contre un frère du défunt, le privilége singulier que la coutume leur attribue ici, ou doivent-ils en borner l'usage entre eux? Ce dernier parti sembloit le plus exact, parce qu'en Hainaut la représentation n'a pas lieu en ligne collatérale : c'est cependant le premier qui a prévalu, par la raison que la proximité ne l'emporte que quand toutes les parties sont dans la même classe d'ha- bilité ; & que, dans notre espèce, les neveux issus d'un premier mariage ont en cette seule qualité le privilége d'exclure tous les descendans du second. On pourroit opposer à cette raison, qu'elle tourne dans un cercle vicieux & suppose ce qui est en question ; mais l'usage a paré à ce défaut, en consacrant l'opinion qu'elle fonde.

M m ij

Nous en trouvons la preuve dans un arrêt du conseil souverain de Mons, dont voici l'espèce.

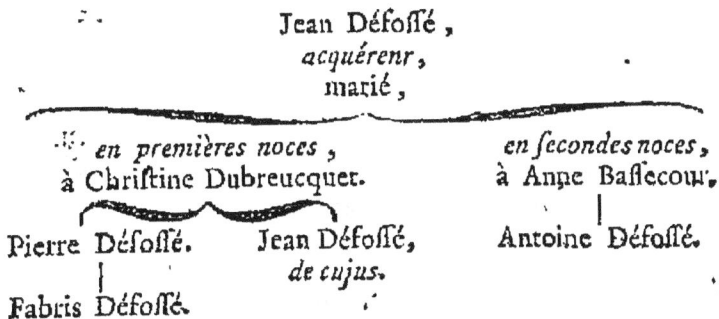

Jean Défossé,
acquéreur,
marié,

| en premières noces, | | en secondes noces, |
| à Christine Dubreucquet. | | à Anne Bassecour. |

| Pierre Défossé. | Jean Défossé, | Antoine Défossé. |
| | de cujus. | |

Fabris Défossé.

Antoine Défossé réclamoit les propres naissans qui se trouvoient dans la succession de son frère consanguin ; il se fondoit sur ce qu'il étoit à la fois le plus proche & de la ligne de l'acquéreur. Fabris Défossé, neveu du défunt, répondoit que les propres sont affectés *au premier sang comme le plus noble*, & il a obtenu gain de cause par arrêt du 9 juillet 1631.

'Le manuscrit d'où nous avons extrait cet arrêt, en indique deux semblables rendus au souverain chef-lieu de Mons, l'un antérieurement à celui-ci, l'autre en octobre 1660.

L'usage a encore étendu plus loin le privilége *du premier sang* en fait de succession de propres.

Le texte de la coutume ne l'accorde qu'aux neveux, mais les cousins en jouissent pareillement, & il s'exerce entre eux sans nulle difficulté. C'est ce que les auteurs du projet de réformation de cette coutume, connue sous le nom de *chartres préavisées*, ont voulu exprimer par ces termes de l'article 2 du titre *de successions de cousins & cousines* : » En la même succession, le premier

» fang l'emportera contre le fecond, pour le regard
» du patrimoine «.

Cet ufage bizarre a donné lieu à un arrêt
du parlement de Flandres, dont il faut rendre
compte.

Nicolas Caniot,
acquéreur.

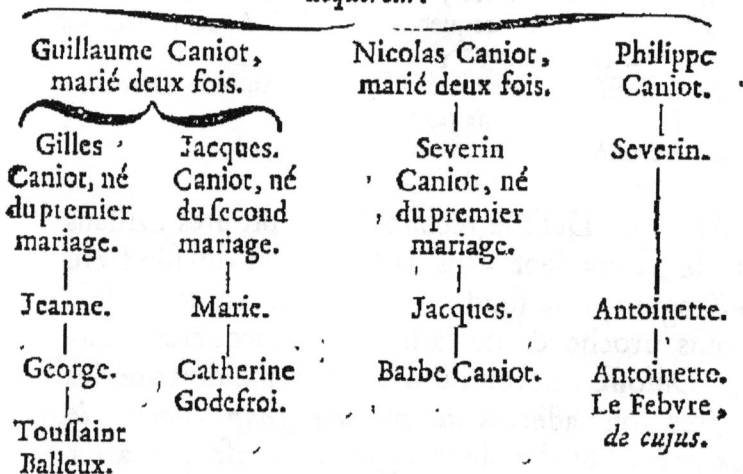

Guillaume Caniot, marié deux fois.		Nicolas Caniot, marié deux fois.	Philippe Caniot.
Gilles Caniot, né du premier mariage.	Jacques Caniot, né du second mariage.	Severin Caniot, né du premier mariage.	Severin.
Jeanne.	Marie.	Jacques.	Antoinette.
George.	Catherine Godefroi.	Barbe Caniot.	Antoinette. Le Febvre, *de cujus.*
Toussaint Balleux.			

Antoinette le Febvre étant morte fans enfans,
Barbe Caniot prétendit recueillir tous fes propres, à l'exclufion de Catherine Godefroy. Elle
fe fondoit fur deux moyens; l'un, qu'elle def-
cendoit du premier mariage de Nicolas Caniot
fon bifaïeul, au lieu que Catherine Godefroy
étoit iffue du fecond mariage de Guillaume Caniot fon bifaïeul; l'autre, qu'excluant Touffaint
Balleux par la proximité du degré, elle devoit
pareillement exclure Catherine Godefroy, par
la règle *fi vinco vincentem te*, à *fortiori te
vinco*.

Catherine Godefroy lui répondoit : Vous ne
defcendez pas du premier mariage de Guillaume
Caniot mon bifaïeul, mais de celui de Nicolas.

Caniot mon arrière-grand-oncle. Les enfans d'un premier lit ne peuvent avoir de privilége fur ceux d'un fecond, que lorfque l'un & l'autre mariage a été contracté par la même perfonne. Le feul but de la coutume eft de favorifer les enfans des premières noces, vis-à-vis de leurs derniers frères & de ceux qui en defcendent. Il eft vrai que Touffaint Balleux m'exclueroit, fi je ne vous avois pour concurrente; mais ce feroit par un privilége qui lui eft perfonnel & dont vous ne pouvez profiter. Votre concours à la fucceffion écarte fa perfonne comme plus éloignée, mais il me laiffe en ma place, &, loin de me nuire, il me rend habile à fuccéder, parce que je ne puis être regardée, par rapport à vous, comme iffue d'un fecond mariage, & qu'étant au même degré que vous, je dois avoir la moitié des propres dont il s'agit. La règle *fi vinco vincentem te*, n'eft pas fans exception. On en voit des exemples dans la loi 5, §. *fi ex filio*, D. *ad fenatufconfultum Tertullianum*, & dans le Brun, traité des fucceffions, livre 1, chapitre 6, fection 2, n. 12.

Ces raifons paroiffent décifives. Cependant, par fentence des maïeur & échevins de Cartignies, du 3 décembre 1735, les biens litigieux furent adjugés à Barbe Caniot. Catherine Godefroy en interjeta appel au bailliage d'Avefnes, où il intervint fentence du 20 juillet 1736, qui confirma la décifion des premiers juges. Elle appela une feconde fois, & la caufe portée au parlement de Flandres, fut d'abord partagée le 26 juillet 1737; mais le partage ayant été porté dans une autre chambre, par arrêt du mois de janvier 1738, la cour mit l'appellation & ce au néant, émendant, ordonna que les propres dont il étoit question au procès seroient partagés également entre l'appelante & l'intimée.

SECONDE CLASSE.

Coutumes de tronc commun.

Nous avons déterminé plus haut ce qu'on entend en cette matière par coutumes de tronc commun. Le Brun propose à ce sujet un exemple qui peut éclaircir la définition que nous en avons donnée : » Dans ces coutumes, dit-il, » si mon père a acquis un héritage auquel j'aie » succédé, & que je laisse en mourant un frère » utérin & un oncle & un cousin germain pa- » ternel ; au lieu qu'à Paris ce seroit l'oncle, » qui, étant du côté & ligne de mon père qui » a acquis l'héritage, qui y succéderoit, dans » ces coutumes ce sera mon frère utérin. Et la » raison en est, que l'on ne peut pas dire que l'hé- » ritage ait appartenu à celui qui a fait le tronc » commun & ancien entre moi & mon oncle, » puisqu'il n'a pas appartenu à mon aïeul : ainsi » il n'est pas propre, & appartient à mon frère » utérin, comme mon plus proche héritier «.

Mais y a-t-il vraiment des coutumes de cette espèce ? Guyné semble avoir pensé que non, puisqu'il ne les place pas dans la division qu'il fait des diverses interprétations données par nos loix municipales à la règle *Paterna Paternis*. D'un autre côté, le Brun regarde comme coutumes de tronc commun, Sens, Auxerre, Bourgogne-Duché, & il paroît que ce sont les seules que l'on a voulu, d'après lui, ranger dans cette classe. Voyons si elles sont réellement telles.

La coutume de Sens porte, article 83 : » Et » quant aux propres, ils ensuivent le tronc de » leurs père & mère, & autres desquels ils sont » avenus «. Le mot *tronc* a-t-il dans cette coutume le même sens que *côté & ligne* dans celle de Paris ? Faut-il au contraire l'entendre à la lettre & en conclure qu'elle n'appelle à la succession des propres que les collatéraux lignagers qui ont avec le défunt une souche commune par laquelle les biens ont passé ? ou enfin doit-on en tirer la conséquence, que cette coutume fait partie de la classe de celles connues sous la dénomination de *souchères* ? On sent combien il est difficile de résoudre une pareille question : il faudroit, pour le faire d'une manière certaine, s'assurer de l'idée que les rédacteurs avoient du terme dont il s'agit ; ce qui n'est pas possible. C'est donc à l'usage qu'il faut s'en rapporter, & l'usage est absolument contraire à l'assertion de le Brun. On trouve dans Rousseau de la Combe » un arrêt du 27 juillet 1748, au rapport de » M. de Beze, en la quatrième chambre des » enquêtes, après un acte de notoriété ordonné » par un précédent arrêt, qui confirme la sen- » tence du bailliage & pairie de Seignelay, & » juge en faveur d'Edmond Joussot & consorts, » contre Edmée Massacrie, Hubert Sourdilhac » & consorts, que la coutume de Sens est coutume » de côté & ligne, non souchère ni de tronc com- » mun «.

La coutume d'Auxerre paroît plus susceptible d'être rangée dans la classe des coutumes de tronc commun. Elle établit d'abord, article 240, que le privilége du double lien n'a lieu ni pour les meubles ni pour les acquêts ; enfuite elle ajoute : » Quant aux héritages propres , ils enfuivent le » tronc & ligne des père & mère , *& autres af-* » *cendans* defquels ils font venus & iffus «. Ces mots *& autres afcendans* , femblent annoncer que les propres ceffent d'être réglés comme tels en fucceffion , lorfqu'il ne fe trouve pas de defcen- dans d'un des auteurs du défunt qui les a poffédés. Mais, comme l'obferve Rouffeau de la Combe, l'objet direct de cet article n'eft pas de déter- miner l'ordre de fuccéder aux propres. La feule chofe dont il y eft queftion , eft de favoir fi les propres tombent ou non dans le privilége du double lien. Ce n'eft que par l'article 241 que la coutume a réglé la fucceffion à ces héritages , & les termes dont elle s'eft fervie à ce fujet , confidérés à part , ne peuvent que la faire répu- ter coutume de côté & ligne. Voici ce qu'elle porte : » Père & mère, aïeul & aïeule fuc- » cèdent ès biens meubles & acquêts...... & » quant aux autres propres qui feront advenus à » leurfdits enfans & enfans de leurs enfans , ils » appartiendront aux frères & fœurs & autres » collatéraux plus prochains defdits enfans étant » de l'eftoc , côté & ligne dont feroient procé- » dés lefdits propres «. Si cette difpofition n'eft pas affez précife pour détruire celle qui paroît écrite dans l'article 240 , au moins elle fuffit pour faire naître des doutes fur le véritable ef- prit de la coutûme , & ces doutes ne peuvent être éclaircis que par l'ufage, qui , fuivant Rouf- feau de la Combe, eft entiérement pour la fim- ple côte & ligne.

Thomas Chauvelin nous a même confervé,

en sa note sur l'article 240, un arrêt qui justifie & confirme cet usage. » Par arrêt du 8 mai » 1598, entre Pierre du Clou, héritier de Jean » Poussevin, son neveu, fils de feu Sanson » Poussevin, demandeur ; Jean Fauconnier' & » sa femme, auparavant veuve dudit Sanson Pouf- » sevin, tuteurs des enfans du premier lit, frères » utérins de Jean Poussevin, défendeur ; les ac- » quêts de Sanson Poussevin père, propres à Jean » Poussevin, furent adjugés à l'oncle, à l'exclu- » sion des frères utérins, encore qu'il ne fût du » tronc & ligne du père, duquel ils étoient venus «.

Reste donc la coutume du duché de Bourgo-gne. Voici ce qu'elle porte, titre des successions, article 16 : » Les héritages ensuivent en succes-» sion *la ligne du tronc de laquelle ils sont issus ;* » c'est à savoir que les héritages procédans du » côté & ligne paternelle, retournent aux héri-» tiers du défunt du côté paternel, & ceux pro-» cédant du côté & ligne maternelle, retournent » aux héritiers du défunt du côté maternel, soit » en prochain ou en lointain degré «.

Cet article n'est guère plus clair ni plus dé-cisif sur notre question, que les textes cités des coutumes de Sens & d'Auxerre. Chasseneux en a conclu, que la coutume de Bourgogne étoit souchère. Guyné au contraire en a inféré qu'elle devoit être mise au nombre des coutumes de côté & ligne ; enfin l'usage a prononcé, & l'on ne doute plus aujourd'hui qu'elle ne soit de tronc commun. Nous ne connoissons cependant pas d'arrêts du parlement de Dijon qui l'ait ainsi jugé *in terminis.* On en trouve à la vérité plusieurs dans le journal du palais, tome 2, page 977 ; mais la seule décision que l'on peut en tirer,

eſt que la coutume de Bourgogne n'eſt pas ſimplement de côté & ligne ; le rédacteur qui les
rapporte paroît même ſuppoſer qu'elle eſt ſou-
·chère. Voici l'eſpèce du dernier, qui les rappelle
tous. » Après le décès de Pierre Pelletier, mort
» ſans enfans, conteſtation s'eſt formée entre
» Claude Lyrot ſa mère, & les parens paternels
» au quatrième degré du défunt, pour une mai-
» ſon qu'il avoit laiſſée dans ſa ſucceſſion. Cette
» maiſon avoit été acquiſe par l'aïeul, & enſuite
» poſſédée par le père de Pelletier ; de ſorte que,
» comme cet aïeul ne pouvoit être la ſouche
» commune du défunt & des parens paternels
» au quatrième degré, la mère prétendit que cet
» effet immobilier lui appartenoit. Au contraire,
» les collatéraux ſoutenoient qu'il ſuffiſoit qu'ils
» fuſſent héritiers paternels, *ſans être abſolument*
» *deſcendus de l'acquéreur,* & obtinrent ſentence
» du juge de Seurre, conforme à leurs conclu-
» ſions. Appel ayant été interjeté en la cour par
» la mère, on diſoit pour l'appelante, que.....
» l'article 13 du titre des ſucceſſions établit le
» droit des père & mère dans la ſucceſſion de
» leurs enfans, à l'excluſion des collatéraux au
» troiſième degré, c'eſt-à-dire, autres que ceux
» qui y ſont marqués, ſavoir, les frères & ſœurs,
» & les enfans des frères & ſœurs. Il eſt vrai que
» par l'article 16 les collatéraux ſont rappelés ;
» mais ils ne le ſont que ſous cette condition
» indiſpenſable, qu'ils ſoient iſſus de la ligne du
» tronc dont les héritages procèdent, c'eſt-à-dire
» qu'ils ſeront deſcendus de l'acquéreur ; autre-
» trement les choſes reviennent au droit commun
» de la ſucceſſion des enfans, laquelle appartient
» aux père & mère par le précédent article......

» Toutes les fois que cette queſtion s'eſt préſen-
» tée au parlement de Dijon, les arrêts l'ont dé-
» cidée contre les collatéraux en faveur des père
» & mère. Les nouveaux commentateurs de la
» coutume imprimée en 1665 rapportent juſ-
» qu'à cinq arrêts conformes, dont le dernier
» mérite une réflexion particulière. Il fut rendu
» entre Antoine Morandet & les héritiers colla-
» téraux du côté maternel de Diane Morandet
» ſa fille. Il s'agiſſoit des propres maternels d'Anne
» Morandet, qui furent adjugés au père. L'arrêt
» eſt du 18 mars 1581. Depuis, les collatéraux
» s'étant pourvus au conſeil en caſſation contre
» cet arrêt, & ayant ſoutenu qu'il avoit été rendu
» contre la diſpoſition de la coutume, par arrêt
» du conſeil, il fut ordonné que l'on informeroit
» de l'uſage ſur l'exécution des articles 13 & 16
» du titre des ſucceſſions. L'enquête fut faite,
» dans laquelle on entendit dix des plus anciens
» avocats du parlement de Dijon, qui déclarè-
» rent unanimement que l'arrêt dont on ſe plai-
» gnoit étoit conforme à l'uſage de la province.
» En conſéquence, le demandeur en caſſation fut
» débouté...... Sur ces raiſons, arrêt eſt intervenu,
» par lequel la cour a mis l'appellation & ce dont
» étoit appel au néant, en émendant adjugea la
» maiſon à l'appelante «.

Ces arrêts établiſſent clairement que la coutume de Bourgogne n'eſt pas ſimplement de côté
& ligne. Il ne faut cependant pas en conclure
que les pères & mères y ſuccèdent toujours, à l'excluſion des collatéraux lignagers, aux propres de
leurs enfans, qui n'ont pas appartenu à un auteur commun aux enfans & aux collatéraux. Il
eſt d'un uſage ordinaire de déroger à cette ju-

rifprudence, en ftipulant dans les contrats de mariage, que les biens des conjoints qui n'entrent pas
en communauté, fortiront à chacun d'eux & à
leurs hoirs, tant en ligne directe que collatérale,
nature d'anciens, c'est-à-dire de propres réels,
comme s'ils avoient fait tronc & double tronc.
L'effet de ces ftipulations eft, fuivant un acte de
notoriété du parquet de Dijon du 9 juin ou juillet
1759, rapporté par Denifart au mot *tronc commun*, » que fi l'un des conjoints meurt laiffant
» un enfant héritier de fes biens ainfi ftipulés an-
» ciens, le conjoint furvivant ne peut les recueillir
» dans la fucceffion de l'enfant mort *ab inteftat*,
» quoique mort en majorité, & qu'ils appar-
» tiennent aux parens collatéraux de l'enfant du
» côté du conjoint prédécédé «.

Ces maximes, ajoutent Denifart, » ont déter-
» miné le parlement de Paris, d'après une pa-
» reille ftipulation, à exclure madame Guye de
» l'Albergement, de la fucceffion aux immeubles
» réels & fictifs fitués en Bourgogne, appartenans
» à fon fils, décédé majeur à Paris, & auquel
» ils étoient parvenus comme héritier de fon père,
» pour les adjuger aux parens collatéraux pater-
» nels de ce même fils, quoique ces biens n'euf-
» fent jamais appartenu à un auteur commun à
» ces parens & à M. de l'Albergement fils «. Cet
arrêt eft du vendredi 28 mars 1760.

TROISIÈME CLASSE.

Coutumes fouchères.

Ces coutumes ne font pas en grand nombre.
On ne peut mieux les faire connoître, ni mieux

en expofer l'efprit, qu'en tranfcrivant ici leurs propres textes.

Melun, article 264. » En ligne collatérale, les » propres d'aucun décédé fans hoirs, retournent » à fes parens & lignagers habiles à lui fuccé- » der, qui font lès plus prochains d'icelui défunt; » & s'entendent lefdits héritiers être de l'eftuc » & ligne d'où font procédés lefdits héritages, » quand iceux héritiers font defcendus de celui » auquel lefdits héritages avoient appartenu ; » autrement non «. Ces mots *avoient appartenu*, ne décident pas bien clairement fi cette coutume eft fouchère ou de tronc commun ; mais l'article 137 lève tous les doutes ; voici comme il eft conçu : » Si père ou mère ont acquis aucun hé- » ritage qui vienne par fucceffion à leur enfant, » tel héritage vendu par ledit enfant, eft retraya- » ble par les frères & fœurs & autres defcen- » dans venans defdits père ou mère acquéreurs, » & non par les oncles, tantes, coufins ger- » mains & autres collatéraux qui ne font defcen- » dus des acquéreurs, encore qu'ils foient leurs » parens & lignagers «. Ce texte, à la vérité, ne difpofe que pour le retrait ; mais il inter- prète & éclaircit ce que l'article 264 renferme d'équivoque à l'égard des fucceffions ; & tel eft l'ufage, comme le prouvent deux arrêts rappor- tés en ces termes par Thomas Chauvelin dans une note fur le dernier des articles cités. » Les » acquêts faits par aïeul, aïeule, père ou mère, » advenus au fils, adjugés aux père & mère, à » l'exclufion des collatéraux qui ne font defcen- » dus des acquéreurs. Arrêt du 2 juin 1567, » entre Mᵉ René Tambonneau, & Mᵉ Julien » Fourré. Autre arrêt au profit d'Anne Raynault,

» contre Ambroife Bonlieu, à la prononciation de
» noël 1576 «.

Dourdan, article 116. » Quand aucun va de
» vie à trépas fans hoirs en ligne directe, les
» plus prochains parens & lignagers collatéraux,
» foit du côté paternel ou maternel, lui fuccè-
» dent quant aux meubles & acquêts; & quant
» aux propres héritages, le plus prochain de l'eftoc
» & branchage dont lefdits héritages font pro-
» cédés, lui fuccèdent, encore qu'il ne foit le
» plus prochain dudit défunt «. *Article* 117, » Et
» font entendus les plus prochains de l'eftoc &
» ligne, ceux qui font defcendus de celui du-
» quel lefdits héritages font procédés, & qui les
» a mis en ligne; & où ils n'en feroient def-
» cendus, encore qu'ils fuffent parens de ce côté,
» ne peuvent prétendre lefdits héritages contre
» les plus prochains lignagers d'icelui défunt,
» pofé qu'ils ne fuffent lignagers du côté dont
» lefdits héritages font procédés «. *Article* 118.
» En manière que les biens acquis par le père
» & délaiffés au fils, la fœur utérine du fils doit
» lui fuccéder, & non l'oncle, frère du père qui
» avoit acquis les biens, encore qu'iceux biens
» aient été propres au fils du côté dudit père «.
Par la même raifon, les afcendans non lignagers fuccèdent à l'exclufion des collatéraux qui
font de la ligne, fans defcendre de l'acquéreur. C'eft l'exception que met Brodeau à
» l'article 111, portant, » qu'en fucceffion en ligne
» directe, propres héritages ne remontent «, &
il l'appuie fur un arrêt du 16 février 1630,
confirmatif d'une fentence du bailli de Dourdan
du 12 mars 1629.

Mante, article 167. » Et s'entendent lefdits hé-

» ritiers être de l'eftoc & branchage dont font
» procédés lefdits héritages, quand iceux héri-
» tiers font defcendus de celui par qui lefdits hé-
» ritages ont été premiérement acquis, auxquels
» ils fuccéderont, encore qu'ils ne foient les plus
» prochains parens dudit défunt ; autrement non.
» Comme fi ledit défunt étoit décédé fans hoirs,
» délaiffé frères ou fœurs utérins, & un oncle
» paternel ; car ledit oncle ne fuccédera ès biens
» acquis par fon feu frère, qui auroient fait
» fouche en la perfonne d'icelui défunt, ains
» lefdits utérins feuls y fuccéderont : mais fi lef-
» dits héritages avoient été acquis par l'aïeul
» paternel dudit défunt, audit cas, ledit oncle
» fuccéderoit feul à iceux, & non lefdits uté-
» rins «.

Montargis, chapitre 15, *article* 3. » En fuc-
» ceffion de ligne collatérale, les héritages du
» trépaffé appartiennent à fes plus prochains pa-
» rens étant de la fouche & ligne dont procè-
» dent lefdits héritages, & auxquels font propres
» & retrayables, & en forcloent les autres parens
» d'autre ligne plus prochains ; & fi lefdits hé-
» ritages n'avoient fait fouche au degré de la per-
» fonne qui veut fuccéder, ne font dits propres,
» & y fuccèdent les plus prochains en dégré «.
Dumoulin a fait fur cette difpofition une note
dont on retrouve le fond dans celle-ci, qui eft
de Brodeau : » En cette coutume, qui eft fou-
» chère, l'ufage notoire & conftant eft, qu'il
» n'y a que le propre ancien affecté à la fouche
» & fujet au retrait ; & faut que l'héritage ait
» fait fouche, non feulement en la ligne, mais
» au dégré de la perfonne qui veut fuccéder,
» de forte que au propre naiffant fuccède le plus
» proche,

» proche, fans confidérer la ligne, ne plus ne
» moins que aux acquêts. Ce qui a été ainfi jugé
» par plufieurs fentences des juges des lieux, que
» j'ai vues, qui eft l'avis de Mᶜ Charles Du-
» moulin fur cet article «. Le commentaire de
l'Hofte fur cette coutume, nous fournit deux jugemens conformes à l'obfervation de Brodeau.
» Il a été jugé, dit-il, en ce bailliage, le der-
» nier jour du mois de février 1569, pour Si-
» mon Livret, aïeul maternel, contre Etienne
» Tyrel, frère de père de Magdelaine Tyrel,
» que la moitié d'un héritage acquis par père
» & mère, échu à ladite Magdelaine après le
» trépas du père, appartenoit à l'aïeul maternel,
» à l'exclufion dudit Etienne, frère de père «.
L'autre jugement prouve que la coutume de Montargis enchérit fur les difpofitions des autres coutumes fouchères ; il eft rapporté en ces termes :
» Par la raifon de cet article, la part d'un héri-
» tage acquis par un aïeul pendant fon mariage,
» après la mort du fils & des petits-enfans, fut
» adjugée à la mère du dernier décédé, à l'ex-
» clufion des frères de père de fon défunt mari,
» & oncles paternels de fon fils de cujus, par
» fentence rendue en ce bailliage pour Jeanne
» Grenet, veuve en dernières noces d'un nommé
» le Goix de Chaftillon fur Louain, le dernier
» mars 1607, confirmée par arrêt, quoique lef-
» dits oncles fuffent defcendus de l'aïeul paternel
» acquéreur du total de l'héritage, & que la por-
» tion dont eft queftion eût fouché en la per-
» fonne du défunt leur neveu. La raifon du juge
» étoit que ladite part d'héritages n'avoit fouché
» au degré des oncles, & ne leur étoit retraya-
» ble, procédant ladite part de l'aïeul du dé-

» funt de l'eftoc de laquelle ils n'étoient def-
» cendus «.

Les quatre coutumes que nous venons de
rappeler, font les feules vraiment fouchères. Ceux
qui ont rangé dans la même claffe celles de
Touraine, de Nivernois, d'Orléans & de la châtellenie de Lille, ou n'ont pas affez pefé, foit
les termes de ces coutumes, foit la manière
dont l'ufage les a interpretées, ou n'ont écrit
qu'antérieurement à leur réformation.

La coutume de Touraine porte, articles 287
& 288 : » Retourneront les biens paternels aux hé-
» ritiers paternels, & les maternels aux mater-
» nels de l'eftoc & branchage dont font pro-
» cédés lefdits biens, combien que lefdits pa-
» rens ne fuffent les plus prochains. Et s'enten-
» dent lefdits héritiers être de l'eftoc & bran-
» chage dont font procédés lefdits héritages,
» quand ils font defcendus de celui par qui ils
» font premiérement acquis «. Rien de plus clair
que cette difpofition; il en réfulte certainement
que la coutume de Touraine eft fouchère. Mais
l'article 310 n'y déroge-t-il pas, en décidant fimplement que » les plus proches collatéraux, felon
» l'eftoc & branchage dont les propres font pro-
» cédés, y fuccèdent « à l'exclufion des afcen-
cendans ? La négative feroit indubitable, à en
juger par les vrais principes : car l'article 288
ayant fixé le fens que les rédacteurs ont attribué aux mots *héritiers de l'eftoc & branchage*,
il n'eft pas poffible d'appliquer l'article 310 à
des lignagers qui ne réuniffent pas toutes les
conditions requifes par l'article 288, & conféquemment à ceux qui ne defcendent pas de l'acquéreur. Cependant l'ufage l'a emporté fur ces

raisons. Pallu nous a conservé deux arrêts, qui jugent formellement qu'il suffit en cette coutume d'être parent, du côté & ligne de l'acquéreur en collatéral, pour être habile à succéder aux propres régis par cette coutume : l'un a été rendu le 8 mai 1598, après trois turbes ; l'autre le 18 juin 1606, après deux turbes. Il ne faut pourtant pas conclure de là, avec Rousseau de Lacombe, que cette coutume appartienne à la classe de celles de côté & ligne ; on verra ci-après qu'elle doit être rangée dans celles de représentation à l'infini.

Chopin a prétendu que la coutume de Nivernois étoit souchère. Elle l'est certainement pour le retrait, l'article 13 du chapitre 26 ne permet pas d'en douter : il semble même au premier abord, que l'article 7 du chapitre 34 en applique la disposition à l'ordre de succéder : » Les » héritages en succession ensuivent la ligne du » tronc & estoc dont ils sont issus «. Mais ce qui prouve le contraire, c'est que les mots *tronc & estoc* sont employés dans ce texte, comme synonymes avec *côté & ligne* ; la suite de l'article va le démontrer : » En manière que les hé- » ritages procédans du côté paternel, retournent » & appartiennent seulement aux héritiers du » défunt d'icelui côté. Et ceux qui procèdent » du côté & ligne maternel de même «. L'article 13 du chapitre 26, est encore plus décisif ; voici ce qu'il porte : » Immeubles sont ré- » putés héritages qui adviennent par succession » de parent, posé que le défunt l'ait acquis, » & suivant l'être & côté de l'acquéreur, quant » à succession ; & quant à retrait lignager, il » n'est réputé de l'être, s'il n'y a eu descendant

,, qui ait fuccédé ; & pour y venir, eſt requis que
,, le retrayant ſoit deſcendu dudit acquéreur «.
On ne peut certainement diſtinguer avec plus de
clarté la matière dès ſucceſſions, de celle des
retraits ; dans l'une, la coutume eſt de côté &
ligne „ dans l'autre elle eſt ſouchère, & *ſic*,
dit Dumoulin, *jus retrahendi ut potè reſtriſtum
ad deſcendentes à ſtipite, eſt ſtriſtius quàm jus
ſuccedendi ab inteſtato per hanc conſuetudinem.*

L'ancienne coutume d'Orléans étoit ſouchère,
mais la nouvelle eſt de côté & ligne pour les
ſucceſſions, quoiqu'elle ait conſervé quelques
traces de ſes anciennes maximes pour les retraits.
Voyez l'article PROPRE, ſection 2, queſtion 1,
& le mot RETRAIT.

A l'égard de la coutume de la châtellenie de
Lille, elle ne peut être réputée ſouchere ; ni en
matière de retrait, ni en matière de ſucceſſion :
elle ne contient pas un mot qui tende à lui attribuer cette qualité & à la tirer de la claſſe
des coutumes de côté & ligne. C'eſt d'ailleurs
ce qui a été jugé qar deux arrêts très-précis du
parlement de Flandres. L'un, rendu le 26 novembre 1722, après enquêtes par turbes, a
admis le ſieur de Chauſnes au retrait de la terre
de Ligny, quoiqu'elle n'eût pas fait ſouche en
directe, & que le retrayant ne fût pas parent en
collatérale, du côté & ligne de l'acquéreur. L'autre,
prononcé au mois de mars 1724, a adjugé les
propres qui s'étoient trouvés dans la ſucceſſion
de Jacques Caillet, au ſieur François Libert &
aux repréſentans du ſieur Jacques-Ignace Deſ-
champs, quoiqu'ils fuſſent dans les mêmes cir-
conſtances que le ſieur de Chauſnes, & que
les biens leur fuſſent diſputés par des parens

qui, sans être de la ligne, étoient plus proches qu'eux au défunt.

QUATRIEME CLASSE.

Coutumes de représentation à l'infini.

Il ne s'agit pas ici de déterminer le nombre de ces coutumes, nous le ferons à l'article RE-PRÉSENTATION; notre objet actuel est d'en bien saisir l'esprit, & de remarquer les effets que pro-duisent leurs dispositions combinées avec la règle *Paterna Paternis.*

Dans les coutumes qui rejettent la représenta-tion en collatérale, ou la limitent aux enfans des frères, lorsqu'il est question d'examiner l'estoc & la ligne de différens héritiers, on ne les fait ja-mais remonter au delà du degré où ils se trouvent. On considère à la vérité d'où ils sont descendus, s'ils sont de la ligne ou seulement du côté de l'acquéreur, en un mot, s'ils sont plus ou moins privilégiés que leurs concurrens; mais du moins, entre ceux qui sont au même rang d'habilité, c'est le degré de parenté avec celui *de cujus*, qui l'em-porte.

Dans les coutumes de représentation à l'infini, c'est tout le contraire; on y fait toujours remonter le prétendant à l'auteur de sa ligne, on s'arrête au degré de parenté de celui-ci avec l'acquéreur, & l'on ne se met nullement en peine en quel degré est l'héritier qui le représente avec le defunt à qui il est question de succéder.

De là, deux conséquences; la première, que dans ces coutumes on ne révoque point en doute que les descendans de l'acquéreur, en quelque degré qu'ils se trouvent, ne doivent être préférés à ceux qui ne sont parens au défunt que de son côté. En effet, les descendans de l'acquéreur représentent toujours ses enfans, & par conséquent ils sont toujours censés les plus proches & les plus habiles.

La seconde est, que dans ces coutumes, entre différens héritiers d'un défunt qui lui sont tous parens du côté de l'acquéreur, ceux qui descendent, par exemple, d'un frère de celui-ci, doivent exclure les descendans de son cousin germain, quoique plus proches en degré; parce que les descendans du frère étant mis, par l'effet de la représentation infinie, à la place du frère même, se trouvent fictivement plus proches que les représentans d'un cousin germain.

Cette manière de partager est parfaitement expliquée par l'article 5 du titre 9 de l'ancienne coutume de Lorraine : ,, Et quant aux héritages ,, anciens, pour ce qu'ils doivent suivre le tronc & ,, souche d'où ils sont descendus, retournent aux ,, parens de l'estocade des lignes dont ils sont mou ,, vans & descendans, & selon que chacun s'y ,, trouve capable de son chef, ou par représen ,, tation, sans aucune considération de la proximité ,, des uns en degré plus que les autres, parce que ,, représentation, tant en ligne collatérale que di ,, recte, a lieu infiniment, & sont telles formes de ,, successions communément dites & appelées revê ,, temens de ligne ,,.

Toutes les coutumes de représentation infinie ne s'expliquent pas avec cette netteté; mais comme elles adoptent uniformément le même prin cipe, il faut leur donner à toutes le même effet, & y suivre la même manière de partager.

On peut élever sur leurs dispositions quatre difficultés, qui méritent une discussion particulière.

PREMIÈRE QUESTION. *Lorsqu'il se trouve dans une succession d'anciens propres dont l'acquéreur a laissé des descendans qui ont produit différens troncs, faut-il remonter jusqu'à sa personne, ou s'arrêter au possesseur en qui les lignes ont fourché la dernière fois ?*

Pour entendre plus facilement cette question, prenons la généalogie sur laquelle est intervenu l'arrêt du parlement de Flandres du 17 février 1762, & supposons que les biens, au lieu d'être régis par une coutume de côté & ligne, comme ils l'étoient dans cette espèce, sont situés dans une coutume de représentation infinie.

Il étoit question, comme on l'a vu, de la succession de Wallerand-Albert de Barizelle, dans laquelle il se trouvoit des héritages acquis par Marie Durivage, qui avoit laissé des descendans de deux lignes ; savoir, d'Antoinette Caron, dont étoit issu Jean-Baptiste Grassis, & de Catherine Caron, de qui descendoient le défunt & Charles-Séraphin Delerennes.

On a jugé dans la coutume de la châtellenie de Lille, que les héritages dont il s'agissoit devoient être partagés entre Jean-Bapt. Grassis & Charles-Séraphin Delerennes, par la raison que ces deux personnes étant également descendues de l'acquéreur, & se trouvant au même degré de parenté avec le défunt, elles avoient toutes deux autant de droit l'une que l'autre.

Il n'en seroit pas de même dans les coutumes de représentation à l'infini. On y tient pour principe, dit Renusson, qu'il » faut épuiser tous » les descendans de la souche la plus prochaine, » avant que de remonter à la souche supérieure » & plus éloignée «. La raison en est simple. La représentation infinie donne à tous les descendans de chaque ligne l'avantage d'exercer tous les droits du chef de leur ligne. Catherine Caron a été le tronc commun des lignes de Wallerand-Albert de Barizelle & de Charles-Séraphin Delerennes. La première de ces lignes manquant, il faut placer en idée Charles-Séraphin Delerennes à la place de Catherine Caron sa bisaïeule ; or, Catherine Caron, si elle étoit vivante, auroit le droit d'exclure Antoinette Caron sa sœur, & Jean-Baptiste Grassis son neveu. Par conséquent, Charles-Séraphin Delerennes, qui la représente, doit avoir le même droit.

DEUXIÈME QUESTION. *Comment doivent se partager les héritages acquis par le père ou par l'aïeul de celui de cujus, lorsqu'il ne reste plus de leurs descendans, & que les héritiers de leur côté & ligne font descendus de lignes différentes qui ont fourché au dessus de la personne de l'acquéreur ?*

Cette question est assez abstraite ; il faut la simplifier par une généalogie. En voici une proposée par Guyné,

```
                              Bonaventure.
    Louis Guerrier.      Jacques.              François.

                  Antoine,          Martin.      Nicolas,
                     à                           demandeur.
  Marthe Guerrier.  Barbe Guerrier.

    Charlotte.         Pierre,            Joseph,
                       acquéreur,         défendeur.

    Perrette.           Louis,
                       de cujus.

    Marianne,
   défenderesse.
```

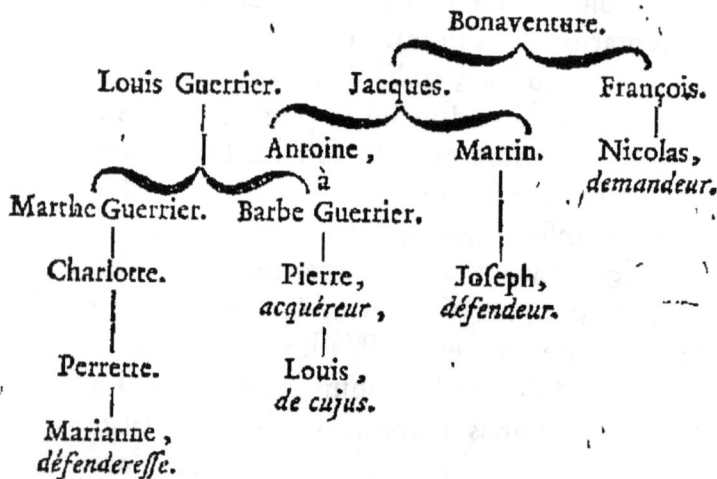

Si cette efpèce fe préfentoit dans une coutume de côté & ligne, Jofeph excluroit Nicolas & Marianne, comme plus proche; & fi on le retranchoit de la généalogie, Marianne feroit, fur le même fondement, exclufe par Nicolas, qui, à la vérité, eft d'une fouche plus éloignée que celle de Marianne, mais qui n'en eft pas moins plus proche qu'elle du côté de l'acquéreur.

» Mais, dit Gnyné, comme dans les coutumes » de repréfentation infinie, on ne confidère pas » tant le degré de parenté dans lequel eft l'hé-» ritier avec le défunt, que le degré de la per-» fonne repréfentée; Marianne repréfentant Marthe » Guerrier fa bifaïeule, fœur de Barbe Guerrier » aïeule de Louis *de cujus*, & Jofeph repréfen-» tant Martin, frère d'Antoine aïeul dudit Louis, » ils doivent venir par concurrence à la fucceffion » de ces biens, qui ne font pas plutôt affectés à » la ligne paternelle qu'à la ligne maternelle; & » Nicolas, qui ne peut repréfenter que François » grand oncle de Louis, en feroit néceffairement

» exclus, & cela par l'effet & par la force de
» la repréfentation infinie, jointe à la règle *Paterna*
» *Paternis* «.

Voici une autre généalogie dont le développement mettra ces principes dans un nouveau
jour, & déterminera la manière de les appliquer
aux différentes coutumes de repréfentation infinie.

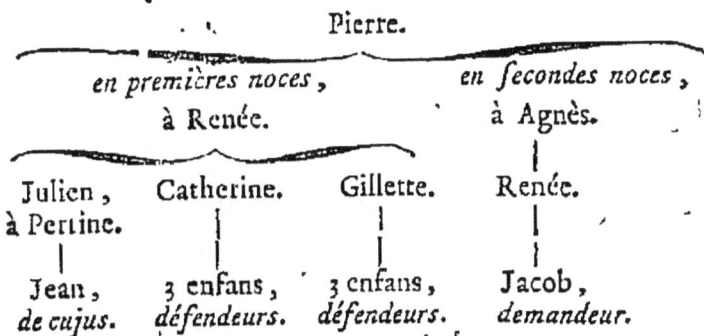

Pierre.

| *en premières noces,* | | | *en fecondes noces,* |
| à Renée. | | | à Agnès. |

Julien,	Catherine.	Gillette.	Renée.
à Perrine.			
Jean,	3 enfans,	3 enfans,	Jacob,
de cujus.	*défendeurs.*	*défendeurs.*	*demandeur.*

Jean avoit laiffé dans les coutumes d'Anjou &
du Maine, d'anciens propres qui procédoient
de Pierre & de Renée fes grand-père & grand-
mère, des propres naiffans qui avoient été acquis
par Julien fon père, des propres anciens & naiffans qu'il tenoit de Perrine fa mère.

Il n'y avoit point de difficulté pour les propres
anciens qui procédoient de Pierre. Comme la
repréfentation néceffite toujours le partage par
fouches, Jacob, quoique feul de fa ligne, devoit en avoir un tiers, & les autres tiers appartenoient aux enfans de Catherine & de Gillette.
La chofe étoit également fimple pour les propres
venus de Renée ; Jacob n'y pouvoit rien prétendre,
parce qu'il n'étoit point parent de fon côté ; ainfi
les enfans de Catherine & de Gillette devoient
en prendre la totalité. Quant aux propres anciens

& naiſſans qui procédoient de Perrine, ils appartenoient en entier à des héritiers de ſon côté, que la généalogie ne rappelle pas.

La ſeule difficulté fut de ſavoir à qui appartiendroient les acquêts faits par Julien, qui tenoient nature de propres naiſſans au défunt. Il n'y avoit plus de deſcendans de l'acquéreur, & les lignes avoient fourché dans la perſonne de Pierre ſon père.

Les enfans de Catherine & de Gillette prétendoient que ces acquêts devoient être réputés, à l'égard de Julien, moitié paternels & moitié maternels ; qu'en conſéquence, étant ſeuls habiles à repréſenter Renée ſa mère, ils devoient avoir ſeuls la moitié de tous ces biens ; & que l'autre moitié étant réputée acquêt du côté paternel, devoit être partagée par tiers entre eux & Jacob, qui, par ce moyen, n'auroit eu qu'un ſixième au total.

Jacob, au contraire, ſoutenoit qu'il lui étoit dû un tiers du tout ; qu'on ne devoit pas faire remonter les acquêts plus haut que la perſonne de Julien, qui les avoit faits ; qu'ainſi les deſcendans des trois lignes étant tous parens au défunt du côté de Julien acquéreur, devoient partager par égales portions.

Dupineau, qui propoſe cette eſpèce, la réſout en faveur de Jacob. Il y auroit, dit-il, *abſurdité & inconvénient* dans le parti contraire ; *abſurdité*, en ce que les deſcendans de Catherine & de Gillette voudroient avoir, comme repréſentant Renée, part dans un bien qui n'eſt pas de ſa ligne, qu'elle n'a pas acquis, qu'elle n'a point mis dans la famille du défunt ; *inconvénient*, en ce que l'on ne pourroit les admettre au partage des acquêts

de Julien, comme repréfentant Renée, fans remonter, par la même raifon, aux père & mère
de celle-ci, & y admettre tous ceux qui en feroient
defcendus ; ce qui produiroit des fubdivifions fans
fin. D'ailleurs, continue Dupineau, l'effet de la
repréfentation infinie n'eft pas de faire remonter
aux père & mère les héritages acquis par leurs
enfans, ni de reporter les lignes au delà de la
perfonne en qui elles fe font divifées, mais feulement de rappeler les héritiers, quelque éloignés
qu'ils foient, jufqu'au chef de leur ligne.

Ces principes font vrais ; mais, comme l'obferve Guyné, l'application n'en eft pas exacte.
S'il falloit fe déterminer par le droit commun
des coutumes de repréfentation à l'infini, les
biens appartiendroient en totalité aux enfans de
Catherine & de Gillette, qui étoient fœurs-ger-
maines de Julien, parce que Jacob ne repréfente
qu'une fœur confanguine, & que, hors les coutumes d'Auvergne, d'Anjou & du Maine, le privilége du double lien eft toujours joint à la repréfentation infinie.

Mais comme les biens font fitués dans les coutumes du Maine & d'Anjou, qui n'admettent
pas le double lien, le partage doit en être fait
conformément à ce que foutiennent les enfans de
Catherine & de Gillette. L'article 268 de la première de ces loix, & l'article 286 de la feconde,
en donnent la raifon : " Pour ce que repréfenta-
" tion a lieu audit pays, les héritages & conquêts
" d'aucun, quand il n'y a hoirs de fon corps,
" s'en vont en deux lignes ; l'une en ligne de
" père, l'autre en ligne de mère ". D'après cette
difpofition, dit Guyné, " on ne peut pas donner
" part aux acquêts faits par Julien, aux héritiers

» de Jean *de cujus*, du côté de Perrine sa mère;
» ces acquêts tenant nature de propres naissans
» dans la succession de Jean, les héritiers de Per-
» rine sa mère en sont nécessairement exclus, parce
» qu'ils ne sont pas parens de Jean du côté de
» l'acquéreur. Il faut donc, pour satisfaire à la
» disposition de la coutume, qui veut que toutes
» successions aillent en deux lignes, remonter
» jusques à Julien qui les a acquis, & les partager
» de la même manière qu'ils auroient dû être par-
» tagés dans sa succession. Partant il faut y ad-
» mettre, suivant le principe de ces coutumes,
» les parens du père de Julien pour une moitié,
» & pour l'autre moitié les parens du côté de sa
» mère, c'est-à-dire du côté de Renée. Or, les
» enfans de Catherine & de Gillette sont seuls
» parens du côté de Renée mère de Julien, &
» par conséquent ils doivent seuls avoir la moitié;
» & l'égard du père, qui étoit Pierre, Jacob &
» les enfans de Catherine & de Gillette, en étant
» tous également parens, ils y doivent tous être
» également admis, chacun pour sa ligne ; & par
» cette raison, Jacob n'y peut avoir qu'un sixième
» au total «.

TROISIÈME QUESTION. *Quels sont les droits des*
ascendans lignagers aux propres de leurs enfans?

Cette question est beaucoup plus simple dans
les coutumes de représentation infinie, que dans
celles de côté & ligne. Les droits des héritiers
s'y mesurent toujours par les qualités de ceux
qu'ils représentent; ce n'est ni au titre de père
ou de mère, ni aux prérogatives de la ligne ascen-
dante sur la collatérale, qu'il faut s'arrêter, mais

feulement au point de favoir laquelle des perfonnes repréfentées refpectivement par les afcendans & les collatéraux, étoit la plus habile à fuccéder.

La feule difficulté, fi c'en eft une, eft pour
le cas où ces perfonnes fe trouvent dans la même
claffe d'habilité & dans le même degré de parenté, c'eft-à-dire, où les afcendans & les collatéraux repréfentent, foit différens enfans, foit
différens frères, foit différens coufins de l'acquéreur.

Guyné eftime, que dans cette concurrence les
afcendans doivent l'emporter fur les collatéraux.
» La régle générale, dit-il, eft que dans le cas
» où il fe trouve pareille raifon de décider entre
» les deux partis différens, il faut toujours fe
» ranger du côté de celui qui eft le plus conforme
» au droit commun; outre que dans cette efpèce
» les père & mère ont un double droit, en ce
» qu'ils concourent en habilité, & ont l'avantage
» de la proximité du degré; or, en termes de
» droit, *duo vincula fortiora funt uno* «.

Cette décifion n'a d'autre fondement que le
fyftême du *rapprochement de ligne*, fyftême
érroné & abfolument profcrit, comme on le verra
à ce mot, & dont la ruine par conféquent doit
entraîner celle du privilége qu'attribue ici Guyné
aux afcendans.

Nous avons fait voir ci-devant qu'il y a des
coutumes de côté & ligne où la régle *propres ne
remontent*, n'admet aucune exception. On en
trouve deux femblables dans la claffe de celles
de repréfentation infinie; ce font Anjou, article
270, & Maine, article 288; celle-ci porte, que
» fi aucuns enfans ayant meubles & immeubles,

» vont de vie à trépas fans hoirs de leur corps,
» ou repréfentation directe d'iceux ; iceux biens
» meubles échéent par fucceffion à leurs père
» & mère, & à celui d'eux qui furvivra lef-
» dits enfans ; & au regard des chofes immeubles
» que leurfdits père ou mère leur auroient don-
» nées, foit par mariage ou autrement, audit cas,
» les père ou mère, ou celui duquel procédéroit
» ledit don, en auroit l'ufufruit, & les plus pro-
» ches lignages collatéraux, chacun en fa ligne,
» en auroient la propriété «. Si, comme il
réfulte de cette difpofition, les père & mère ne
fuccèdent pas à leurs enfans dans les propres qu'il
leur ont donnés, à plus forte raifon ne peuvent-
ils rien prétendre à ceux qui ne proviennent pas
de leur libéralité ; c'eft, dit Guyné, ce qui a été
jugé » il y a long-temps contre dame Élifabeth
» d'Argenfon, qui prétendoit fuccéder aux pro-
» pres de fa ligne qui fe trouvoient dans la fuc-
» ceffion du fieur de Montgommery fon petit-
» fils «. Guyné ajoute, que la queftion s'étant
renouvelée depuis, a encore été jugée de même
par arrêt rendu en grande connoiffance de caufe
le 29 août 1696.

CINQUIÈME CLASSE.

Coutumes de fimple côté.

Ces coutumes font les plus fimples & les moins
éloignées des principes du droit civil. La feule
difficulté qu'il y ait à cet égard, eft de favoir
quelles font ces coutumes.

Il y en a deux fur lefquelles il ne peut s'é-
lever le moindre doute, ce font Metz & Sedan.

La première porte, titre 115, article 30 : » Hé-
» ritages font réputés paternels, qui font échus
» de la fucceffion du père du défunt, ou de l'un
» des parens lignagers d'icelui du côté de fondit
» père, & ceux-ci font réputés maternels qui font
» échus de la fucceffion de la mère ou des pa-
» rens maternels dudit défunt ; & pour les faire
» juger paternels ou maternels, ne faut enquérir
» plus ancienne ligne que de celui auquel l'hé-
» ritage a fait fouche, & lui éft échu de fuc-
» ceffion ou donné en faveur de mariage par
» avancement & en attendant partage «.

L'article 182 de la coutume de Sedan renferme la même difpofition.

Brodeau & le Brun foutiennent que l'on doit
en ufer ainfi dans toutes les coutumes qui ne
parlent point de tronc, de fouche, d'eftoc ni de
ligne ; à la vérité, difent-ils, il faut y fuppléer
la régle *Paterna Paternis* ; mais fon effet doit y
être reftreint au premier degré de fucceffion,
parce que les principes veulent que l'on s'écarte
le moins qu'il eft poffible du droit commun.

Il faudroit, fuivant cette opinion, ranger les
coutumes de Bordeaux, de Normandie, de
Troies & de Chartres, dans la claffe des coutumes de fimple côté.

En effet, la première déclare fimplement, chapitre 5, article 1, » que fi aucun va de vie à
» trépas fans faire teftament, fon plus prochain
» parent du côté de la ligne dont fes biens
» font iffus, lui fuccède «.

La feconde fe contente pareillement de dire,
article 245, que » les héritages venus du côté
» paternel, retournent toujours par fucceffion aux
» parens

» parens paternels, comme aussi sont ceux du
» coté maternel aux maternels «.

--La troisième porte, article 93 » : Quant aux hé-
» ritages qui appartenoient auxdits frères ou sœur
» trépassés du côté paternel ou maternel seule-
» ment, les frères ou sœurs de ce côté succè-
» dent également audit héritage «. L'article 103
ajoute : » Mais lesdits frères & sœurs succéderont
» aux héritages propres du côté & ligne duquel
» ils atteignent audit trépassé «. Le frère & la sœur
sont toujours les plus proches en ligne collatérale, ainsi l'unique objet paroît être de déférer
les propres aux parens les plus proches du côté
& ligne du trépassé, sans se mettre en peine de
celui qui les a mis dans la famille.

La quatrième enfin ne contient pas un mot,
sous le titre des successions, qui ait rapport au
côté & ligne de l'acquéreur.

Cependant on ne doute plus aujourd'hui que ces
quatre coutumes ne soient de côté & ligne comme
celle de Paris. Les arrêts qui ont établi cette jurisprudence méritent d'être connus.

Écoutons d'abord Ricard en sa note sur l'article 1 du chapitre 5 de la coutume de Bordeaux : » On a prétendu que l'arrêt du parle-
» ment de Bordeaux, vulgairement appelé de
» Texier, donné il y a environ 30 ans, avoit
» jugé que, pour succéder aux propres situés dans
» cette coutume, il n'étoit pas nécessaire d'ê-
» tre parent de celui qui avoit mis l'héritage
» dans la famille, & que les propres devoient
» être adjugés au plus proche de celui de la suc-
» cession duquel il s'agissoit, pourvu qu'il fût
» parent du côté & ligne de la personne par

» la fucceffion duquel l'héritage lui étoit échu...;
» Mais le contraire a depuis été jugé par arrêt
» du 14 mars 1646, confirmé par autre arrêt
» de 1666, fur requête civile, au profit des
» Dojont; ce qui a encore été jugé entre Vil-
» late & Rouffe, par arrêt du 23 mai 1667 «.

Bafnage, fur l'article 245 de la coutume de
Normandie, rend le même témoignage de la
jurifprudence du parlement de Rouen : » La cou-
» tume, dit-il, n'a pas borné fi étroitement la
» règle Paterna Paternis, elle ne s'étend pas
» feulement au premier-degré ; il ne fuffit pas
» d'être parent paternel ou maternel de celui de
» cujus bonis agitur, il faut être de l'eftoc &
» ligne de l'acquéreur, pour y pouvoir fuccéder ;
» ce qui fut folennellement jugé en la caufe de
» Graverel, par arrêt du 20 décembre 1655 «.

Le Grand, fur l'article 93 de la coutume de
Troies, fait mention de quelques arrêts » qui
» juftifient, dit Guyné, que l'ufage, dans cette
» coutume, eft de chercher les parens du côté de
» l'acquéreur, ainfi qu'à Paris «. Ces arrêts font
rapportés ci-devant, première claffe, queftion 3.

A l'égard de la coutume de Chartres, nous
ne pouvons mieux en faire connoître la jurifprudence qu'en retraçant ici l'efpèce d'un arrêt du
6 feptembre 1777 qui l'a fixée pour toujours.

Un particulier avoit laiffé dans fa fucceffion
des propres régis par cette coutume. Le fieur
Bellot & le fieur Michaut d'Argouville fe les
difputèrent. Le premier étoit parent au feptième-
degré, non du côté de l'acquéreur, mais feulement de celui qui les avoit poffédés avant le
défunt. Le fecond n'étoit qu'au huitième degré ;
mais il avoit l'avantage d'être de la ligne de l'ac-

quéreur. Ainſi toute la queſtion ſe réduiſoit à
ſavoir ſi la coutume de Chartres eſt de ſimple côté
ou de côté & ligne. La cauſe portée au châtelet y fut appointée en droit. Le ſieur Bellot interjeta appel de la ſentence, & demanda l'évocation du principal. Voici la ſubſtance de ſes
moyens.

On ne peut diſconvenir que la coutume de
Chartres admet la règle *Paterna Paternis ;* c'eſt
ce qui réſulte néceſſairement de l'article 99, portant, que » tous héritages qui échéent de ligne
» collatérale, ſont réputés le propre héritage de
» ceux à qui ils échéent «.

Cela poſé, il ne reſte plus qu'à ſavoir ſi elle
eſt ou de tronc commun, ou de repréſentation
infinie, ou ſouchère, ou de côté & ligne, ou
de ſimple côté. Tout le monde convient qu'elle
n'eſt ni de tronc commun ni de repréſentation
infinie. On a voulu autrefois la ranger dans la
claſſe des coutumes ſouchères ; mais ce ſyſtème
a été rejeté par arrêt du 31 mars 1607, rapporté par Thomas Chauvelin en la note ſur
l'article cité.

Il ne peut donc y avoir de conteſtation qu'entre
le côté & ligne & le ſimple côté. La coutume n'eſt
certainement pas de côté & ligne pour le retrait,
l'article 70 en contient une diſpoſition expreſſe ;
mais comme elle ne dit rien de ſemblable pour
les ſucceſſions, on ne peut la regarder à cet égard
que comme abſolument muette. Or, Brodeau, le
Brun, Guyné, de la Combe, nous enſeignent
que la règle *Paterna Paternis* ne forme notre
droit commun que dans le ſens étroit des coutumes de Metz & de Sédan ; Couart, l'un des
commentateurs de celle de Chartres, l'a ainſi

entendu ; & c'est, dit Brodeau sur M. Louet,
lettre P , §. 28 , ce qui a été jugé par plusieurs
arrêts. » Arrêt du 30 mars 1607, donné en
» la troisième chambre des enquêtes, au rapport
» de M. le Coigneux, confirmatif de la sentence
» du bailli & présidial de Chartres , du 3 août
» 1606....

» Autre arrêt donné aux enquêtes le 19 mars
» 1616, confirmatif de la sentence du même bailli
» de Chartres du 20 août 1613.

» Autre du 24 juillet 1618 , confirmatif de
» la sentence du même bailli de Chartres ; du
» 17 juillet 1617..... après la prononciation du-
» quel arrêt M. le premier président avertit les
» avocats qu'ils n'eussent plus à plaider sembla-
» bles causes en la coutume de Chartres , la
» question ayant été nettement jugée & décidée
» par les arrêts.

» Il y a eu autre pareil arrêt confirmatif de la
» sentence du bailli de Chartres du 15 janvier
» 1616.

» Il y a eu un ancien arrêt donné en la même
» coutume de Chartres le 4 août 1576, au rap-
» port de M. de Champrond ; sur l'appel d'une
» sentence de MM. des requêtes du palais, du
» 29 avril 1575 , par laquelle les propres de
» Regnault Loyseau , fils de Me Regnault Loy-
» seau & de Marie Courtin sa première femme,
» fille de Jean Courtin & Marie Coignet, ont
» été adjugés à Anne Coignet, cousine germaine
» du côté maternel dudit Loyseau, à l'exclusion
» de Charles & Catherine Loyseau ses frères con-
» sanguins, qui étoient entièrement étrangers à
» l'égard desdits biens propres maternels , n'ayant
» jamais été parens de ladite Marie Courtin : &

» sur ce que l'arrêt, en confirmant ce chef, in-
» terloque sur un autre chef, on a voulu sou-
» tenir que c'étoit un préjugé en la coutume de
» Chartres, que la règle *Paterna Paternis* y a
» lieu, & s'y doit pratiquer en la même sorte
» qu'aux autres coutumes. Néanmoins, après une
» plaidoirie de deux audiences, la maxime établie
» par les arrêts ci-dessus a été confirmée par arrêt
» du jeudi 16 février 1640, conformément aux
» conclusions de M. l'avocat général Bignon......
» & ordonné que l'arrêt seroit lu & publié au
» siége du bailliage de Chartres, l'audience te-
» nant «.

Il faut ajouter à ces cinq arrêts celui des
Mignols du 7 septembre 1657, rapporté par
Guyné, & un autre de l'année 1776, rendu sur les conclusions de M. l'avocat général
d'Aguesseau.

De son côté, le sieur Michaut d'Argouville
a demandé la confirmation de l'appointement,
& il a conclu, en cas d'évocation du principal,
à ce que les biens litigieux lui fussent adjugés
avec dépens, & défenses au sieur Bellot de l'y
troubler. Ses moyens étoient à peu près les mêmes
que ceux employés par M. l'avocat général Joly de
Fleury.

Ce magistrat a d'abord observé, que la règle
Paterna Paternis est de droit commun parmi
nous, non dans le sens étroit que lui attribue le
sieur Bellot, mais dans celui que la coutume
de Paris lui a donné. C'est ce qu'il a établi,
en remontant à l'origine de cette règle & en
adoptant celle des opinions exposées ci-dessus,
§. 1, qui la fait dériver du droit féodal.

De là il résulte, a dit M. l'avocat général,

que hors les coutumes qui se placent d'elles-
mêmes & expressément dans la classe du simple
côté, on doit considérer l'ordre de succéder par
côté & ligne, comme écrit dans le code général de notre droit coutumier. Ces coutumes se
réduisent à deux, Metz & Sédan ; placées à l'ex-
trémité du royaume, peuvent-elles influer dans
l'interprétation de la coutume du pays Chartrain,
qui en forme le centre ?

La coutume de Chartres ne contient, à la vérité, aucune disposition en faveur du côté &
ligne ; mais, 1°. elle n'en contient pas non plus
pour le simple côté. 2°. Ne pourroit-on pas appliquer aux successions ce qu'elle décide pour les
retraits ? Quoique ces sortes d'argumens soient communément peu sûrs, ne semble-t-il pas qu'on
peut les faire valoir à l'appui d'une opinion qui
est d'ailleurs fondée sur d'autres moyens ? 3°. En
tout cas, on doit suppléer au silence de la coutume de Chartres par les coutumes voisines, qui
sont Dreux, Châteauneuf, Paris, Orléans, Dunois, & admettent toutes le côté & ligne.
4°. Enfin, le droit commun de la France est
pour le même parti, & cela seul décide la
question.

Les arrêts que l'on oppose ne sont pas sans
réplique, & le poids en est balancé avantageusement par plusieurs autres.

Celui de 1607 a seulement décidé que la coutume de Chartres n'est pas souchère.

Ceux de 1616, 1618, 1640 & 1657, n'ont
été rendus que sur la fausse persuasion où l'on
étoit alors que l'arrêt du 4 août 1576 avoit jugé
en faveur du simple côté ; ce qui est si vrai,
que M. Biguon en a fait la base de ses conclu-

fions, lors de l'arrêt de 1640, comme le prouve fon plaidoyer, qui y eft rapporté. Or, loin que cet arrêt ait adopté l'opinion que lui a prêtée ce magiftrat, ou qu'il fe foit borné, comme le dit Brodeau, à interloquer fur un chef étranger à la queftion, il a au contraire jugé formellement & *in terminis*, que la coutume de Chartres eft de côté & ligne. C'eft ce que M. l'avocat général a prouvé par la lecture de cet arrêt & la difcuffion des circonftances fur lefquelles il avoit prononcé.

Il faut donc regarder la jurifprudence établie par les arrêts de 1616, 1618, 1640 & 1657, comme le fruit d'une erreur. Auffi remarquons-nous qu'elle n'a pas fubfifté long-temps : on lit dans le journal du palais, tome 2, page 371, » que par arrêt rendu contradictoirement au rap-» port de M. Catinat, le 26 avril 1658, il a été » jugé en la coutume de Chartres, qu'il faut re-» monter *ad avitina*, quand les biens de l'aïeul » ou de l'aïeule font échus directement au défunt » par le prédécès de fon père ou de fa mère «. Cet arrêt, apparemment peu connu, ne changea cependant pas les préjugés qu'avoit affermis le réglement de 1640. De là vient que le Brun, Guyné & de la Combe ont regardé la coutume de Chartres comme de fimple côté.

La queftion ne fe préfenta plus qu'en 1749. Tout le barreau la croyoit décidée d'avance pour ce dernier parti. Mais M.e Merlet ofa fecouer le joug du préjugé, & foutenir que la coutume de Chartres étoit de côté & ligne. Il fit à ce fujet un mémoire digne de fa réputation, qui eut tout le fuccès qu'il méritoit. Par arrêt du 4 mai

1749, rendu fur un appointement au confeil, au rapport de M. Bochard, la cour, après l'examen le plus réfléchi & la difcuffion la plus exacte des moyens employés de part & d'autre, prononça en faveur de l'opinion du côté & ligne.

Denifart & l'annotateur de le Brun en citent trois autres des 9 juillet 1750, 9 juin 1751 & 4 feptembre 1759, rendus au rapport du même magiftrat, qui ont, fuivant eux, jugé la même chofe.

Mais M. l'avocat général a dit que celui de 1750, & un autre de 1763, qui n'eft rapporté par aucun auteur, étoient les feuls, depuis 1749, qui euffent prononcé, *in terminis* pour le parti du côté & ligne; que les autres étoient étrangers à la queftion, & que celui de 1776, dont on fe prévaloit pour le fieur Bellot, n'ayant fait que répéter une demande en entérinement de requête civile, ne pouvoit avoir rien préjugé ni pour ni contre.

Par ces confidérations, M. l'avocat général a eftimé qu'il y avoit lieu de mettre l'appellation & ce au néant, émendant, évoquant le principal & y faifant droit, maintenir le fieur Michaut d'Argouville dans la poffeffion & propriété des biens dont il s'agiffoit; faire défenfes au fieur Bellot de l'y troubler.

Sur ces raifons, arrêt du 12 août 1777, qui ordonne un délibéré, & le 5 feptembre fuivant, arrêt qui adopte entiérement les conclufions, & ordonne qu'il fera lu & publié au bailliage de Chartres, pour y fervir de réglement.

Ces détails prouvent que dans le doute on doit plutôt réputer une coutume de côté & ligne que

de simple côté. On a pensé autrefois différemment ; mais c'étoit une méprise dont on est revenu. La jurisprudence actuelle est plus conforme
à l'esprit de la loi des propres.

D'après cela, on peut raisonnablement douter
que l'on suivît encore dans la coutume de Bar
deux arrêts des 19 juillet 1712 & 11 juillet
1719, rapportés au journal des audiences, tome
7, page 263. Ces arrêts, s'ils n'ont point été
motivés par des circonstances particuliéres, ont
jugé que la coutume de Bar est de simple côté,
comme celles de Metz & de Sédan. Le mémoire
sur lequel a été rendu le second, est inféré dans
le recueil cité : on y voit que l'on employoit,
pour le système qu'il a adopté, les mêmes moyens
qu'a proscrits depuis l'arrêt célèbre dont nous venons de rendre compte. On faisoit beaucoup valoir les arrêts intervenus dans la coutume de
Chartres, & qui n'étoient alors balancés que par
celui de 1576 que l'on ne connoissoit pas : on
citoit le Paige sur l'article 123 de la coutume
de Bar, & plusieurs sentences rendues par les premiers juges des lieux. Tout cela pouvoit paroître
spécieux dans un temps où l'on avoit perdu de
vue le véritable sens de la règle *Paterna Paternis*; mais aujourd'hui que plusieurs arrêts so-
lennels & rendus avec pleine connoissance de
cause, ont déterminé ce sens d'une manière pré-
cise, on ne penseroit probablement plus de
même. La coutume de Bar, en effet, ne renferme
rien dont on puisse inférer qu'elle ait été rédi-
gée dans le même esprit que celles de Metz &
de Sédan ; les mots *propres de ligne* dont elle
se sert deux fois, articles 98 & 144, annoncent
même le contraire. On oppose l'article 27 de

l'ancienne rédaction ; mais il eſt plus favorable que l'on ne penſe au parti du côté & ligne ; Voici ce qu'il porte : ,, Quand une perſonne va ,, de vie à trépas ſans hoirs de ſon corps, & il ,, délaiſſe aucuns héritiers d'un côté ſeulement, ,, comme de par ſon père , & il a aucuns hé- ,, ritages de par ſa mère , ſans avoir nul héri- ,, tier de par icelle ſa mère, ſes héritiers de par ,, ſon père n'auront rien en héritages qu'il au- ,, roit de par ſa mère , mais les emportera le ,, ſeigneur par faute d'hoirs ; car par ladite cou- ,, tume *on regarde les lignes & d'où les héritages* ,, *ſont procédans* ,,.

§. IV. *A quelles ſortes de biens s'applique la règle* Paterna Paternis.

Les propres réels, c'eſt-à-dire , les immeu-bles qui nous viennent par ſucceſſion ou par une voie équipolente, ſont les ſeuls biens pour leſ-quels a été faite la règle *Paterna Paternis.*

On a enſuite cherché à l'étendre aux propres conventionnels, mais elle ne s'y applique qu'im-parfaitement. Voyez l'article RÉALISATION.

A l'égard des acquêrs & des meubles , ils ne tiennent ni côte ni ligne , & ſont toujours dévolus à l'héritier le plus proche. Nous n'avons pas de maxime plus conſtante dans tout notre droit coutumier.

Il y a cependant quelques coutumes qui en diſpoſent autrement ; ce ſont celles d'Auvergne, de la Marche , & de Normandie.

L'article 4 du titre 12 de la coutume d'Au-vergne, porte, qu'il ,, y a deux manières d'hé-

» ritiers, l'un du côté paternel, & l'autre du
» côté maternel, & retournent les biens à l'eſtoc
» dont ils ſon provenus : tellement que les pro-
» chains lignagers du côté paternel ſuccèdent *ab*
» *inteſtat* ès biens provenus dudit eſtoc, & non
» les parens du côté maternel, *& è contrà* «.

Cet article ne s'entend pas ſeulement des immeubles, le mot *biens* dont il ſe ſert eſt général, & doit par conſéquent s'étendre aux meubles.
C'eſt ce qui réſulte néceſſairement de l'article 3,
par lequel les aſcendans ſont appelés à la ſucceſſion des meubles & conquêts de leurs enfans,
*autrement faits & advenus auxdits deſcendans que
par hoirie & ſucceſſion* ab inteſtat.

On a douté, il eſt vrai, ſi ces mots *autrement faits & advenus*, ne devoient pas être reſ-
treints aux conquêts ; c'étoit même l'avis d'un
certain *Aymo Publicius*. Mais Baſmaiſon a ſoutenu le contraire, & ſon ſentiment a été adopté
par un arrêt qu'il rapporte. Dumoulin a penſé de
même, comme le prouve cette note qu'il a miſe
ſur l'article cité. *Ergò mater non ſuccedit filio
hæredi patris, etiam in mobilibus obventis filio à
patre, & contrà, pater non ſuccedit filio, etiam
in mobilibus obventis filio ex ſucceſſione maternâ.*

La coutume de la Marche paroît exactement
ſemblable à celle d'Auvergne, & » il v a, dit le
» Brun, beaucoup de raiſon de ſoutenir que les
» meubles y eſtoquent pareillement, parce que
» quand elle parle de la ſucceſſion collatérale,
» elle ne diſtingue point les biens en meubles &
» immeubles, mais ſe contente de dire que les
» biens ſuivent leur eſtoc & ligne ; de plus,
» elle adjuge les biens d'acquêt par préférence
» aux héritiers paternels ; enfin elle fait auſſi payer

» les dettes pas eftoc & ligne, en quoi elle eft
» conforme à celle d'Auvergne....

» Cependant, continue le Brun, il femble que
» cette décifion ne doive point avoir lieu en la
» coutume de la Marche contre le père qui fuc-
» cède aux meubles & acquêts, foit qu'ils vien-
» nent de fucceffion, foit qu'ils foient acquis par
» le fils ; parce que l'article 224 adjuge indif-
» tinctement au père la propriété des meubles
» & acquêts, au lieu que celle d'Auvergne ad-
» juge bien les meubles acquis au père, mais lui
» ôte les meubles de fucceffion ; ce qui fait une
» notable différence entre les deux coutumes ; &
» juftifie qu'au pays de la Marche, les meubles
» ne pourroient au plus eftoquer qu'entre parens
» collatéraux, pour empêcher que les plus pro-
» ches ne les aient, mais non au regard du père,
» qui doit avoir tous les meubles, de quelque
» part qu'ils viennent, aux termes de l'article
» 224, qui eft indéfini & ne porte point de
» diftinction entre les meubles acquis & les meu-
» bles de fucceffion. Il fe voit même dans le
» procès-verbal, que *l'ancien article ne donnoit*
» *aux afcendans que les meubles avenus aux en-*
» *fans autrement que par la fucceffion de leurs*
» *prédéceffeurs,* & que le nouveau a donné tous
» les meubles.... Par arrêt rendu à l'audience
» de la grand'chambre le lundi 11 août 1692,
» la queftion a été ainfi jugée en la caufe de
» Gabrielle la Chant, plaidant M. Berroyer, cet
» arrêt ayant décidé qu'en cette coutume le père
» fuccède aux meubles, de quelque part qu'ils
» dérivent «.

" Quant à la coutume de Normandie, elle ne
fait tenir côte & ligne aux meubles, que lorf-

qu'ils font » données pour mariage des filles par
» père, mère, aïeul ou autre afcendant, ou par
» les frères, & deftinés pour être leur dot «. Voyez
l'article PROPRES, fection 1.

Nous parlerons à l'article SUCCESSION, des
coutumes qui admettent la *fente* des meubles &
des acquêts en deux lignes.

*Voyez Guyné, Renuffon, le Brun, Denifart,
Bafnage, les commentateurs de la coutume de
Paris, & les articles* SUCCESSION, REPRÉSENTA-
TION, RAPPROCHEMENT DE LIGNE, SUBROGA-
TION, PROPRES, ACQUÊTS, &c.

(*Article de M.* MERLIN, *avocat au parlement de Flandres.*)

————————————————————

Les tomes XLV & XLVI paroîtront en octobre
1781.

www.ingramcontent.com/pod-product-compliance
Lightning Source LLC
Chambersburg PA
CBHW031728210326
41599CB00018B/2550